기출이 답이다

롯데그룹

온라인 조직·직무적합진단

9개년 기출복원문제 + 기출유형 완전 분석 + 무료롯데특강

SD에듀
(주)시대고시기획

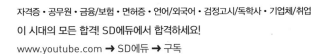

머리말

롯데그룹은 글로벌 기업으로 롯데제과를 설립한 이후 40여 년 동안 식품, 유통, 관광, 화학, 건설, 금융 등으로 꾸준히 사업을 다각화하면서 국가 경제 발전과 고객의 삶의 질 향상에 기여해 왔다. 또한 철저한 품질주의와 내실 경영으로 건전한 재무구조를 구축하고 핵심 사업에 역량을 효율적으로 집중하여 세계 곳곳에서 글로벌 경쟁력을 지속적으로 강화함으로써 세계 기업으로 도약을 위한 기반을 다져왔다. 롯데는 미래 50년 동안에도 지속가능한 성장을 이룰 수 있도록 그룹의 성장 방향을 질적 성장으로 전환 하고, 이에 맞춰 새로운 비전인 「Lifetime Value Creator」를 선포하여 고객에게 전 생애주기에 걸쳐 최고의 가치를 선사하도록 노력하고 있다.

롯데그룹은 'Beyond Customer Expectation', 'Challenge', 'Respect', 'Originality'라는 핵심 가치와 '핵심역량 강화', '현장 경영', '투명 경영', '가치 경영'이라는 네 가지 경영방침을 바탕으로 적극 적으로 세계 시장을 개척하여 아시아를 선도하는 글로벌 기업의 꿈을 반드시 실현해 나갈 수 있도록 우수인재 확보를 위한 롯데그룹만의 인재 선발방식인 L-TAB을 실행하고 있다.

이에 SD에듀에서는 롯데그룹에 입사하길 원하는 훌륭한 인재들을 위해 책 한 권으로 모든 입사 준비를 해결할 수 있도록 본서를 출간하게 되었다.

도서의 특징

❶ 최신기출유형을 반영한 기출유형 뜯어보기를 수록하여 풀이방법과 이에 따른 팁을 학습할 수 있도록 하였다.

❷ 2023년 상반기 ~ 2015년 하반기까지의 9개년 기출복원문제를 수록하여 롯데그룹만의 출제 경향을 한눈에 파 악할 수 있게 하였다.

❸ 2022년 ~ 2020년 주요기업 기출복원문제를 수록하여 다양한 기업의 기출 유형을 학습할 수 있도록 하였다.

끝으로 본서를 통해 L-TAB(롯데그룹 조직 · 직무적합진단) 시험을 준비하는 여러분 모두에게 합격의 기쁨이 있기를 진심으로 기원한다.

SDC(Sidae Data Center) 씀

롯데그룹 이야기

미션

사랑과 신뢰를 받는 제품과 서비스를 제공하여
인류의 풍요로운 삶에 기여한다.

We enrich people's lives by providing superior products and services
that our customers love and trust

풍요	Richness	롯데가 설립 이래 지속적으로 고객에게 제공해온 '풍요'의 가치를 강조해 타 그룹과 차별성을 나타낸다.
기여	Contribution	'고객의 사랑과 신뢰를 받고 인류의 삶에 기여'하기 위한 끊임없는 노력의 동기를 제공한다.
확장	Expansion	'제품과 서비스' 그리고 '인류'라는 포괄적인 표현으로 신규 사업영역 확장의 의지를 피력한다.

비전

Lifetime Value Creator
'새로운 50년을 향한 다짐'

롯데는 미래 50년 동안에도 지속가능한 성장을 이룰 수 있도록 그룹의 성장 방향을 질적 성장으로 전환하고, 이에 맞춰 새로운 비전을 선포하였다. 「Lifetime Value Creator」에는 롯데의 브랜드를 통해 고객에게 전 생애주기에 걸쳐 최고의 가치를 선사하겠다는 의미가 담겨져 있다.

핵심가치

Beyond Customer Expectation

우리는 고객의 요구를 충족하는 데 머무르지 않고, 고객의 기대를 뛰어넘는 가치를 창출해낸다.

CHALLENGE
우리는 업무의 본질에 집중하며 끊임없는 도전을 통해 더 높은 수준의 목표를 달성해 나간다.

RESPECT
우리는 다양한 의견을 존중하며 소통하고, 원칙을 준수함으로써 신뢰에 기반한 공동체를 지향한다.

ORIGINALITY
우리는 변화에 민첩하게 대응하고, 경계를 뛰어넘는 협업과 틀을 깨는 혁신을 통해 쉽게 모방할 수 없는 독창성을 만든다.

인재상

자신의 성장과 함께 우리 사회를 보다 성숙시켜 나갈
열정과 **책임감**을 갖춘 글로벌 인재

실패를 두려워하지 않는 인재	실력을 키우기 위해 끊임없이 노력하는 인재	협력과 상생을 아는 인재

총평　　　　　　　　　　　　　　　　　　　　　　　롯데 온라인 L-TAB

기존에 출제되었던 유형에서 크게 벗어나는 문제는 없었으며 난이도는 평이했다. 시험 응시시간은 사전 준비 1시간을 제외하면 2시간이지만 문항 수가 많기 때문에 시간 관리가 필수적이었다. 계산 문제도 단순하였으며, 프로그램 내 계산기나 메모장을 사용할 수 있었다. 다만 여러 자료를 동시에 활용하는 문제, 지문의 세부 내용을 파악해야 하는 문제 등이 출제되어 꼼꼼함을 요구하는 시험이었다.

⬡ 온라인 L-TAB의 핵심 전략

일반적인 인적성검사와 달리 실제 업무와 유사한 문제가 주어지기 때문에 생소하게 느껴질 수 있다. 하지만 문제의 난이도는 상대적으로 낮은 편이라는 점을 기억하고, 문제가 요구하는 것을 정확하게 파악해야 한다. 온라인 시험은 실제 업무 프로그램 형식으로 진행되므로, 화면만 보고 문제 푸는 법을 연습해야 한다.

문항 수가 많으므로, 쉬운 문제부터 차근차근 풀어나가는 것이 핵심이다. 실제 업무 상황이 구현되기 때문에 직급에 대한 개념에 대해 이해하고 있는 것이 좋다. 특히, 전송한 메일은 수정이 불가능하기 때문에 다양한 지문과 자료의 조건을 꼼꼼하게 확인하여 실수를 방지하도록 한다.

⬡ 시험 진행

구분	개요	시간
조직적합진단	• 롯데그룹의 인재상에 부합하는 인재인지 평가 • 지원자 개인 성향 및 인성 위주 질문 구성	1시간
직무적합진단	• 실제 업무 상황처럼 구현된 아웃룩 메일함/자료실 환경에서 이메일 및 메신저 등으로 전달된 다수의 과제 수행 • 문항에 따라 객관식, 주관식, 자료 첨부 등 다양한 형태의 답변이 가능 • 문항 수 구분은 없으나 대략적으로 3~4문제의 문항 수가 주어짐	3시간 (사전준비 1시간 포함)

❶ 조직적합진단은 직무적합진단 시행 이전에 진행되며, 일반적인 인성검사와 유사하다.

❷ 직무적합진단 시작 전에 1시간의 점검 및 준비 시간이 주어진다.

❸ 직무적합진단의 경우 상세한 문항 수 구분은 없으나 대략 하나의 상황마다 2~4문제가 묶여 출제된다.

◆ 적성검사(직무적합진단) 형식 및 답변 방식

영역	• 3개 영역 • 언어적 사고, 수리적 사고, 문제해결
문제 형식	• 실제 업무 상황처럼 구현된 Outlook 메일함/자료실 환경에서 신입사원으로서 겪을 수 있는 다양한 과제를 해결해 가는 형식
답변 방식	• 이메일 혹은 메신저 형태로 제시된 과제에 대하여, 응시자는 [이메일-회신] 혹은 [메신저-답장]을 통해 답변 등록 • 객관식, 주관식, 특정 자료 첨부 등의 여러 가지 형태로 답변 가능

◆ 필수 준비물

❶ 타인과 접촉이 없으며 원활한 네트워크 환경이 조성된 응시 장소

❷ 권장 사양에 적합한 PC 및 주변기기(웹캠, 마이크, 스피커, 키보드, 마우스)

❸ 신분증(주민등록증, 주민등록 발급 확인서, 운전면허증, 여권, 외국인거소증 중 택 1), 휴대전화

◆ 유의사항

❶ 반기 1회 응시 결과를 해당 반기 내 활용한다(상반기 6/30, 하반기 12/31까지 유효).

❷ 사전검사 미실시 시 본 진단에 참여할 수 없으므로 반드시 실시해야 한다.

❸ 부정행위 의심을 받을 수 있으니 문제 풀이 외의 행동을 삼간다.

❹ 준비물품 이외의 물품은 책상 위에서 제외하도록 한다.

❺ 시험 도중 화장실에 갈 수 없으므로 주의한다.

❻ 시험을 보기 전날, 롯데그룹에서 제공하는 직무적합진단 응시자 매뉴얼을 마지막으로 숙지한다.

롯데그룹은 2021년부터 수시채용을 통해 계열사별로 필요한 시기와 인원을 판단하여 신입사원을 채용하고 있다. 전반적인 채용 절차는 다음과 같으나, 지원 회사 및 모집 분야에 따라 세부적인 절차가 달라지는 경향을 보이므로, 정확한 절차는 개별 채용 공고를 통해 확인해야 한다.

⬡ 채용전형 절차

서류전형   조직 · 직무적합진단(L-TAB)   면접전형   건강검진   최종합격

서류전형
- ▶ 롯데그룹의 미션과 비전에 공감하고 핵심가치에 부합하는 지원자를 선별하는 전형
- ▶ 지원자의 기본적 자질 및 가치관을 심사하고 입사지원서 기재사항에 대한 사실 여부 확인

L-TAB
- ▶ 지원자의 조직적응력 및 직무적합성을 판단하기 위한 기초능력 진단
- ▶ 조직적합진단 : 지원자의 성격과 가치관이 롯데의 문화와 얼마나 부합하는지 판단
- ▶ 직무적합진단 : 지원자가 직무 수행을 위한 기초역량을 갖추었는지 종합적으로 판단

면접전형
- ▶ 지원자의 역량, 가치관 및 발전 가능성을 종합적으로 심사
- ▶ 다양한 방식을 하루동안 ONE-STOP으로 진행(역량면접, 임원면접, PT면접, GD면접, 외국어 평가 등)

※ 지원하는 계열사 · 직무에 따라 면접유형이 상이할 수 있습니다.

건강검진 및 합격
- ▶ 건강검진은 계열사별로 진행하며, 안내 받은 일정과 장소에 방문하여 검진 시행
- ▶ 최종합격자에 한하여 입사 후 그룹 및 계열사 입문교육 시행

❖ 채용절차는 채용유형, 채용직무, 채용시기 등에 따라 변동될 수 있으므로 반드시 발표되는 채용공고를 확인하기 바랍니다.

롯데 온라인 L-TAB 합격기

"생소함이 최대의 적!"

취업을 본격적으로 준비하면서 자연스레 인적성검사에 관심을 갖게 되었습니다. 롯데그룹에 취업하기로 마음먹고 정보를 찾다 보니 롯데의 L-TAB은 상대적으로 쉬운 편에 속한다는 이야기를 듣고 내심 안심했었습니다. 그런데 막상 SD에듀 책을 사서 풀어보니 학교에서 접했던 문제들과는 생김새가 많이 달라 당황했습니다. 특히 온라인 시험으로 전환되면서 기존의 인적성검사 문제들과는 전혀 다른 문제들이라 처음에는 어려웠지만 요령이 생기면서 걱정 없이 풀 수 있었습니다.

"새로운 L-TAB도 준비할 수 있습니다."

2021년부터 L-TAB이 온라인으로 변경됐다는 소식을 들은 뒤로 책을 구매해서 준비하는 것이 옳은지 많이 고민했었습니다. 그러다 SD에듀에서 새로 나온 책을 보게 되었고, 당장 다른 방도가 없었던지라 큰 기대를 하지 않고 책을 구매하여 풀게 되었습니다. 결과적으로 온라인으로 진행된 L-TAB은 프로그램 형식으로 진행되었으나, SD에듀 도서로 대비한 덕분에 좋은 점수를 기록할 수 있었습니다. 만약 책 구매를 고민하시는 분이 있다면 노력은 배신하지 않는다고 말씀드리고 싶네요. 추천합니다.

주요 대기업 적중 문제

롯데

언어적 사고 ▶ 개요 수정

09 다음은 '전기 에너지 부족 문제'에 관한 글을 쓰기 위해 작성한 개요이다. 다음 개요의 수정·보완 및 자료 제시 방안으로 가장 적절하지 않은 것은?

> Ⅰ. 서론 : 우리나라 전기 에너지 부족 현황 ········· ㉠
> Ⅱ. 본론
> 　1. 문제의 원인 분석
> 　　가. 전기 에너지 생산 시설의 부족과 노후화
> 　　나. 기업의 과도한 전기 에너지 사용 ········· ㉡
> 　　다. 가정의 무분별한 전기 에너지 사용
> 　2. 문제의 해결 방안 ········· ㉢
> 　　가. 기업의 과도한 전기 에너지 사용 규제
> 　　나. 홍보를 통한 가정의 절전 실천 유도 ······ ㉣
> Ⅲ. 결론 : 전기 에너지 부족 문제의 심각성 강조 ······ ㉤

수리적 사고 ▶ 방정식

36 L그룹 계열사에서 자사 임직원을 대상으로 보행사고 및 교통사고 예방을 위한 필기테스트를 진행하였다. 계열사의 임직원 수는 200명이며, 전체 평균점수는 59.6점이었다. 남직원 수는 전체 임직원 수의 51%이고, 남직원의 평균점수는 여직원 평균점수의 3배보다 2점이 높을 때, 여직원과 남직원의 점수 평균은 각각 얼마인가?

	여직원	남직원		여직원	남직원
①	26점	80점	②	27점	83점
③	28점	86점	④	29점	89점
⑤	30점	92점			

문제해결 ▶ 업무 수행

33 다음과 같은 상황에서 귀하가 취할 수 있는 대응으로 가장 적절한 것은?

> 같은 팀에서 근무하고 있는 귀하와 A주임은 다른 부서와 진행하는 중요 프로젝트에 함께 참여하게 되었다. 프로젝트를 진행하는 과정에서 A주임이 정해진 일정을 제때 맞추지 못하자 일정에 차질을 겪게 된 다른 부서의 직원들은 A주임뿐만 아니라 귀하에게 불만을 이야기하기 시작했다. 귀하는 결국 A주임에게 A주임으로 인해 프로젝트 진행에 많은 어려움이 발생하는 것 같다고 이야기하였고, 다음 날 다음과 같은 문자를 받게 되었다.

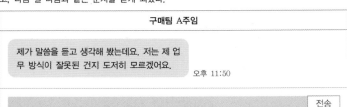

삼성

수리 ▶ 자료해석

14 다음은 마트 유형별 비닐봉투·종이봉투·에코백 사용률을 조사한 자료이다. 이에 대한 설명으로 〈보기〉에서 적절한 것을 모두 고르면?

〈마트별 비닐봉투·종이봉투·에코백 사용률〉

구분	대형마트 (2,000명 대상)	중형마트 (800명 대상)	개인마트 (300명 대상)	편의점 (200명 대상)
비닐봉투	7%	18%	21%	78%
종량제봉투	28%	37%	43%	13%
종이봉투	5%	2%	1%	0%
에코백	16%	7%	6%	0%
개인장바구니	44%	36%	29%	9%

※ 마트 유형별 전체 조사자수는 상이하다.

보기

ㄱ. 대형마트의 종이봉투 사용자 수는 중형마트의 6배 이상이다.
ㄴ. 대형마트의 종량제봉투 사용자 수는 전체 종량제봉투 사용자 수의 절반 이하이다.

추리 ▶ 명제

※ 제시된 명제가 모두 참일 때, 빈칸에 들어갈 명제로 가장 적절한 것을 고르시오. [1~5]

01
전제1. 봄이 오면 꽃이 핀다.
전제2. _____
결론. 봄이 오면 제비가 돌아온다.

① 제비가 돌아오지 않으면 꽃이 핀다.
② 제비가 돌아오지 않으면 꽃이 피지 않는다.
③ 꽃이 피면 봄이 오지 않는다.
④ 꽃이 피면 제비가 돌아오지 않는다.

추리 ▶ 진실게임

Hard
09 S그룹에서 근무하는 A∼E사원 중 한 명은 이번 주 금요일에 열리는 세미나에 참석해야 한다. 다음 A∼E사원의 대화에서 2명이 거짓말을 하고 있다고 할 때, 다음 중 이번 주 금요일 세미나에 참석하는 사람은 누구인가?(단, 거짓을 말하는 사람은 거짓만을 말한다)

A사원 : 나는 금요일 세미나에 참석하지 않아.
B사원 : 나는 금요일에 중요한 미팅이 있어. D사원이 세미나에 참석할 예정이야.
C사원 : 나와 D는 금요일에 부서 회의에 참석해야 하므로 세미나는 참석할 수 없어.
D사원 : C와 E 중 한 명이 참석할 예정이야.
E사원 : 나는 목요일부터 금요일까지 휴가라 참석할 수 없어. 그리고 C의 말은 모두 사실이야.

① A사원　　　　② B사원
③ C사원　　　　④ D사원

TEST CHECK

SK

Hard
08 B씨는 다음과 같은 건물에 페인트칠을 하면, 1m²당 200원을 받는다. 모든 면에 페인트칠을 할 때, B씨가 받는 돈은 얼마인가?(단, 길이 단위는 m이다)

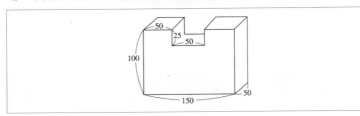

① 1,100만 원 ② 1,200만 원
③ 1,300만 원 ④ 1,400만 원
⑤ 1,500만 원

수리 ▶ 방정식 ②

Hard
11 1월부터 7월까지 A상품의 매달 판매량은 매달 평균 5,000개씩 증가하였다. 기록 중인 8월의 판매량을 살펴보니 3,500개를 판매한 1일부터 매일 하루 평균 100개씩 증가하며 팔리고 있다. 8월 말일까지 매일 100개가 증가하면서 팔렸다고 하면 전월 대비 8월의 판매량 증감률은?(단, 1월 판매량은 9만 개이고, 소수점 첫째 자리에서 반올림한다)

① 약 11% ② 약 17%
③ 약 23% ④ 약 29%
⑤ 약 35%

언어 ▶ 독해

☑ 제한시간 60초

27 다음 〈보기〉의 입장에서 제시문을 비판하는 내용으로 가장 적절한 것은?

로봇의 발달로 일자리가 줄어들 것이라는 사람들의 불안이 커지면서 최근 로봇세(Robot稅) 도입에 대한 논의가 활발하다. 로봇세는 로봇을 사용해 이익을 얻는 기업이나 개인에 부과하는 세금이다. 로봇으로 인해 일자리를 잃은 사람들을 지원하거나 사회 안전망을 구축하기 위해 예산을 마련하자는 것이 로봇세 도입의 목적이다. 이처럼 로봇의 사용으로 일자리가 감소할 것이라는 이유로 로봇세의 필요성이 제기되었지만, 역사적으로 볼 때 새로운 기술로 인해 전체 일자리는 줄지 않았다. 산업혁명을 거치면서 새로운 기술에 대한 걱정은 늘 존재했지만, 산업 전반에서 일자리는 오히려 증가해왔다는 점이 이를 뒷받침한다. 따라서 로봇의 사용으로 일자리가 줄어들 가능성은 낮다.
우리는 로봇 덕분에 어렵고 위험한 일이나 반복적인 일로부터 벗어나고 있다. 로봇 사용의 증가 추세에서 알 수 있듯이 로봇 기술이 인간의 삶을 편하게 만들어 주는 것은 틀림이 없다. 로봇세의 도입으로 이러한 편안한 삶이 지연되지 않기를 바란다.

보기
로봇 기술의 발전에 따라 로봇의 생산 능력이 비약적으로 향상되고 있다. 이는 로봇 하나당 대체할 수 있는 인간 노동자의 수도 지속적으로 증가함을 의미한다. 로봇 사용이 사회 전반에 빠르게 확산되는 현실을 고려할 때, 로봇 사용으로 인한 일자리 대체 규모가 기하급수적으로 커질 것이다.

① 산업 혁명의 경우와 같이 로봇의 생산성 증가는 인간의 새로운 일자리를 만드는 데 기여할 것이다.

포스코

언어이해 ▶ 주제 찾기

Easy

02 다음 글의 주제로 가장 적절한 것은?

> 빅데이터는 스마트 팩토리 등 산업 현장 및 ICT 소프트웨어 설계 등에 주로 활용되어 왔다. 유통이나 물류 업계의 '콘텐츠가 대량으로 이동하는 현장'에서는 데이터가 발생하면, 이를 분석하고 활용하는 쪽으로 주로 사용됐다. 이제는 다양한 영역에서 빅데이터의 적용이 빨라지고 있다. 대표적인 사례가 금융권이다. 국내의 은행들은 현재 빅데이터 스타트업 회사를 상대로 대규모 투자에 나서고 있다. 뉴스와 포털 등 현존하는 데이터를 확보하여 금융 키워드 분석에 활용하기 위해서다. 의료업계도 마찬가지다. 정부는 바이오헬스 산업의 혁신전략을 통해 연구개발 투자를 2025년까지 4조 원이상으로 확대하겠다고 밝혔으며, 빅데이터와 인공 지능 등을 연계한 다양한 로드맵을 준비하고 있다. 벌써 의료 현장에 빅데이터 전략을 구사하고 있는 병원도 다수다. 국세청도 빅데이터에 관심이 많다. 빅데이터 플랫폼 인프라 구축을 끝내는 한편, 50명 규모의 빅데이터 센터를 가동하기 시작했다. 조세 행정에서 빅데이터를 통해 탈세를 예방·적발하는 등 다양한 쓰임새를 고민하고 있다.

① 빅데이터의 정의와 장·단점
② 빅데이터의 종류
③ 빅데이터의 중요성
④ 빅데이터의 다양한 활용 방안

자료해석

Easy

01 다음은 인터넷 공유활동 참여 현황을 정리한 자료이다. 다음의 자료를 올바르게 이해하지 못한 사람은 누구인가?

〈인터넷 공유활동 참여율(복수응답)〉

(단위 : %)

구분		커뮤니티 이용	퍼나르기	블로그 운영	댓글달기	UCC게시
성별	남성	79.1	64.1	49.9	52.2	46.1
	여성	76.4	59.6	55.1	38.4	40.1
연령	10대	75.1	63.9	54.7	44.3	51.3
	20대	88.8	74.4	76.3	47.3	54.4
	30대	77.3	58.5	46.3	44.0	37.5
	40대	66.0	48.6	27.0	48.2	29.6

※ 성별, 연령별 조사인원은 동일함

① A사원 : 자료에 의하면 20대가 다른 연령대에 비해 인터넷상에서 공유활동을 활발히 참여하고 있네요.
② B주임 : 대체로 남성이 여성에 비해 상대적으로 활발한 활동을 하고 있는 것 같아요. 그런데 블로그 운영 활동은 여성이 더 많네요.
③ C대리 : 10대와 30대의 공유활동 참여율을 크기순으로 나열하면 재미있게도 두 연령대의 활동 순위가 동일하네요.
④ D사원 : 남녀 간의 참여율 격차가 가장 큰 영역은 댓글달기이네요. 반면에 커뮤니티 이용은 남녀 간의 참여율 격차가 가장 적네요.

도서 200% 활용하기

기출유형 뜯어보기

최신 출제 경향을 바탕으로 구성한 영역별 대표유형과 상세한 해설을 수록하여 각 영역의 출제 경향과 학습방법을 익히고 확인할 수 있도록 하였다.

CHAPTER 01 언어적 사고 추론적 독해

유형분석
- 글에서 직접적으로 제시하지 않은 내용을 추론하여 답을 도출해야 하는 유형이다.
- 언어 영역에서 가장 난이도가 높은 유형으로 볼 수 있다.
- 자신의 주관적인 판단보다는 글에 대한 논리적인 이해를 바탕으로 문제를 풀이한다.

1. 문제에서 제시하는 추론유형을 확인한다.
   ─ 세부적인 내용을 추론하는 유형

다음 글을 통해 추론할 수 있는 내용으로 적절한 것은?

도구를 사용하는 인간은 다양한 종류의 음식을 먹는 본능과 소화력을 갖췄지만, 일부 동물은 한 가지 음식만 먹는다. 이렇게 음식 하나에 모든 것을 거는 '단일 식품 식생활'은 도박이다. 그 음식의 공급이 끊기면 그 동물도 끝이기 때문이다.

한때 우리는 인류의 전 주자였던 오스트랄로피테쿠스가 과일만 먹었을 것이라고 믿은 적이 있었다. 이를 근거로 오스트랄로피테쿠스와 사람을 가르는 선을 고기의 섭취 여부로 정하기도 했었다. **그러나** 남아프리카공화국의 한 동굴에서 발견된 200만 년 전 유골 4구의 치아에서는 이와 다른 증거가 발견됐다. 인류학자 맷 스폰하이머와 줄리아 리소프는 이 유골의 치아사기질 탄소 동위 원소 중 13C의 비율이 과일만 먹은 치아보다 열대 목초를 먹은 치아와 훨씬 더 가깝다는 것을 발견했다. 식생활 동위 원소는 치아 조직에 기록되기 때문에 이 발견은 오스트랄로피테쿠스가 상당히 많은 양의 풀을 먹었거나 이 풀을 먹은 동물을 먹었다는 추측을 가능케 한다. 그런데 같은 치아에서 풀을 섞어 먹을 때 생기는 미세한 흠이 전혀 보이지 않았기 때문에 오스트랄로피테쿠스 식단이 풀을 먹는 동물이 큰 부분을 차지했다는 결론을 내릴 수 있다.

오래 전에 멸종되어 260만 년이라는 긴 시간을 땅속에 묻혀 있던 동물의 뼈 옆에서는 석기들이 함께 발견되기도 한다. 이 뼈와 석기가 들려주는 이야기가 곧 우리의 이야기이다. 어떤 뼈에는 이로 씹은 흔적 위에 도구로 자른 흔적이 겹쳐진다. 그 반대의 흔적이 남은 뼈들도 있다. 도구로 자른 흔적 다음에 날카로운 이빨 자국이 남은 경우다. 이런 것은 무기를 가진 인간이 먼저 먹고 동물이 이빨로 뜯어 먹은 것이다.

① 오스트랄로피테쿠스는 육식 동물을 전혀 먹지 않았다.
② 육식 여부는 오스트랄로피테쿠스의 진화과정을 보여주는 중요한 기준이다.
③ 단일 식품 섭취의 위험성 때문에 단일 식품을 섭취하는 동물은 없다.
④ 인간은 날카로운 이빨을 이용하여 초식동물을 사냥하였다.
⑤ 맷 스폰하이머와 줄리아 리소프의 연구는 육식 여부로 오스트랄로피테쿠스와 사람을

9개년 기출복원문제

2023년 상반기부터 2015년 하반기까지의 롯데그룹 직무적합진단 기출복원문제를 수록하여 변화하는 출제 경향을 파악할 수 있도록 하였다.

CHAPTER

01 2023년 상반기 기출복원문제

※ 정답 및 해설은 기출복원문제 바로 뒤 p.021에 있습니다.

※ 다음은 L그룹의 정기주주총회에 대한 자료이다. 자료를 보고 이어지는 질문에 답하시오. [1~4]

〈제56기 정기주주총회〉

- 일시 : 2023년 ○○월 ○○일(금) 13:30
- 장소 : 서울특별시 송파구 ○○○로 ○○ L타워 31층 컨퍼런스(Conference)실

총 발행주식수 (우선주 포함)	의결권 있는 주식수	참석 주식수		
		전체 주식수	ⓐ 최대주주 및 특수관계인 주식수	ⓑ 최대주주 및 특수관계인 외 주식수
105,896,861주	70,805,300주	52,632,633주	43,591,963주	9,040,670주

안건	찬성률	반대율	가결 여부
1. 제56기(2022년 1월 1일 ~ 2022년 12월 31일) 재무제표[이익잉여금 처분계산서(안) 포함] 승인의 건	91.1%	0.9%	원안대로 가결
2. (정관) 일부 개정의 건	99.7%	0.3%	원안대로 가결
3-1. 사내이사 신○○ 선임의 건	90.1%	9.9%	원안대로 가결
3-2. 사내이사 송○○ 선임의 건	99.2%	0.8%	원안대로 가결
3-3. 사내이사 고○○ 선임의 건	99.6%	0.4%	원안대로 가결
3-4. 사외이사 권○○ 선임의 건	99.6%	0.4%	원안대로 가결
3-5. 사외이사 이○○ 선임의 건	99.6%	0.4%	원안대로 가결
3-6. 사외이사 김○○ 선임의 건	99.6%	0.4%	원안대로 가결
4-1. 감사위원 김○○ 선임의 건	99.1%	0.9%	원안대로 가결
4-2. 감사위원 박○○ 선임의 건	99.1%	0.9%	원안대로 가결
5. 이사 보수한도 승인의 건	92.3%	7.7%	원안대로 가결
6. 자기주식(우선주) 소각을 위한 자본금 감소 승인의 건	99.7%	0.3%	원안대로 가결

PART 3 주요기업 기출복원문제

정답 및 해설 p.056

| 언어 |

2022년 상반기 SK그룹

01 다음 중 A의 주장에 대해 반박할 수 있는 내용으로 적절한 것은?

- A : 우리나라의 장기 기증률은 선진국에 비해 너무 낮아. 이게 다 부모로부터 받은 신체를 함부로 훼손해서는 안 된다는 전통적 유교 사상 때문이야.
- B : 맞아. 그런데 장기기증 희망자로 등록이 돼 있어도 유족들이 장기 기증을 반대하여 기증이 이뤄지지 않는 경우도 많아.
- A : 유족들도 결국 유교 사상으로 인해 신체 일부를 다른 사람에게 준다는 방식을 잘 이해하지 못하는 거야.

| 01 | 언어적 사고

Easy

01 다음 글을 읽고 올바르게 이해한 것은?

> 세계 식품 시장의 20%를 차지하는 할랄식품(Halal Food)은 '신이 허용한 음식'이라는 뜻으로 람 율법에 따라 생산, 처리, 가공되어 무슬림들이 먹거나 사용할 수 있는 식품을 말한다. 이런 이 적용된 할랄식품은 엄격하게 생산되고 유통과정이 투명하기 때문에 일반 소비자들에게도 평을 얻고 있다.
> 할랄식품 시장은 최근 들어 급격히 성장하고 있는데 이의 가장 큰 원인은 무슬림 인구의 증가 무슬림은 최근 20년 동안 5억 명 이상의 인구증가를 보이고 있어서 많은 유통업계들이 할랄식 위한 생산라인을 설치하는 등의 노력을 하고 있다.

Hard

05 J대리는 세미나에 참석하기 위해 11월 17일부터 19일까지 경주로 출장을 갈 예정이다. 다 건에 따라 출장 기간에 이용할 숙소를 예약하고자 할 때, J대리가 예약 가능한 숙소로만 짝 것은?

〈호텔 예약정보〉

호텔명	가격 (원/1박)	숙박 기준인원	세미나실 대여비용 (원/1일)	비고
글래드 경주	78,000	1명	4인실(25,000) 8인실(48,000)	숙박 기준인원 초과 시 초과인원 1인당 10,000원 추가지급
호텔 아들리에	81,000	2명	4인실(40,000) 10인실(70,000)	보수공사로 인해 10인 세미나실 이용불 (9월 30일부터 10월 23일까지)

오답분석

① 경우 3에서는 위생관리위원장이 2명이 뽑힌다.
② 경우 2에서는 생활방위원장이 2명이 뽑힌다.
③ 어떤 경우에도 감염대책위원장과 재택관리위원장은 함께 뽑히지 않는다.
④ 감염대책위원장이 뽑히면 생활방위원장은 1명이 뽑힌다.

04 정답 ②

세 번째 문단을 보면, 위험하고 반복한 일은 로봇에게 맡김으로써 인간이 보다 가치창의적인 일에 집중하게 하는 것을 목표로 한다는 내용이 제시되어 있다.

오답분석

① 두 번째 문단에 따르면 공모전의 본선은 서울산업진흥원 본부가 아닌 G캠프에서 진행된다.
③ 두 번째 문단에 따르면 최종 우승팀은 연말에 결정된다.
④ 첫 번째 문단에 따르면 홈페이지에 접수해야 한다.
⑤ 첫 번째 문단에 따르면 팀뿐만 아니라 개인 자격으로도 공모전에 참가가 가능하다.

05 정답 ③

ㄱ. 본선 진출팀의 수를 늘려 상금 획득 가능성에 대한 기대를 높이고, 최종 우승 시의 보상을 높이는 것은 참여의지를 촉진시킨다.
ㄴ. 내부 심사 외에, 일반 고객(소비자)이 지원자가 아닌 평가자로서도 참여할 수 있도록 하고 이를 홍보한다면 다른 일반인들의 관심이 높아져 흥행할 수 있다.

오답분석

ㄷ. 제출 작품의 전문성을 높일 수는 있겠지만, 지원자의 폭을 좁혀 흥행 촉진에는 부정적일 수 있다. 또한 일상에서의 로봇 활용 아이디어를 목표로 하는 만큼, 지원자격에 전문성을 추가하는 것은 참신한 아이디어를 제한할 수 있다.

이 책의 차례

CONTENTS

Add+   **특별부록**

CHAPTER 01 2023년 상반기 기출복원문제   **2**

CHAPTER 02 2022년 하반기 기출복원문제   **11**

PART 1   **기출유형 뜯어보기**   **4**

PART 2   **기출복원문제**

CHAPTER 01 2022년 상반기 기출복원문제   **50**

CHAPTER 02 2021년 하반기 기출복원문제   **58**

CHAPTER 03 2021년 상반기 기출복원문제   **66**

CHAPTER 04 2020년 하반기 기출복원문제   **74**

CHAPTER 05 2020년 상반기 기출복원문제   **82**

CHAPTER 06 2019년 하반기 기출복원문제   **91**

CHAPTER 07 2019년 상반기 기출복원문제   **98**

CHAPTER 08 2018년 하반기 기출복원문제   **106**

CHAPTER 09 2018년 상반기 기출복원문제   **114**

CHAPTER 10 2017년 하반기 기출복원문제   **127**

CHAPTER 11 2017년 상반기 기출복원문제   **139**

CHAPTER 12 2016년 하반기 기출복원문제   **150**

CHAPTER 13 2016년 상반기 기출복원문제   **160**

CHAPTER 14 2015년 하반기 기출복원문제   **168**

PART 3   **주요기업 기출복원문제**   **178**

별　책   **정답 및 해설**

PART 2 기출복원문제   **2**

PART 3 주요기업 기출복원문제   **56**

Add+

특별부록

CHAPTER 01 2023년 상반기 기출복원문제

CHAPTER 02 2022년 하반기 기출복원문제

2023년 상반기 기출복원문제

※ 다음은 L그룹의 정기주주총회에 대한 자료이다. 자료를 보고 이어지는 질문에 답하시오. **[1~4]**

〈제56기 정기주주총회〉

- 일시 : 2023년 ___㉮___ 월 ○○일(금) 13:30
- 장소 : 서울특별시 송파구 ○○○로 ○○ L타워 31층 컨퍼런스(Conference)실

총 발행주식수 (우선주 포함)	의결권 있는 주식수	참석 주식수		
		전체 주식수	ⓐ 최대주주 및 특수관계인 주식수	ⓑ 최대주주 및 특수관계인 외 주식수
105,896,861주	70,805,300주	52,632,633주	43,591,963주	9,040,670주

안건	찬성율	반대율	가결 여부
1. 제56기(2022년 1월 1일 ~ 2022년 12월 31일) 재무제표[이익잉여금 처분 계산서(안) 포함] 승인의 건	91.1%	0.9%	원안대로 가결
2. 〈정관〉 일부 개정의 건	99.7%	0.3%	원안대로 가결
3-1. 사내이사 신○○ 선임의 건	90.1%	9.9%	원안대로 가결
3-2. 사내이사 송○○ 선임의 건	99.2%	0.8%	원안대로 가결
3-3. 사내이사 고○○ 선임의 건	99.6%	0.4%	원안대로 가결
3-4. 사외이사 권○○ 선임의 건	99.6%	0.4%	원안대로 가결
3-5. 사외이사 이○○ 선임의 건	99.6%	0.4%	원안대로 가결
3-6. 사외이사 김○○ 선임의 건	99.6%	0.4%	원안대로 가결
4-1. 감사위원 김○○ 선임의 건	99.1%	0.9%	원안대로 가결
4-2. 감사위원 박○○ 선임의 건	99.1%	0.9%	원안대로 가결
5. 이사 보수한도 승인의 건	92.3%	7.7%	원안대로 가결
6. 자기주식(우선주) 소각을 위한 자본금 감소 승인의 건	99.7%	0.3%	원안대로 가결

〈정관〉

제5조(발행예정주식의 총수)

이 회사가 발행할 주식의 총수는 5억 주로 한다.

제7조(주식의 종류)

이 회사가 발행할 주식은 기명식 보통주식과 기명식 우선주식으로 한다. 이때 우선주식은 의결권이 없는 배당우선주로 한다.

제19조(소집 시기)

① 이 회사의 주주총회는 정기주주총회와 임시주주총회로 한다.

② 정기주주총회는 매 사업년도 종료 후 3월 이내에, 임시주주총회는 필요할 때 소집한다.

제20조(소집권자 및 대표이사 직무대행)

주주총회의 소집은 법령에 다른 규정이 있는 경우를 제외하고는 이사회의 결의에 따라 대표이사가 소집해야 한다. 다만, 대표이사의 유고 시에는 이사회에서 정한 순서에 따라 이사가 대표이사의 직무를 대행한다.

제29조(주주총회 의결의 방법)

주주총회의 결의는 법령에 다른 정함이 있는 경우를 제외하고는 출석한 주주의 의결권의 과반이 넘는 수로 하되, 발행주식총수의 4분의 1 이상의 수로 하여야 한다.

제31조(이사의 수)

① 이 회사의 이사는 3명 이상 ~ 9명 이하로 한다.

② 회사의 사외이사는 3명 이상으로 이사총수의 과반이 넘는 수로 한다.

01 위의 자료를 토대로 이해한 내용으로 가장 적절한 것은?

① 주주총회에 참석한 주식의 비율은 ⓐ가 ⓑ의 약 5배이다.

② 총 발행주식수 가운데 의결권 있는 주식수의 비율은 70%를 초과한다.

③ 정관에 따르면 L그룹은 최대 4억 주까지의 신주를 발행할 수 있다.

④ 의결권 있는 주식수 가운데 주주총회에 참석한 주식수의 비율은 73% 미만이다.

⑤ 정기주주총회 공고문에 제시된 사내이사 3명이 실제로 사내이사 전원이라면 유임된 사외이사는 최대 3명이다.

02 다음 〈보기〉 중 L그룹의 정기주주총회 공고문과 정관을 이해한 내용으로 적절한 것을 모두 고르면?

> **보기**
>
> ㉠ 어떠한 안건이든지 최소 26,474,216주 이상의 찬성을 얻어야 가결될 수 있다.
> ㉡ 발행주식총수 중에서 의결권이 없는 주식은 그렇지 않은 주식의 0.5배 이상이다.
> ㉢ '사내이사 신○○ 선임의 건'에 찬성한 주식수와 반대한 주식수의 차이는 약 4,221만 주이다.
> ㉣ 제56기 정기주주총회가 소집될 수 있는 시기로 ㉮에 들어갈 수 있는 월은 4월부터 5월까지이다.

① ㉠, ㉡

② ㉠, ㉢

③ ㉠, ㉣

④ ㉡, ㉢

⑤ ㉡, ㉣

03 다음 자료에 나타난 표현 중 우리말 어법에 적절한 것은?

① 컨퍼런스(Conference)
② 찬성율
③ 사업년도
④ 유고 시에는
⑤ 과반이 넘는 수

04 다음 〈보기〉 중 L그룹의 정관을 이해한 내용으로 적절하지 않은 것을 모두 고르면?

> **보기**
> ㉠ 주주총회를 소집하려고 할 때 이사회의 결의가 반드시 필요한 것은 아니다.
> ㉡ 대표이사가 임시주주총회를 소집할 수 있는 횟수는 매 분기마다 1회로 제한된다.
> ㉢ 대표이사가 궐위된 때에는 주주총회의 의결로 감사위원 중 1인이 대표이사의 직무를 대행할 수 있다.
> ㉣ 발행주식총수의 25% 미만이 주주총회에 참석하더라도 절반이 넘는 수가 찬성하는 안건은 주주 총회에서 가결될 수 있다.

① ㉠, ㉡
② ㉡, ㉢
③ ㉢, ㉣
④ ㉡, ㉢, ㉣
⑤ ㉠, ㉡, ㉢, ㉣

※ 다음은 세계 에너지 수요 현황 및 전망에 관한 표와 보고서이다. 자료를 보고 이어지는 질문에 답하시오.
[5~8]

〈세계 에너지 수요 현황 및 전망〉

(단위 : *QBTU / %)

구분		현황			전망			연평균 증가율
		1990년	2000년	2010년	2015년	2025년	2035년	(2015 ~ 2035년)
OECD	북미	101	120	121	126	138	149	0.9
	유럽	70	81	81	84	89	92	0.5
	아시아 / 오세아니아	27	37	38	39	43	45	0.8
	소계	198	238	240	249	270	286	0.7
비(非) OECD	유럽	67	50	51	55	63	69	1.3
	아시아 / 오세아니아	58	122	133	163	222	277	3.5
	아프리카	10	14	14	17	21	24	2.1
	중남미	15	23	23	28	33	38	1.8
	소계	150	209	221	263	339	408	2.8
합계		348	447	461	512	609	694	1.8

*QBTU(Quadrillion British Thermal Units) : 1BTU는 1파운드의 물을 1˚F 올리는 데 필요한 열량(=1,055J)을 뜻하며, Quadrillion은 '1,000조'를 가리킴(1QBTU=1,055조J)

〈보고서〉

전 세계 에너지 수요는 2010년 461QBTU에서 2035년 694QBTU로 50% 이상 증가할 것으로 전망된다. Ⓐ 이 기간 중에 국제 유가와 천연가스 가격 상승이 예측되어 장기적으로 에너지 수요를 다소 둔화시키는 요인으로 작용하겠으나, 비(非)OECD 국가들의 높은 경제성장률과 인구증가율로 인해 세계 에너지 수요 증 가율은 높은 수준을 유지할 것이다.

OECD 국가들의 에너지 수요는 2015 ~ 2035년 기간 중 연평균 0.7%씩 증가할 것으로 전망되어 2035년에는 2010년에 비해 19.2% 늘어날 것으로 예상된다. 반면, 같은 기간 비OECD 국가들의 에너지 수요는 연평균 2.8%씩 증가하여 2035년에는 2010년에 비해 84.6%나 늘어날 것으로 예상된다.

비OECD 국가들 중에서도 중국과 인도의 경제성장률이 가장 높게 전망되고 있으며, 두 국가의 2035년 에너지 수요는 2010년 수준보다 2배 이상으로 증가하여 전 세계 에너지 수요의 25%를 점유할 것으로 예측되고 있다. 한편 전 세계에서 미국의 에너지 수요가 차지하는 비중은 2010년 22%에서 2035년 17%로 줄어들 것으로 보인다.

05 다음 〈보기〉 중 위의 보고서를 작성하기 위해 추가로 이용한 자료를 모두 고르면?

> **보기**
>
> ㉠ 1990 ~ 2035년 국제 유가와 천연가스 가격 현황 및 전망
> ㉡ 1990 ~ 2035년 국가별 경제성장률 현황 및 전망
> ㉢ 1990 ~ 2035년 국가별 인구증가율 현황 및 전망
> ㉣ 1990 ~ 2035년 국가별 에너지 생산 현황 및 전망

① ㉠, ㉡   ② ㉠, ㉣

③ ㉢, ㉣   ④ ㉠, ㉡, ㉢

⑤ ㉡, ㉢, ㉣

06 다음 〈보기〉는 위 자료에서 밑줄 친 Ⓐ와 관련한 기사를 검색한 내용이다. 〈보기〉의 ㉠ ~ ㉤에 들어갈 관용적 표현으로 적절하지 않은 것은?

> **보기**
>
>

예측하기 어려운 국제 유가 시나리오, 올해 전망은?
– 지난해의 '유가 하락' 예측과 달리 우상향

>
> 세계 경제 조류와 유가 사이의 상관관계는 '__㉠__' 같은 측면이 있다. 호황 시에는 에너지에 대한 수요가 확대되어 유가 상승 가능성 또한 높아진다. 그러나 불황 시에는 소비가 위축되어 에너지 가격 또한 하락할 수 있다. 다만 현실에서 국제 유가는 석유 수출국과 수입국 사이의 복잡다단한 이해 관계가 맞물리고 지정학적 요인 등의 여러 변수가 관여한다는 점에서 수요와 공급의 원칙을 토대로 한 예측을 '확신'하는 것은 위험하다. 이처럼 __㉡__ (이)라는 한자성어처럼 미래를 예측하기 어렵다고 하더라도 세계 주요 에너지 기구나 기관들이 정기적으로 발표하는 유가 전망은 __㉢__ (으)로 삼을 만하다. 이러한 조직에서 제시한 유가 전망의 그 배경과 변수들을 짚어보자.
>
> 석유수출기구(OPEC), IEA(국제에너지기구), 미국 에너지정보청(EIA) 등은 매월 원유, 천연가스 등을 포함한 전 세계 에너지 시장 동향 분석 보고서를 공개하고 있는데, 바로 1개월 전에 발표한 예측을 크게 바꾸는 등 __㉣__ 하는 일이 잦다. 이는 에너지 수급을 둘러싼 국제 정세의 급변으로 미래를 정확히 예측할 수 없기 때문이다. 일례로, 에너지정보청은 2012년 말 공개한 보고서에서 코로나19로 인한 각국 정부의 이동 제한 조치 때문에 석유 수요가 줄어들 것으로 예상해 2022년 평균 브렌트유 가격의 하락을 예상했으나 실제로는 예상과 반대로 우상향했다. 이는 지난해 2월 러시아가 우크라이나를 침략한 사태를 계기로 미국과 유럽 등의 서방 국가들이 러시아에 대한 경제 제재에 나서면서 석유, 천연가스 수출을 제한하기 시작했는데, 도리어 러시아가 에너지 자원을 무기로 삼아 반격하면서 전 세계적으로 심각한 에너지 수급난이 발생한 것도 국제유가 급등의 원인이 되었다. 한편 이러한 에너지 패권 싸움의 불똥이 한국으로 크게 튈 수 있다. 이럴수록 각자도생 (各自圖生)을 명심해 한국이 '__㉤__'(이)라는 관용구처럼 되지 않도록 철저히 대비해야 한다.

① ㉠ : 동전의 양면   ② ㉡ : 전가통신(錢可通神)

③ ㉢ : 시금석(試金石)   ④ ㉣ : 조변석개(朝變夕改)

⑤ ㉤ : 고래 싸움에 새우 등 터진다.

07 다음 중 자료의 표에서 제시된 내용을 분석한 것으로 적절하지 않은 것은?

① 2010년 현황과 2035년 전망을 비교하면 2010년 대비 2035년 에너지 수요 증가량은 유럽 지역의 비OECD 국가가 같은 지역의 OECD 국가의 약 1.63배일 것이다.

② 2010년 현황과 2035년 전망을 비교하면 아시아 / 오세아니아 지역의 비OECD 국가가 전체 에너지 수요 합계 중에서 차지하는 비중은 1.38배 정도 증가할 것이다.

③ 2010년 현황과 2035년 전망을 비교하면 아시아 / 오세아니아 지역의 OECD 국가가 전체 에너지 수요 합계 중에서 차지하는 비중은 2.0%p 이상 감소할 것이다.

④ 2015년부터 2035년까지 비OECD 국가의 에너지 수요 연평균 증가율은 같은 기간 동안의 OECD 국가의 연평균 증가율의 4배이다.

⑤ 2036년에도 세계 에너지 수요가 2015 ~ 2035년 연평균 증가율과 동일하게 상승한다면, 2036년에 북미 지역 OECD 국가의 에너지 수요 비중은 전체 합계의 21%가 넘을 것이다.

08 다음 〈보기〉 중 위의 자료를 토대로 이해한 내용으로 적절한 것을 모두 고르면?

> **보기**
> ⓐ 2035년에는 중국과 인도 중에서 인도의 에너지 수요 비중이 중국보다 더욱 클 것으로 예상된다.
> ⓑ 미국은 2010년에 비해 2035년에는 16% 이상의 양의 에너지가 필요하게 될 것으로 예상된다.
> ⓒ 2035년 전 세계 에너지 수요는 OECD 국가들보다 비(非)OECD 국가들의 영향을 크게 받을 것으로 예상된다.
> ⓓ 2015년 대비 2035년의 비(非)OECD 국가들의 에너지 수요는 OECD 국가들의 경우에 비해 4배 미만으로 증가할 것이다.

① ⓐ, ⓑ
② ⓐ, ⓒ
③ ⓑ, ⓒ
④ ⓑ, ⓓ
⑤ ⓒ, ⓓ

※ 다음은 자동차 수출 현황에 관한 기사이다. 자료를 보고 이어지는 질문에 답하시오. [9~12]

〈3월 자동차 수출, 역대 최고 65억 달러〉

산업통상자원부에서 집계한 2023년 3월 자동차산업 동향에 따르면 전년 동월 대비 자동차 생산 대수는 35.6%, 국내 판매 대수는 19.6%, 수출 대수는 48.0% 증가한 것으로 나타났다. 수출액 기준으로 보면 완성차 수출은 전년 동월 대비 64.1% 증가한 반면, 부품 수출의 경우 5.3% 감소했다.

2023년 3월 자동차 생산 · 수출 현황					
구분	2023년 3월	전년 동월 대비 (2022년 3월)	전월 대비 (2023년 2월)	2023년 1~3월	전년 동기 대비 (2022년 1~3월)
생산(대)	409,806	35.6%	17.9%	1,064,249	27.1%
내수(대)	165,851	19.6%	12.8%	429,474	15.2%
국산차(대)	140,748	26.7%	12.4%	366,501	18.9%
수입차(대)	25,103	△9.0%	15.4%	62,973	△2.7%
수출(대)	262,341	48.0%	17.6%	684,009	30.8%
차 수출액 (백만 달러)	6,518	64.1%	16.5%	17,099	44.1%
부품 수출액 (백만 달러)	2,059	△5.3%	2.1%	5,801	△3.5%

특히 3월 생산량은 차량용 부품 공급 정상화 등에 따라 40만 대 이상으로 집계되었는데, 월 생산 40만 대를 넘어선 것은 2017년 3월 40.7만 대를 기록한 이후 처음이다. 내수 판매의 경우 대기 수요를 바탕으로 생산량을 ⊙ 늘인 것도 증가세의 원동력으로 ⓒ 지적된다.

2022년 8월 ~ 2023년 3월 자동차 · 친환경차 수출 현황								
구분	2022년					2023년		
	8월	9월	10월	11월	12월	1월	2월	3월
자동차 수출량(만 대)	16.7	19.5	20.8	21.8	21.8	19.9	22.3	26.2
자동차 수출액(억 달러)	41.1	47.8	49.1	53.7	54.2	49.8	56.0	65.2
친환경차 수출량(만 대)	4.1	4.9	5.3	4.9	5.5	5.5	6.3	7.2
친환경차 수출액(억 달러)	12.2	14.1	14.5	14.8	17.6	17.9	20.2	22.7

3월 해외로 수출된 자동차는 국산 브랜드의 글로벌 판매 호조 등에 따라 26만 대 이상인 것으로 집계되었는데, 이는 2016년 12월 29.8만 대 이후 최고치이며, 전기차를 비롯한 수출단가가 높은 친환경차 수출 증가로 수출액은 지난 2월에 이어 역대 최고치를 ⓒ 경신했다. 아울러 수출 상승세를 이끄는 친환경차(승용 기준) 수출 역시 역대 최초로 7만 대를 넘어서 수출량과 수출액 모두 ⓔ 역대급을 기록했다.

미국 내 전기차, 수소차, 플러그인 하이브리드 수출 및 판매 현황								
구분	2022년					2023년		
	8월	9월	10월	11월	12월	1월	2월	3월
수출(천 대)	5.5	5.6	6.5	10.5	10.3	10.8	13.3	14.4
판매(천 대)	5.5	4.0	4.4	3.8	5.0	5.3	6.6	7.5

한편, 미국 IRA 세액공제 적용 대상 차종인 전기차, 수소차, 플러그인 하이브리드의 미국 내 판매량은 2022년 12월부터 회복 추세를 보이고 있으며, 2023년 3월 수출은 1.44만 대로 역대 최고 기록을 깬 것으로 잠정 집계되었다. 이는 북미산이 아니더라도 IRA ⓜ 수혜를 받을 수 있는 상업용 판매 비중이 2022년 약 5%에서 2023년 1분기 28%(잠정)까지 증가하였기 때문으로 풀이된다.

09 다음 〈보기〉 중 위 자료의 '2023년 3월 자동차 생산 · 수출 현황' 표에서 제시된 내용을 분석한 것으로 옳지 않은 것을 모두 고르면?

> **보기**
>
> ㉠ 2022년 3월 부품 수출액은 약 21억 7,000만 달러 미만이다.
> ㉡ 2022년 1분기의 자동차 수출 대수는 52만 2,000대 이상이다.
> ㉢ 2023년 1월의 자동차 수출액은 2023년 1분기 중에서 30% 이상을 차지한다.
> ㉣ 전월 대비 상승률이 절반으로 감소한다면 2023년 4월에는 44만 6,500대에 육박하는 자동차가 생산될 것이다.

① ㉠, ㉡
② ㉠, ㉢
③ ㉠, ㉣
④ ㉡, ㉢
⑤ ㉡, ㉣

10 다음 〈보기〉 중 위 자료의 '2022년 8월 ~ 2023년 3월 자동차 · 친환경차 수출 현황' 표에서 제시된 내용을 분석한 것으로 옳지 않은 것을 모두 고르면?(단, 비율은 소수점 셋째 자리에서 버림한다)

> **보기**
>
> ㉠ 2022년 9월부터 2023년 3월까지 친환경차 수출량 및 수출액의 전월 대비 증감 추이는 동일하다.
> ㉡ 2022년 9월부터 2023년 3월까지 자동차 수출량과 친환경차 수출량의 전월 대비 증감 추이는 동일하다.
> ㉢ 2023년 4월 자동차 수출량의 전월 대비 증가율이 같은 해 1분기 각 월의 증가율 평균과 같다면 2023년 4월에는 약 28만 대의 자동차가 수출될 것이다.
> ㉣ 2023년 4월 친환경차 수출액의 전월 대비 증가율이 같은 해 1분기 각 월의 증가율 평균과 같다면 2023년 4월의 친환경차 수출액은 약 24억 7,000만 달러를 기록할 것이다.

① ㉠, ㉡
② ㉠, ㉢
③ ㉠, ㉣
④ ㉡, ㉢
⑤ ㉡, ㉣

11 다음 중 제시된 자료의 내용으로 적절하지 않은 것은?

① 2023년 1분기에는 2022년 같은 분기에 비해 자동차 부품 수출액이 3% 이상 증가하였다.

② 2023년 3월에는 2022년 3월에 비해 완성차의 생산, 국내외 판매 대수, 수출액 등이 모두 호조를 이루었다.

③ 2022년 8월 대비 2023년 3월의 미국의 IRA 세액공제 적용 대상 차종의 수출량 증가율은 같은 시점에서의 자동차 판매 대수 증가율의 4.4배 이다.

④ 2022년 8월 대비 2023년 3월의 친환경차 수출액 증가율은 같은 시점에서의 자동차 수출액 증가율의 1.4배 이다.

⑤ 2017년 4월부터 2023년 2월까지 월간 자동차 생산 대수가 40만 대를 넘지 못한 원인 중 하나는 자동차 부품 수급이 원활하지 못했기 때문이다.

12 위의 자료에서 밑줄 친 ㉠~㉤을 우리말 어법에 맞게 다듬은 것으로 적절하지 않은 것은?

① ㉠ : 늘인 → 늘린

② ㉡ : 지적된다 → 꼽힌다, 평가된다

③ ㉢ : 경신했다 → 갱신했다

④ ㉣ : 역대급을 기록했다 → 역대 최고인 것으로 나타났다

⑤ ㉤ : 수혜를 받을 → 혜택을 받을

※ 다음은 청년실업 문제에 대한 기사와 정부 관계자들의 주장이다. 제시문을 읽고 이어지는 질문에 답하시오. [1~3]

> 정부가 향후 3~4년을 청년실업 위기로 판단한 것은 에코세대(1991~96년생·베이비부머의 자녀세대)의 노동시장 진입 때문이다. 에코세대가 본격적으로 취업전선에 뛰어들면서 일시적으로 청년실업 상황이 더 악화될 것이란 인식이 강화된 것이다.
> 2021년을 기점으로 청년인구가 감소하기 시작하면 청년실업 문제가 일부 해소될 것이란 정부 전망도 이런 맥락에서 나왔다. 고용노동부 고용정책실장은 15일 "2021년 이후 인구문제와 맞물리면 청년 고용시장 여건은 좀 더 나아질 것이라 생각한다."라고 말했다.
> 그러나 청년인구 감소가 청년실업 문제 완화로 이어질 것이란 생각은 지나치게 낙관적이라는 지적이다. 한국노동연구원 부연구위원은 "지금의 대기업과 중소기업, 정규직과 비정규직 간 일자리 질의 격차를 해소하지 않는 한 청년실업 문제는 더 심각해질 수 있다."라고 우려했다. 일자리 격차가 메워지지 않는 한, 질 좋은 직장을 구하기 위해 자발적 실업상황조차 감내하는 현 청년들의 상황이 개선되지 않을 것이란 설명이다.
> 한국보다 먼저 청년실업 사태를 경험한 일본을 비교대상으로 거론하는 것도 적절치 않다는 지적이 나온다. 일본의 경우 청년인구가 줄면서 청년실업 문제는 상당 부분 해결됐다. 하지만 이는 '단카이 세대'(1947~49년에 태어난 일본의 베이비부머)가 노동시장에서 빠져나오는 시점과 맞물렸기 때문에 가능했다. 베이비부머가 1~2차에 걸쳐 넓게 포진된 한국과는 상황이 다르다는 얘기다.
> 부연구위원은 "일본에서도 (일자리) 질적 문제는 나타나고 있다."며 "일자리 격차가 큰 한국에선 문제가 더 심각하게 나타날 수 있어 중장기적 대책이 필요하다."라고 말했다.

> - (○○○ 기재부 1차관) '구구팔팔'(국내 사업체 중 중소기업 숫자가 99%, 중기 종사자가 88%란 뜻)이란 말이 있다. 중소기업을 새로운 성장동력으로 만들어야 한다. 취업에서 중소기업 선호도는 높지 않다. 여러 가지 이유 중 임금 격차도 있다. 청년에게 중소기업에 취업하고자 하는 유인을 줄 수 있는 수단이 없다. 그 갭을 메워 의사 결정의 패턴을 바꾸자는 것이다. 계속 지속할 수는 없다. 앞으로 에코세대의 노동시장 진입하는 4년 정도가 중요한 시기다.
> - (○○○ 고용노동부 고용정책실장) 올해부터 3~4년은 인구 문제가 크다. 수요·공급 문제가 있다. 개선되는 방향으로 가더라도 '에코세대' 대응까지 맞추기 쉽지 않다. 집중 투자 해야 한다. 3~4년 후에는 갭을 줄여가기 위한 대책도 병행하겠다. 이후부터는 청년의 공급이 줄어들기 때문에 인구 측면에서 노동시장에 유리한 조건이 된다.

01 제시문의 내용으로 미루어 볼 때, 정부 관계자들은 청년 고용시장에 대해 어떠한 태도를 취하고 있다고 볼 수 있는가?

① 올해를 가장 좋지 않은 시기로 평가하고 있다.
② 현재 회복국면에 있다고 판단하고 있다.
③ 실제 전망은 어둡지만, 밝은 면을 강조하여 말하고 있다.
④ 에코세대의 노동시장 진입을 통해 청년실업 위기가 해소될 것으로 기대한다.
⑤ 한국의 상황이 일본보다 낫다고 평가한다.

02 청년실업 문제를 해결하고자 다음 〈조건〉에 따라 L사 채용을 진행한다. 전체 지원자가 120명이라면, 이 중 회계 부서 지원자는 몇 명인가?

> **조건**
> • L사는 기획, 영업, 회계 부서에서 채용모집을 공고하였으며, 전체 지원자 중 신입직은 경력직의 2배였다.
> • 신입직 중 기획 부서에 지원한 사람은 30%이다.
> • 신입직 중 영업 부서와 회계 부서에 지원한 사람의 비율은 3:1이다.
> • 기획 부서에 지원한 경력직은 전체의 5%이다.
> • 전체 지원자 중 50%는 영업 부서에 지원하였다.

① 14명   ② 16명
③ 28명   ④ 30명
⑤ 45명

03 A씨는 해외 청년 일자리에 대해서 알아보다가 L사의 해외사업연계 청년채용 지원 사업 업무 협약식에 관련된 기사를 보았다. 이 글을 읽은 A씨의 반응으로 적절하지 않은 것은?

> L사는 11일 본사에서 Z사와 「K-Move 스쿨(연수과정) 개설 및 해외사업연계 청년채용 지원 사업 업무 협약식」을 개최하였다고 밝혔다.
>
> 본 협약은 국내 유수의 청년 인재를 선발하여 K-Move 스쿨 개설 및 맞춤 연수를 시행한 후 L사가 투자 및 운영자로 참여하고 있는 해외법인(인도네시아, 자메이카 등)에 취업을 지원하는 「청년 일자리 창출을 위한 해외사업연계 취업 지원 사업」의 첫걸음이다. 이를 위해 L사는 K-Move 스쿨 연수생 선발·맞춤연수 시행·해외 법인과의 협의를 통한 취업연계와 같은 지원을, Z사는 연수비용 일부 및 취업 장려금을 지원하게 된다.
>
> K-Move 스쿨 맞춤형 연수과정의 첫 취업처는 L사가 투자하여 건설 중인 회사(TPI)*이며 최종적으로 10명이 선발되어 한국발전교육원 및 당진 발전기술 EDU센터에서 3개월(2022.9 ~ 2022.12)의 교육을 받고 취업하게 된다.
>
> 이날 협약식에 참석한 L사 관계자는 "이번 협약을 계기로 실질적인 국내 청년 인재의 해외취업이 이루어져 '국내 청년 해외일자리 창출'의 모범사례가 될 수 있기를 바란다."며 "앞으로도 L사는 국내외 청년 일자리 창출을 위해 최선의 노력을 다하겠다."라고 말했다.
>
> L사는 청년 인재들이 해외사업장에 취업하는 것뿐만 아니라 해당 국가의 고급 기술 인력으로 거듭날 수 있도록 지속적인 지원을 아끼지 않을 예정이다.
>
> * TPI : 내년 초 인도네시아 칼셀 석탄화력 발전사업 프로젝트 회사(TPI; Tanjung Power Indonesia) 취업을 목표로 연수생 선발 모집공고를 2022년 8월 중 시행할 예정임

① 첫 취업처는 인도네시아 석탄화력 발전사업 회사네. 지금이 9월 초니깐 모집이 끝났는지 확인해 봐야겠어.

② 해외사업연계 취업 지원 사업과 K-Move 스쿨은 시행처가 다르니 잘 보고 지원해야겠어.

③ K-Move 최종합격 후에는 한국발전교육원과 당진 발전기술 EDU센터에서 교육을 받게 되는구나.

④ Z사에서 연수비용 일부와 취업 장려금을 지원해주니 부담이 없겠어.

⑤ L사는 청년 인재들을 위한 지원을 앞으로도 계속하겠구나.

※ 다음은 L사의 '리튬이온배터리 취급 시 주의사항에 대한 소비자 안내사항' 초안이다. 다음을 읽고 이어지는 질문에 답하시오. [4~6]

〈사용 및 취급 시 주의사항〉

1. 배터리를 장착한 장비 사용 시, 사용자 매뉴얼을 참조하시오.
2. 배터리 충전 전에 충전기 설명서를 참조하십시오.
3. 충전 시간은 매뉴얼에 기재된 시간을 초과하여선 안 됩니다.
4. 배터리가 장시간 동안 충전기로 충전이 되지 않을 시, 충전을 멈추십시오.
5. 배터리는 반드시 동작 온도 범위(0 ~ 50℃)에서 충전하여야 합니다.
6. 배터리는 반드시 동작 온도 범위(-20 ~ 75℃, 배터리 표면 온도 기준)에서 사용하여야 합니다.
7. 팩 제조 시 양극(+)과 음극(-) 방향을 확인하십시오.
8. 배터리 연결용 금속판 또는 wire가 팩 조립을 위해 연결되었을 때, 단락이 되지 않도록 절연 상태를 확인하십시오.
9. 배터리는 반드시 낱개로 분리하여 따로 보관해야 합니다.
10. 배터리를 장기간 보관을 위해서는 반드시 저온 저습한 곳에 두어야 합니다.
11. 배터리를 직사광선 및 열에 노출시키지 마십시오.
12. 배터리를 보호 장치가 손상될 수 있는 고전압 환경에서 사용하지 마십시오.
13. 처음 사용할 때 배터리에 녹이나 냄새가 감지되면 즉시 제품을 판매자에게 반품하십시오.
14. 배터리를 어린 아이나 애완동물에게 주지 마십시오.
15. 장기간 사용으로 배터리 수명이 짧아졌을 시, 새로운 배터리로 교체하십시오.
16. 배터리 연결용 금속판과 배터리 혹은 다른 부품들이 전기적 단락을 일으키지 않도록 절연처리 하십시오.
17. 배터리는 오직 팩 또는 시스템 제조 회사에서 취급/사용될 수 있습니다.
18. 배터리는 오직 배터리 팩 제조사 또는 시스템 통합 사업자에게만 판매될 수 있습니다. 개인 소비자가 배터리를 취급할 수 없으며, 개별 시장에서 개인소비자에게 판매될 수 없습니다(특히, 모든 종류의 전자담배 장치에 사용하는 것을 엄격하게 금지합니다).
19. 해당 배터리를 사용하여 다른 제품을 만들거나, 해당 배터리를 구매 또는 다른 장비에 사용하기 전에, 세부 사항을 설명하는 최신 제품 사양을 사전에 요청하고 확인하십시오.

---

04 다음 중 주의사항에 대해 이해한 것으로 가장 적절한 것은?

① 배터리는 애완동물에게는 위험 요소로 작용하지 않는다.
② 개인용 전자담배에 사용하는 경우, 예외적으로 개인이 배터리를 취급할 수 있다.
③ 배터리 충전 시 매뉴얼 상 충전 시간을 초과하여 충전하여서는 안 된다.
④ 제품의 수명이 다하기 이전이라면, 배터리 교체는 불필요하다.
⑤ 배터리는 배터리 표면 온도 기준 0 ~ 50℃의 범위에서 사용되어야 한다.

05 L사는 고객에게 단전지 사용과 관련하여 경각심을 일깨우기 위해 '단전지 소비자 안전 교육' 자료를 제작하고자 한다. 다음 〈보기〉의 설명 중 적절한 제안이 아닌 것을 모두 고르면?

> **보기**
>
> ㄱ. 단전지의 구체적 제조 과정에 대한 설명을 추가한다.
> ㄴ. 실제 사고 장면을 재현한 영상을 추가한다.
> ㄷ. 단전지 사용 제품 구매를 자제하여야 한다는 문구를 추가한다.
> ㄹ. 단전지 오용으로 인한 사고 피해자의 인터뷰를 추가한다.

① ㄱ
② ㄴ
③ ㄱ, ㄷ
④ ㄴ, ㄷ
⑤ ㄱ, ㄴ, ㄷ

06 다음은 배터리 취급과 관련하여 보증이 적용되지 않는 법적 제외 사항에 대한 안내 자료이다. 다음 〈보기〉 중 적절하지 않은 것을 모두 고르면?

> 〈법적 제외 사항〉
>
> L사 에너지솔루션이 아닌 제 3자 혹은 L사 에너지솔루션의 허가를 받은 L사 에너지솔루션 대리인에 의한 배터리 또는 팩의 정상적인 마모, 부적절한 유지 보수, 취급, 보관 결함이 있는 수리, 수정으로 인한 결함 및 본문에 제공된 제품 사양을 준수하지 않거나 다음을 포함하되 이에 국한되지 않는 부적절한 사용 또는 설치에 대해서는 보증이 적용되지 않습니다.
> 1. 운송 또는 보관 중 손상
> 2. 팩 또는 시스템 내에 부적절하게 배터리 결합한 경우
> 3. 부적절한 환경에서 배터리 또는 팩을 사용한 경우
> 4. 본문에 명시되지 않은 제품 회로 또는 부적절하거나, 부정확한 충/방전 시
> 5. 부정확하거나 부적절한 사용의 경우
> 6. 불충분한 환기
> 7. 적용 가능한 안전 경고 및 지시사항 무시
> 8. 허가 받지 않은 직원에 의한 수리 또는 변경 시도
> 9. 불가항력의 경우(예 번개, 폭풍우, 홍수, 화재, 지진 등)
> 본문에 명시된 것 이외의 묵시적 또는 명시적 보증은 없습니다. L사 에너지솔루션은 제품 사양, 배터리 또는 팩과 관련하여 발생하는 필연적 또는 간접적인 손해에 대해 책임지지 않습니다.

> **보기**
>
> ㄱ. 장기간 정상적인 사용에 따른 배터리 성능 저하의 경우, 보증을 적용받을 수 있다.
> ㄴ. 사설 수리업체에서 배터리 관련 수리를 받던 중 파손된 경우에도 보증을 적용받을 수 있다.
> ㄷ. 지진 발생에 따른 사물 간 충격으로 배터리에 화재가 발생한 경우는 보증 적용 대상에 해당한다.
> ㄹ. 운송 중 배터리가 물리적으로 파손된 경우에는 보증을 적용받을 수 없다.

① ㄱ, ㄴ
② ㄱ, ㄷ
③ ㄴ, ㄷ
④ ㄴ, ㄹ
⑤ ㄷ, ㄹ

※ 고객관리팀에서 근무하는 귀하는 A주임으로부터 고객 멤버십 제도를 검토해달라는 메일을 수신하였다.
첨부된 멤버십 관련 내용이 다음과 같을 때, 다음을 읽고 이어지는 질문에 답하시오. [7~9]

〈롯데기업 멤버십 안내〉

운영매장	3년 무상 서비스 (VIP 멤버십)	포인트 적립 (행사 진행시)	포인트 사용
롯데.COM	네	네	네
롯데기업 SHOP	네	네	네
롯데 · AK · 갤러리아 신세계 · 현대 백화점 등	네	아니오	아니오
홈플러스	네	아니오	아니오
이마트	네	아니오	아니오
롯데하이마트	네	아니오	아니오
전자랜드	네	아니오	아니오
시그니처 키친 스위트 쇼룸	네	아니오	아니오
롯데기업 서비스센터	해당 없음	아니오	네

※ 포인트는 제품 구매처가 달라도 전국 SHOP 매장에서 적립 / 사용이 가능(백화점, 대형마트 등 입점매장 제외)
※ 1포인트 이상 적립 시 현금처럼 사용 가능(1포인트＝현금 1원과 동일)
※ 롯데.COM에서 상품 구매 시 현금처럼 사용 가능(롯데기업 서비스센터 수리 또는 렌탈 구매 시에도 가능)
※ 멤버십 포인트의 유효기간은 롯데.COM에 로그인 후, 마이페이지>멤버십 포인트 조회에서 확인 가능

〈롯데기업 VIP 멤버십 안내〉

```
STEP 1.           STEP 2.          STEP 3.          STEP 4.
SHOP, 제휴매장에서  →  1년간 500만 원  →  우수고객 지정  →  무상 A/S혜택 부여
제품 구입            이상 구매
```

VIP 멤버십 제휴 매장

롯데.COM, 롯데기업 SHOP, 현대 백화점, 롯데백화점, 신세계 백화점, AK 백화점, 갤러리아 백화점, 이마트, 롯데하이마트, 홈플러스, 전자랜드, 시그니처 키친 스위트 쇼룸

• 일반 멤버십 혜택 기본 제공
• 무상 A/S 안내
  롯데기업 멤버십 VIP고객 대상으로 TV/냉장고/세탁기/에어컨/김치냉장고 5대 제품의 무상 서비스를 제공합니다.
  – TV : LED, LCD, PDP, 울트라HD, 올레드(벽걸이/스탠드 자재 제외)
  – 김치냉장고 : 김치냉장고 전제품
  – 세탁기 : 트윈워시, 트롬, 통돌이, 미니세탁기, 워시타워(건조기 포함)
    ＊세탁기 받침대 제외, 스타일러 / 건조기단품 제외
  – 냉장고 : 상냉장, 양문형, 정수기냉장고, 일반, 냉동고, 와인셀러
  – 에어컨 : 스탠드, 벽걸이, 일반 냉난방기, 시스템 에어컨(배관자재 제외)

※ VIP고객 달성 시점으로부터 1년 전에 구매한 5가지 제품(TV, 냉장고, 세탁기, 에어컨, 김치냉장고)에 한하여 무상 A/S 혜택 부여
※ VIP 기간 종료 후, 추가 구매를 하시어 1년간 구매금액 기준 5백만 원 이상이 되어야 VIP 멤버십 기간이 자동 연장됨
※ 한 번 3년 무상 처리된 제품은 추가 연장되지 않음
※ 유의사항 안내
  – 무상 서비스 기간 : 설치 일자 기준 3년 적용
  – 멤버십 등급 산정 : 멤버십 가입한 고객의 1년간 구매금액 합산 관리
  – 고장성 불량에 한해서 적용(소비자 과실에 의한 서비스는 미적용), 온라인 몰 및 홈쇼핑 구매제품 제외
※ A/S에 소요되는 시간은 수리 담당 센터 사정 및 수리내용에 따라 상이하므로 별도 안내

07 다음 중 현행 멤버십 제도에 대한 설명으로 가장 적절한 것은?

① 적립된 포인트의 사용 가능 여부는 모든 롯데기업 멤버십 운영매장에서 동일하다.
② VIP 기간 종료 후, 연장 신청을 한다면 추가 구매 없이 1년간 연장이 가능하다.
③ VIP 멤버십에 해당되더라도 정수기냉장고 제품은 무상 서비스를 제공받을 수 없다.
④ 적립된 멤버십 포인트는 롯데기업 서비스센터에서 렌탈 구매를 하는 경우에도 사용가능하다.
⑤ VIP 멤버십에 따른 무상 서비스는 제품 구매일로부터 3년 이내라면 사유와 관련 없이 제공된다.

08 B고객으로부터 다음과 같은 내용의 고객지원 요청이 접수되었다. 고객에 대한 정보가 아래와 같을 때, 현행 멤버십 제도하에서 해당 고객에 대한 설명으로 적절하지 않은 것은?

〈고객지원 요청〉

• 고객명 : B
• 일시 : 2022. 08. 21. 14:21
• 내용 : 지난달에 신세계 백화점에서 롯데기업의 TV 1대를 구매하였습니다. 그런데 어제부터 화면 하단부가 표시되지 않네요. 무상으로 A/S를 받을 수 있을까요? 아직 수리를 받은 적이 없고, 저는 작년 11월에 VIP 멤버가 되었다는 메일을 받았습니다.
A/S가 무상으로 불가능하다면 비용이 얼마인지, A/S에 시간은 얼마나 걸릴지도 궁금합니다. 그리고 함께 구매한 TV스탠드도 도색이 벗겨져서 같이 A/S 받고 싶습니다.

① B가 문의한 TV 1대는 무상 A/S 서비스 대상에 해당하므로 별도 수리비용이 발생하지 않는다.
② B는 A/S를 요청한 제품들 전체에 대해 무상으로 서비스를 제공받을 수 있다.
③ B가 요청한 무상 A/S 서비스가 제공되더라도, 수리에 소요되는 시간에 대하여는 정확한 답변이 불가능하다.
④ B의 VIP 멤버십은 문의일 현재 유효하다.
⑤ B는 2020년 11월 이후 롯데기업 제품을 500만 원 이상 구매하였다.

09 고객관리팀은 고객들의 민원 종합 결과, VIP 멤버십이 일반 멤버십 혜택에 더해 제공받는 추가혜택이 부족하다고 판단하여 개선 방안을 전달하고자 한다. 다음 〈보기〉의 제안 중 VIP 멤버십 혜택 확장 방안으로 적절하지 않은 것을 모두 고르면?

보기

ㄱ. 포인트 사용 가능처를 백화점 내 입점매장에서 확대한다.
ㄴ. VIP 멤버십 획득을 위한 구매금액 요건을 5백만 원 이상에서 3백만 원 이상으로 완화한다.
ㄷ. 제품의 무상 처리 기한을 1회 연장할 수 있는 기회를 부여한다.
ㄹ. 무상 A/S 서비스 제공 대상인 제품의 종류를 확대한다.

① ㄱ, ㄴ   ② ㄱ, ㄷ
③ ㄴ, ㄷ   ④ ㄴ, ㄹ
⑤ ㄷ, ㄹ

※ 다음은 L사에서 주관하는 신혼부부 매입임대주택 예비입주자의 모집공고이다. 이어지는 질문에 답하시오. [10~12]

〈신혼부부 매입임대주택 예비입주자 모집일정〉

• 예비입주자 모집일정
  입주자 모집공고 → 신청접수 → 서류심사 대상자 발표 → 서류제출 → 예비입주자 순번 발표
• 입주자 모집공고는 7월 31일부터 시작하여 10일(휴일 포함) 동안 진행한다.
• 신청접수는 근무일 5일, 서류제출은 근무일 3일이 소요되고, 나머지 단계는 근무일 1일이 소요된다.
• 예비입주자 모집일정의 각 단계는 휴일 제외 1일 이하의 간격을 두고 진행한다.
• 예비입주자 모집일정은 8월 24일까지 완료하고자 한다.

〈8월〉

일요일	월요일	화요일	수요일	목요일	금요일	토요일
						1
2	3	4	5	6	7	8
9	10	11	12	13	14	15
16	17	18	19	20	21	22
23	24	25	26	27	28	29
30	31					

※ 근무일 1일만 소요되는 단계일 때 휴가는 불가능하며, 근무일이 3일 이상 소요되는 단계에서는 2일 이상 근무함

---

10 L사에 근무하는 M대리는 하계휴가를 8월 근무일 중에 연이어 3일을 신청하려고 한다. 예비입주자 모집일정 업무에 맞추어 연차를 신청한다고 할 때, 다음 중 모든 경우에서 M대리가 신청 가능한 휴가 기간은?(단, 근무일은 주중이다)

① 8월 2~4일   ② 8월 7~10일
③ 8월 11~13일   ④ 8월 17~19일
⑤ 8월 19~21일

11 다음은 연도별 신혼부부 매입임대주택 입주자의 근로 형태를 나타낸 자료이다. 이에 대한 설명으로 적절하지 않은 것은?(단, 소수점 첫째 자리에서 반올림한다)

〈연도별 신혼부부 매입임대주택 입주자의 근로 형태〉

구분	2017년	2018년	2019년	2020년	2021년
전업	68%	62%	58%	52%	46%
겸직	8%	11%	15%	21%	32%
휴직	6%	15%	18%	23%	20%
무직	18%	12%	9%	4%	2%
입주자 수(명)	300,000	350,000	420,000	480,000	550,000

① 전년 대비 전업자의 비율은 감소하는 반면, 겸직자의 비율은 증가하고 있다.
② 2021년 휴직자 수는 2020년 휴직자 수보다 많다.
③ 전업자 수가 가장 적은 연도는 2017년이다.
④ 2020년 겸직자 수는 2017년의 4.2배이다.
⑤ 2017년 휴직자 수는 2021년 휴직자 수의 16%이다.

12 신혼부부 매입임대주택의 1월과 6월의 난방요금 비율이 7 : 3이다. 1월의 난방요금에서 2만 원을 뺐을 때 그 비율이 2 : 1이면, 1월의 난방요금은?

① 10만 원
② 12만 원
③ 14만 원
④ 16만 원
⑤ 18만 원

01	02	03	04	05	06	07	08	09	10
⑤	②	④	⑤	④	②	③	③	②	①

11	12								
①	③								

01 　정답　 ⑤

정기주주총회 공고문에서 확인할 수 있는 이사진은 사내이사 3명(신○○, 송○○, 고○○), 사외이사 3명(권○○, 이○○, 김○○)으로 총 6명이다. 그런데 정관 제31조에 따르면 이사는 최대 9명까지 선임할 수 있으며(제1항), 사외이사는 9명 중 과반수로 한다(제2항). 이때 9명의 과반수는 5명이다. 따라서 사내이사가 3명이라면 사외이사는 5 ~ 6명을 선임할 수 있다. 정기주주총회에서 선임된 사외이사가 3명이므로 기존의 사외이사로서 유임된 이사는 2 ~ 3명이다.

오답분석

① 주주총회에 참석한 전체 주식수(52,632,633주) 가운데 ⓐ의 비율은 $\frac{43,591,963}{52,632,633}=0.8282\cdots$로 약 83%이다. 또한 ⓑ의 비율은

$\frac{9,040,670}{52,632,633}=0.1717\cdots$로 약 17%이다.

따라서 ⓐ는 ⓑ의 $83\div17=4.8823\cdots$, 즉 약 4.8배이다.

② 총 발행주식수는 105,896,861주이고, 그 가운데 의결권 있는 주식수는 70,805,300주이다.

따라서 총 발행주식수 가운데 의결권 있는 주식수의 비율은 $\frac{70,805,300}{105,896,861}=0.6686\cdots$로 약 67%이다.

③ 정관 제5조에 따르면 발행 가능한 주식의 총수는 5억 주이며, 공고문에서 총 발행주식수는 105,896,861주라고 하였다. 따라서 500,000,000−105,896,861=394,103,139주까지 신주를 발행할 수 있다. 발행예정주식의 총수를 조정하려면 주주총회의 의결로 정관을 변경해야 한다.

④ 의결권이 있는 주식은 70,805,300주이며, 주주총회에 참석한 전체 주식수는 52,632,633주이다.

따라서 의결권 있는 주식수 가운데 주주총회에 참석한 주식수의 비율은 $\frac{52,632,633}{70,805,300}=0.7433\cdots$로 약 74%이다.

02 정답 ②

㉠ 총 발행주식수는 105,896,861주이며, 정관 제29조에서 어떠한 안건이든지 가결되기 위해서는 발행주식총수의 4분의 1 이상의 찬성을 얻어야 한다고 하였다.

따라서 최소 의결정족수는 $105,896,861 \times \dfrac{1}{4} = 26,474,215.25$주이다.

㉢ 정기주주총회에 참석한 전체 주식수는 52,632,633주이고 '사내이사 신○○ 선임의 건'에 대한 찬성률과 반대율의 차이는 $90.1 - 9.9 = 80.2\%$이다.
따라서 찬성 주식수와 반대 주식수의 차이는 $52,632,633 \times 0.802 = 42,211,371.666$주이다.

오답분석

㉡ 우선주를 포함한 총 발행주식수는 105,896,861주이며, 이 가운데 의결권 있는 주식수는 70,805,300주이다. 또한 정관 제7조에 따르면 L그룹이 발행할 주식은 기명식 보통주식과 기명식 우선주식으로 2종류이며 우선주식에는 의결권이 없다.
따라서 의결권이 없는 주식, 즉 우선주를 계산하면 $105,896,861 - 70,805,300 = 35,091,561$주이다. 이는 의결권이 있는 보통주의 약 0.4956배이다.

㉣ 제56기 사업연도는 2022년 1월 1일부터 2022년 12월 31일까지이며, 정관 제19조 제2항에 따르면 정기주주총회는 매 사업연도 종료 후 3월 이내에 소집된다. 따라서 2023년 제56기 정기주주총회는 2023년 1월부터 3월 사이에 소집된다.

03 정답 ④

'시(時)'는 일부 명사나 어미 '-을' 뒤에 쓰여 어떤 일이나 현상이 일어날 때나 경우를 뜻하는 의존 명사이다. 따라서 의존 명사는 띄어 쓴다는 「한글 맞춤법」 제42항의 규정에 따라 '유고 시에는'으로 띄어 써야 한다.

오답분석

① 공통의 전문적인 주제를 가지고 비교적 긴 시간에 걸쳐 열리는 대규모 회의를 뜻하는 'Conference'의 규범 표기는 '콘퍼런스'이다.
② 다른 수나 양에 대한 어떤 수나 양의 비율을 뜻하는 '率'의 본음은 '률'이지만 두음법칙에 따라 '율'로 적는다. 그러나 모음이나 'ㄴ' 받침 뒤에 이어지는 '렬, 률'은 '열, 율'로 적는다(「한글 맞춤법」 제11항). 따라서 '찬성율'이 아니라 '찬성률'로 적어야 한다.
③ '사업+연도', 즉 명사와 명사가 더해진 합성어로, 업무와 결산의 편의를 위하여 정한 기간, 즉 결산기와 결산기 사이를 뜻한다. 이때 '사업'과 '연도'를 띄어 쓰거나 붙여 쓰는 것 모두 허용되지만, 두음법칙에 따라 '년도'가 아니라 '연도'로 적어야 한다.
⑤ '과반(過半)'은 절반이 넘는다는 뜻이므로, '과반이 넘는'은 같은 의미의 어휘가 중복된 표현이다. 따라서 '과반수' 또는 '절반이 넘는 수'라고 표현해야 한다.

04 정답 ⑤

㉠ 정관 제20조의 전단에 따르면 주주총회의 소집은 법령에 다른 규정이 있는 경우를 제외하고는 이사회의 결의에 따라 대표이사가 소집해야 한다. 즉, 주주총회 소집 권한을 가진 주체는 대표이사이지만, 주주총회를 소집하려면 이사회가 이를 결의해야 한다.
㉡ 정관 제19조에 따르면 주주총회는 정기주주총회와 임시주주총회로 구분되며(제1항), 임시주주총회는 필요에 따라 소집한다(제2항). 따라서 임시주주총회는 소집 횟수에 제한이 없다.
㉢ 정관 제20조의 단서 조항에 따르면 대표이사의 유고 시에는 이사회에서 정한 순서에 따라 이사가 대표이사의 직무를 대행한다. 또한 이사는 사내이사와 사외이사로 구성되며, 감사위원은 이사진에 포함되지 않는다. 따라서 대표이사의 궐위 시에 감사위원이 아니라 이사가 대표이사의 직무를 대행한다. 또한 사전에 이사회에서 대행 순서를 정한다고 했으므로 주주총회를 소집할 필요가 없다.
㉣ 정관 제29조에 따르면 주주총회에 출석한 주주의 의결권의 과반수로 결의를 할 수 있으나, 이때 의결정족수는 발행주식총수의 4분의 1 이상이어야 한다. 따라서 발행주식총수의 25% 미만이 주주총회에 참석한 경우에는 안건의 가결 여부를 결정할 수 없다.

05 정답 ④

㉠ '이 기간 동안 국제 유가와 천연가스 가격 상승이 예측되어'라는 부분을 위해 이용한 자료이다.
㉡ · ㉢ '비OECD 국가들의 높은 경제성장률과 인구증가율로 인해'라는 부분을 위해 이용한 자료이다.

오답분석

㉣ 보고서는 에너지 수요에 대한 내용만을 다루고 있을 뿐, 에너지 생산에 대해서는 언급하고 있지 않다.

06 정답 ②

'전가통신(錢可通神)'은 돈이 있으면 귀신과도 통할 수 있다는 뜻으로, 돈의 위력으로 못할 게 없음을 이르는 말이므로 문맥상 ㉡에 들어가기에 적절하지 않다. ㉡에는 미래를 예측하기 어렵다는 의미의 한자성어가 들어가야 하므로 '세사난측(世事難測)', '오리무중(五里霧中)' 등이 적절하다.

오답분석

① '동전의 양면'은 겉과 안처럼 언제나 공존하여 나타나는 사물의 두 면이라는 뜻으로, 흔히 하나의 사물이 서로 대립하며 맞서는 두 가지의 성질을 동시에 가지는 경우를 비유한다.
③ '시금석(試金石)'은 귀금속의 순도를 판정하는 데 쓰는 검은색의 현무암이나 규질의 암석을 가리키는 말로, 가치를 판정하거나 미래를 예측하는 데 기준이 될 만한 사물을 비유적으로 뜻하기도 한다.
④ '조변석개(朝變夕改)'는 아침저녁으로 뜯어고친다는 뜻으로, 계획이나 결정 등을 (일관성 없이) 자주 고침을 이르는 말이다.
⑤ '고래 싸움에 새우 등 터진다.'는 강한 자들끼리 싸우는 통에 아무 상관도 없는 약한 자가 중간에 끼어 피해를 입게 됨을 비유적으로 이르는 말이다.

07 정답 ③

2010년의 세계 에너지 수요 현황은 461QBTU이고, 이 가운데 아시아 / 오세아니아 지역의 OECD 국가의 수요는 38QBTU로 약 8.24%이다. 또한 2035년 세계 에너지 수요 전망치는 694QBTU이고, 아시아 / 오세아니아 지역의 OECD 국가의 수요는 45QBTU로 약 6.48%이다.
따라서 8.24%에서 6.48%로 1.76%p의 감소가 전망된다.

오답분석

① 2010년 유럽 지역 OECD 국가의 에너지 수요 현황은 81QBTU이었고 2035년 전망치는 92QBTU이므로, 2035년에는 2010년보다 11QBTU(=92-81)의 에너지가 더 필요할 것으로 전망된다. 또한 같은 연도의 유럽 지역 비OECD 국가의 에너지 수요 현황은 51QBTU이었고 전망치는 69QBTU이므로, 18QBTU(=69-51)의 에너지가 더 필요할 것으로 전망된다. 이때 18QBTU는 11QBTU의 약 1.6363배이다.
② 2010년의 세계 에너지 수요 현황은 461QBTU이고, 이 가운데 아시아 / 오세아니아 지역의 비OECD 국가의 수요는 133QBTU로 약 28.85%이다. 또한 2035년 세계 에너지 수요 전망치는 694QBTU이고, 아시아 / 오세아니아 지역의 비OECD 국가의 수요는 277QBTU로 약 39.91%이다. 이때 39.91%는 28.85%의 약 1.3833배이다.
④ 제시된 표에서 2015 ~ 2035년의 세계 에너지 수요 연평균 증가율 소계를 보면 비OECD 국가는 2.8%로 OECD 국가의 0.7%의 4배이다.
⑤ 제시된 표에 따르면 2015 ~ 2035년 세계 에너지 수요 연평균 증가율은 1.8%이고, 2035년 전 세계 에너지 수요는 694QBTU로 전망된다. 따라서 이러한 추세가 2036년에도 이어진다면 2036년 전 세계 에너지 수요량은 694×1.018=706.492QBTU로 전망된다. 또한 북미 지역 OECD 국가의 에너지 수요 연평균 증가율은 0.9%이고, 2035년의 수요는 149QBTU으로 전망된다. 그러므로 이러한 추세가 2036년에도 이어진다면 2036년 북미 지역 OECD 국가의 에너지 수요는 149×1.009=150.341QBTU로 전망되며, 이때 150.341QBTU는 706.492QBTU의 약 21.2799%이다.

08 　정답 ③

ⓑ 보고서에 따르면 전 세계 에너지 수요는 2010년 461QBTU에서 2035년 694QBTU로 증가할 것이며, 전 세계에서 미국의 에너지 수요가 차지하는 비중은 2010년 22%에서 2035년 17%로 줄어들 것으로 예상된다. 따라서 미국의 에너지 수요량은 2010년에 $461 \times 0.22 = 101.42$QBTU이었고, 2035년에는 $694 \times 0.17 = 117.98$QBTU로 예상되므로, 2010년 대비 2035년 미국의 에너지 수요량은 $\dfrac{117.98 - 101.42}{101.42} = \dfrac{16.56}{101.42} = 0.16328\cdots$, 즉 16%가 조금 넘는 정도로 증가할 것이다.

ⓒ 보고서에 따르면 국제 유가와 천연가스 가격 상승이 예측되어 장기적으로 에너지 수요가 둔화될 것으로 보임에도 불구하고 비(非)OECD 국가들의 높은 경제성장률과 인구증가율로 인해 세계 에너지 수요 증가율은 높은 수준을 유지할 것으로 예상되어 2035년의 전 세계 에너지 수요는 2010년보다 50% 이상 증가할 것으로 전망된다. 즉, 에너지 수요 둔화 요인에도 불구하고 전 세계 에너지 수요의 증가가 예측되는 것은 전 세계 에너지 수요에 대한 비(非)OECD 국가들의 영향이 OECD 국가들에 비해 크기 때문임을 자료를 통해 알 수 있다.

오답분석

ⓐ 보고서에 따르면 2035년의 전 세계 에너지 수요 중에서 중국과 인도가 차지하는 비중은 25%에 달할 것으로 예측된다. 그러나 중국과 인도 가운데 어느 국가의 에너지 수요가 더 많은지를 판단할 수 있는 근거가 제시문에는 없다.

ⓓ 보고서에서 2015 ~ 2035년 기간 중 비(非)OECD 국가들의 연평균 에너지 수요는 연평균 2.8%씩 증가할 것으로 예상된다고 했으므로 2035년은 2015년보다 56%p($=2.8\% \times 20$년) 증가할 것이다. 또한 같은 기간에 OECD 국가들의 연평균 에너지 수요는 연평균 0.7%씩 증가할 것으로 예상된다고 했으므로 2035년은 2015년보다 14%p($=0.7\% \times 20$년) 증가할 것이다. 이때 56%p는 14%p의 4배이다.

09 　정답 ②

㉠ '2023년 3월 자동차 생산·수출 현황' 표 바로 위의 문단에서 부품 수출의 경우 전년 동월 대비 5.3% 감소했다고 설명했으며, 2023년 3월의 부품 수출액은 2,059백만 달러이다.

따라서 2022년 3월의 부품 수출액을 x백만 달러라 하면 $2,059 = x \times (1-0.053) \rightarrow x = \dfrac{2,059}{0.947} = 2,174.23\cdots$ ≒약 2,174백만 달러이다.

㉢ 2023년 3월의 자동차 수출액은 6,518백만 달러이고, 이는 2월에 비해 16.5% 증가한 수치이다. 2월의 수출액을 x백만 달러라 하면 $6,518 = x \times 1.165 \rightarrow x = \dfrac{6,518}{1.165} = 5,594.84\cdots$ ≒약 5,594백만 달러이다.

따라서 2023년 1월의 자동차 수출액은 17,099백만 $-$ 5,594백만 $-$ 6,518백만 $=$ 4,987백만 달러이며, 이는 2023년 1분기 수출액의 $\dfrac{4,987백만}{17,099백만} = 0.2916\cdots$, 즉 약 29.16%로 30%를 넘지 않는다.

오답분석

㉡ 표에서 2023년 1분기의 자동차 수출 대수는 684,009대이며, 이는 2022년 1분기보다 30.8% 증가한 수치이다.

따라서 2022년 1분기의 자동차 수출 대수를 x대라 하면 $684,009 = x \times 1.308 \rightarrow x = \dfrac{684,009}{1.308} = 522,942.66\cdots$ ≒약 522,942대이다.

㉣ 2023년 3월의 자동차 생산 대수는 409,806대이고, 이는 전월 대비 17.9% 증가한 수치이다.

따라서 17.9%의 상승률이 절반($=8.95\%$)으로 감소한다면 2023년 4월의 생산 대수는 $409,806 \times 1.0895 = 446,483.637$대이다.

10 정답 ①

㉠ 2022년 9월부터 2023년 3월까지 친환경차 수출량과 친환경차 수출액의 전월 대비 증감 추이를 정리하면 다음과 같다. 조사 기간 내내 수출액은 증가했으며, 2022년 11월과 2023년 1월에는 수출량과 수출액의 증감 추이가 다름을 알 수 있다.

구분	2022년				2023년		
	9월	10월	11월	12월	1월	2월	3월
친환경차 수출량	증가	증가	감소	증가	동일	증가	증가
친환경차 수출액	증가	증가	증가	증가	증가	증가	증가

㉡ 2022년 9월부터 2023년 3월까지 자동차 수출량과 친환경차 수출량의 전월 대비 증감 추이를 정리하면 다음과 같으며, 2022년 11월부터 2023년 1월까지 증감 추이가 다름을 알 수 있다.

구분	2022년				2023년		
	9월	10월	11월	12월	1월	2월	3월
자동차 수출량	증가	증가	증가	동일	감소	증가	증가
친환경차 수출량	증가	증가	감소	증가	동일	증가	증가

오답분석

㉢ 2023년 1 ~ 3월의 전월 대비 자동차 수출량 증가율을 구하면 다음과 같다.

• 2023년 1월 : $\dfrac{19.9만-21.8만}{21.8만}=-\dfrac{1.9만}{21.8만}≒-0.0871=-8.71\%$

• 2023년 2월 : $\dfrac{22.3만-19.9만}{19.9만}=\dfrac{2.4만}{19.9만}≒0.1206=12.06\%$

• 2023년 3월 : $\dfrac{26.2만-22.3만}{22.3만}=\dfrac{3.9만}{22.3만}≒0.1748=17.48\%$

따라서 2023년 1 ~ 3월 전월 대비 자동차 수출량 증가율 평균은 $\dfrac{-8.71+12.06+17.48}{3}=\dfrac{20.83}{3}≒6.9433=6.94\%$이며,

2023년 4월의 전월 대비 증가율이 6.94%와 같다면 26.2만 대×1.0694=28.01828만 대, 즉 약 28만 대의 자동차가 수출될 것이다.

㉣ 2023년 1 ~ 3월의 전월 대비 경차 수출액 증가율을 구하면 다음과 같다.

• 2023년 1월 : $\dfrac{17.9억-17.6억}{17.6억}=\dfrac{0.3억}{17.6억}≒0.0170=1.7\%$

• 2023년 2월 : $\dfrac{20.2억-17.9억}{17.9억}=\dfrac{2.3억}{17.9억}≒0.1284=12.84\%$

• 2023년 3월 : $\dfrac{22.7억-20.2억}{20.2억}=\dfrac{2.5억}{20.2억}≒0.1237=12.37\%$

따라서 2023년 1 ~ 3월 전월 대비 친환경차 수출액 증가율 평균은 $\dfrac{1.7+12.84+12.37}{3}=\dfrac{26.91}{3}=8.97\%$이며, 2023년 4월 의 전월 대비 증가율이 8.97%와 같다면 22.7억 달러×1.0897=24.73619억 달러, 즉 약 24억 7,000만 달러의 수출액을 기록 할 것이다.

11 정답 ①

제시된 자료에서 2023년 3월에는 전년 동월 대비 부품 수출액이 5.3% 감소했다고 설명하고, 표에서는 이를 '△5.3%'라고 기록하고 있다.
따라서 '△'는 감소를 나타내는 기호임을 알 수 있고, 표에서 2023년 1 ~ 3월에는 2022년 같은 분기에 비해 '△3.5%', 즉 3.5% 감소했다고 기록되어 있다.

오답분석

② 2023년 3월에는 전년 동월 대비 자동차 생산 대수는 35.6%, 국내 판매 대수는 19.6%, 수출 대수는 48.0% 증가했으며, 수출액 또한 전년 동월 대비 64.1% 증가하였다.

③ 2022년 8월과 2023년 3월의 미국 IRA 세액공제 적용 대상 차종의 수출량 증가율과 같은 시점에서의 자동차 판매 대수 증가율을 각각 구하면 다음과 같다.

- 수출 대수 : $\dfrac{14.4천-5.5천}{5.5천}=\dfrac{8.9천}{5.5천}≒1.6181=161.81\%$

- 판매 대수 : $\dfrac{7.5천-5.5천}{5.5천}=\dfrac{2천}{5.5천}≒0.3636=36.36\%$

  161.81%는 36.36%의 약 4.45배이다.

④ 2022년 8월과 2023년 3월의 친환경차 및 자동차 수출액 증가율을 각각 구하면 다음과 같다.

- 친환경차 수출액 : $\dfrac{22.7억-12.2억}{12.2억}=\dfrac{10.5억}{12.2억}=0.8606⋯=86.06\%$

- 자동차 수출액 : $\dfrac{65.2억-41.1억}{41.1억}=\dfrac{24.1억}{41.1억}=0.5863⋯=58.63\%$

  86.06%는 58.63%의 약 1.46배이다.

⑤ 제시된 자료에 따르면 2017년 3월에 월간 자동차 생산 대수 40.7만 대를 기록한 이후 2023년 2월까지 40만 대를 넘지 못하다가 2023년 3월에 이르러 40.9만 대 이상을 기록하며 40만 대 이상으로 집계되었다. 이러한 생산량 확대의 원동력 중 하나로 '차량용 부품 공급 정상화'를 제시하였다.
따라서 2017년 4월부터 2023년 2월까지 월간 자동차 생산 대수가 40만 대를 넘지 못한 원인 중에는 '자동차 부품 수급 차질'이 있음을 알 수 있다.

12 정답 ③

'경신'과 '갱신'을 한자로 쓰면 '更新'으로 같다. 이때 '更'의 훈음은 '고칠 경', '다시 갱'으로 의미에 따라서 소리가 다르다. 이미 있던 것을 고쳐 새롭게 한다는 뜻을 나타낼 때에는 '경신'과 '갱신'을 모두 쓸 수 있다. 그러나 종전의 기록을 깨뜨린다는 의미일 때는 '경신'이 바른 표현이며, 법률 관계의 존속 기간이 끝났을 때 그 기간을 연장한다는 의미일 때는 '갱신'이 바른 표현이다.
따라서 ⓒ에서는 '갱신했다'가 아니라 '경신했다'가 적절하다.

오답분석

⊙ '늘리다'는 수효나 분량 등을 본디보다 많아지게 한다는 뜻이고, '늘이다'는 길이를 길어지게 한다는 뜻이므로 ⊙에서는 '늘린'이 적절한 표현이다.

ⓒ '지적되다'는 고쳐야 할 문제점이나 허물 등이 드러나 폭로된다는 의미이므로 ⓒ에서 쓰기에 적절하지 않다. 따라서 '꼽히다', '평가되다'를 활용한 '꼽힌다', '평가된다'가 적절한 표현이다.

ⓔ '역대급(歷代級)'은 '역대'에 '그에 준하는'의 뜻을 더하는 접미사 '-급'을 더한 신조어로, 흔히 '대대로 이어져 오고 있는 여러 것들 가운데 가장 높은 수준'이라는 의미로 쓰인다. 그러나 역대(歷代)는 '대대로 이어 내려온 여러 대, 또는 그동안'이라는 뜻이므로, '역대급'은 '그동안에 준하는, 평균 정도의, 평상적인 수준'이라는 의미로 이해할 수 있다. 즉, '역대급'을 '가장 높은, 최대, 최고'를 뜻하는 표준어로 쓸 수 없는 것이다. 다만 국립국어원에서는 '역대급'이라는 낱말을 언중이 현실적으로 널리 사용하고 있다는 점에서 표제어로 등재하였다.

ⓜ '수혜(受惠)'는 은혜·혜택을 받는다는 뜻이므로, '수혜를 받을'은 같은 의미의 어휘가 중복된 표현이다. 따라서 ⓜ에서는 '혜택을 받을'로 다듬어야 한다.

02 2022년 하반기 정답 및 해설

01	02	03	04	05	06	07	08	09	10
③	④	②	③	③	③	④	②	①	③
11	12								
②	③								

01 정답 ③

제시문에서는 청년실업 문제에 대해 긍정적인 부분을 거의 제시하고 있지 않다. 반면 정부 당국 관계자는 향후 청년의 공급이 줄어들게 되는 인구구조의 변화가 문제 해결에 유리한 조건을 형성한다고 발언하였다. 하지만 이러한 인구구조의 변화가 곧 문제 해결이나 완화로 이어지지 않는다는 것이 기사에 나타나있다.

오답분석

①・② 제시문에서는 올해부터 3 ~ 4년간 인구 문제가 부정적으로 작용할 것이라고 발언하였으나, 올해가 가장 좋지 않다거나 현재 문제가 해결 중에 있다는 내용은 언급되지 않았다.

④ 제시문에서는 에코세대의 노동시장 진입으로 인한 청년 공급 증가에 대응해야 함을 인식하고 있다.

⑤ 일본의 상황을 참고하여 한국도 장차 상황이 좋아질 것이라고 예측하고 있을 뿐, 한국의 상황이 일본보다 낫다고 생각하고 있다는 근거는 제시문에서 찾을 수 없다.

02 정답 ④

첫 번째 조건에서 전체 지원자 120명 중 신입직은 경력직의 2배이므로, 신입직 지원자는 80명, 경력직 지원자는 40명이다. 이에 두 번째 조건에서 신입직 중 기획 부서에 지원한 사람이 30%라고 했으므로 $80 \times 0.3 = 24$명이 되므로 신입직 중 영업 부서와 회계 부서에 지원한 사람은 $80 - 24 = 56$명이 된다. 또한 세 번째 조건에서 신입직 중 영업 부서와 회계 부서에 지원한 사람의 비율이 $3:1$이므로, 영업 부서에 지원한 신입직은 $56 \times \frac{3}{3+1} = 42$명, 회계 부서에 지원한 신입직은 $56 \times \frac{1}{3+1} = 14$명이 된다. 다음 네 번째 조건에 따라 기획 부서에 지원한 경력직 지원자는 $120 \times 0.05 = 6$명이다. 마지막 다섯 번째 조건에 따라 전체 지원자 120명 중 50%에 해당하는 60명이 영업 부서에 지원했다고 했으므로, 영업 부서 지원자 중 경력직 지원자는 세 번째 조건에서 구한 신입직 지원자 42명을 제외한 $60 - 42 = 18$명이 되고, 회계 부서에 지원한 경력직 지원자는 전체 경력직 지원자 중 기획 부서와 영업 부서의 지원자를 제외한 $40 - (6+18) = 16$명이 된다.

따라서 회계 부서 지원자는 $14 + 16 = 30$명이다.

03 정답 ②

해외사업연계 취업 지원 사업은 청년 인재를 선발하여 K-Move 스쿨 개설 및 맞춤 연수를 시행 후 L사가 투자 및 운영자로 참여하고 있는 해외법인에 취업연계를 시켜주는 것이다. 따라서 시행처가 다르지 않다.

오답분석

① 8월 중 공고예정이라고 되어 있으며 한국발전교육원 및 당진 발전기술 EDU센터에서 2022년 9 ~ 12월까지 3개월 동안 교육을 받는다고 되어있지만 정확한 일정이 나와 있지 않으므로 확인하는 것이 적절하다.
③ 최종 선발된 10명은 한국발전교육원 및 당진 발전기술 EDU센터에서 교육을 받는다.
④ L사는 K-Move 스쿨 연수생 선발·맞춤연수 시행·해외 법인과의 협의를 통한 취업연계 지원을, Z사는 연수비용 일부 및 취업 장려금을 지원한다.
⑤ L사는 청년 인재들이 해외사업장에 취업하는 것뿐만 아니라 해당 국가의 고급 기술 인력으로 거듭날 수 있도록 지속적인 지원을 아끼지 않을 예정이다.

04 정답 ③

3번에 따르면, 충전 시간은 매뉴얼에 기재된 시간을 초과하면 안 된다.

오답분석

① 14번에 따르면, 애완동물에게도 배터리를 주지 말라고 안내되어 있다.
② 18번에 따르면, 전자담배의 경우를 포함하여 개인은 절대 배터리를 취급할 수 없다.
④ 15번에 따르면, 제품의 수명이 다하지 않아도 배터리 수명이 짧아졌을 때 교체하는 것이 바람직하다.
⑤ 6번에 따르면, 배터리는 배터리 표면 온도 기준 -20 ~ 75℃의 범위에서 사용되어야 한다.

05 정답 ③

ㄱ. 단전지의 구체적 제조 과정은 위험성을 직접적으로 설명하지 못하므로 적절한 제안이라 볼 수 없다.
ㄷ. 단전지에 대한 안전 교육은 단전지를 소비자가 직접 이용하는 것의 위험성을 알리는 것이므로, 해당 전지를 사용한 제품 구매를 자제하라는 메시지는 불필요한 자사 매출액 감소로 이어질 우려가 있으므로 부적절하다.

오답분석

ㄴ. 실제 사고 사례를 재현함으로써 경각심을 일깨울 수 있다.
ㄹ. 단전지 오용으로 인한 사고 피해자의 인터뷰를 추가하면 사고 시의 통증, 사고 후의 후회 및 회복과정에서의 불편함 등에 대해 들음으로써 경각심을 일깨울 수 있다.

06 정답 ③

ㄴ. 8번에 따라 허가 받지 않은 직원에 의한 경우에 해당되므로 보증이 적용되지 않는다.
ㄷ. 9번에 따라 불가항력에 의한 경우로 분류되어 보증을 받을 수 없다.

오답분석

ㄱ. 제시된 사항에서 보증 미적용 항목에 해당하지 않으므로, 보증 기한 이내라면 보증을 받을 수 있다.
ㄹ. 1번에 적용되는 사안이다.

07 정답 ④

적립된 멤버십 포인트는 롯데기업 서비스센터에서 수리뿐만 아니라 렌탈 구매를 하는 경우에도 사용가능하다.

오답분석

① 백화점 및 대형마트는 롯데기업 멤버십 운영매장이지만 포인트 사용은 불가능하다.
② VIP 기간이 종료된 경우, 추가 구매를 통해 연간 구매금액 5백만 원 이상을 달성하여야 자동 연장된다.
③ 정수기냉장고도 무상 A/S 대상인 5종에 포함된다.
⑤ 소비자 과실에 의한 수리의 경우에는 무상 서비스가 제공되지 않는다.

08 정답 ②

B가 A/S를 요청한 제품 중 TV에 대하여는 무상 서비스가 가능하지만, 스탠드 자재는 제외항목이므로 무상 서비스를 받을 수 없다.

오답분석

① B는 문의일 현재 유효한 VIP 멤버십을 갖고 있으므로, 무상 A/S 서비스를 받을 수 있다. 또한 문의한 TV 1대는 무상 A/S 서비스 대상 항목에 해당하므로 무상 수리가 가능하다.

③ 수리 소요기간은 수리 센터 및 수리 내용에 따라 별도로 안내된다.

④ B는 2021년 11월 중에 VIP 멤버십을 적용받기 시작한 것을 알 수 있으며, VIP 멤버십은 3년간 무상 서비스가 적용되므로 문의일 현재 유효하다.

⑤ VIP 멤버십 획득 요건은 '1년간 500만 원 이상 구매'이며, 구매처도 멤버십 제휴 매장에 해당되고 2021년 11월에 VIP 멤버십 획득 안내 메일을 수신하였으므로, 2020년 11월 이후 최소한 500만 원 이상 구매하였음을 알 수 있다.

09 정답 ①

ㄱ. 포인트 사용 가능처는 일반 멤버십과 VIP 멤버십이 동일하게 적용받는 내용이므로 멤버십 간 차별성을 두지 못한다.

ㄴ. 이는 VIP 멤버십 가입을 용이하게 하는 조치일 뿐, VIP 멤버십 획득 고객에 대한 차별적 혜택 제공에는 도움이 되지 않는다.

오답분석

ㄷ. 현재는 한 번 3년 무상 처리된 제품은 추가 연장되지 않으나, 연장 기회를 제공한다면, VIP 멤버십 회원들이 받을 수 있는 무상 서비스 기한이 연장되므로 적절한 개선 방안이다.

ㄹ. 무상 A/S 서비스는 VIP 멤버십에게만 제공되는 서비스이므로 적절한 개선 방안이다.

10 정답 ③

예비입주자 모집일정의 첫 번째 단계는 입주자 모집공고로 7월 31일부터 휴일을 포함하여 10일 동안 진행한다. 따라서 모집공고는 8월 9일까지이며, 다음 단계인 신청접수는 8월 10일 또는 11일에 시작한다. 모집일정 완료일은 8월 24일까지이므로 입주자 모집공고 후 근무일(주중)은 총 10 ~ 11일이 주어진다. 각 단계마다 1일 이하의 간격을 두고 진행되므로 입주자 모집공고 이후부터 소요되는 근무일 기간은 10일 이상 14일 이하이다. 따라서 모집공고 후 완료일에 따라 필요한 근무일 기간은 10일 또는 11일이며, 정리하면 경우의 수는 총 5가지가 나온다.

• 입주자 모집공고 이후 10일간 일정(1가지, 각 단계 사이의 기간이 없음)

모집공고	신청접수 (근무일 5일)	대상자 발표 (근무일 1일)	서류제출 (근무일 3일)	순번 발표 (근무일 1일)
7월 31일 ~ 8월 9일	10일 ~ 14일	17일	18 ~ 20일	21일

• 입주자 모집공고 이후 11일간 일정(4가지)

모집공고	간격	신청접수 (근무일 5일)	간격	대상자 발표 (근무일 1일)	간격	서류제출 (근무일 3일)	간격	순번 발표 (근무일 1일)
7월 31일 ~ 8월 9일	10일	11일 ~ 17일	–	18일	–	19 ~ 21일	–	24일
	–	10일 ~ 14일	17일	18일	–	19 ~ 21일	–	
	–	10일 ~ 14일	–	17일	18일	19 ~ 21일	–	
	–	10일 ~ 14일	–	17일	–	18 ~ 20일	21일	

따라서 선택지 중 모든 경우에서 M대리가 신청 가능한 휴가 기간은 신청접수 단계에서 2일 동안 근무가 가능한 8월 11 ~ 13일이다.

오답분석

①・② 각각 근무일이 2일 동안만 신청한 경우이다.

④ 모든 경우에서 서류심사 대상자 발표일이 8월 17일 또는 18일이므로 불가능하다.

⑤ 입주자 모집공고 이후 11일간 일정을 보면 8월 19 ~ 21일은 서류제출 단계(근무일 3일)가 될 수 있으므로 불가능하다.

11 정답 ②

2021년과 2020년 휴직자 수를 구하면 다음과 같다.
- 2021년 : $550,000 \times 0.2 = 110,000$명
- 2020년 : $480,000 \times 0.23 = 110,400$명

따라서 2021년 휴직자 수는 2020년 휴직자 수보다 적다.

오답분석

① 2017년부터 2021년까지 연도별 전업자의 비율은 68%, 62%, 58%, 52%, 46%로 감소하는 반면에, 겸직자의 비율은 8%, 11%, 15%, 21%, 32%로 증가하고 있다.

③ 연도별 전업자 수를 구하면 다음과 같다.
- 2017년 : $300,000 \times 0.68 = 204,000$명
- 2018년 : $350,000 \times 0.62 = 217,000$명
- 2019년 : $420,000 \times 0.58 = 243,600$명
- 2020년 : $480,000 \times 0.52 = 249,600$명
- 2021년 : $550,000 \times 0.46 = 253,000$명

따라서 전업자 수가 가장 적은 연도는 2017년이다.

④ 2020년과 2017년의 겸직자 수를 구하면 다음과 같다.
- 2020년 : $480,000 \times 0.21 = 100,800$명
- 2017년 : $300,000 \times 0.08 = 24,000$명

따라서 2020년 겸직자 수는 2017년의 $\dfrac{100,800}{24,000} = 4.2$배이다.

⑤ 2017년과 2021년의 휴직자 수를 구하면 다음과 같다.
- 2017년 : $300,000 \times 0.06 = 18,000$명
- 2021년 : $550,000 \times 0.2 = 110,000$명

따라서 2017년 휴직자 수는 2021년 휴직자 수의 $\dfrac{18,000}{110,000} \times 100 ≒ 16\%$이다.

12 정답 ③

1월의 난방요금을 $7k$원, 6월의 난방요금을 $3k$원이라고 하자(단, k는 비례상수).
$(7k - 20,000) : 3k = 2 : 1$
∴ $k = 20,000$
따라서 1월의 난방요금은 14만 원이다.

아이들이 답이 있는 질문을 하기 시작하면 그들이 성장하고 있음을 알 수 있다.

− 존 J. 플롬프 −

2023

롯데그룹

직무적합
진　　　단

L—TAB

PART

I

기출유형 뜯어보기

CHAPTER 01 언어적 사고

CHAPTER 02 수리적 사고

CHAPTER 03 문제해결

- 언어 영역에서 가장 보편적인 유형으로 난이도가 낮은 편이다.
- 설명문부터 주장, 반박문까지 다양한 성격의 지문이 제시되므로 글의 성격별 특징을 알아두는 것이 좋다.

① 글 전체의 흐름보다는 중심화제 및 주제를 파악하는 것이 우선이므로,
　글 또는 각 문단의 앞과 뒤를 읽어 중심내용을 파악한다.

다음 글의 제목으로 적절한 것은?

─────글의 중심 화제─────

서양에서는 아리스토텔레스가 중용을 강조했다. 하지만 이는 우리의 중용과 다르다. 아리스토텔레스가 말하는 중용은 균형을 중시하는 서양인의 수학적 의식에 기초했으며, 우주와 천체의 운동을 완벽한 원과 원운동으로 이해한 우주관에 기초한 것이다. 그러므로 그것은 명백한 대칭과 균형의 의미를 갖는다. 팔씨름에 비유해 보면 아리스토텔레스는 두 팔이 똑바로 서 있을 때 중용이라고 본 데 비해, 우리는 팔이 한 쪽으로 완전히 기울었다 해도 아직 승부가 나지 않았으면 중용이라고 보는 것이다. 그러므로 비대칭도 균형을 이루면 중용을 이룰 수 있다는 생각은 분명 서양의 중용관과는 다르다.

이러한 정신은 병을 다스리고 약을 쓰는 방법에도 나타난다. 서양의 의학은 병원체와의 전쟁이고 그 대상을 완전히 제압하는 데 반해, 우리 의학은 각 장기 간의 균형을 중시한다. 만약 어떤 이가 간장이 나쁘다면 서양 의학은 그 간장의 능력을 회생시키는 방향으로만 애를 쓴다. 그런데 우리는 만약 더 이상 간장 기능을 강화할 수 없다고 할 때 간장과 대치되는 심장의 기능을 약하게 만드는 방법을 쓰는 것이다. 한쪽의 기능이 치우치면 병이 심해진다고 보기 때문이다. 우리는 의학 처방에 있어서조차 중용관에 기초해서 서양의 그것과는 다른 가치관과 세계관을 적용하면서 살아온 것이다.

└─중용관의 차이로 인한 가치관과 세계관의 차이

① 아리스토텔레스의 중용의 의미

두 번째 ─② 서양 의학과 우리 의학의 차이
문단만
포함

③ 서양과 우리의 가치관

④ 서양의 중용관과 우리 중용관의 차이

⑤ 균형을 중시하는 중용

② 선택지 중 세부적인 내용을 다루고 있는 것은 정답에서 제외한다.
③ 글의 중심내용으로 가장 적합한 선택지를 고른다.

아리스토텔레스가 강조한 중용과 서양과 동양의 중용을 번갈아 설명하며 그 차이점에 대해 설명하고 있다.

① 아리스토텔레스의 중용은 글의 주제인 서양과 우리의 중용에 대한 차이점을 말하기 위해 언급한 것일 뿐이다.
② 우리는 의학에 있어서도 중용관에 입각했다는 것을 말하기 위해 부연 설명한 것이다.
③ 중용을 바라보는 서양과 우리의 차이점을 말하고 있다.
⑤ 서양과 비교하여 우리의 중용관이 균형에 신경 쓰고 있다는 내용을 담고는 있지만, 전체적으로 보았을 때 서양과 우리의 중용관 차이에 관하여 쓰여진 글이다.

30초 컷 Tip

• 글의 세부적인 내용에 집중하지 말고, 전체적인 맥락을 파악하면서 독해한다. 만약 세부적인 내용을 묻는 선택지가 있다면 빠르게 소거한다.
• 글의 진행 중에 반전이 되는 내용이나 접속어가 나온다면 그 다음에 나오는 내용에 집중한다. 글의 분위기가 변하는 경우가 있기 때문이다. 그러나 항상 글의 내용이 변화한다고 할 수는 없으므로 섣부르게 판단하지는 않는다.

언어적 사고

- 글의 전체적인 맥락과 흐름을 잘 파악하고 있는지를 평가하는 유형이다.
- 문장배열 유형에서 중요하게 생각해야 하는 것은 지시어와 접속어이다. 때문에 접속어의 쓰임에 대해 정확하게 알고 있어야 하며, 지시어가 가리키는 것에 예민하게 반응해야 한다.

① 지시어 및 접속어를 찾아서 확인한다.

다음 문장을 논리적 순서대로 바르게 나열한 것은?

(가) 이들이 주장한 바로는 아이들의 언어 습득은 '자극－반응－강화'의 과정을 통해 이루어진다. 즉, 행동주의 학자들은 후천적인 경험이나 학습을 언어 습득의 요인으로 본다.

(나) 이러한 촘스키의 주장은 아이들이 선천적으로 지니고 태어나는 언어 능력에 주목함으로써 행동주의 학자들의 주장만으로는 설명할 수 없었던 복잡한 언어 습득 과정을 효과적으로 설명해 주고 있다.

(다) 그러나 이러한 행동주의 학자들의 주장은 아이들의 언어 습득 과정을 후천적인 요인으로만 파악하려 한다는 점에서 비판을 받는다.
③ 연결되는 단어 확인
(가)의 행동주의 학자들의 주장과 연결되므로 (다)는 (가) 뒤에 위치해야 한다.

(라) 아이들은 어떻게 언어를 습득하는 걸까? 이 물음에 대해 행동주의 학자들은 아이들이 다른 행동을 배울 때와 마찬가지로 지속적인 모방과 학습을 통해 언어를 습득한다고 주장한다. ② 질문을 통한 주위 환기 글의 도입부에서 주로 활용된다.

(마) 미국의 언어학자 촘스키는 아이들이 의식적인 노력이나 훈련 없이도 모국어를 완벽하게 구사하는 이유가 태어나면서부터 두뇌 속에 '언어습득장치(LAD)'라는 것을 가지고 있기 때문이라고 주장한다.

① (나)－(가)－(마)－(다)－(라)
② (다)－(라)－(가)－(나)－(마)
③ (다)－(가)－(라)－(나)－(마)
①에 의해 삭제
④ (라)－(가)－(다)－(마)－(나)
⑤ (라)－(다)－(가)－(마)－(나)
③을 통해 확인

정답 ④

〈풀이 1〉

제시문은 행동주의 학자들이 생각하는 언어 습득 이론과 그 원인을 설명하고, 이를 비판하는 입장인 촘스키의 언어 습득 이론을 설명하는 내용의 글이다. 따라서 (라) 행동주의 학자들의 언어 습득 이론 → (가) 행동주의 학자들이 주장한 언어 습득의 원인 → (다) 행동주의 학자들의 입장에 대한 비판적 관점 → (마) 언어학자 촘스키의 언어 습득 이론 → (나) 촘스키 이론의 의의의 순서로 나열하는 것이 적절하다.

〈풀이 2〉

제시문은 언어 습득에 관한 두 견해를 제시하고 있다. (가), (나), (다)에는 각각 '이들', '이러한', '그러나'와 같은 지시어와 접속어가 ┌─① 제시되어 있으므로 첫 문장이 될 수 없다. 때문에 글의 전체적인 화두를 제시하고 있는 (라)가 처음으로 나오는 것이 적절하다. 다음으로 (가)의 '이들의 주장'은 (라) 행동주의 학자들의 주장을 가리키므로 (가)가 오는 것이 적절하며, 이어서 역접의 접속어 '그러나'를 통해 이러한 행동주의 학자들의 주장을 비판하는 (다)로 이어지는 것이 적절하다. 마지막으로는 촘스키의 새로운 주장인 (마)와 '이러한 촘스키의 주장'에 대해 부연하는 (나)가 차례로 이어지는 것이 적절하다.
②

30초 컷 Tip

• 문장배열은 위의 2가지 풀이처럼 개인마다 편하게 풀이하는 방법이 다르다. 때문에 평소에 많이 연습하고 자신에게 좀 더 편한 풀이방법을 택한다.
• 첫 번째 문장(문단)을 찾는 일에 집중한다. 첫 번째 문장은 글의 화두로 글을 이끌어 나가기 위한 전체적인 주제가 제시된다.
• 각 문장(문단)마다 자리한 지시어나 접속어를 살펴본다. 특히 문두에 접속어가 나오거나 지시어가 나오는 경우, 글의 첫 번째 문장이 될 수 없다. 이러한 조건들과 선택지를 비교해서 하나씩 소거해 나가다 보면 첫 번째 문장을 빠르게 찾을 수 있다.

언어적 사고

사실적 독해

- 글의 세부적인 내용을 이해하고 있는지 평가하는 유형이다.
- 일반적으로 언어 영역에서 높은 비중으로 출제되며 어렵게 출제되는 경우 문장마다 신경을 써야 하는 유형이다.
- 주제 찾기나 문장배열과 같은 유형에서 절약한 시간을 활용한다.

다음 글의 내용으로 적절한 것은?

2. 선택지에 표시한 핵심어와 관련된 내용을 지문에서 파악하여 글의 내용과 비교

①과 불일치 　　　　②와 불일치

음악에서 화성이나 멜로디가 하나의 음 또는 하나의 화음을 중심으로 일정한 체계를 유지하는 것을 조성(調性)이라고 한다. 조성을 중심으로 한 음악은 서양음악에 지배적인 영향을 미쳤는데, 여기에서 벗어나 자유롭게 표현하고 싶은 음악가의 열망이 무조(無調) 음악을 탄생시켰다. 무조 음악에서는 한 옥타브 안의 12음 각각에 동등한 가치를 두어 음들을 자유롭게 사용하였다. 이로 인해 무조 음악은 표현의 자유를 누리게 되었지만 조성이 주는 체계성은 잃게 되었다. 악곡의 형식을 유지하는 가장 기초적인 뼈대가 흔들린 것이다. 이와 같은 상황 속에서 무조 음악이 지닌 자유로움에 체계성을 더하고자 고민한 작곡가 쇤베르크는 '12음 기법'이라는 독창적인 작곡 기법을 만들어 냈다. 쇤베르크의 12음 기법은 12음을 한 번씩 사용하여 만든 기본 음렬(音列)에 이를 '전위', '역행', '역행 전위'의 방법으로 파생시킨 세 가지 음렬을 더해 악곡을 창작하는 체계적인 작곡 기법이다.

③과 불일치

⑤와 불일치

1. 지문에서 접할 수 있는 핵심어를 중심으로 선택지에 표시

① 조성은 하나의 음으로 여러 음을 만드는 것을 말한다.

② 무조 음악은 조성이 발전한 형태라고 말할 수 있다.

③ 무조 음악은 한 옥타브 안의 음 각각에 가중치를 두어서 사용했다.

④ 조성은 체계성을 추구하고, / 무조 음악은 자유로움을 추구한다.

⑤ 쇤베르크의 12음 기법은 무조 음악과 조성 모두에서 벗어나고자 한 작곡 기법이다.

제시문은 조성과 무조 음악을 합쳐 쇤베르크가 탄생시킨 12음 기법에 대한 내용이다. 멜로디가 하나의 음 또는 하나의 화음을 중심으로 일정한 체계를 유지하는 것을 '조성'이라고 하였고, 여기에서 벗어나 자유롭게 표현하고 싶은 음악가의 열망이 '무조 음악'을 탄생시켰다고 하였다.

오답분석

① 조성은 음악에서 화성이나 멜로디가 하나의 음 또는 하나의 화음을 중심으로 일정한 체계를 유지하는 것이다.
② 무조 음악은 조성에서 벗어나 자유롭게 표현하고자 한 것이므로, 발전한 형태라고 말할 수 없다.
③ 무조 음악은 한 옥타브 안의 음 각각에 동등한 가치를 두었다.
⑤ 쇤베르크의 12음 기법은 무조 음악이 지닌 자유로움에 조성의 체계성을 더하고자 탄생한 기법이다.

30초 컷 Tip

주어진 글의 내용으로 적절한 것 또는 적절하지 않은 것을 고르는 문제의 경우, 제시문을 읽기 전에 문제와 선택지를 먼저 확인하는 것이 좋다. 이를 통해 제시문에서 알아내야 하는 정보가 무엇인지를 인지한 후 제시문을 독해한다.

언어적 사고

추론적 독해

- 글에서 직접적으로 제시하지 않은 내용을 추론하여 답을 도출해야 하는 유형이다.
- 언어 영역에서 가장 난이도가 높은 유형으로 볼 수 있다.
- 자신의 주관적인 판단보다는 글에 대한 논리적인 이해를 바탕으로 문제를 풀이한다.

1. 문제에서 제시하는 추론유형을 확인한다.
 → 세부적인 내용을 추론하는 유형

다음 글을 통해 추론할 수 있는 내용으로 적절한 것은?

도구를 사용하는 인간은 다양한 종류의 음식을 먹는 본능과 소화력을 갖췄지만, 일부 동물은 한 가지 음식만 먹는다. 이렇게 음식 하나에 모든 것을 거는 '단일 식품 식생활'은 도박이다. 그 음식의 공급이 끊기면 그 동물도 끝이기 때문이다. ──③의 반박 근거

한때 우리는 인류의 전 주자였던 오스트랄로피테쿠스가 과일만 먹었을 것이라고 믿은 적이 있었다. 이를 근거로 오스트랄로피테쿠스와 사람을 가르는 선을 고기의 섭취 여부로 정하기도 했었다. 그러나 남아프리카공화국의 한 동굴에서 발견된 200만 년 전 유골 4구의 치아에서는 이와 다른 증거가 발견 됐다. 인류학자 맷 스폰하이머와 줄리아 리소프는 이 유골의 치아사기질 탄소 동위 원소 구성 중 13C 의 비율이 과일만 먹은 치아보다 열대 목초를 먹은 치아와 훨씬 더 가깝다는 것을 발견했다. 식생활 동위 원소는 체내 조직에 기록되기 때문에 이 발견은 오스트랄로피테쿠스가 상당히 많은 양의 풀을 먹었거나 이 풀을 먹은 동물을 먹었다는 추측을 가능케 한다. 그런데 같은 치아에서 풀을 씹어 먹을 때 생기는 마모는 전혀 보이지 않기 때문에 오스트랄로피테쿠스 식단에서 풀을 먹는 동물이 큰 부 분을 차지했다는 결론을 내릴 수 있다. ──⑤의 근거이자 ②를 반박할 수 있는 근거가 된다.

오래 전에 멸종되어 260만 년이라는 긴 시간을 땅속에 묻혀 있던 동물의 뼈 옆에서는 석기들이 함께 발견되기도 한다. 이 뼈와 석기가 들려주는 이야기는 곧 우리의 이야기다. 어떤 뼈에는 이로 씹은 흔 적 위에 도구로 자른 흔적이 겹쳐있다. 그 반대의 흔적이 남은 뼈들도 있다. 도구로 자른 흔적 다음에 날카로운 이빨 자국이 남은 경우다. 이런 것은 무기를 가진 인간이 먼저 먹고 동물이 이빨로 뜯어 먹 은 것이다. ──④의 반박 근거

① 오스트랄로피테쿠스는 육식 동물을 전혀 먹지 않았다. ──근거를 찾을 수 없음
② 육식 여부는 오스트랄로피테쿠스의 진화과정을 보여주는 중요한 기준이다.
③ 단일 식품 섭취의 위험성 때문에 단일 식품을 섭취하는 동물은 없다.
④ 인간은 날카로운 이빨을 이용하여 초식동물을 사냥하였다.
⑤ 맷 스폰하이머와 줄리아 리소프의 연구는 육식 여부로 오스트랄로피테쿠스와 사람을 구분하던 방법이 잘못되었음을 보여준다.

──서로 상반되는 내용의 선택지이므로 이를 중심 으로 글의 내용을 파악 한다.

2. 선택지를 먼저 확인하고 글에서 선택지의 근거가 되는 부분을 확인한다.

맷 스폰하이머와 줄리아 리소프의 연구는 오스트랄로피테쿠스가 육식을 하였음을 증명하였다. 때문에 육식 여부로 오스트랄로피테쿠스와 사람을 구분하던 과거의 방법이 잘못되었음을 증명한 것이라 볼 수 있다.

오답분석 — 육식 동물

① 두 번째 문단 마지막 문장에서 오스트랄로피테쿠스의 식단에서 풀을 먹는 동물이 큰 부분을 차지했다는 결론을 내렸다고 했을 뿐, 풀을 전혀 먹지 않았는지는 알 수 없다.

② 맷 스폰하이머와 줄리아 리소프의 연구를 통해 육식 여부로 오스트랄로피테쿠스와 사람을 구분할 수 없다는 것을 확인했으므로 육식 여부는 진화과정에 대한 기준이 될 수 없다.

③ 단일 식품을 섭취하는 것이 위험하다고 했을 뿐, 일부 동물은 단일 식품을 섭취한다.

④ 마지막 문단에서 도구로 자른 흔적 다음에 날카로운 이빨자국이 남은 동물 뼈에서 무기를 가진 인간의 흔적을 찾은 것으로 보아 인간은 이빨이 아닌 무기로 사냥을 했음을 알 수 있다.

30초 컷 Tip

문제에서 제시하는 추론 유형이 어떤 형태인지를 판단한다.

• 글쓴이의 주장/의도를 추론하는 유형
  글에 나타난 주장, 근거, 논증 방식을 파악하는 유형으로 주장의 타당성을 평가하여 글쓴이의 관점을 이해하며 읽는다.

• 세부적인 내용을 추론하는 유형
  주어진 선택지를 먼저 읽고 지문을 읽으면서 답이 아닌 선택지를 지워나가는 방법이 효율적이다.

언어적 사고 비판적 독해

유형분석

- 글을 읽고 비판적 의견이나 반박을 생각할 수 있는지를 평가하는 유형이다.
- 제시문의 '주장'에 대한 반박을 찾는 것이므로, '근거'에 대한 반박이나 논점에서 벗어난 것을 찾지 않도록 주의해야 한다.

다음 주장에 대한 반대 의견의 근거로 가장 적절하지 않은 것은? 1. 문제를 풀기 위해 글의 주장, 관점, 의도, 근거 등 글의 핵심을 파악

소년법은 반사회성이 있는 소년의 환경 조정과 품행 교정을 위한 보호처분 등의 필요한 조치를 하고, 형사처분에 관한 특별조치를 적용하는 법이다. 만 14세 이상부터 만 19세 미만의 사람을 대상으로 하며, 인격 형성 도중에 있어 그 개선가능성이 풍부하고 심신의 발육에 따르는 특수한 정신적 동요상태에 놓여 있으므로 현재의 상태를 중시하여 소년의 건전한 육성을 기하려는 것이 본래의 목적이다. ⟶ 소년법의 사전적 정의와 목적

하지만 청소년이 강력범죄를 저지르더라도 소년법의 도움으로 처벌이 경미한 점을 이용해 성인이 저지른 범죄를 뒤집어쓰거나 일정한 대가를 제시하고 대신 자수하도록 하는 등 악용사례가 있으며, 최근에는 미성년자들 스스로가 모의하여 발생한 강력범죄가 날로 수위를 높여가고 있다. 무엇보다 이러한 죄를 저지른 이들이 범죄나 처벌을 대수롭지 않게 여기는 태도를 보이는 경우가 많아 법의 존재 자체를 의심받는 상황에 이르고 있다. 따라서 해당 법을 폐지하고 저지른 죄에 걸맞은 높은 형량을 부여하는 것이 옳다. ⟶ 소년법의 악용 사례와 실효성에 대한 의문 제기를 통한 소년법 폐지 및 형량 강화 주장

① 성인이 저지른 범죄를 뒤집어쓰는 경우는 <u>소년법의 문제라기보다는 해당 범죄를 악용한 범죄자를 처벌</u>하는 것이 옳다.

② <u>소년법 대상의 대부분이 불우한 가정환경</u>을 가지고 있기 때문에 소년법 폐지보다는 범죄예방이 급선무이다. ⟶ =되갚음 → 소년법은 소년의 보호를 목적으로 하므로 어색함

③ 소년법을 폐지하면 형법의 주요한 목적 중 하나인 [응보]의 의미가 퇴색된다.

④ 세간에 알려진 것과 달리 <u>강력범죄의 경우에는 미성년자라고 할지라도 실형을 선고</u>받는 사례가 더 많으므로 성급한 처사라고 볼 수 있다.

⑤ 한국의 소년법은 현재 UN 아동권리협약에 묶여있으므로 무조건적인 폐지보다는 개선방법을 고민하는 것이 먼저다.

2. 글의 주장 및 근거의 어색한 부분을 찾아 반박 근거와 사례를 생각

형법의 주요한 목적 중 하나인 응보는 '어떤 행위에 대하여 받는 갚음'을 뜻한다. 제시문의 주장에 따르면 소년법을 악용하여 범죄 수준에 비해 처벌을 경미하게 받는 등 악용사례가 있으므로, 소년법을 폐지하면 응보의 의미가 퇴색된다는 것은 필자의 주장을 반박하는 근거로 적절하지 않다.

오답분석
① 소년법의 악용사례가 소년법 자체의 문제에 의한 것이 아니라고 주장하는 반대 의견이다.
②·⑤ 소년법 본래의 취지와 현재의 상황을 상기시키며 필자의 주장이 지나치다고 반박하고 있다.
④ 필자의 주장의 근거 중 하나인 경미한 처벌이 사실과 다르다고 반박하고 있다.

30초 컷 Tip

• 주장, 관점, 의도, 근거 등 문제를 풀기 위한 글의 핵심을 파악한다. 이후 글의 주장 및 근거의 어색한 부분을 찾아 반박할 주장과 근거를 생각해본다.
• 제시된 지문이 지나치게 길 경우 선택지를 먼저 파악하여 홀로 글의 주장이 어색하거나 상반된 의견을 제시하고 있는 답은 없는지 확인한다.

- '$p \rightarrow q$, $q \rightarrow r$이면 $p \rightarrow r$이다.' 형식의 삼단논법과 명제의 대우를 활용하여 푸는 유형이다.
- 명제에서 일부를 나타내는 표현이 나온다면 삼단논법을 활용하기보다 벤다이어그램 등을 활용하여 풀이해야 한다.

다음 명제가 참일 때, 항상 옳은 것은?

- 재현이가 춤을 추면 서현이나 지훈이가 춤을 춘다. _p _q _r
- 재현이가 춤을 추지 않으면 종열이가 춤을 춘다. _s
- 종열이가 춤을 추지 않으면 지훈이도 춤을 추지 않는다.

① 명제의 도식화
- $p \rightarrow q$ or r
- $\sim p \rightarrow s$
- $\sim s \rightarrow \sim r$

② 명제의 대우
- $\sim q$ and $\sim r \rightarrow \sim p$
- $\sim s \rightarrow p$
- $r \rightarrow s$

③ 연결
$\sim s \rightarrow p \rightarrow q$ or r
$\Rightarrow \sim s \rightarrow p \rightarrow q$

④ 보기 도식화하여 정답 찾기

① 서현이가 춤을 추지 않는다면_{~q} 재현이만 춤을 추었다._p
② 재현이가 춤을 추면_p 서현이만 춤을 추었다._q
③ 종열이가 춤을 추지 않았다면_{~s} 지훈이만 춤을 추었다._r
④ 서현이가 춤을 추면_q 재현이와 지훈이는 춤을 추었다._{p and r}
⑤ 종열이가 춤을 추지 않았다면_{~s} 재현이와 서현이는 춤을 추었다._{p and q}

'재현이가 춤을 추다.'를 p, '서현이가 춤을 추다.'를 q, '지훈이가 춤을 추다.'를 r, '종열이가 춤을 추다.'를 s라고 하면 주어진 명제는 순서대로 $p \rightarrow q$ or r, $\sim p \rightarrow s$, $\sim s \rightarrow \sim r$이다. 두 번째 명제의 대우는 $\sim s \rightarrow p$이고 이를 첫 번째 명제와 연결하면 $\sim s \rightarrow p \rightarrow q$ or r이다. 세 번째 명제에서 $\sim s \rightarrow \sim r$라고 하였으므로 $\sim s \rightarrow p \rightarrow q$임을 알 수 있다. 따라서 ⑤가 적절하다.

30초 컷 Tip

명제 유형이 항상 결론을 찾는 문제가 출제되는 것은 아니다. 때문에 연결 관계를 잘 파악해야 한다. 만약 $p \rightarrow q$, $r \rightarrow s$라는 명제가 있다. 이를 $p \rightarrow s$라는 명제로 만들고 싶을 때 필요한 명제는 $q \rightarrow r$이다. 답이 맞는지 헷갈린다면 전체 문장이 연결되는지를 확인한다.

언어적 사고

논리추리

- 제시된 여러 조건/상황/규칙들을 정리하여 경우의 수를 구한 후 문제를 해결하는 유형이다.
- 고정 조건을 중심으로 표나 도식으로 정리하여 확실한 조건과 배제해야 할 조건들을 정리한다.

① 문제에서 요구하는 조건을 표시한다.

등산 동아리는 봄을 맞아 소풍을 가고자 한다. 동아리 회원인 A, B, C, D, E 5명은 서로 다른 색의 접시에 각기 다른 한 가지의 과일을 준비하였다. 다음 내용에 따를 때 B가 준비한 접시의 색깔과 C가 준비한 과일은?

- 회원들이 준비한 과일들은 A, B, C, D, E 순으로 일렬로 놓여있다.
- 접시의 색은 빨강, 노랑, 초록, 검정, 회색이다.
- 과일은 참외, 수박, 사과, 배, 바나나가 있다.
- 수박과 참외는 이웃하지 않는다.
- 노란색 접시에 배가 담겨있고, 회색 접시에 참외가 담겨있다.
- (B는 바나나를 준비하였다.)
- 양쪽 끝 접시는 빨간색과 초록색이며, 이 두 접시에 담긴 과일의 이름은 두 글자이다.
- 바나나와 사과는 이웃한다.

② 주어진 조건 중 고정 조건을 기준으로 나머지 조건을 정리한다.
  - 노란색 : 배
  - 회색 : 참외

B가 준비한 접시의 색깔	C가 준비한 과일
① 검정	사과
② 빨강	사과
③ 검정	참외
④ 초록	참외
⑤ 회색	수박

③ 고정 조건을 중심으로 표나 도식을 활용하여 정리한다.

ⅰ) 먼저 과일 접시의 색 확인

구분	참외	수박	사과	배	바나나
빨강	×			×	×
노랑	×	×	×	○	×
초록	×			×	×
검정	×	×	×	×	○
회색	○	×	×	×	×

두 글자인 과일만 가능
→ 검정색 접시

바나나와 이웃

ⅱ) A~E의 과일과 접시 확인

수박과 이웃하지 않음

구분	A	B	C	D	E
과일	수박 / 사과	바나나	참외	배	사과 / 수박
접시	빨강 / 초록	검정	회색	노랑	초록 / 빨강

④ 정리한 내용을 바탕으로 문제의 답을 찾는다.

정답 ③

B가 바나나를 준비하였으므로 A와 C 중 한 명이 사과를 준비하였다. 그런데 양쪽 끝 접시는 빨간색, 초록색이고 참외는 회색 접시에 담겨있으므로 양쪽 끝에 담긴 과일은 두 글자인 과일 중 참외를 제외한 사과, 수박이다. 즉, A는 사과를, E는 수박을 준비하였다. 수박과 참외는 이웃하지 않으므로 D가 준비한 과일은 참외일 수 없다. 따라서 C가 준비한 과일이 참외이다.

C는 참외를 준비했으므로 회색 접시를 준비하고, D는 노란 접시에 배를 준비했음을 알 수 있다. A와 E가 준비한 접시는 각각 초록색 혹은 빨간색이므로 남은 색은 검정색이다.

조건에 따라 각 회원들이 준비한 과일과 접시를 정리하면 다음과 같다.

구분	A	B	C	D	E
과일	사과	바나나	참외	배	수박
접시	초록/빨강	검정	회색	노랑	빨강/초록

따라서 B가 준비한 접시의 색깔은 검정색임을 알 수 있다.

30초 컷 Tip

고정적인 조건을 가장 먼저 파악하는 것이 중요하다. 보통 고정적인 조건은 마지막 부분에 제시되는 경우가 많은데, 앞에 나온 조건들을 아무리 잘 정리해도 고정 조건 하나면 경우의 수가 많이 줄어든다. 때문에 항상 이를 먼저 찾는다.

언어적 사고

유형분석

- 일반적으로 4~5명의 진술이 제시되며, 각 진술의 진실 및 거짓 여부를 확인하여 범인을 찾는 유형이다.
- 추리 영역 중에서도 체감난이도가 상대적으로 높은 유형으로 알려져 있다.
- 각 진술 사이의 모순을 찾아 성립하지 않는 경우의 수를 제거하거나, 경우의 수를 나누어 모든 조건이 성립하는지를 확인해야 한다.

① 문제에서 구하는 것 확인
→ 범인을 찾는 문제, 거짓말을 한 사람을 찾는 문제가 아님

어젯밤에 탕비실 냉장고에 보관되어 있던 행사용 케이크가 없어졌다. 어제 야근을 한 갑, 을, 병, 정, 무를 조사했더니 다음과 같이 진술했다. 케이크를 먹은 범인은 2명이고, 다음 중 단 2명만이 진실을 말한다고 할 때, 다음 중 범인이 될 수 있는 사람으로 짝지어진 것은?(단, 모든 사람은 진실만 말하거나 거짓만 말한다)

조건 1
② 조건 확인
조건 2

> 갑 : 을이나 병 중에 한 명만 케이크를 먹었어요.
> 을 : 무는 확실히 케이크를 먹었어요.
> 병 : 정과 무가 모의해서 함께 케이크를 훔쳐먹는 걸 봤어요.
> 정 : 저는 절대 범인이 아니에요.
> 무 : 사실대로 말하자면 제가 범인이에요.

③ 2명의 진술이 일치 → 동시에 진실을 말하거나 거짓을 진술

① 갑, 을   ② 을, 정
③ 을, 무   ④ 갑, 정
⑤ 정, 무

정답 ①

을의 진술이 진실이면 무의 진술도 진실이고, 을의 진술이 거짓이면 무의 진술도 거짓이다.

- 을과 무가 모두 진실을 말하는 경우

무는 범인이고, 나머지 3명은 모두 거짓을 말해야 한다. 정의 진술이 거짓이므로 정은 범인인데, 병이 무와 정이 범인이라고 했으므로 병은 진실을 말하는 것이 되어 2명만 진실을 말한다는 조건에 모순이다. 따라서 을과 무는 거짓을 말한다.

- 을과 무가 모두 거짓을 말하는 경우

무는 범인이 아니고, 갑·병·정 중 1명만 거짓을 말하고 나머지 2명은 진실을 말한다. 만약 갑이 거짓을 말한다면 을과 병이 모두 범인이거나 모두 범인이 아니어야 한다. 그런데 갑의 말이 거짓이고 을과 병이 모두 범인이라면 병의 말 역시 거짓이 되어 조건에 모순이다. 따라서 갑의 말은 진실이고, 병이 지목한 범인 중에 을이나 병이 없으므로 병의 진술은 거짓, 정의 진술은 진실이다. 따라서 범인은 갑과 을 또는 갑과 병이다.

30초 컷 Tip

진실게임 유형 중 90% 이상은 다음 두 가지 방법으로 풀 수 있다. 주어진 진술을 빠르게 훑으며 다음 두 가지 중 어떤 경우에 해당되는지 확인한 후 문제를 풀어나간다.

- **두 명 이상의 발언 중 한쪽이 진실이면 다른 한쪽이 거짓인 경우**

1) A가 진실이고 B가 거짓인 경우, B가 진실이고 A가 거짓인 경우 두 가지로 나눌 수 있다.

2) 두 가지 경우에서 각 발언의 진위 여부를 판단한다.

3) 주어진 조건과 비교한다(범인의 숫자가 맞는지, 진실 또는 거짓을 말한 인원수가 조건과 맞는지 등).

- **두 명 이상의 발언 중 한쪽이 진실이면 다른 한쪽도 진실인 경우**

1) A와 B가 모두 진실인 경우, A와 B가 모두 거짓인 경우 두 가지로 나눌 수 있다.

2) 두 가지 경우에서 각 발언의 진위 여부를 판단하여 범인을 찾는다.

3) 주어진 조건과 비교한다(범인의 숫자가 맞는지, 진실 또는 거짓을 말한 인원수가 조건과 맞는지 등).

유형분석

- 응용수리의 대표적인 유형으로 빠지지 않고 출제되는 유형 중 하나이다.
- 기차와 터널의 길이, 물과 같이 속력이 있는 공간 등 추가적인 시간·속력·거리에 관한 정보가 있는 경우 난이도가 높은 편에 속하는 문제로 출제되지만, 기본적인 공식에 더하거나 빼는 것이므로 기본에 집중한다.
- (거리)=(시간)×(속력)
- (속력)=$\dfrac{(거리)}{(시간)}$
- (시간)=$\dfrac{(거리)}{(속력)}$

미주는 집에서 백화점에 가기 위해 시속 8km의 속력으로 집에서 출발했다. 미주가 집에서 출발한 지 12분 후에 지갑을 두고 간 것을 발견한 동생이 시속 20km의 속력으로 미주를 만나러 출발했다. 미주와 동생은 미주가 출발하고 몇 분 후에 만나게 되는가?(단, 미주와 동생은 쉬지 않고 일정한 속력으로 움직인다)

① 11분

② 14분

③ 17분

④ 20분

⑤ 23분

③ 문제에서 제시하는 단서 찾기

① 문제 확인

└─ 단서 2
동생과 미주는 같은 거리를 움직임
$8(x+12)=20x$
→ $x=8$

└─ 단서 1
- 동생이 움직인 시간 : x분
- 미주가 움직인 시간 : $x+12$분

정답 ④

〈풀이 1〉

동생이 움직인 시간을 x분이라고 하자. 미주가 움직인 시간은 $x+12$분이다.

미주는 시속 8km로 움직였고, 동생은 시속 20km로 움직였다. 이때, 미주와 동생이 움직인 거리는 같으므로

$8(x+12)=20x$

$\rightarrow x=8$

따라서 미주와 동생은 미주가 출발하고 $8+12=20$분 후에 만나게 된다.

〈풀이 2〉

미주가 집에서 출발해서 동생을 만나기 전까지 이동한 시간을 x시간이라고 하자. 미주가 이동한 거리는 $8x$km이고, 동생은 미주가 출발한 후 12분 뒤에 지갑을 들고 이동했으므로 동생이 이동한 거리는 $20\left(x-\dfrac{1}{5}\right)$km이다.

$8x=20\left(x-\dfrac{1}{5}\right) \rightarrow 12x=4 \rightarrow x=\dfrac{1}{3}$

따라서 미주와 동생은 $\dfrac{1}{3}$시간$=20$분 후에 만나게 된다.

30초 컷 Tip

• 기차나 터널의 길이, 물과 같이 속력이 있는 장소 등 추가적인 조건을 반드시 확인한다.

• 속력과 시간의 단위를 처음부터 정리하여 계산하면 계산 실수 없이 풀이할 수 있다.

   − 1시간$=60$분$=3,600$초

   − 1km$=1,000$m$=100,000$cm

유형분석

- 구하고자 하는 값을 미지수로 놓고 식을 세운다.
- 증가 · 감소하는 비율이나 평균과 결합된 문제 역시 많이 출제되고 있다.

· 태경 : x건
· 건희 : y건
$x+y=27$ ⋯ 식1

L생명 보험설계사 직원인 태경이와 건희의 8월 실적 건수 합계는 27건이었다. 9월에 태경이와 건희의 실적 건수가 8월 대비 각각 20% 증가, 25% 감소하였고 9월의 실적 건수 합 또한 27건일 때, 태경이의 9월 실적 건수는?

· 태경 : $(1+0.2)x$ → 문제에서 구해야 하는 값
· 건희 : $(1-0.25)y$
$1.2x+0.75y=27$ ⋯ 식2
① 문제 확인

① 12건
② 14건
③ 16건
④ 18건
⑤ 20건

정답 ④

〈풀이 1〉

8월 태경이의 실적 건수를 x건, 건희의 실적 건수를 y건이라고 하자.

$x+y=27\cdots\bigcirc$

9월에 태경이의 실적 건수가 20% 증가했으므로 $1.2x$건이고, 건희의 실적 건수는 25% 감소했으므로 $0.75y$건이다.

$1.2x+0.75y=27 \rightarrow 8x+5y=180\cdots\bigcirc$

$\bigcirc$과 $\bigcirc$을 연립하면 $x=15$, $y=12$이다.

따라서 태경이의 9월 실적 건수는 $1.2x=1.2\times15=18$건이다.

〈풀이 2〉

8월 태경이의 실적 건수를 x건이라고 하자. 건희의 실적 건수는 $(27-x)$건이다.

9월에 태경이의 실적 건수가 20% 증가했고, 건희의 실적 건수는 25% 감소했으므로

$0.2x-0.25(27-x)=0$

$\rightarrow 20x-25(27-x)=0$

$\rightarrow x=15$

따라서 태경이의 9월 실적 건수는 $1.2x=1.2\times15=18$건이다.

30초 컷 Tip

미지수를 여러 개 사용하는 것보다는 한 개만 사용해서 최대한 간소화한다. 연립방정식으로 풀이하는 것보다 하나의 식으로 한 번에 계산하는 것이 풀이 단계를 줄일 수 있는 방법이다.

수리적 사고

금액

- 원가 · 정가 · 할인가 · 판매가의 개념을 명확히 한다.
- (정가)＝(원가)＋(이익)
- (할인가)＝(정가)×$\left\{1-\dfrac{(할인율)}{100}\right\}$

윤정이는 어떤 물건을 100개 구입하여, 구입 가격에 25%를 더한 가격으로 50개를 팔았다. 남은 물건 50개를 기존 판매가에서 일정 비율 할인하여 판매했더니 본전이 되었다. 이때 할인율은 얼마인가?

원가

(정가)＝(원가)×$\left(1+\dfrac{25}{100}\right)$

정가

ⓛ (할인 판매가)
＝(정가)×{1-(할인율)}
＝(정가)×$\left(1-\dfrac{y}{100}\right)$

② 조건 확인
(100개의 원가)
＝(100개의 판매가)

① 미지수 설정
- 구입가격(원가) : x원
- 할인율 : y%

① 32.5%

② 35%

③ 37.5%

④ 40%

⑤ 42.5%

정답 ④

윤정이가 구입한 개당 가격을 x원, 할인율을 $y\%$라고 하자.

물건 100개의 원가는 $100 \times x$원이고, 판매가는 다음과 같다.

$$50 \times 1.25 \times x + 50 \times 1.25 \times \left(1 - \frac{y}{100}\right) \times x$$

윤정이가 물건을 다 팔았을 때 본전이었으므로 (판매가)=(원가)이다.

$$100x = 50 \times 1.25 \times x + 50 \times 1.25 \times \left(1 - \frac{y}{100}\right) \times x$$

$$\rightarrow 2 = 1.25 + 1.25 \times \left(1 - \frac{y}{100}\right)$$

$$\rightarrow 3 = 5 - \frac{y}{20}$$

$$\therefore y = 40$$

30초 컷 Tip

• 제시된 문제의 원가(x)처럼 기준이 동일하고, 이를 기준으로 모든 값을 계산하는 경우에 처음부터 x를 생략하고 식을 세우는 연습을 한다.

• 정가가 반드시 판매가인 것은 아니다.

• 금액을 계산하는 문제는 보통 비율과 함께 제시되기 때문에 풀이과정에서 실수하기 쉽다. 때문에 선택지의 값을 대입해서 풀이하는 것이 실수 없이 빠르게 푸는 방법이 될 수도 있다.

수리적 사고

일률

유형분석

- 전체 작업량을 1로 놓고, 분·시간 등의 단위 시간 동안 한 일의 양을 기준으로 식을 세운다.
- $(\text{일률}) = \dfrac{(\text{작업량})}{(\text{작업시간})}$

① (전체 일의 양)=1   ② (하루 동안 할 수 있는 일의 양)=(일률)=$\dfrac{(\text{작업량})}{(\text{작업기간})}$

프로젝트를 완료하는 데 A사원이 혼자 하면 7시간, B사원이 혼자 하면 9시간이 걸린다. 3시간 동안 두 사원이 함께 프로젝트를 진행하다가 B사원이 반차를 내는 바람에 나머지는 A사원이 혼자 처리해야 한다. A사원이 남은 프로젝트를 완료하는 데에는 시간이 얼마나 더 걸리겠는가?

③ 남은 일의 양을 계산
⑤ (작업기간)=$\dfrac{(\text{작업량})}{(\text{일률})}$
④ 미지수 설정

① 1시간 20분   ② 1시간 40분
③ 2시간   ④ 2시간 10분
⑤ 2시간 20분

프로젝트를 완료하는 일의 양을 1이라 하면, A사원은 한 시간에 $\frac{1}{7}$, B사원은 한 시간에 $\frac{1}{9}$만큼의 일을 할 수 있다.
　　　　①　　　　　　　　　　　　　　　　　　②

3시간 동안 같이 한 일의 양은 $\left(\frac{1}{7}+\frac{1}{9}\right)\times 3=\frac{16}{21}$이므로, A사원이 혼자 해야 할 일의 양은 $\frac{5}{21}\left(=1-\frac{16}{21}\right)$가 된다.
　　③

이때 프로젝트를 완료하는 데 걸리는 시간을 x시간이라 하자.
　　　　④

$\frac{1}{7}\times x=\frac{5}{21} \rightarrow x=\frac{5}{3}$
　　⑤

따라서 A사원 혼자 프로젝트를 완료하는 데에는 총 1시간 40분이 더 걸린다.

30초 컷 Tip

• 전체의 값을 모르는 상태에서 비율을 묻는 문제의 경우 전체를 1이라고 하면 쉽게 풀이할 수 있다. 이는 단순히 일률을 계산하는 경우뿐만 아니라 조건부 확률과 같이 비율이 나오는 문제에는 공통적으로 적용 가능하다.
• 문제에서 제시하는 단위와 선택지의 단위가 같은지 확인한다.

수리적 사고

유형분석

- 부등식의 양변에 같은 수를 더하거나 같은 수를 빼도 부등호의 방향은 바뀌지 않는다.

  → $a<b$이면 $a+c<b+c$, $a-c<b-c$

- 부등식의 양변에 같은 양수를 곱하거나 양변을 같은 양수로 나누어도 부등호의 방향은 바뀌지 않는다.

  → $a<b$, $c>0$이면 $a\times c<b\times c$, $\dfrac{a}{c}<\dfrac{b}{c}$

- 부등식의 양변에 같은 음수를 곱하거나 양변을 같은 음수로 나누면 부등호의 방향은 바뀐다.

  → $a<b$, $c<0$이면 $a\times c>b\times c$, $\dfrac{a}{c}>\dfrac{b}{c}$

〈1개 기준〉

구분	A제품	B제품
재료비	3,600	1,200
인건비	1,600	2,000

어느 회사에서는 A, B 두 제품을 주력 상품으로 제조하고 있다. A제품을 1개 만드는 데 재료비는 3,600원, 인건비는 1,600원이 들어간다. 또한 B제품을 1개 만드는 데 재료비는 1,200원, 인건비는 2,000원이 들어간다. 이 회사는 한 달 동안 두 제품을 합하여 40개를 생산하려고 한다. 재료비는 12만 원 이하, 인건비는 7만 원 이하가 되도록 하려고 할 때, A제품을 최대로 생산하면 몇 개를 만들 수 있는가?

③ 부등식 ── ① 미지수 설정
- A제품 생산 개수 : x개
- B제품 생산 개수 : y개

② 미지수 줄이기
$x+y=40$
$y=40-x$
- A제품 생산 개수 : x개
- B제품 생산 개수 : $(40-x)$개

① 25개
② 26개
③ 28개
④ 30개
⑤ 31개

정답 ④

A제품의 생산 개수를 x개라 하자. ──①

B제품의 생산 개수는 $(40-x)$개이다. ──②

$3,600 \times x + 1,200 \times (40-x) \leq 120,000$

$\rightarrow x \leq 30$

$1,600 \times x + 2,000 \times (40-x) \leq 70,000$ ──③

$\rightarrow x \geq 25$

$\rightarrow 25 \leq x \leq 30$

```
   ●━━━━━●
   25    30 ─ 최대
```

따라서 A제품은 최대 30개까지 생산할 수 있다.

30초 컷 Tip

- 문제에 이상, 이하, 초과, 미만, 최대, 최소 등의 표현이 사용된다.
- 미지수가 2개 이상 나오는 경우나 부등식이 2개 사용되는 경우 그래프를 활용하면 실수의 확률을 줄일 수 있다.
- 최대를 묻는 경우의 부등호의 방향은 미지수가 작은 쪽($x \leq n$)으로 나타내고, 최소를 묻는 경우 부등호의 방향은 미지수가 큰 쪽($x \geq n$)으로 나타낸다.

유형분석

• 두 사건 A, B가 동시에 일어나지 않을 때, A가 일어나는 경우의 수를 a가지, B가 일어나는 경우의 수를 b가지라고 하면 A 또는 B가 일어나는 경우의 수는 $(a+b)$가지이다.
• 두 사건 A, B가 동시에 일어날 때, A가 일어나는 경우의 수를, B가 일어나는 경우의 수를 b가지라고 하면 A와 B가 동시에 일어나는 경우의 수는 $(a \times b)$가지이다.
• n명 중 자격이 다른 m명을 뽑는 경우의 수 : $_nP_m$
• n명 중 자격이 같은 m명을 뽑는 경우의 수 : $_nC_m$

중복 확인(사람일 때는 같은 사람이 없으므로 중복이 없지만,
사물이나 직급, 성별같은 경우에는 중복이 있을 수 있으므로 주의해야 함)

합의 법칙

A, B, C, D, E 다섯 명을 전방을 향해 일렬로 배치할 때, B와 E 사이에 1명 또는 2명이 있도록 하는 경우의 수는?

순서를 고려하므로 순열 P　　①, ②　　③

① 30가지　　　　　　　　　② 60가지
③ 90가지　　　　　　　　　④ 120가지
⑤ 150가지

어떤 둘 사이에 n명$(n \geq 2)$을 배치할 때,
$(n+2)$명을 한 묶음으로 생각하고 계산
— $(n+2)$명을 1명으로 치환

전체 m명을 일렬로 배치하는 데 n명$(2 \leq n \leq m)$이 붙어있을 경우의 수는?
① n명을 한 묶음으로 본다. 이때, 이 한 묶음 안에서 n명을 배치하는 경우의 수 : $n!$
② n명을 1명으로 생각
③ $(m-n+1)$명을 배치하는 경우의 수 : $(m-n+1)!$
④ 곱의 법칙으로 전체 경우의 수 : $n! \times (m-n+1)!$

정답 ②

ⅰ) B와 E 사이에 1명이 있는 경우
  • A, C, D 중 B와 E 사이에 위치할 1명을 골라 줄을 세우는 방법 : $_3P_1$ ─①, ②
  B와 E, 가운데 위치한 1명을 한 묶음으로 생각하고, B와 E가 서로 자리를 바꾸는 것도 고려하면
  전체 경우의 수는 $_3P_1 \times 3! \times 2 = 3 \times 6 \times 2 = 36$가지이다.
               ③
ⅱ) B와 E 사이에 2명이 있는 경우
  • A, C, D 중 B와 E 사이에 위치할 2명을 골라 줄을 세우는 방법 : $_3P_2$ ─①, ②
  B와 E 가운데 위치한 2명을 한 묶음으로 생각하고, B와 E가 서로 자리를 바꾸는 것도 고려하면
  전체 경우의 수는 $_3P_2 \times 2! \times 2 = 6 \times 2 \times 2 = 24$가지이다.
∴ 구하는 경우의 수 : $36 + 24 = 60$가지   ③

30초 컷 Tip

• 기본적으로 많이 활용되는 공식은 숙지한다.
  – 동전 n개를 던졌을 때의 경우의 수 : 2^n가지
  – 주사위 n개를 던졌을 때의 경우의 수 : 6^n가지
  – n명을 한 줄로 세우는 경우의 수 : $n!$
  – 원형 모양의 탁자에 n명이 앉는 경우의 수 : $(n-1)!$
• 확률과 경우의 수 문제는 빠르게 계산할 수 있는 방법을 생각해야 한다. 특히 '이상'과 같은 표현이 사용됐다면 1(전체)에서
  나머지 확률(경우의 수)를 빼는 방법(여사건 활용)이 편리하다.

유형분석

- 자료해석에서 가장 난이도가 쉬운 유형으로 문제에서 묻는 값을 정확하게 계산하여 풀이하는 유형이다.
- 큰 자릿수의 수치가 출제되기도 하며 어림값을 활용하는 경우에 오답률이 올라가는 유형이다.

① 문제 확인 → $\dfrac{\text{고위직}}{\text{총 진출 인원}} \times 100$

다음은 내국인 국제기구 진출현황에 관한 그래프이다. 그래프에서 국제기구 **총 진출 인원** 중 **고위직 진출 인원수의 비율이 가장 높은 해는?**

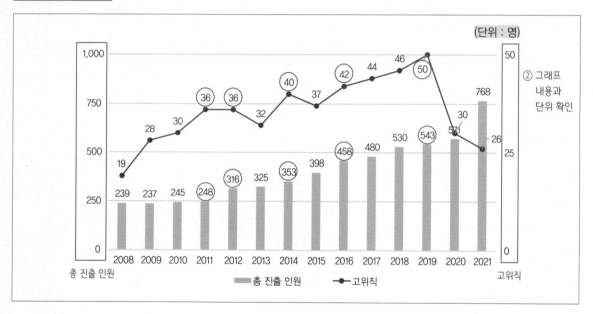

② 그래프 내용과 단위 확인

① 2011년
③ 2014년
⑤ ~~2019년~~

② 2012년
④ ~~2016년~~

③ 선택지에 제시된 해만 표시하고 계산
비율이 크다는 것은 분모가 작고 분자는 크다는 의미이다. 즉, ④와 ⑤는 계산해보지 않아도 답이 아닌 것을 알 수 있다.

연도별 국제기구 총 진출인원 중 고위직 진출 인원수의 비율은 다음과 같다.

① 2011년 : $\dfrac{36}{248} \times 100 ≒ 14.5\%$

② 2012년 : $\dfrac{36}{316} \times 100 ≒ 11.4\%$

③ 2014년 : $\dfrac{40}{353} \times 100 ≒ 11.3\%$

④ 2016년 : $\dfrac{42}{458} \times 100 ≒ 9.2\%$

⑤ 2019년 : $\dfrac{50}{543} \times 100 ≒ 9.2\%$

따라서 국제기구 총 진출 인원 중 고위직 진출 인원수의 비율이 가장 높은 해는 2011년이다.

30초 컷 Tip

자료계산 문제의 경우 2가지 경우로 나눌 수 있다.

• **정확한 수치를 구해야 하는 경우**

선택지가 아닌 제시된 자료나 그래프를 보고 원하는 수치를 찾는다. 이때, 수치가 크다면 전체를 다 계산하는 것이 아니라 일의 자릿수부터 값이 맞는지를 확인한다.

• **원하는 수치에 해당하는 값을 찾는 경우**

제시된 문제처럼 정확한 수치가 아닌 해당하는 경우나 해당하지 않는 경우를 묻는 문제는 선택지를 먼저 보고, 제시되어 있는 경우만 빠르게 계산한다.

유형분석

- 자료해석에서 가장 많이 출제되는 유형이다.
- 주어진 자료를 토대로 선택지의 옳고 그름을 판단하는 문제이다.
- 증감추이, 증감폭, 증감률 등의 개념을 정확하게 알고 있어야 한다.

──① 문제 확인

다음은 산업별 월간 국내카드 승인액이다. 이에 대한 〈보기〉의 설명으로 <u>적절한 것을 모두 고르면?</u>

〈산업별 월간 국내카드 승인액〉

(단위 : 억 원)

산업별	2020년 8월	2020년 9월	2020년 10월	2020년 11월	2020년 12월	2021년 1월
도매 및 소매업	3,116	3,245	3,267	3,261	3,389	3,241
운수업	161	145	165	159	141	161
숙박 및 음식점업	1,107	1,019	1,059	1,031	1,161	1,032
사업시설관리 및 사업지원 서비스업	40	42	43	42	47	48
교육 서비스업	127	104	112	119	145	122
보건 및 사회복지 서비스업	375	337	385	387	403	423
예술, 스포츠 및 여가관련 서비스업	106	113	119	105	89	80
협회 및 단체, 수리 및 기타 개인 서비스업	163	155	168	166	172	163

② 풀이 순서 정하기

계산이 없는 선택지 → 간단한 계산 선택지 → 복잡한 계산 선택지

$= ㄷ - ㄱ - ㄹ - ㄴ$

$\dfrac{|122-145|}{145} \times 100 = \dfrac{145-122}{145} \times 100 \fallingdotseq 16\%$

보기

──159+1,031=1,190억 원

──3,261억 원

ㄱ. 교육 서비스업의 2021년 1월 국내카드 승인액의 전월 대비 감소율은 25% 이상이다. (×)

ㄴ. 2020년 11월 운수업과 숙박 및 음식점업의 국내카드 승인액의 합은 도매 및 소매업의 국내카드 승인액의 40% 미만이다. (○)

ㄷ. 2020년 10월부터 2021년 1월까지 사업시설관리 및 사업지원 서비스업과 예술, 스포츠 및 여가관련 서비스업 국내카드 승인액의 전월 대비 증감 추이는 동일하다. (×)

$3,261 \times 0.4 = 1,304.4$억 원$> 1,190$억 원

ㄹ. 2020년 9월 협회 및 단체, 수리 및 기타 개인 서비스업의 국내카드 승인액은 보건 및 사회복지 서비스업 국내카드 승인액의 35% 이상이다. (○)

──155억 원 ──337억 원

──$337 \times 0.35 = 117.95$억 원< 155억 원

① ㄱ, ㄴ ② ㄱ, ㄷ

③ ㄴ, ㄷ ④ ㄴ, ㄹ

⑤ ㄷ, ㄹ

③ 답 소거하기

풀이 순서에 따라 ㄷ과 ㄱ이 옳지 않으므로 모든 선지를 계산해보지 않아도 답은 ④이다.

정답 ④

풀이순서

4. ㄴ. 2020년 11월 운수업과 숙박 및 음식점업의 국내카드 승인액의 합은 159+1,031=1,190억 원으로, 도매 및 소매업의 국내카드 승인액의 40%인 3,261×0.4=1,304.4억 원보다 작다.

3. ㄹ. 2020년 9월 협회 및 단체, 수리 및 기타 개인 서비스업의 국내카드 승인액은 보건 및 사회복지 서비스업 국내카드 승인액의 $\frac{155}{337} \times 100 = 46.0\%$이다.

오답분석

2. ㄱ. 교육서비스업의 2021년 1월 국내카드 승인액의 전월 대비 감소율은 $\frac{122-145}{145} \times 100 = -15.9\%$이다.

1. ㄷ. 2020년 10월부터 2021년 1월까지 사업시설관리 및 사업지원 서비스업의 국내카드 승인액의 전월 대비 증감 추이는 '증가-감소-증가-증가'이고, 예술, 스포츠 및 여가관련 서비스업은 '증가-감소-감소-감소'이다.

30초 컷 Tip

• 계산이 필요 없는 선택지를 먼저 해결한다.

  예 ㄷ은 빠르게 풀이가 가능하다.

• 정확한 값을 비교하기보다 근사치를 활용한다.

수리적 사고

유형분석

- 제시된 표를 그래프로 적절하게 변환한 것을 묻는 유형이다.
- 복잡한 표가 제시되지 않으므로 수의 크기만을 판단하여 풀이할 수 있다.

다음은 B대학교의 학과별 입학정원 변화에 대한 자료이다. 이를 나타낸 그래프로 적절하지 않은 것은?

3. 표의 항목 확인

〈학과별 입학정원 변화〉

1. 제목 확인

2. 단위 확인

(단위 : 명)

이 표의 경우에는 연도가 내림차순으로 정렬되어 있다.

구분	2021년		2020년	2019년	2018년	2017년
A학과	150	−7	157	135	142	110
B학과	54	−6	60	62	55	68
C학과	144	−6	150	148	130	128
D학과	77	−8	85	80	87	90
E학과	65	+5	60	64	67	66
F학과	45	+3	42	48	40	50
G학과	120	+10	110	114	114	115
H학과	100	−5	105	108	110	106

① 2020~2021년 학과별 입학정원 변화

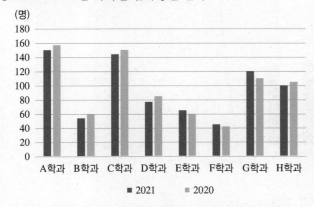

5. 빠르게 확인 가능한 선택지부터 확인
  ①의 경우 2021, 2020년 수치를 바로 적용시킬 수 있으므로 우선 확인한다.

② 2017~2021년 A, C, D, G, H학과 입학정원 변화

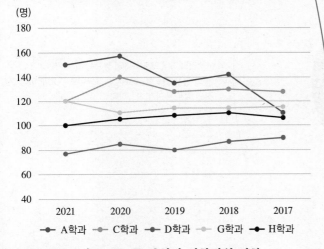

③ 2017~2021년 B, E, F, G학과 입학정원 변화

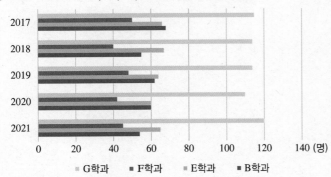

6. 증감 추이 판단 후 수치가 맞는지 확인

④ 2017~2019년 학과별 입학정원 변화

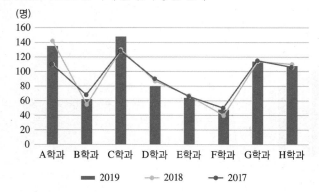

6. 증감 추이 판단 후 수치가 맞는지 확인

⑤ 전년 대비 2021년도의 A~F학과 입학정원 증감 인원

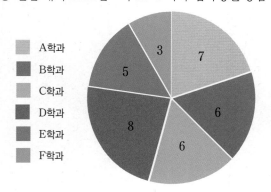

4. 선택지의 제목과 자료에서 필요한 정보 확인
   ⑤의 경우 필요한 자료는 증감량이므로 표에 미리 표시
   하면 빠른 풀이가 가능하다.

정답 ②

C학과의 2019~2021년도 입학정원이 자료보다 낮게 표시되었다.

30초 컷 Tip

- 수치를 일일이 확인하는 것보다 증감 추이를 먼저 판단해서 선택지를 1차적으로 거르고 나머지 선택지 중 그래프의 모양이 크게 차이나는 곳을 확인한다.
- 선택지에서 특징적인 부분이 있는 선택지를 먼저 판단한다.
- 제시된 자료의 증감 추이를 나타내면 다음과 같다.

구분	2021년	2020년	2019년	2018년	2017년
A학과	감소	증가	감소	증가	—
B학과	감소	감소	증가	감소	—
C학과	감소	증가	증가	증가	—
D학과	감소	증가	감소	감소	—
E학과	증가	감소	감소	증가	—
F학과	증가	감소	증가	감소	—
G학과	증가	감소	불변	감소	—
H학과	감소	감소	감소	증가	—

이에 따라 C학과의 2019~2021년의 증감 추이가 제시된 자료와 다른 것을 알 수 있다.

수리적 사고

유형분석

- 일반적인 수추리 문제로 제시된 수열을 통해 빈칸에 들어갈 알맞은 값을 찾는 문제이다.
- 등차수열, 등비수열, 군수열, 피보나치수열 등의 개념을 익혀두고 적용하는 연습을 한다.

※ 일정한 규칙으로 수를 나열할 때, 빈칸에 들어갈 적절한 수를 고르시오. [1~2]

01

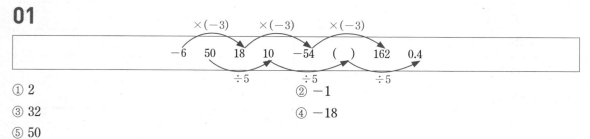

① 2
② -1
③ 32
④ -18
⑤ 50

순차적으로
적용되는
규칙 확인

~~각 항에 어떤 수를 사칙연산($+$, $-$, $\times$, $\div$)하는 규칙~~
②홀수항, 짝수항 규칙
3. 피보나치수열과 같은 계차를 이용한 규칙
4. 군수열을 활용한 규칙
5. 항끼리 사칙연산을 하는 규칙
6. 기타

02

$$-13 + 7 + 9 + -3 \Big/ 1 + 5 + -3 + -3 \Big/ 6 + -7 + 5 + (\quad)$$
$$\underset{=0}{} \qquad \underset{=0}{} \qquad \underset{=0}{}$$

① -3 ② 5

③ -4 ④ 6

⑤ -8

✗ 각 항에 어떤 수를 사칙연산($+, -, \times, \div$)하는 규칙
✗ 홀수항, 짝수항 규칙
✗ 피보나치수열과 같은 계차를 이용한 규칙
④ 군수열을 활용한 규칙
5. 항끼리 사칙연산을 하는 규칙
6. 기타

정답 ①

01

홀수항은 $\times(-3)$을 하는 수열이고, 짝수항은 $\div 5$를 적용하는 수열이다.
따라서 (　)$= 10 \div 5 = 2$이다.

정답 ③

02

수를 앞부터 4개씩 끊어 A B C D라고 하자.
A B C D $\rightarrow$ A$+$B$+$C$+$D$=0$
6 -7 5 (　) $\rightarrow$ $6-7+5+(\quad)=0$
따라서 (　)$=-4$이다.

30초 컷 Tip

수열을 풀이할 때는 다음과 같은 규칙이 적용되는지를 순서대로 확인한다.
1. 각 항에 어떤 수를 사칙연산($+, -, \times, \div$)하는 규칙
2. 홀수항, 짝수항 규칙
3. 피보나치수열과 같은 계차를 이용한 규칙
4. 군수열을 활용한 규칙
5. 항끼리 사칙연산을 하는 규칙
6. 기타

CHAPTER 03 문제해결

문제해결 ①

유형분석

- 주어진 문제 상황을 보고 원인과 결과, 그리고 올바른 해결방법을 찾아낼 수 있는지를 평가하는 유형이다.
- 예산, 인력 운용, 자원관리 등과 같은 내용이 출제된다.

A항공사는 현재 신입사원을 모집하고 있으며, 지원자격은 다음과 같다. 다음 〈보기〉의 지원자 중 A항공사 지원자격에 부합하는 사람은 모두 몇 명인가?

└─① 문제 확인

〈A항공사 대졸공채 신입사원 지원자격〉

- 4년제 정규대학 모집대상 전공 중 학사학위 이상 소지한 자(졸업예정자 지원 불가)
- TOEIC 750점 이상인 자(국내 응시 시험에 한함)
- 병역필 또는 면제자로 학업성적이 우수하고, 해외여행에 결격사유가 없는 자

※ 공인회계사, 외국어 능통자, 통계 전문가, 전공 관련 자격 보유자 및 장교 출신 지원자 우대

② 공통조건확인

모집분야		모집 조건
일반직	일반관리	• 상경, 법정 계열 • 통계/수학, 산업공학, 신문방송, 식품공학(식품 관련 학과) • 중국어, 러시아어, 영어, 일어, 불어, 독어, 서반아어, 포르투갈어, 아랍어
	운항관리	• 항공교통, 천문기상 등 기상 관련 학과 - 운항관리사, 항공교통관제사 등 관련 자격증 소지자 우대
전산직		• 컴퓨터공학, 전산학 등 IT 관련 학과
시설직		• 전기부문 : 전기공학 등 관련 전공 - 전기기사, 전기공사기사, 소방설비기사(전기) 관련 자격증 소지자 우대 • 기계부문 : 기계학과, 건축설비학과 등 관련 전공 - 소방설비기사(기계), 전산응용기계제도기사, 건축설비기사, 공조냉동기사, 건설기계기사, 일반기계기사 등 관련 자격증 소지자 우대 • 건축부문 : 건축공학 관련 전공(현장 경력자 우대)

③ 세부조건확인

보기

┌─지원자격 요건

지원자	지원분야	학력	전공	병역사항	TOEIC 점수	참고사항
A	전산직	대졸	컴퓨터공학	병역필	820점	• 중국어, 일본어 능통자이다. • 해외 비자가 발급되지 않는 상태이다.
B	시설직 (건축부문)	대졸	식품공학	면제	930점	• 건축현장 경력이 있다. • 전기기사 자격증을 소지하고 있다.

지원자	지원분야	학력	전공	병역사항	TOEIC 점수	참고사항
C	일반직 (운항관리)	대재	항공교통학	병역필	810점	• 전기공사기사 자격증을 소지하고 있다. • 학업 성적이 우수하다.
D	시설직 (기계부문)	대졸	기계공학	병역필	745점	• 건축설비기사 자격증을 소지하고 있다. • 장교 출신 지원자이다.
E	일반직 (일반관리)	대졸	신문방송학	미필	830점	• 소방설비기사 자격증을 소지하고 있다. • 포르투갈어 능통자이다.

① 1명 ② 2명
③ 3명 ④ 4명
⑤ 없음

정답 ⑤

지원자	지원분야	학력	전공	병역사항	TOEIC 점수	참고사항
A	전산직	대졸	컴퓨터공학	병역필	820점	• 중국어, 일본어 능통자이다. • 해외 비자가 ~~발급~~되지 않는 상태이다.
B	시설직 (건축부문)	대졸	(식품공학) ③	면제	930점	• 건축현장 경력이 있다. • 전기기사 자격증을 소지하고 있다.
C	일반직 (운항관리)	~~대재~~	항공교통학	병역필	810점	• 전기공사기사 자격증을 소지하고 있다. • 학업 성적이 우수하다.
D	시설직 (기계부문)	대졸	기계공학	병역필	~~745점~~	• 건축설비기사 자격증을 소지하고 있다. • 장교 출신 지원자이다.
E	일반직 (일반관리)	대졸	신문방송학	~~미필~~	830점	• 소방설비기사 자격증을 소지하고 있다. • 포르투갈어 능통자이다.

② (우측 표시)

• A : 해외여행에 결격사유가 있다.
• B : 지원분야와 전공이 맞지 않다.
• C : 대학 재학 중이므로, 지원이 불가능하다.
• D : TOEIC 점수가 750점 이상이 되지 않는다.
• E : 병역 미필로 지원이 불가능하다.
따라서 A~E 5명 모두 지원자격에 부합하지 않는다.

30초 컷 Tip

자료에 직접적으로 표시하여 정보를 빠르게 확인할 수 있도록 하고, 선택지를 제거하며 풀이한다.

L사는 SWOT 분석결과 자료를 토대로, SWOT 분석에 의한 경영전략에 맞추어 〈보기〉와 같이 판단하였다. 다음 〈보기〉 중 SWOT 분석에 의한 경영전략에 따른 내용으로 적절하지 않은 것을 모두 고르면?

〈경제자유구역사업에 대한 SWOT 분석결과〉

구분	분석 결과
강점(Strength)	– 성공적인 경제자유구역 조성 및 육성 경험 – 다양한 분야의 경제자유구역 입주희망 국내 기업 확보
약점(Weakness)	– 과다하게 높은 외자금액 비율 – 외국계 기업과 국내 기업 간의 구조 및 운영상 이질감
기회(Opportunity)	– 국제경제 호황으로 인하여 타국 사업지구 입주를 희망하는 해외시장 부문의 지속적 증가 – 국내진출 해외 기업 증가로 인한 동형화 및 협업 사례 급증
위협(Threat)	– 국내거주 외국인 근로자에 대한 사회적 포용 부족 – 대대적 교통망 정비로 인한 기성 대도시의 흡수효과 확대

〈SWOT 분석에 의한 경영전략〉

• SO전략 : 강점을 활용해 기회를 선점하는 전략
• ST전략 : 강점을 활용하여 위협을 최소화하거나 극복하는 전략
• WO전략 : 기회를 활용하여 약점을 보완하는 전략
• WT전략 : 약점을 최소화하고 위협을 회피하는 전략

보기

ㄱ. 성공적인 경제자유구역 조성 노하우를 활용하여 타국 사업지구로의 진출을 희망하는 해외 기업을 유인 및 유치하는 전략은 SO전략에 해당한다.

ㄴ. 다수의 풍부한 경제자유구역 성공 사례를 바탕으로 외국인 근로자를 국내주민의 문화에 적극적으로 동화시킴으로써 원활한 지역발전의 토대를 조성하는 전략은 ST전략에 해당한다.

ㄷ. 기존에 국내에 입주한 해외 기업의 동형화 사례를 활용하여 국내 기업과 외국계 기업의 운영상 이질감을 해소하여 생산성을 증대시키는 전략은 WO전략에 해당한다.

ㄹ. 경제자유구역 인근 대도시와의 연계를 확대하여 경제자유구역 내 국내ㆍ외 기업 간의 이질감을 해소하는 전략은 WT전략에 해당한다.

① ㄱ, ㄴ   ② ㄱ, ㄷ

③ ㄴ, ㄷ   ④ ㄴ, ㄹ

⑤ ㄷ, ㄹ

정답 ④

ㄴ. 다수의 풍부한 경제자유구역 성공 사례를 활용하는 것은 강점에 해당되지만, 외국인 근로자를 국내주민과 문화적으로 동화시키려는 시도는 외국인 근로자들을 포용하는 태도가 아니다. 외국인 근로자들의 문화를 존중하는 동시에 외국인 근로자들과 국내 주민 간의 문화적 융화를 도모하여야 지역경제발전을 위한 원활한 사회적 토대를 조성할 수 있다. 따라서 해당 전략은 ST전략으로 부적절하다.

ㄹ. 경제자유구역 인근 대도시와의 연계를 활성화하면 오히려 인근 기성 대도시의 산업이 확장된 교통망을 바탕으로 경제자유구역의 사업을 흡수할 위험이 커진다. 또한 인근 대도시와의 연계 확대는 경제자유구역 내 국내 · 외 기업 간의 구조 및 운영상 이질감을 해소하는 데에 직접적인 도움이 된다고 보기 어렵다.

오답분석

ㄱ. 경제호황으로 인해 자국을 벗어나 타국으로 진출하려는 해외 기업이 증가하는 기회상황에서, 성공적 경험에서 축적된 우리나라의 경제자유구역 조성 노하우로 이들을 유인하여 유치하는 전략은 SO전략으로 적절하다.

ㄷ. 기존에 국내에 입주한 해외 기업의 동형화 사례를 활용하여 국내 기업과 외국계 기업의 운영상 이질감을 해소하여 생산성을 증대시키는 전략은 WO전략에 해당한다.

30초 컷 Tip

기업의 내부환경과 외부환경을 분석하여 강점(Strength), 약점(Weakness), 기회(Opportunity), 위협(Threat) 요인을 규정하고 이를 토대로 경영전략을 수립하는 기법으로, 미국의 경영컨설턴트인 알버트 험프리(Albert Humphrey)에 의해 고안되었다. SWOT 분석의 가장 큰 장점은 기업의 내 · 외부환경 변화를 동시에 파악할 수 있다는 것이다. 기업의 내부환경을 분석하여 강점과 약점을 찾아내며, 외부환경 분석을 통해서는 기회와 위협을 찾아낸다.

SWOT 분석은 외부로부터의 기회는 최대한 살리고 위협은 회피하는 방향으로 자신의 강점은 최대한 활용하고 약점은 보완한다는 논리에 기초를 두고 있다. SWOT 분석에 의한 경영전략은 다음과 같이 정리할 수 있다.

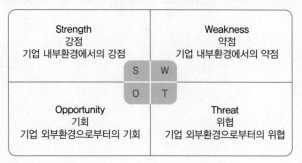

SD에듀

"꽃에 물을 주는 당신의 노력에 결실의 꽃이 듬뿍 필 것입니다."

꽃물 주는 뜻은
봄 오거던 꽃 피라는 말입니다.

남들이 말합니다.
마른 이 땅 위에 어이 꽃 필까

그러나 나는 뜰에 나가서
꽃에 물을 줍니다.
자모(慈母)의 봄바람이 불어 오거든
보옵소서 담뿍 저 가지에 피는 붉은 꽃을

★오일도의 꽃에 물 주는 뜻은 중★

L−TAB

PART II

기출복원문제

CHAPTER 01	2022년 상반기 기출복원문제	CHAPTER 08	2018년 하반기 기출복원문제
CHAPTER 02	2021년 하반기 기출복원문제	CHAPTER 09	2018년 상반기 기출복원문제
CHAPTER 03	2021년 상반기 기출복원문제	CHAPTER 10	2017년 하반기 기출복원문제
CHAPTER 04	2020년 하반기 기출복원문제	CHAPTER 11	2017년 상반기 기출복원문제
CHAPTER 05	2020년 상반기 기출복원문제	CHAPTER 12	2016년 하반기 기출복원문제
CHAPTER 06	2019년 하반기 기출복원문제	CHAPTER 13	2016년 상반기 기출복원문제
CHAPTER 07	2019년 상반기 기출복원문제	CHAPTER 14	2015년 하반기 기출복원문제

※ 다음은 L사의 자율 휴가제도에 대한 설명이다. 설명을 읽고 이어지는 질문에 답하시오. [1~3]

〈자율 휴가제〉

• 연중 본인이 원하는 기간을 지정해 자유롭게 휴가를 사용할 수 있다.

• 3년 이상 근속 시 매해 1일씩 가산 휴가를 준다.

• 휴일에 근무 시 당일 근무일수의 2배에 해당하는 휴가를 지급한다.

• 휴가 사용 시 토요일은 0.5일, 평일은 1.0일로 계산한다.

※ 월~토요일 주 6일제 근무이다.

Easy

01 신입사원 교육 시 자율 휴가제에 대한 장점을 부각하고자 할 때, 적절하지 않은 것은?

① 우리 회사는 근속한 사람에게 그만큼의 대우를 해 준다.

② 정규 근무일 이외에 근무 시 그에 정해진 보상을 한다.

③ 본인이 원하는 기간에 탄력적으로 휴가를 사용할 수 있다.

④ 휴일 근무 시 기존 휴가기간에 0.5일을 가산해 휴가를 지급한다.

⑤ 6년 동안 근속 시 4일의 가산 휴가를 지급한다.

02 C팀장은 개인 프로그램 참가로 인해 휴가 제안서를 제출했다. 다음 제안서와 달력을 참고하여 C팀장이 신청할 총 휴가일수를 바르게 계산한 것은?

〈휴가 제안서〉		◀	2022년 10월			▶	
○○프로그램 참가	일	월	화	수	목	금	토
프로그램 일정 : 10월 1 ~ 13일	27	28	29	30	1	2	3
휴가 신청일수 : ( )일	4	5	6	7	8	9	10
	11	12	13	14	15	16	17
	18	19	20	21	22	23	24
	25	26	27	28	29	30	31
	1	2	3	4	5	6	7

① 9일
② 10일
③ 11일
④ 12일
⑤ 13일

PART 2

기출복원문제

03 경순, 민경, 정주는 여름 휴가를 맞이하여 대만, 제주도, 일본 중 각각 한 곳으로 여행을 가는 데, 게스트하우스 혹은 호텔에서 숙박할 수 있다. 다음 〈조건〉을 바탕으로 민경이의 여름 휴가 장소와 숙박 장소를 올바르게 연결한 것은?(단, 세 사람 모두 이미 한번 다녀온 곳으로는 휴가를 가지 않는다)

> **조건**
> • 제주도의 호텔은 예약이 불가하여, 게스트하우스에서만 숙박할 수 있다.
> • 호텔이 아니면 잠을 못 자는 경순이는 호텔을 가장 먼저 예약했다.
> • 여행 갈 때마다 호텔에 숙박했던 정주는 이번 여행은 게스트하우스를 예약했다.
> • 대만으로 여행 가는 사람은 앱 할인으로 호텔에 숙박한다.
> • 작년에 정주는 제주도와 대만을 다녀왔다.

① 제주도 – 게스트하우스
② 대만 – 게스트하우스
③ 제주도 – 호텔
④ 일본 – 호텔
⑤ 대만 – 호텔

※ L사의 총무부와 인사부는 친목도모를 위해 각각 5월 3일과 5월 7일에 청량산 트래킹을 시작했다. 다음 트래킹 코스와 구간별 소요시간에 대한 자료와 〈조건〉을 읽고 이어지는 질문에 답하시오. [4~6]

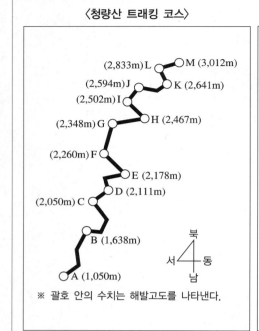

〈청량산 트래킹 코스〉

(2,833m) L —○ M (3,012m)
(2,594m) J ○—○ K (2,641m)
(2,502m) I ○
(2,348m) G ○—○ H (2,467m)
(2,260m) F ○
E (2,178m)
D (2,111m)
(2,050m) C ○
B (1,638m)
○ A (1,050m)

북
서 ← → 동
남

※ 괄호 안의 수치는 해발고도를 나타낸다.

〈구간별 트래킹 소요시간〉

• 올라가는 경우

(단위 : 시간)

경로	소요시간
A → B	3
B → C	2
C → D	1
D → E	1
E → F	2
F → G	3
G → H	2
H → I	2
I → J	1
J → K	2
K → L	3
L → M	3

• 내려오는 경우, 구간별 소요시간은 50% 단축된다.

조건

• 트래킹 코스는 A지점에서 시작하여 M지점에 도달한 다음 A지점으로 돌아오는 것이다.
• 하루에 가능한 트래킹의 최장시간은 6시간이다.
• 하루 트래킹이 끝나면 반드시 비박을 해야 하고, 비박은 각 지점에서만 가능하다.
• M지점에 도달한 날은 그날 바로 내려오지 않고, M지점에서 비박한다.
• 해발 2,500m를 통과하는 날부터 고산병 예방을 위해 당일 수면고도를 전날 수면고도보다 200m 이상 높일 수 없다.
• 하루에 이동할 수 있는 최대거리로 이동하며, 최단시간의 경우로 트래킹한다.
※ 수면고도는 비박하는 지역의 해발고도를 의미한다.

04 다음 중 총무부의 청량산 트래킹 일정에 대한 설명으로 적절하지 않은 것은?

① A지점에서 B지점에 도착하는 데 걸리는 시간과 B지점에서 D지점에 도착하는 데 걸리는 시간은 같다.
② F지점에서 G지점으로 가는 것은 E지점에서 F지점으로 가는 것보다 시간이 더 많이 소요된다.
③ M지점에서 L지점에 도착하는 데 걸리는 시간과 K지점에서 I지점에 도착하는 데 걸리는 시간은 같다.
④ F지점에서 E지점으로 가는 데에는 2시간이 소요된다.
⑤ A지점에서 B지점 간 거리는 같은 시간이 걸리는 지점 간 거리 중 가장 길다.

Hard

05 다음 중 총무부의 청량산 트래킹에 대한 설명으로 적절하지 않은 것은?

① 트래킹 첫째 날 수면고도는 2,111m이다.
② 트래킹 둘째 날 수면고도는 2,400m보다 낮다.
③ 트래킹 둘째 날과 셋째 날의 이동시간은 서로 같다.
④ 트래킹 셋째 날에 해발고도 2,500m 이상의 높이를 올라갔다.
⑤ 트래킹 넷째 날 이동 거리가 가장 짧다.

06 총무부가 모든 트래킹 일정을 완료한 날짜는?

① 5월 10일 　　　　　　　　② 5월 11일
③ 5월 12일 　　　　　　　　④ 5월 13일
⑤ 5월 14일

※ 다음은 L사의 연구개발사업 추진절차에 관한 내용이다. 다음 추진절차를 보고 참고하여 이어지는 질문에 답하시오. [7~9]

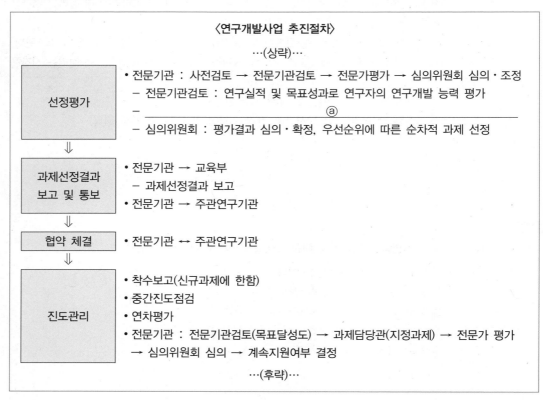

07 다음은 연구개발사업 추진절차에서 언급하고 있지 않은 내용이다. 다음 중 절차의 흐름대로 나열한 것은?

㉠ 최종평가	• 전문기관 : 최종 연구결과 및 성과 평가(협약종료 후 45일 이내) • 연구기관 : 최종보고서 제출(협약종료 후 3개월 이내)
㉡ 수요조사	• 교육부 및 전문기관 : 수요조사
㉢ 공고 및 접수	• 전문기관 : 사업별 세부추진계획 공고 　- 사업안내서, 과제제안서(RFP 포함) • 연구기관 : 연구개발계획서 및 신청서 작성·제출
㉣ 시행계획 수립	• 교육부 및 전문기관 : 당해 연도 연구개발사업 기본방향 수립 　- 사업별 예산 및 연구개발방향 설정 등
㉤ 연구결과 활용	• 전문기관 및 주관기관 : 성과활용결과 보고 또는 활용계약 체결

① ㉡-㉢-㉣-㉤-㉠ 　　　　② ㉡-㉣-㉢-㉠-㉤

③ ㉢-㉡-㉣-㉠-㉤ 　　　　④ ㉣-㉢-㉡-㉤-㉠

⑤ ㉣-㉡-㉢-㉠-㉤

08 다음 중 ⓐ에 들어갈 내용으로 가장 적절한 것은?

① 전문가평가 : 연구개발과제 평가단 구성, 발표 심사
② 연구비 지급
③ 과제 선정결과 통보 및 협약체결요령, 제출구비 서류 안내
④ 연구기관 : 연차실적 · 계획서 제출(당해 연도 연구종료 1개월 전)
⑤ 사전검토

09 연구개발사업을 진행하기 위해 남자 연구자 145명과 여자 연구자 203명을 조로 나누어 편성하려고 한다. 되도록 많은 조로 구성할 때, 한 조에 남자 연구자 a명과 여자 연구자 b명이 편성된다면 $a+b$의 값은?

① 11   ② 12
③ 13   ④ 14
⑤ 15

※ 다음은 스케줄 조정을 위한 마케팅부의 대화 내용이다. C차장 입장에서 본 메신저일 때, 이어지는 질문에 답하시오. [10~12]

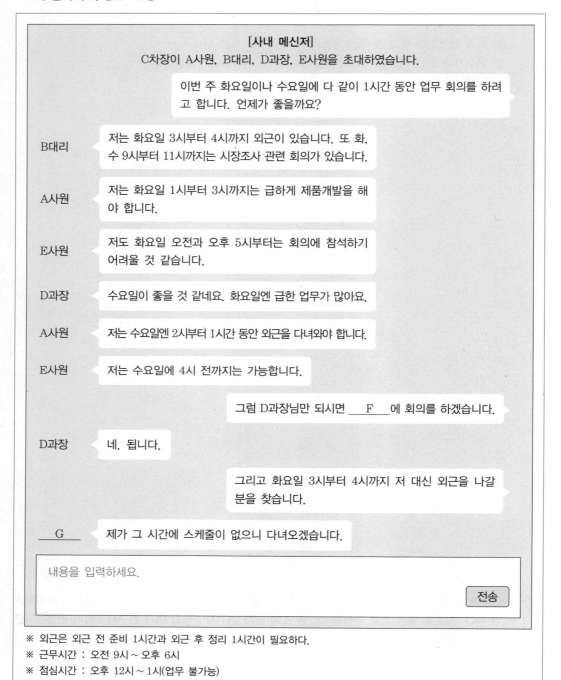

[사내 메신저]
C차장이 A사원, B대리, D과장, E사원을 초대하였습니다.

이번 주 화요일이나 수요일에 다 같이 1시간 동안 업무 회의를 하려고 합니다. 언제가 좋을까요?

B대리 : 저는 화요일 3시부터 4시까지 외근이 있습니다. 또 화, 수 9시부터 11시까지는 시장조사 관련 회의가 있습니다.

A사원 : 저는 화요일 1시부터 3시까지는 급하게 제품개발을 해야 합니다.

E사원 : 저도 화요일 오전과 오후 5시부터는 회의에 참석하기 어려울 것 같습니다.

D과장 : 수요일이 좋을 것 같네요. 화요일엔 급한 업무가 많아요.

A사원 : 저는 수요일엔 2시부터 1시간 동안 외근을 다녀와야 합니다.

E사원 : 저는 수요일에 4시 전까지는 가능합니다.

그럼 D과장님만 되시면 ___F___ 에 회의를 하겠습니다.

D과장 : 네. 됩니다.

그리고 화요일 3시부터 4시까지 저 대신 외근을 나갈 분을 찾습니다.

___G___ : 제가 그 시간에 스케줄이 없으니 다녀오겠습니다.

내용을 입력하세요.

전송

※ 외근은 외근 전 준비 1시간과 외근 후 정리 1시간이 필요하다.
※ 근무시간 : 오전 9시 ~ 오후 6시
※ 점심시간 : 오후 12시 ~ 1시(업무 불가능)

10 빈칸 F에 들어갈 회의시간은?

① 수요일 오전 10시   ② 수요일 오전 11시
③ 수요일 오후 1시   ④ 수요일 오후 3시
⑤ 수요일 오후 4시

11 빈칸 G에 들어갈 직원은?

① A사원   ② B대리
③ D과장   ④ E사원
⑤ 없음

12 A사원과 E사원은 회의를 마치고 보고서를 제출하려 한다. 이 보고서를 혼자 작성할 경우 A사원은 24일이 걸리고, E사원은 16일이 걸린다. 처음 이틀은 A사원과 E사원이 같이 하고, 이후엔 E사원 혼자서 작성을 하다가, 보고서 제출 하루 전부터 A사원도 같이 하였다. 보고서를 제출할 때까지 총 며칠이 걸렸는가?

① 11일   ② 12일
③ 13일   ④ 14일
⑤ 15일

2021년 하반기 기출복원문제

정답 및 해설 p.005

※ L그룹 인사팀에 입사한 귀하는 업무를 진행 중이다. 제시된 자료를 읽고 이어지는 질문에 답하시오.
　[1~3]

<11월 월간 일정표>

월	화	수	목	금	토	일
	1	2 오전 10시 연간 채용계획 발표(A팀장)	3	4 오전 10시 주간 업무보고 오후 7시 B대리 송별회	5	6
7	8 오후 5시 총무팀과 팀 연합회의	9	10	11 오전 10시 주간 업무보고	12	13
14 오전 11시 승진대상자 목록 취합 및 보고(C차장)	15	16	17 A팀장 출장	18 오전 10시 주간 업무보고	19	20
21 오후 1시 팀미팅(30분 소요 예정)	22	23 D사원 출장	24 외부인사 방문 일정	25 오전 10시 주간 업무보고	26	27
28 E대리 휴가	29	30				

※ 인사팀은 귀하, C차장, A팀장, B대리, E대리, D사원으로 구성되어 있다.

01 아래의 〈조건〉을 고려하여 인사팀의 1박 2일 워크숍 날짜를 결정하려고 한다. 다음 중 인사팀의 워크숍 날짜로 적절한 것은?

조건

- 워크숍은 평일로 한다.
- 워크숍에는 모든 팀원들이 빠짐없이 참석해야 한다.
- 워크숍 일정은 첫날 오후 3시에 출발하여 다음날 오후 2시까지이다.
- 다른 팀과 함께하는 업무가 있는 주에는 워크숍 일정을 잡지 않는다.
- 매월 말일에는 월간 업무 마무리를 위해 워크숍 일정을 잡지 않는다.

① 11월 9 ~ 10일 ② 11월 18 ~ 19일
③ 11월 21 ~ 22일 ④ 11월 28 ~ 29일
⑤ 11월 29 ~ 30일

02 인사팀 업무를 수행하던 귀하는 실수로 L그룹 1차 시험 합격 응시생의 데이터를 잃어버렸다. L그룹 1차 시험 응시생이 2,500명이었고 전체 시험 평균점수는 54.5점, 합격자 평균점수는 80점이었으며, 불합격자 평균점수가 50점일 때, 상사에게 보고해야 하는 1차 시험 합격 응시생 인수는?

① 375명 ② 380명
③ 385명 ④ 390명
⑤ 395명

Hard

03 가까스로 1차 시험 합격 응시생 데이터를 복구한 귀하는 2차 면접시험 및 워크숍에 대비하기 위해 감염병관리위원회를 구성해야 한다. 아래 자료를 읽고 〈조건〉에 따라 위원회를 구성할 때, 항상 참인 것은?

코로나19 감염 확산에 따라 감염병의 예방 및 관리에 관한 법률 시행령을 일부 개정하여 감염병관리위원회를 신설하고자 한다. 감염병관리위원회는 관련 위원장 총 4명으로 구성할 예정이며, 위원회 후보는 감염대책위원장 1명, 재택관리위원장 1명, 생활방역위원장 4명, 위생관리위원장 2명이다.

조건

- 감염대책위원장이 뽑히면 재택관리위원장은 뽑히지 않는다.
- 감염대책위원장이 뽑히면 위생관리위원장은 2명이 모두 뽑힌다.
- 재택관리위원장과 생활방역위원장은 합쳐서 4명 이상이 뽑히지 않는다.

① 재택관리위원장이 뽑히면 위생관리위원장은 1명이 뽑힌다.
② 재택관리위원장이 뽑히면 생활방역위원장은 1명이 뽑힌다.
③ 감염대책위원장이 뽑히면 재택관리위원장도 뽑힌다.
④ 감염대책위원장이 뽑히면 생활방역위원장은 2명이 뽑힌다.
⑤ 생활방역위원장이 뽑히면 위생관리위원장도 뽑힌다.

※ 다음은 홍보혁신실에 근무하는 귀하가 오전 회의를 위해 받은 자료 중 일부이다. 다음을 읽고 이어지는 질문에 답하시오. [4~6]

〈□□기업, 로봇 '혁신' 위해 고객 아이디어 모은다〉

□□기업은 26일 '제1회 로봇 인큐베이션 공모전'을 개최한다. 공모전 참가를 원하는 팀 또는 개인은 내달 29일까지 지원서를 홈페이지로 제출하면 된다. □□기업은 이번 공모전에 직장인, 학생, 스타트업 등 다양한 분야에서 활동하면서 로봇에 관심 있는 팀이 참가, 일상생활에 도움을 주는 다양한 로봇 아이디어가 많이 나올 것으로 기대하고 있다.

□□기업은 내부 심사를 거쳐 오는 9월 본선 진출팀을 발표한다. 본선 진출팀은 이번 공모전의 협력기관인 서울산업진흥원(SBA; Seoul Business Agency)이 운영하는 '메이커스페이스 전문랩 G캠프(서울 위치)'에서 □□기업이 제시하는 프로젝트를 수행하며 팀별 경합을 거치게 된다. 서울산업진흥원은 서울시 산하 중소기업지원기관이다. 연말에 가려지는 최종 우승팀에게는 1,500만 원의 상금이 주어진다.

이번 공모전은 로봇이 이미 일상으로 들어온 상황에서 다양한 아이디어를 통해 신규 비즈니스를 발굴하기 위한 목적으로 기획됐다. 위험하고 반복적인 일 대신 인간이 더 가치 있는 것들에 집중할 수 있도록 돕는 다양한 서비스 로봇을 선보이겠다는 의미이다.

□□기업은 로봇을 미래사업의 한 축으로 삼고, 일상생활에서 쉽게 접할 수 있는 서비스에 초점을 맞춰 호텔 솔루션, 병원 솔루션, F&B 솔루션 등 각종 맞춤형 솔루션을 선보이고 있다. □□기업 로봇사업 담당자는 "로봇을 사용하게 될 고객들이 직접 참여해 선보일 다양한 서비스 로봇들을 통해 고객에게 새로운 경험과 가치를 제공하는 것은 물론, 일상에 도움이 되는 로봇 솔루션을 지속 개발할 것"이라고 말했다.

Easy

04 다음 중 회의자료를 해석한 것으로 적절한 것은?

① 해당 공모전의 본선은 서울산업진흥원 본부에서 진행된다.
② 로봇 인큐베이션 공모전은 인간이 보다 가치집약적인 일들에 집중하도록 하는 것을 목표로 한다.
③ 최종 우승팀은 내년 초에 결정된다.
④ 공모전에 참가를 원하는 팀은 기한 내에 홈페이지 혹은 우편으로 지원서를 제출하면 된다.
⑤ 개인 자격으로는 로봇 인큐베이션 공모전에 참가할 수 없다.

05 다음 〈보기〉의 설명 중 위 공모전의 흥행 촉진을 위해 고려해야 할 사항으로 적절한 것을 모두 고르면?

보기

ㄱ. 본선 진출팀의 수를 늘리고, 최종 우승팀에 대한 상금을 인상한다.
ㄴ. 심사 시, 일반 고객들에 의한 투표를 추가하고 이를 홍보한다.
ㄷ. 전문성 확보를 위해 로봇 관련 공학 전공자만 참여가 가능하도록 지원요건을 추가한다.

---

① ㄱ   ② ㄷ
③ ㄱ, ㄴ   ④ ㄴ, ㄷ
⑤ ㄱ, ㄴ, ㄷ

06 다음은 로봇 인큐베이션 공모전 결과 최종 후보로 선정된 다섯 팀에 대한 평가 결과이다. 아래의 선정방식에 따라 평가를 진행할 때, 최종 우승팀으로 결정될 팀은?

<최종 우승팀 선정방식>

- 안전개선, 고객지향, 기술혁신, 가치창조의 4가지 항목을 3 : 1 : 2 : 1의 가중치로 합산하여 최종 점수를 산출한다.
- 최종 점수가 동일한 경우, 고객지향 – 기술혁신 – 안전개선 – 가치창조 항목 순서대로 점수가 더 높은 팀을 선정한다.

<최종 후보팀>

다음은 최종 후보 다섯 팀을 안전개선, 고객지향, 기술혁신, 가치창조의 4가지 항목으로 평가하여 항목별 10점 만점으로 점수를 부여한 것이다.

팀명	안전개선	고객지향	기술혁신	가치창조
A	8	5	8	4
B	6	8	5	5
C	7	6	6	7
D	7	7	7	7
E	5	6	10	4

① A
② B
③ C
④ D
⑤ E

※ L그룹 본부지원실에 근무하는 귀하는 L푸드의 ESG 경영전략에 관한 회의에 참여할 예정이다. 다음을 읽고 이어지는 질문에 답하시오. [7~9]

〈L푸드, ESG 경영으로 "옳은 약속, 더 나은 미래" 만든다〉

L푸드가 ESG 경영을 강화하며 '글로벌 No.1 소재·부품 기업' 도약에 속도를 내고 있다. L푸드는 ESG 경영의 목표를 지속가능경영 비전인 "Right Promise, Better Tomorrow(옳은 약속, 더 나은 미래)" 달성으로 삼고, 전사 차원의 ESG 내재화와 리스크 관리에 주력하고 있다. 특히 올해인 2021년을 ESG 경영의 원년으로 삼고 모든 역량을 집중해 ESG 경영 기반을 확고히 해 나간다는 방침이다.

올 초 신년사에서 CEO는 지속가능한 기업을 위해 기업가치를 높이는 질(質)적 성장에 집중할 것을 임직원들에게 당부한 바 있다. 매출, 영업이익과 같은 재무적 성과는 물론 ESG와 같은 비재무성과도 함께 높여 나가자는 의미다. L푸드는 체계적인 ESG 경영을 위한 관련 조직을 강화해 나가고 있다. 올 초 'ESG Committee'를 신설하여 전사 차원의 핵심과제 발굴해 적극 추진하고 있다. 'ESG Committee'는 CFO를 의장으로 안전환경, 사회공헌 등 영역별 전문부서가 참여해 전략 수립과 이행 점검, 글로벌 ESG 이슈 및 대응 방안 등을 논의한다.

최근에는 이사회 내 ESG 위원회를 설치했다. ESG 위원회는 ESG 경영 관련 최고 심의기구로 지속가능한 성장 실현을 위한 환경, 사회적 책임, 지배구조 등 ESG 정책, 중장기 전략, 목표 등을 심의한다. 이와 함께 L푸드는 전사 차원의 ESG 내재화와 체계적인 리스크 관리에 집중하고 있다.

무엇보다 L푸드는 ESG를 특정 조직의 업무가 아닌 전 임직원들이 스스로 중요성을 인식하고 일상 업무를 ESG 관점에서 실천할 수 있도록 하는 데 중점을 두고 있다. 이를 위해 R&D, 구매, 생산, 품질, 마케팅 등 전사의 모든 업무 프로세스 전반에 ESG 요소를 반영하여 이를 강도 높게 관리 및 실천해 나가고 있다. 또한 환경(Environment), 사회(Social), 지배구조(Governance) 분야별 다각적인 활동을 추진하고 있다.

환경분야에서는 기후변화에 적극 대응하며 글로벌 기후변화 노력에 적극 동참하고 있다. 신재생 에너지 활용, 고효율 설비 적용 등 에너지 절감 및 온실가스 감축 활동을 지속하고 있다. 사회는 임직원 자부심 제고를 위한 조직문화 활동인 'PRIDE 활동'과 임직원 안전을 위한 무사고·무재해 안전 사업장을 실현에 힘을 쏟고 있다. 협력회사 대상의 금융, 기술, 경영, 교육 분야 상생활동, 지역사회와의 공존을 위한 사회공헌활동 등도 활발히 펼치고 있다.

지배구조는 주주친화 정책과 경영 투명성 강화에 주력하고 있다. 올해 L푸드는 주주 가치 제고를 위해 전년 대비 배당금을 2배 이상 확대했으며, 주주총회 전자투표제를 전격 도입했다. 또한 경영 투명성 확보를 위해 2022년 여성 이사회 참여를 추진하는 등 이사회의 독립성과 다양성을 강화하고 있다. ESG Committee 의장인 CFO는 "ESG는 일시적 유행이 아닌 산업 전반과 사회에 큰 영향을 미치는 글로벌 메가 트렌드"라며, "L푸드가 소재·부품기업 중 ESG를 가장 잘하는, 신뢰할 수 있는 회사로 자리매김할 수 있도록 지속적인 노력을 기울일 것"이라고 말했다.

---

07 귀하는 회의 참석 전 위 자료를 전달받았다. 다음 자료에 대한 해석으로 적절하지 않은 것은?

① L푸드는 ESG 위원회 및 지원 조직이 ESG 경영을 담당하여 추진하고 있다.
② ESG 경영의 일환으로 주주총회 전자투표제가 도입되었다.
③ L푸드의 ESG 위원회는 CFO를 의장으로 하고 있다.
④ ESG에서 E는 환경적 부문을 의미한다.
⑤ ESG 경영 기조에 따라 주주친화적 지배구조를 지향하고 있다.

08 다음 〈보기〉 중 L푸드에서 ESG 경영의 일환으로 추진할 조치로 적절하지 않은 것을 모두 고르면?

> **보기**
>
> ㄱ. 현재 진행 중인 탄소연료 설비를 이용한 단기 추진사업을 집중 보완하여 가까운 시점의 리스크부터 줄여나간다.
> ㄴ. 지역사회로부터의 독립성을 확보하고, 조직 내적 의견 조율 및 반영에 집중한다.
> ㄷ. 운송 수단들에 대한 배출가스 점검을 실시하고, 연비효율을 극대화할 수 있는 운행 방안에 대해 노조와 협의한다.

① ㄱ
② ㄴ
③ ㄱ, ㄴ
④ ㄱ, ㄷ
⑤ ㄱ, ㄴ, ㄷ

Hard

09 L그룹 본부는 다음 규칙에 따라 ESG 상임위원을 선정하고자 한다. 후보자들에 대한 정보가 아래와 같을 때, 다음 중 상임위원으로 선정될 사람을 모두 고른 것은?

〈선정방식〉

• 각 후보자의 경력점수, 학위점수, 성과점수, 대외점수를 단순합산하여 최종 점수를 산출하며, 최종 점수가 가장 높은 두 명을 상임위원으로 선정한다.
• 관련 경력은 다음과 같이 점수를 부여한다.

구분	3년 미만	3년 이상 5년 미만	5년 이상 7년 미만	7년 이상
경력점수	16	19	22	25

• 최종 학위는 다음과 같이 점수를 부여한다.

구분	학사 졸업	석사 수료	석사 졸업	박사 수료	박사 졸업
학위점수	10	12	15	18	20

• 최종 점수가 동일한 경우, 성과점수가 더 높은 후보자에게 더 높은 우선순위를 부여한다.

〈후보자 평가결과〉

후보자	관련 경력	최종 학위	성과점수	대외점수
A	7년	석사 수료	24	18
B	2년	박사 수료	28	14
C	5년	박사 졸업	21	19
D	3년	석사 졸업	32	17
E	11년	학사 졸업	27	20

① A, C
② B, E
③ C, D
④ C, E
⑤ D, E

※ 고객대응실에 근무 중인 귀하는 상품기획실로부터 현재 제공 중인 스마트홈 펫케어 서비스에 대한 아래의 자료를 전달 받았다. 다음을 읽고 이어지는 질문에 답하시오. [10~12]

〈스마트홈 펫케어 이벤트〉

1. 펫케어
   - 서비스 구성
     이동식 원격카메라+원격급식기+간식로봇
   - 가격
     월 9,900원(3년 약정, 스마트 인터넷 결합 기준)

2. 펫케어 라이트
   - 서비스 구성
     이동식 원격카메라+원격급식기
   - 가격
     월 7,700원(3년 약정, 스마트 인터넷 결합 기준)

3. 펫케어 공통혜택
   - 배상보험 3년 무료 가입 : 배상금 500만 원, 사망위로금 10만 원
   - 반려동물 동반 무료 촬영권 증정 : 총 18만 원 상당
   - 무료 및 할인쿠폰 증정 : P펫호텔 연 2회 무료 숙박권
   - O펫샵 : VIP회원 등급 및 할인가 제공(총 18만 원 상당)
   - 모바일 상품권 추가 증정 : 신세계, 이마트에서 사용 가능한 상품권 제공(10만 원)

4. 주의사항
   - 위 모든 혜택은 스마트홈 펫케어 3년 약정 가입 시 제공됩니다.
   - 가입 후 1년 이내 해지 시, 사은품으로 증정한 모바일 상품권에 대한 할인반환금이 발생합니다.
   - 보험가입은 앱 내에서 본인이 직접 가입 신청해야 합니다.
   - 배상책임 담보의 적용 범위는 대인·대동물 배상책임에 한함(*대물 제외)
   - 만 10세 이상의 반려동물의 경우, "반려동물 사망 시 위로금" 담보 가입 불가
   - 맹견의 경우 반려동물보험 가입 불가(시베리안 허스키, 울프 하운드, 불독, 마스티프 등)
   - 최초 보험목적물로 등록된 반려동물이 사망한 경우, 해당 고객(회선) 재가입 불가
   - 반려동물 동반 무료 사진 촬영권은 액자비 2만 원이 현장 청구됩니다.
   - 스튜디오 촬영 시 가족 3인 방문 필수입니다.

---

10 다음 중 스마트홈 펫케어 서비스에 대한 설명으로 적절하지 않은 것은?

① 펫케어 라이트와 펫케어 서비스의 차이점은 월 이용요금과 간식로봇 제공 여부뿐이다.
② 3년 약정 가입한 경우에만 반려동물 동반 무료 촬영권이 증정된다.
③ 펫케어 서비스에 가입한 경우, 배상보험에 무료 가입된다.
④ 가입 후 1년 이내에 해지하는 경우, 사은품에 대한 할인반환금이 발생하지 않는다.
⑤ 서비스 가입 시, 펫샵에서 할인혜택을 받을 수 있다.

11 다음과 같은 고객의 문의가 접수되었다. 다음 〈보기〉의 설명 중 적절하지 않은 것은?

〈고객 문의 사항〉

• 고객명 : A
• 문의일시 : 2021.07.22.
• 내용 : 펫케어 라이트 서비스를 작년 3월 1일부터 이용하고 있습니다. 3년 약정에 스마트 인터넷을 결합하여 가입하였습니다. 만 11세인 시츄 1마리와 거주하고 있습니다. 현재 저희 시츄의 경우도 반려동물보험에 가입되어 있는 상태인지 궁금합니다. 그리고 지인에게 들으니, 간식로봇도 제공된다고 하는데, 저는 지금껏 제공받지 못하였습니다. 그동안 누락되었지만 8월부터라도 제공 부탁드립니다.

보기

ㄱ. A가 문의일 현재 펫케어 서비스를 해지하는 경우, 10만 원 상당의 모바일 상품권에 대한 할인 반환금이 발생한다.
ㄴ. A의 시츄는 반려동물보험 가입대상에 해당하지 않는다.
ㄷ. A가 배상보험에 직접 가입하지 않았다면, A의 반려견은 보험에 가입되어 있지 않을 것이다.
ㄹ. A의 반려견이 사망한 경우, A는 사망 위로금 10만 원을 지급받을 수 있다.

---

① ㄴ, ㄹ　　　　　　　　　　　　　② ㄷ, ㄹ
③ ㄱ, ㄴ, ㄷ　　　　　　　　　　　④ ㄱ, ㄴ, ㄹ
⑤ ㄴ, ㄷ, ㄹ

12 스마트 홈 펫케어 서비스 이용고객인 B의 상황은 다음과 같다. B가 자신이 부담하는 요금을 최소화하고자 할 때, 월이용요금을 제외하고 B가 부담해야 할 비용은 얼마인가?

〈상황〉

• B는 펫케어 라이트 서비스에 가입한 상태이다.
• B는 자신의 유일한 반려견인 시베리안 허스키와 거주 중이다.
• B는 자신의 반려견과 P펫호텔에서 올해 처음으로 1박 숙박을 하였다.
• B는 반려견을 동반하여 무료 촬영권을 사용하였다.
• B는 현대백화점에서 10만 원 상당의 물품을 구매하였다.

---

① 2만 원　　　　　　　　　　　　② 4만 원
③ 10만 원　　　　　　　　　　　④ 12만 원
⑤ 14만 원

※ 사내 메신저를 통해 다음과 같은 문서가 전달되었다. 제시된 물음에 답하시오. [1~5]

〈A학교 교실 천장 교체공사 수의계약 안내 공고〉

다음과 같이 시설공사 수의 견적서 제출 안내를 공고합니다.

1. 견적에 부치는 사항
   가. 공사명 : A학교 교실 천장 교체공사
   나. 공사기간 : 착공일로부터 28일간
   다. 공사내용 : 본관 교실 7실 및 복도(1, 2층)
2. 견적 제출 및 계약방식
   가. 국가종합전자조달시스템을 이용하여 2인 이상으로부터 견적서를 제출받는 소액수의계약 및 전자입찰 방식으로 제출하여야 합니다.
   나. 안전 입찰서비스를 이용하여 입찰서를 제출하여야 합니다.
3. 견적서 제출기간
   가. 견적서 제출기간 : 2021. 06. 01.(화) 09:00 ~ 2021. 06. 14.(월) 10:00
   나. 견적서 제출확인은 국가종합전자조달 전자입찰시스템의 웹 송신함에서 확인하시기 바라며, 마감 시간이 임박하여 제출할 경우 입력 도중 중단되는 경우가 있으니 10분 전까지 입력을 완료하시기 바랍니다.
   다. 전자입찰은 반드시 안전 입찰서비스를 이용하여 입찰서를 제출하여야 합니다(자세한 사항은 안전 입찰서비스 유의사항 안내 참고).
4. 개찰일시 및 장소
   가. 개찰일시 : 2021. 06. 14.(월) 11:00
   나. 개찰장소 : K시 교육청 입찰집행관 PC(전산 장애 발생 시 개찰 시간이 다소 늦어지거나 연기될 수 있습니다)
5. 견적 제출 참가 자격
   가. ㉠ 수의 견적 재출 안내 공고일 전일부터 걔약체결일까지 해당 지역에 법인등기부상 본점 소제지를 둔 업체이어야 하며, 그러하지 않을 경우 낙찰차 결정을 취소합니다(이외 지역 업체는 견적 제출에 참가할 수 없으며, 제출 시 무효 처리됩니다).
   나. 본 입찰은 지문인식 신원확인 입찰이 적용되므로 개인인증서를 보유한 대표자 또는 입찰대리인은 미리 지문정보를 등록하여야 전자입찰서 제출이 가능합니다. 다만, 지문인식 신원확인 입찰이 곤란한 자는 예외적으로 개인인증서에 의한 전자입찰서 제출이 가능합니다.
   다. 기타 자세한 사항은 K시 교육청 재정지원팀으로 문의하시기 바랍니다.

2021. 05. 28.

---

01 메신저를 통해 전달받은 공고문을 이해한 내용으로 적절한 것은?

① 제출한 견적서에 관한 내용은 개인의 메일 수신함에서 확인할 수 있다.

② 개찰은 견적서 제출 마감일의 바로 다음 날 K시 교육청의 입찰집행관 PC에서 진행된다.

③ 견적서 입력 도중 마감 시간에 따라 시스템이 중단되었다면 10분 이내로 다시 제출할 수 있다.

④ 입찰대리인은 신원확인의 방법으로 지문이나 개인인증서 둘 중 하나를 선택할 수 있다.

⑤ 견적서 제출은 국가종합전자조달시스템의 안전 입찰서비스를 통해서만 가능하다.

02 당신은 공고문을 읽던 중 맞춤법 오류를 발견하였다. 밑줄 친 ㉠에서 찾아낼 수 있는 오류의 개수는?

① 1개   ② 2개

③ 3개   ④ 4개

⑤ 5개

Easy

03 L그룹 영업 1팀에서 A학교 교실 천장 교체공사 수의계약과 관련하여 K시 교육청 재정지원팀에게 문의를 하기로 했다. 총 10명의 팀원 중 문의 관련 업무를 진행할 2명의 사원을 선정하고 남은 팀원들 중 2명이 계약 관련 업무를 진행하도록 한다고 할 때, 나올 수 있는 경우의 수는?

① 1,024가지   ② 1,180가지

③ 1,260가지   ④ 1,320가지

⑤ 1,380가지

04 영업 1팀은 A학교 교실 천장 교체공사 수의계약과 관련하여 견적서를 제출하기 전 내부회의를 진행하기로 했다. 회의 결과에 따라 견적서를 수정하는 기간 사흘과 제출 전 검토 기간 이틀, 그리고 주말을 제외했을 때, 견적서 제출일과 가장 가까운 회의 날짜는?

① 6월 1일   ② 6월 2일

③ 6월 3일   ④ 6월 4일

⑤ 6월 7일

Hard

05 영업 1팀의 김대리는 계약 관련 업무 진행을 위한 협조 요청 메일을 보내고자 한다. 이 중에서 담당자와 이메일을 주고받을 때 유의해야 할 사항으로 적절하지 않은 것은?

① 내용을 보낼 때는 용건을 간단히 하여 보낸다.

② 용량이 큰 파일은 반드시 압축하여 첨부한다.

③ 업무 보안상 제목에 메일의 내용이 드러나지 않도록 유의한다.

④ 메일 내용은 첫인사 → 내용 → 끝인사 순으로 작성해야 하며 소속과 직책을 밝혀야 한다.

⑤ 문장 구성 요소를 생략하거나 줄임말을 사용하지 말고 내용을 간결하게 정리한다.

※ L그룹은 신생아를 출산한 산모를 위한 하반기 신제품을 기획하고자 ○○병원 산모 150명을 대상으로 조사를 진행했다. 다음 자료를 참고하여 이어지는 질문에 답하시오. **[6~9]**

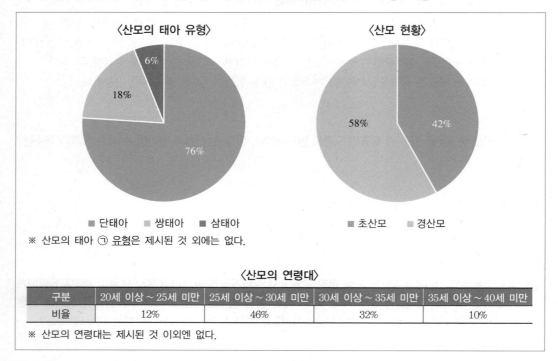

⟨산모의 태아 유형⟩

- 단태아 ■ 쌍태아 ■ 삼태아

76%
18%
6%

⟨산모 현황⟩

- 초산모 ■ 경산모

58%
42%

※ 산모의 태아 ① 유형은 제시된 것 외에는 없다.

⟨산모의 연령대⟩

구분	20세 이상 ~ 25세 미만	25세 이상 ~ 30세 미만	30세 이상 ~ 35세 미만	35세 이상 ~ 40세 미만
비율	12%	46%	32%	10%

※ 산모의 연령대는 제시된 것 이외엔 없다.

Hard

06 다음 중 자료에 대한 설명으로 적절하지 않은 것은?(단, 소수점 첫째 자리에서 버림한다)

① 초산모가 20대라고 할 때, 20대에서 초산모가 차지하는 비율은 70% 이상이다.

② 초산모가 모두 단태아를 출산했다고 할 때, 단태아 항목에서 경산모가 차지하는 비율은 48% 미만이다.

③ 경산모의 $\dfrac{1}{3}$이 30대라고 할 때, 30대에서 경산모가 차지하는 비율은 50% 이상이다.

④ 20대 산모는 30대 산모보다 20명 이상 많다.

⑤ 산모가 200명일 때의 단태아를 출산한 산모의 수는 산모가 400명일 때의 초산모의 수보다 적다.

07 25세 이상 35세 미만의 산모의 $\frac{1}{3}$이 경산모라고 할 때, 이 인원이 경산모에서 차지하는 비율은 얼마인가?(단, 소수점 첫째 자리에서 버림한다)

① 29% ② 37%
③ 44% ④ 58%
⑤ 67%

08 다음 자료 내 밑줄 친 단어 ㉠의 유의어가 아닌 단어는?

① 종류 ② 가닥
③ 갈래 ④ 특징
⑤ 전형

09 팀장인 당신은 자료를 기반으로 팀원들이 제출한 하반기 신제품 기획서의 내용을 검토하고자 한다. 제시된 자료를 토대로 다음 기획서의 문장을 읽었을 때 적절하지 않은 내용을 고르면?

① 대다수의 산모들이 단태아를 출산하기 때문에 삼태아를 출산한 산모를 위한 아이템 시장은 상대적으로 진입장벽이 낮을 것이다.

② 초산모보다 경산모의 비중이 더 많기 때문에 경산모를 위한 아이템 기획에 초점을 맞추었다.

③ 산모의 연령대가 25세 이상~35세 미만에 7할 이상이 몰려있으므로 해당 연령대의 고객들이 좋아하는 콘셉트를 지향했다.

④ 쌍태아의 수가 삼태아의 3배에 이르므로 쌍둥이를 위한 상품을 기획한다면 쌍태아들을 중심으로 기획하는 것이 수요가 더 높을 것이다.

⑤ 연령대가 높을수록 해당 산모의 경제력 또한 높아질 것이므로 40대 이상의 산모를 위한 프리미엄 상품을 기획했다.

※ 당신은 메신저로 다음 주 부서 내 분기종합성적발표회를 진행하기 위해 회의실을 예약해달라는 업무지시를 받았고, 인트라넷에서 다음 주 예약현황을 열었다. 다음을 읽고 물음에 답하시오. [10~13]

〈발표회 조건〉

• 발표회는 오후 1시부터 오후 4시 사이에 진행되어야 한다.
• 발표회는 1시간 30분 동안 연이어 진행되어야 한다.
• 발표회 참석자는 24명이다.
• 발표회에는 빔프로젝터가 필요하다.

〈세미나실별 다음 주 예약현황〉

구분	월	화	수	목	금
본관 1세미나실		인사관리부(예약) (10:00 ~ 15:00)		조직개발부(예약) (13:30 ~ 15:00)	기술영업부(예약) (14:00 ~ 15:00)
본관 2세미나실	기획전략부(예약) (10:00 ~ 11:30)	위기관리부(예약) (14:00 ~ 15:00)	남미사업단(예약) (13:00 ~ 16:00)	마케팅부(예약) (16:00 ~ 17:00)	–
국제관 세미나실A	–	품질관리부(예약) (10:00 ~ 11:30)	생산관리부(예약) (09:00 ~ 10:00)	–	경영지원부(예약) (09:30 ~ 10:30)
국제관 세미나실B	회계세무부(예약) (14:00 ~ 16:00)	글로벌전략부(예약) (13:00 ~ 13:30)	사업부(예약) (14:00 ~ 15:30)	글로벌전략부(예약) (10:00 ~ 16:00)	
복지동 세미나실	경영관리부(예약) (09:30 ~ 11:00)	–	법무부(예약) (14:00 ~ 16:30)	–	법무부(예약) (10:00 ~ 11:00)

〈세미나실별 시설현황〉

구분	빔프로젝터 유무	최대 수용가능인원
본관 1세미나실	○	28명
본관 2세미나실	○	16명
국제관 세미나실A	○	40명
국제관 세미나실B	○	32명
복지동 세미나실	×	38명

10 발표회 조건과 세미나실별 다음 주 예약현황, 세미나실별 시설현황을 토대로, 다음 중 당신이 다음 주 분기종합회의를 위해 예약 가능한 세미나실과 요일로 바르게 연결된 것은?

① 본관 1세미나실, 수요일
② 본관 2세미나실, 금요일
③ 국제관 세미나실B, 화요일
④ 국제관 세미나실B, 수요일
⑤ 복지동 세미나실, 목요일

11 예정되어 있던 발표자에게 문제가 발생해 발표자 및 보조자 2명을 대리급 발표회 참석자 중에서 차출하기로 했다. 24명의 발표회 참석자 중 남자 대리급 참석자가 5명, 여자 대리급 참석자가 3명일 때, 발표자 한 명과 남녀 보조자 각각 한 명씩을 차출하는 경우의 수는?

① 90가지　　　　　　　　　　　② 124가지
③ 220가지　　　　　　　　　　　④ 336가지
⑤ 352가지

12 발표회가 끝난 뒤, 당신은 복지동 세미나실에도 빔프로젝터를 설치하자는 상부의 의견에 따라 빔프로젝터 카탈로그에서 적절한 기기를 선택해 구매하는 업무를 맡게 되었다. 이메일로 수신 받은 첨부자료에서 〈조건〉에 부합하는 빔프로젝터 회사를 고르면?

첨부자료

〈주요 빔프로젝터 정보〉

기업	제품명	가격	최대 스크린	무료 A/S 기간	해상도	스피커 출력
A기업	HF60LA	1,210,000원	300	2년	1680*1050	10W
B기업	PH550	899,000원	200	1년	1024*768	5W
	PL680	1,020,000원	180	2년	800*600	7W
C기업	Leisure 470	979,000원	250	6개월	1280*1024	3W
	Leisure 520	1,230,000원	300	1년	1680*1050	5W
D기업	T-1000	1,280,000원	300	3년	1024*768	8W
	T-2500	1,420,000원	250	1년	1280*1024	7W
E기업	SY3211	655,000원	180	없음	800*600	5W
	SY8200	1,690,000원	300	6개월	1680*1050	10W

조건

• 최대 스크린은 200 이상이어야 한다.
• 무료 A/S 기간은 1년 이상이어야 한다.
• 800*600 이하 해상도를 지닌 제품은 구매대상에서 제외한다.
• 스피커 출력은 7W 이상이어야 한다.
• 위 조건이 전부 부합하는 기업의 제품 중 가장 가격이 저렴한 것을 고른다.

① A기업　　　　　　　　　　　② B기업
③ C기업　　　　　　　　　　　④ D기업
⑤ E기업

13 당신은 빔프로젝터 구매 요청을 끝낸 뒤, 상사로부터 발표회를 정리한 보고서를 작성하여 해당 자료를 참여자 전원에게 메일로 발송하라는 지시를 받았다. 이때 사원급의 경우 받는 사람으로, 사원급을 제외한 대리급 이하 참여자들은 참조 기능을 활용하여 자료를 보내되, 팀장, 매니저, 책임급 참여자들에게는 숨은 참조 기능을 사용했다면, 메일을 보낸 뒤 나타나는 결과로 적절한 것은?

① 사원급을 포함한 대리급 이하 참여자들에게 메일이 발송되고 숨은 참조인을 포함한 모든 수신자들을 확인할 수 있다.

② 팀장, 매니저, 책임급 참여자들에게 메일이 발송되고, 숨은 참조인을 제외한 수신자들을 확인할 수 있다.

③ 사원급을 제외한 모든 참조인에게 메일이 발송되고, 숨은 참조인을 포함한 모든 수신자들을 확인할 수 있다.

④ 사원급, 대리급 이하 참여자들과 숨은 참조인들 모두에게 메일이 발송되고, 사원급과 대리급 이하 참여자들은 숨은 참조인을 제외한 수신자들을 확인할 수 있다.

⑤ 사원급, 대리급 이하 참여자들과 숨은 참조인들 모두에게 메일이 발송되고, 숨은 참조인만이 수신자들을 확인할 수 있다.

※ 당신은 사내 이메일로 L기업의 당직 근무 규칙과 이번 주 당직 근무자들의 일정표를 받았다. 다음을 읽고 물음에 답하시오. [14~15]

<당직 근무 규칙>

• 1일 당직 근무 최소 인원은 오전 1명, 오후 2명으로 총 3명이다.
• 1일 최대 6명을 넘길 수 없다.
• 같은 날 오전·오후 당직 근무는 서로 다른 사람이 해야 한다.
• 오전 또는 오후 당직을 모두 포함하여 당직 근무는 주당 3회 이상 5회 미만으로 해야 한다.

<당직 근무 일정>

성명	일정	성명	일정
공주원	월 오전 / 수 오후 / 목 오전	최민관	월 오후 / 화 오후 / 토 오전 / 일 오전
이지유	월 오후 / 화 오전 / 금 오전 / 일 오후	이영유	수 오전 / 화 오후 / 금 오후 / 토 오후
강리환	수 오전 / 목 오전 / 토 오후	지한준	월 오전 / 수 오후 / 금 오전
최유리	화 오전 / 목 오후 / 토 오후	강지공	수 오후 / 화 오후 / 금 오후 / 토 오전
이건율	목 오전 / 일 오전	김민정	월 오전 / 수 오후 / 토 오전 / 일 오후

14 당직 근무 규칙에 따라 이번 주에 당직 근무 일정을 추가해야 하는 사람으로 옳은 것은?

① 공주원   ② 이지유
③ 최유리   ④ 지한준
⑤ 김민정

15 팀장인 당신은 이번 주 급한 업무로 인해 출장을 가게 되었는데 당직 근무자 중 동행할 인원이 한 명 필요하다. 다음 중 별도의 조정 없이 이번 주 당직에서 제외되더라도 문제가 없는 근무자는?

① 최유리   ② 최민관
③ 공주원   ④ 이지유
⑤ 김민정

| 01 | 언어적 사고

Hard

01 필라테스 센터에서 평일에는 바렐, 체어, 리포머의 세 가지 수업이 동시에 진행되며, 토요일에는 리포머 수업만 진행된다. 센터 회원은 전용 어플을 통해 자신이 원하는 수업을 선택하여 1주일간의 운동 스케줄을 등록할 수 있다. 센터 회원인 L씨가 월요일부터 토요일까지 다음과 같이 운동 스케줄을 등록할 때, 다음 중 적절하지 않은 것은?

- 바렐 수업은 일주일에 1회 참여한다.
- 체어 수업은 일주일에 2회 참여하되, 금요일에 1회 참여한다.
- 리포머 수업은 일주일에 3회 참여한다.
- 동일한 수업은 연달아 참여하지 않는다.
- 월요일부터 토요일까지 하루에 1개의 수업을 듣는다.
- 하루에 1개의 수업만 들을 수 있다.

① 월요일에 리포머 수업을 선택한다면, 화요일에는 체어 수업을 선택할 수 있다.
② 월요일에 체어 수업을 선택한다면, 수요일에는 바렐 수업을 선택할 수 있다.
③ 화요일에 체어 수업을 선택한다면, 수요일에는 바렐 수업을 선택할 수 있다.
④ 화요일에 바렐 수업을 선택한다면, 수요일에는 리포머 수업을 선택할 수 있다.

02 다음 주장에 대한 반박으로 가장 적절한 것은?

> 대리모는 허용되어서는 안 된다. 최근의 자료에 의하면 대리모는 대부분 금전적인 대가가 지불되는 상업적인 대리모의 형태로 이루어지고 있다고 한다. 아이를 출산해 주는 대가로 대리모에게 금전을 지불하는 것은 아이를 상품화하는 것이다. 칸트가 말했듯이, 인간은 수단이 아니라 목적으로 대하여야 한다. 대리모는 결국 아이를 목적이 아닌 수단으로 취급하고 있다는 점에서 인간의 존엄과 가치를 침해한다.

① 최근 조사에 따르면 우리나라의 불임부부는 약 100만 쌍으로 불임 여성은 지속적으로 증가하고 있다.
② 경제적 취약 계층이 된 여성들은 대리모를 통해 빈곤을 해결할 수 있다.
③ 대리모의 건강에 문제가 생길 경우 대리모를 보호할 제도적 장치가 부족하다.
④ 대리모는 아이가 아닌 임신·출산 서비스를 매매의 대상으로 삼고 있으므로 아이의 존엄과 가치를 떨어뜨리지 않는다.

PART 2

기출복원문제

03 L사에서 근무하고 있는 직원 갑, 을, 병, 정은 서로의 세미나 참석 여부에 관하여 다음과 같이 진술하였고, 이들 중 단 1명만이 진실을 말하였다. 이들 가운데 반드시 세미나에 참석하는 사람은 누구인가?(단, 진술한 사람은 거짓만 말하거나 진실만 말한다)

> 갑 : 나는 세미나에 참석하고, 을은 세미나에 참석하지 않는다.
> 을 : 갑과 병 중 적어도 한 명은 세미나에 참석한다.
> 병 : 나와 을 중 적어도 한 명은 세미나에 참석하지 않는다.
> 정 : 을과 병 중 한 명이라도 세미나에 참석한다면, 나도 세미나에 참석한다.

① 갑   ② 을
③ 병   ④ 정

04 다음 글을 읽고 올바르게 이해하지 못한 것은?

> 우리는 어떻게 장소에 익숙해지는 것일까? 뇌과학운영단 세바스천 로열 박사팀은 뇌의 해마 속 과립세포(Granule Cell)가 이끼세포(Mossy Cell) 등 다양한 신경 네트워크를 통해 장소를 학습하며 장소세포(Space Cell)로 변하는 과정을 규명했다.
>
> 과거 오키프 박사와 모세르 부부는 뇌에서 위치와 방향, 장소와 공간 등을 파악할 수 있게 해주는 장소세포와 뇌 해마 옆 내후각피질에서 위치정보처리시스템을 구성하는 격자세포(Grid Cell)을 발견했다. 하지만 그들은 장소세포가 어떻게 생성되고 변화하는지는 밝혀내지 못했는데, 세바스천 로열 박사팀은 공간훈련 장치인 트레드밀에서 실험용 생쥐를 훈련시키면서 뇌 해마에서 장소 정보 입력이 시작되는 부위로 알려진 치아이랑(Dentate Gyrus)의 뇌세포를 관찰해 새 환경을 학습할 때 뇌에 장소세포가 생성되는 과정을 규명했다.
>
> 생쥐는 새로운 장소에 놓였을 때 격자세포가 활성화되었고, 과립세포에서는 사물의 위치 정보나 거리 정보를 나타내는 세포가 작동했다. 하지만 공간에 익숙해져 학습이 된 이후에는 위치와 거리 정보를 나타내는 세포들이 소멸하고 특정 장소를 나타내는 장소세포가 점차 늘어났다.

① 해마 속 과립세포는 신경 네트워크를 통한 학습을 거쳐 장소세포로 변화한다.
② 오키프 박사와 모세르 부부는 뇌의 해마 속 과립세포와 이끼세포가 장소를 학습하며 장소세포로 변하는 과정을 규명했다.
③ 세바스천 로열 박사팀은 실험용 생쥐의 치아이랑 뇌세포 변화를 관찰하여 장소세포가 생성되는 과정을 규명했다.
④ 생쥐가 새로운 공간에 익숙해진다면 격자세포와 과립세포는 소멸할 것이다.

| 02 | 수리적 사고

01 다음은 A씨가 1월부터 4월까지 지출한 외식비이다. 1월부터 5월까지의 평균 외식비가 120,000원 이상 130,000원 이하가 되게 하려고 할 때, A씨가 5월에 최대로 사용할 수 있는 외식비는?

<월별 외식비>

(단위 : 원)

1월	2월	3월	4월	5월
110,000	180,000	50,000	120,000	?

① 14만 원 ② 15만 원
③ 18만 원 ④ 19만 원

02 △△사는 프린터를 새로 구입하거나 대여하려 한다. 프린터를 구입하는 경우에는 프린터 가격 200,000원과 매달 15,000원의 유지비를 내고, 대여하는 경우에는 매달 22,000원의 대여료만 낸다. 이때 프린터를 구입하여 최소 몇 개월 이상 사용하면 대여하는 경우보다 이득인가?

① 29개월 ② 27개월
③ 25개월 ④ 23개월

03 철도 길이가 720m인 터널이 있다. A기차는 터널을 완전히 빠져나갈 때까지 56초가 걸리고, 기차 길이가 A기차보다 40m 짧은 B기차는 160초가 걸렸다. 두 기차가 터널 양 끝에서 동시에 출발하면 $\frac{1}{4}$ 지점에서 만난다고 할 때, B기차의 길이는 얼마인가?(단, 기차 속력은 일정하다)

① 50m ② 60m
③ 70m ④ 80m

04 다음은 자동차 판매현황이다. 표를 보고 〈보기〉에서 옳지 않은 것을 모두 고르면?

〈자동차 판매현황〉

(단위 : 천 대)

구분	2018년	2019년	2020년
소형	27.8	32.4	30.2
준중형	181.3	179.2	180.4
중형	209.3	202.5	205.7
대형	186.1	185.0	177.6
SUV	452.2	455.7	450.8

보기

ㄱ. 2018년 대비 2019년 판매량 감소율이 가장 낮은 차종은 대형이다.
ㄴ. 2020년 준중형 자동차 판매량은 전년 대비 1% 이상 증가했다.
ㄷ. 2018 ~ 2020년 동안 매년 자동차 판매 순위는 동일하다.
ㄹ. 2018년 모든 종류의 자동차 각각의 판매량은 2019년보다 모두 높다.

① ㄱ, ㄴ   ② ㄷ, ㄹ
③ ㄱ, ㄹ   ④ ㄴ, ㄷ, ㄹ

05 다음은 산업통상자원부의 지난 3년간 기업규모별 지원액을 나타낸 자료이다. 이에 대한 설명으로 적절하지 않은 것은?

〈연간 기업규모별 산업통상자원부 지원액〉

(단위 : 개)

구분	지원액	5억 미만	5억 이상 10억 미만	10억 이상 20억 미만	20억 이상 50억 미만	50억 이상 100억 미만
2020년	대기업	4	11	58	38	22
	중견기업	11	88	124	32	2
	중소기업	244	1,138	787	252	4
2019년	대기업	8	12	62	42	25
	중견기업	22	99	184	28	1
	중소기업	223	982	669	227	3
2018년	대기업	9	25	66	54	28
	중견기업	18	111	155	29	2
	중소기업	188	774	552	201	1

① 매년 산업통상자원부 지원금을 지급받는 대기업 수는 감소하는 반면, 중소기업의 수는 증가하고 있다.

② 2020년 중소기업 총지원액은 대기업 총지원액보다 많다.

③ 대기업과 중견기업은 지원액 규모가 10억 이상 20억 미만에서, 중소기업은 5억 이상 10억 미만에서 가장 많은 기업이 산업통상자원부 지원금을 지급받는다.

④ 2020년 산업통상자원부 지원금을 지급받는 총 기업수가 2,815개라면 그 중 중소기업이 차지하는 비율은 85% 미만이다.

※ 다음은 L씨가 딸의 대학 졸업전시회 참석을 위한 이동경로에 관한 자료이다. 다음 자료를 보고 이어지는 질문에 답하시오. **[1~3]**

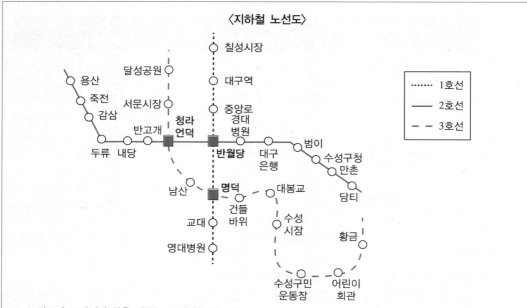

〈지하철 노선도〉

※ 노선도에 표시되지 않은 경로는 고려하지 않는다.

〈1호선 명덕역 시간표〉

교대 방향	시간	반월당 방향
07 15 23 31 39 47 55	15	02 10 18 26 34 42 50 58
03 11 19 27 35 43 51 59	16	06 14 22 30 38 46 54
07 15 23 31 39 47 55	17	02 10 18 26 34 42 50 58

〈2호선 청라언덕역 시간표〉

반고개 방향	시간	반월당 방향
05 13 21 29 37 45 53	15	04 12 20 28 36 44 52
01 09 17 25 33 41 49 57	16	00 08 16 24 32 40 48 56
05 13 21 29 36 43 50 57	17	04 12 20 27 34 41 47 53 58

〈3호선 수성시장역 시간표〉

대봉교 방향	시간	수성구민운동장 방향
01 08 15 22 29 36 43 50 57	15	06 13 20 27 34 41 48 55
04 11 18 25 32 39 46 53	16	02 09 16 23 30 37 44 51 58
00 07 14 21 28 35 42 49 56	17	05 12 19 26 3 40 47 53 59

〈상황〉

- L씨는 자택에서 출발하여 오후 4시 30분에 전시회에 도착할 예정이다.
- L씨의 자택은 수성시장역에서 도보로 10분 거리에 위치한다.
- 전시회장은 용산역에서 도보로 12분 거리에 있다.
- 모든 환승에 소요되는 시간은 4분이다.
- 역과 역 사이의 이동시간은 2호선은 3분, 1호선과 3호선은 4분이다.
- L씨가 출발 후 도착할 때까지 이동시간 외에 소요하는 시간은 없으며, 최소한의 이동시간으로 움직인다.

01 L씨는 지하철로 이동하는 시간을 비교하여 딸의 전시회 장소로 이동할 경로를 선택하려고 한다. 3호선 수성시장역에서 2호선 용산역까지의 환승시간 및 지하철 탑승시간만을 고려할 때, 상황을 참고하여 다음 중 L씨가 선택할 가장 빠른 경로와 소요시간이 바르게 연결된 것은?(단, 지하철 시간표에 관계없이 소요시간만 계산한다)

	경로	소요시간
①	3호선 수성시장역 → 2호선 청라언덕역 → 2호선 용산역	44분
②	3호선 수성시장역 → 1호선 명덕역 → 2호선 반월당역 → 2호선 용산역	43분
③	3호선 수성시장역 → 2호선 청라언덕역 → 2호선 용산역	42분
④	3호선 수성시장역 → 1호선 명덕역 → 2호선 반월당역 → 2호선 용산역	41분

02 상황에 따를 때, L씨의 가족들은 예정시간까지 도착하기 위해 늦어도 몇 시에 자택에서 출발해야 하는가?(단, 1호선은 타지 않는다)

① 오후 3시 15분 ② 오후 3시 19분
③ 오후 3시 21분 ④ 오후 3시 25분

Hard

03 위 상황에서 L씨가 오후 3시 50분에 자택에서 출발하여 02번 문제와 같은 경로를 이용한다면, L씨가 전시회에 도착하는 가장 빠른 시각으로 알맞은 것은?

① 오후 4시 51분 ② 오후 4시 58분
③ 오후 5시 00분 ④ 오후 5시 03분

| 01 | 언어적 사고

Easy

01 다음 글을 읽고 올바르게 이해한 것은?

> 세계 식품 시장의 20%를 차지하는 할랄식품(Halal Food)은 '신이 허용한 음식'이라는 뜻으로 이슬람 율법에 따라 생산, 처리, 가공되어 무슬림들이 먹거나 사용할 수 있는 식품을 말한다. 이런 기준이 적용된 할랄식품은 엄격하게 생산되고 유통과정이 투명하기 때문에 일반 소비자들에게도 좋은 평을 얻고 있다.
>
> 할랄식품 시장은 최근 들어 급격히 성장하고 있는데 이의 가장 큰 원인은 무슬림 인구의 증가이다. 무슬림은 최근 20년 동안 5억 명 이상의 인구증가를 보이고 있어서 많은 유통업계들이 할랄식품을 위한 생산라인을 설치하는 등의 노력을 하고 있다.
>
> 그러나 할랄식품을 수출하는 것은 쉬운 일이 아니다. 신이 '부정한 것'이라고 하는 모든 것으로부터 분리돼야 하기 때문이다. 또한, 국제적으로 표준화된 기준이 없다는 것도 할랄식품 시장의 성장을 방해하는 요인이다. 세계 할랄 인증 기준만 200종에 달하고 수출업체는 각 무슬림 국가마다 별도의 인증을 받아야 한다. 전문가들은 이대로라면 할랄 인증이 무슬림 국가들의 수입장벽이 될 수 있다고 지적한다.

① 할랄식품은 무슬림만 먹어야 하는 식품이다.
② 할랄식품의 이미지 덕분에 소비자들에게 인기가 좋다.
③ 할랄식품 시장의 급격한 성장으로 유통업계에서 할랄식품을 위한 생산라인을 설치 중이다.
④ 표준화된 할랄 인증 기준을 통과하면 모든 무슬림 국가에 수출이 가능하다.

02 다음 제시문으로부터 추론할 수 있는 것은?

> 미국 사회에서 동양계 미국인 학생들은 '모범적 소수 인종(Model Minority)'으로, 즉 미국의 교육체계 속에서 뚜렷하게 성공한 소수 인종의 전형으로 간주되어 왔다. 그리고 그들은 성공적인 학교생활을 통해 주류 사회에 동화되고 이것에 의해 사회적 삶에서 인종주의의 영향을 약화시킨다는 주장으로 이어졌다. 하지만 동양계 미국인 학생들이 이렇게 정형화된 이미지처럼 인종주의의 장벽을 넘어 미국 사회의 구성원으로 참여하고 있는가는 의문이다. 미국 사회에서 동양계 미국인 학생들의 인종적 정체성은 다수자인 '백인'의 특성이 장점이라고 생각하는 것과 소수자인 동양인의 특성이 단점이라고 생각하는 것의 사이에서 구성된다. 그리고 이것은 그들에게 두 가지 보이지 않는 결과를 제공한다. 하나는 대부분의 동양계 미국인 학생들이 인종적인 차이에 대한 그들의 불만을 해소하고 인종 차이에서 발생하는 차별을 피하고자 백인이 되기를 원하는 것이다. 다른 하나는 다른 사람들이 자신을 동양인으로 연상하지 않도록 자신 스스로 동양인들의 전형적인 모습에서 벗어나려고 하는 것이다. 그러므로 모범적 소수 인종으로서의 동양계 미국인 학생은 백인에 가까운 또는 동양인에서 먼 '미국인'으로 성장할 위험 속에 있다.

① '모범적 소수 인종'은 특유의 인종적 정체성을 내면화하고 있다.
② '동양계 미국인 학생들'의 성공은 일시적이고 허구적인 것이다.
③ 모든 소수 인종 집단은 인종 차이가 초래할 부정적인 효과에 대해 의식하고 있다.
④ 여러 집단의 인종은 사회에서 한정된 자원의 배분을 놓고 갈등하고 있다.

03 원형 탁자에 번호 순서대로 앉아 있는 다섯 명의 여자 1, 2, 3, 4, 5가 있다. 이 사이에 다섯 명의 남자 A, B, C, D, E가 한 명씩 앉아야 한다. 다음 〈조건〉을 따르면서 자리를 배치할 때 적절하지 않은 것은?

> **조건**
> • A는 짝수번호의 여자 옆에 앉아야 하고, 5 옆에는 앉을 수 없다.
> • B는 짝수번호의 여자 옆에 앉을 수 없다.
> • C가 3 옆에 앉으면 D는 1 옆에 앉는다.
> • E는 3 옆에 앉을 수 없다.

① A는 1과 2 사이에 앉을 수 없다.
② D는 4와 5 사이에 앉을 수 없다.
③ C가 2와 3 사이에 앉으면 A는 반드시 3과 4 사이에 앉는다.
④ E가 4와 5 사이에 앉으면 A는 반드시 2와 3 사이에 앉는다.

| 02 | 수리적 사고

01 열차가 50m의 터널을 통과하는 데 10초, 200m의 터널을 통과하는 데 25초가 걸린다. 열차의 길이는 몇 m인가?

① 35m
② 40m
③ 45m
④ 50m

02 다음 빈칸에 해당하는 숫자의 합은?(단, $℉=℃\times9\div5+32$이다)

• 2km=( )m	• 3m²=( )cm²
• 1시간=( )초	• 68℉=( )℃

① 5,935
② 6,250
③ 35,620
④ 35,950

03 다음은 우편매출액에 관한 자료이다. 자료에 대한 해석으로 적절하지 않은 것은?

〈우편매출액〉

(단위 : 만 원)

구분	2015년	2016년	2017년	2018년	2019년				
					소계	1분기	2분기	3분기	4분기
일반통상	11,373	11,152	10,793	11,107	10,899	2,665	2,581	2,641	3,012
특수통상	5,418	5,766	6,081	6,023	5,946	1,406	1,556	1,461	1,523
소포우편	3,390	3,869	4,254	4,592	5,017	1,283	1,070	1,292	1,372
합계	20,181	20,787	21,128	21,722	21,862	5,354	5,207	5,394	5,907

① 매년 매출액이 가장 높은 분야는 일반통상 분야이다.
② 1년 집계를 기준으로 매년 매출액이 꾸준히 증가하고 있는 분야는 소포우편 분야뿐이다.
③ 2019년 1분기 우편매출액에서 특수통상 분야의 매출액이 차지하고 있는 비율은 20% 이상이다.
④ 2019년 소포우편 분야의 2015년 대비 매출액 증가율은 70% 이상이다.

04 다음 그래프를 보고 이해한 것으로 적절하지 않은 것은?

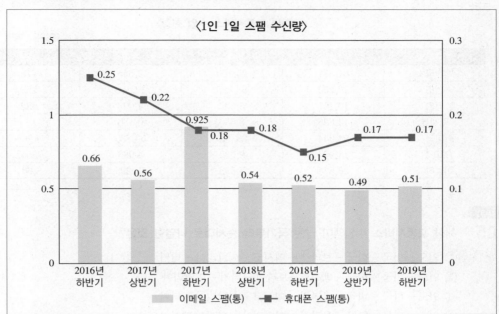

① 이메일과 휴대폰 모두 스팸 수신량이 가장 높은 시기는 2017년 하반기이다.

② 이메일 스팸 수신량이 휴대폰 스팸 수신량보다 항상 많다.

③ 이메일과 휴대폰 스팸 수신량 사이에 밀접한 관련이 있다고 보기 어렵다.

④ 이메일 스팸 총수신량의 평균은 휴대폰 스팸 총수신량 평균의 3배 이상이다.

※ 다음은 2019년도 국가별 교통서비스 수입 현황을 나타낸 자료이다. 이어지는 질문에 답하시오. **[5~6]**

〈국가별 교통서비스 수입 현황〉

(단위 : 백만 달러)

구분	합계	해상	항공	기타
한국	31,571	25,160	5,635	776
인도	77,256	63,835	13,163	258
터키	10,157	5,632	4,003	522
멕시코	14,686	8,550	6,136	–
미국	94,344	36,246	53,830	4,268
브라질	14,904	9,633	4,966	305
이탈리아	26,574	7,598	10,295	8,681

Easy

05 해상 교통서비스 수입액이 많은 국가부터 순서대로 나열한 것은?

① 인도 – 미국 – 한국 – 브라질 – 멕시코 – 이탈리아 – 터키
② 인도 – 미국 – 한국 – 멕시코 –브라질 – 터키 – 이탈리아
③ 인도 – 한국 – 미국 – 브라질 – 멕시코 – 이탈리아 – 터키
④ 인도 – 미국 – 한국 – 브라질 – 이탈리아 – 터키 – 멕시코

06 다음 중 자료에 대한 설명으로 적절하지 않은 것은?

① 터키의 교통서비스 수입에서 항공 수입이 차지하는 비중은 45% 미만이다.
② 전체 교통서비스 수입 금액이 첫 번째와 두 번째로 높은 국가의 차이는 17,088백만 달러이다.
③ 해상 교통서비스 수입보다 항공 교통서비스 수입이 더 높은 국가는 미국과 터키이다.
④ 멕시코는 해상과 항공 교통서비스만 수입하였다.

| 03 | 문제해결

※ 1~2번 문제는 정답과 해설을 따로 제공하지 않는 유형이니 참고하시기 바랍니다.

01 C사원은 최근 인사이동에 따라 A부서로 옮겨오게 되었다. 그런데 인수인계를 하는 과정에서 몇
     가지 업무를 제대로 전달받지 못했다. 하지만 상사는 C사원이 당연히 모든 업무를 다 알고 있으리
     라 생각하고 기한을 정해준 후 업무를 지시하고 있다. C사원은 상사가 지시한 업무를 하겠다고
     대답은 했지만, 막상 업무를 하려니 어떻게 해야 할지 당황스러운 상황이다. 이 상황에서 당신이
     C사원이라면 어떻게 하겠는가?

     ① 팀 공유 폴더의 지난 업무 파일들을 참고하여 업무를 수행한다.
     ② 상사에게 현재 상황을 솔직하게 이야기하고 모르는 부분에 대해 다시 설명을 듣는다.
     ③ 옆에 앉은 다른 팀원에게 이야기해 자신의 업무를 대신 해달라고 부탁한다.
     ④ 자신이 할 수 있는 데까지 방법을 찾다가 그래도 안 되겠으면 다시 설명을 듣는다.

02 평소에 B사원은 남들보다 업무를 빨리 끝내는 편이다. 하지만 은근슬쩍 야근을 압박하는 팀 분위기
     때문에 B사원은 매번 정시에 퇴근하는 것이 눈치가 보인다. 하지만 B사원으로선 주어진 업무가
     다 끝났는데 눈치를 보며 회사에 남아 있는 것이 시간을 허비하는 느낌이다. 이 상황에서 당신이
     B사원이라면 어떻게 하겠는가?

     ① 상사에게 현재 상황의 비효율성을 이야기하며 불만을 호소한다.
     ② 회사 익명 게시판에 야근을 강요하는 분위기에 대한 불만의 글을 올린다.
     ③ 어차피 야근해야 하니 업무를 느긋하게 수행한다.
     ④ 사원인 자신이 할 수 있는 일이 없으니 비효율적이지만 참고 야근을 한다.

※ 다음은 L공장에서 전기 사용량을 줄이기 위해 정기적으로 실시하는 검침에 대한 안내사항이다. 이어지는 물음에 답하시오. [3~4]

〈계기판 검침 안내사항〉

정기적으로 매일 오전 8시에 다음의 안내사항에 따라 검침을 하고 그에 따른 조치를 취한다.

〈계기판 A·B·C의 표준수치〉

※ 가장 안쪽 삼각형의 수치는 2이며, 수치는 2씩 커진다.

계기판 A (8)	계기판 B (2)	계기판 C (6)

[기계조작실]

1. 계기판을 확인하여 PSD 수치를 구한다.
   ※ 검침하는 시각에 실내 온도가 16℃ 이상이면 B계기판은 고려하지 않는다.
   ※ 검침하는 시각에 실내 온도가 10℃ 미만이면 Parallel Mode를, 10℃ 이상이면 Serial Mode를 적용한다.
   - Parallel Mode
     PSD=전날 오후 1시부터 5시까지 매 정각의 각 계기판 수치 중 가장 높은 수치의 평균
   - Serial Mode
     PSD=전날 오후 6시 정각 각 계기판 수치의 합
2. PSD 수치에 따라서 알맞은 버튼을 누른다.

수치	버튼
PSD ≤ 기준치−3	정상
기준치−3<PSD<기준치+5	주의
기준치+5≤PSD	비정상

※ 화요일과 금요일은 세 계기판의 표준수치 합의 $\frac{1}{2}$ 을 기준치로 삼고, 나머지 요일은 세 계기판의 표준수치의 합을 기준치로 삼는다(단, 온도에 영향을 받지 않는다).

3. 기계조작실에서 버튼을 누르면 버튼에 따라 상황통제실의 경고등에 불이 들어온다.

버튼	경고등
정상	파란색
주의	노란색
비정상	빨간색

[상황통제실]
들어온 경고등의 색을 보고 필요한 조치를 취한다.

경고등	조치
파란색	정상가동
노란색	공장 가동속도 조절
빨간색	부품 교체 후 오후에 정상가동

03 L공장의 기계조작실에서 근무하는 K사원은 수요일 오전 8시에 계기판 점검을 시작하였다. 검침일지에 실내 온도는 9℃이고, 전날 오후 업무시간 동안 계기판 수치 그래프는 다음과 같았다. K사원이 눌러야 하는 버튼은 무엇이며, 이를 본 상황통제실에서는 어떤 조치를 취해야 하는가?

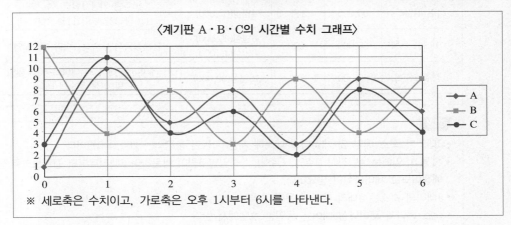

〈계기판 A·B·C의 시간별 수치 그래프〉

※ 세로축은 수치이고, 가로축은 오후 1시부터 6시를 나타낸다.

	버튼	조치
①	정상	정상가동
②	정상	공장 가동속도 조절
③	주의	공장 가동속도 조절
④	비정상	부품 교체 후 오후에 정상가동

04 L공장의 기계조작실에서 근무하는 K사원은 수요일에 작성한 검침일지에서 실내 온도가 잘못된 사실을 발견하였다. 올바른 실내 온도가 16℃일 때, **03**번 문제를 참고하여 K사원이 눌러야 하는 버튼의 경고등은 무엇이며, 이를 본 상황통제실에서는 어떤 조치를 취해야 하는가?

	경고등	조치
①	파란색	공장 가동속도 조절
②	노란색	공장 가동속도 조절
③	파란색	정상가동
④	빨간색	부품 교체 후 오후에 정상가동

05 J대리는 세미나에 참석하기 위해 11월 17일부터 19일까지 경주로 출장을 갈 예정이다. 다음 〈조건〉에 따라 출장 기간에 이용할 숙소를 예약하고자 할 때, J대리가 예약 가능한 숙소로만 짝지어진 것은?

〈호텔 예약정보〉

호텔명	가격 (원/1박)	숙박 기준인원	세미나실 대여비용 (원/1일)	비고
글래드 경주	78,000	1명	4인실(25,000) 8인실(48,000)	숙박 기준인원 초과 시 초과인원 1인당 10,000원 추가지급
호텔 아뜰리에	81,000	2명	4인실(40,000) 10인실(70,000)	보수공사로 인해 10인 세미나실 이용불가 (9월 30일부터 10월 23일까지)
스카이뷰 호텔	80,000	2명	6인실(50,000)	연박 시 1박당 10% 할인
경주 베일리쉬	92,000	1명	4인실(32,000)	10주년 기념 1박당 8% 할인 (10월 22일부터 11월 2일까지)
이데아 호텔	85,000	1명	6인실(30,000) 8인실(45,000)	출장목적 투숙객 1박당 5% 할인
경주 하운드	80,000	2명	10인실(80,000)	세미나실 대여 시 대여료 40% 할인 (2박 이상 투숙객 대상)

조건

• J대리가 숙소 예약 및 세미나실 대여에 사용 가능한 총경비는 200,000원이다.
• 11월 18일에는 A팀장과 B주임, C주임, D책임연구원이 방문하여 J대리로부터 중간보고를 받을 예정이므로 세미나실이 필요하다.
• J대리의 숙소는 J대리 혼자 이용한다.
• 숙소 예약과 세미나실 대여는 동일한 호텔에서 한다.

① 글래드 경주, 호텔 아뜰리에
② 글래드 경주, 스카이뷰 호텔
③ 스카이뷰 호텔, 이데아 호텔
④ 경주 베일리쉬, 경주 하운드

06 2019년 하반기 기출복원문제

정답 및 해설 p.020

| 01 | 언어적 사고

`Easy`

01 다음 글의 주제로 가장 적절한 것은?

> 임신 중 고지방식 섭취가 태어날 자식의 생식기에서 종양의 발생 가능성을 높일 수 있다는 것이 밝혀졌다. 이 결과는 임신한 암쥐 261마리 중 130마리의 암쥐에게는 고지방식을, 131마리의 암쥐에게는 저지방식을 제공한 연구를 통해 얻었다. 실험 결과, 고지방식을 섭취한 암쥐에게서 태어난 새끼 가운데 54%가 생식기에 종양이 생겼지만 저지방식을 섭취한 암쥐가 낳은 새끼 중에서 그러한 종양이 생긴 것은 21%였다.
>
> 한편, 사지 중 하나 이상의 절단 수술이 심장병으로 사망할 가능성을 증가시킬 수 있다는 것이 밝혀졌다. 이것은 제2차 세계대전 중에 부상을 당한 9,000명의 군인에 대한 진료 기록을 조사한 결과이다. 이들 중 4,000명은 사지 중 하나 이상의 절단 수술을 받은 사람이었고, 5,000명은 사지 절단 수술을 받지 않았지만 중상을 입은 사람이었다. 이들에 대한 기록을 추적 조사한 결과, 사지 중 하나 이상의 절단 수술을 받은 사람이 심장병으로 사망한 비율은 그렇지 않은 사람의 1.5배였다. 즉, 사지 중 하나 이상의 절단 수술을 받은 사람 중 600명은 심장병으로 사망하였고, 그렇지 않은 사람 중 500명이 심장병으로 사망하였다.

① 발생 부위에 따른 뇌종양 증상
② 염색체 이상 유전병의 위험을 높이는 요인
③ 절단 수술과 종양의 상관관계
④ 의외의 질병 원인과 질병 사이의 상관관계

02 L사는 6층 건물의 모든 층을 사용하고 있으며, 건물에는 기획부, 인사 교육부, 서비스개선부, 연구·개발부, 해외사업부, 디자인부가 각 층별로 위치하고 있다. 다음 〈조건〉을 참고할 때 항상 적절한 것은?(단, 6개의 부서는 서로 다른 층에 위치하며, 3층 이하에 위치한 부서의 직원은 출근 시 반드시 계단을 이용해야 한다)

> **조건**
> • 기획부의 문대리는 해외사업부의 이주임보다 높은 층에 근무한다.
> • 인사 교육부는 서비스개선부와 해외사업부 사이에 위치한다.
> • 디자인부의 김대리는 오늘 아침 엘리베이터에서 서비스개선부의 조대리를 만났다.
> • 6개의 부서 중 건물의 옥상과 가장 가까이에 위치한 부서는 연구·개발부이다.
> • 연구·개발부의 오사원이 인사 교육부 박차장에게 휴가 신청서를 제출하기 위해서는 4개의 층을 내려와야 한다.
> • 건물 1층에는 회사에서 운영하는 커피숍이 함께 있다.

① 출근 시 엘리베이터를 탄 디자인부의 김대리는 5층에서 내린다.
② 디자인부의 김대리가 서비스개선부의 조대리보다 먼저 엘리베이터에서 내린다.
③ 인사 교육부와 커피숍은 같은 층에 위치한다.
④ 기획부의 문대리는 출근 시 반드시 계단을 이용해야 한다.

03 다음과 동일한 오류를 저지른 사례는?

> 노사 간의 갈등이 있는 사업장에 노조파괴 컨설팅을 제공한 혐의를 받고 있는 C대표는 아들의 건강 문제로 자신의 공판기일을 연기해 줄 것을 재판부에 요청했다. 최근 급격히 나빠진 아들의 건강 상태로 인해 예정 공판기일에 자신이 참석할 수 없다는 것이었다.

① 이번엔 반드시 복권에 당첨될 것 같아. 어젯밤 꿈속에서 할머니가 번호를 불러줬거든.
② 너 지난번에 쌀국수는 좋아하지 않는다고 했잖아. 그런데 오늘 점심에 왜 싫어하는 쌀국수를 먹었어?
③ 진희의 말은 믿을 수 없다. 그녀는 단 한 번도 약속을 지킨 적이 없기 때문이다.
④ 죄 없는 많은 생명이 죽어가고 있습니다. 우리 모두 기부 행사에 참여합시다.

04 다음 제시문의 논리적 오류로 적절한 것은?

> 촉망받던 농구 선수 K는 많은 연봉을 제시한 구단으로 이적했지만, 별다른 활약을 펼치지 못했다. 반면, 전보다 낮은 연봉을 받고 이적한 농구 선수 L은 경기에 몰두하기 시작하면서 높은 성적을 거두었다. 결국 고액의 연봉이 오히려 선수의 동기를 낮아지게 하므로 선수들의 연봉을 낮춰야 한다.

① 성급한 일반화의 오류
② 무지에 호소하는 오류
③ 인신공격의 오류
④ 대중에 호소하는 오류

| 02 | 수리적 사고

01 작년 A제품과 B제품의 총 판매량은 800개였다. 올해 A제품의 판매량은 50% 증가하였고, B제품의 판매량은 작년 A제품 판매량의 3배에 70개를 뺀 것과 같았다. 올해 총 판매량이 1,280개였다면, 올해 B제품의 판매량은 작년 대비 몇 %가 증가하였는가?

① 33%   ② 44%
③ 55%   ④ 66%

Easy

02 어떤 일을 준희가 하면 14시간, 민기가 하면 35시간이 걸린다고 할 때, 준희와 민기가 동시에 일한다면 몇 시간이 걸리겠는가?

① 10시간   ② 10시간 30분
③ 11시간   ④ 11시간 30분

03 황대리는 자동차업계 매출현황에 대한 보고서를 작성 중이었다. 그런데 실수로 커피를 쏟아 매출평균 부분이 얼룩지게 되었다. 황대리가 기억하는 총 매출은 246억 원이고, 3분기까지의 평균은 22억 원이었다. 남아있는 매출현황을 보고 4분기의 평균을 올바르게 구한 것은?

〈월별 매출현황〉

(단위 : 억 원)

1월	2월	3월	4월	5월	6월	7월	8월	9월	10월	11월	12월
–	–	–	16	–	–	12	–	18	–	20	–

① 14억 원   ② 16억 원
③ 18억 원   ④ 20억 원

04 다음 표는 농구 경기에서 갑, 을, 병, 정 4개 팀의 월별 득점에 관한 자료이다. 빈칸에 들어갈 수치로 가장 적절한 것은?(단, 각 수치는 매월 일정한 규칙으로 변화한다)

〈월별 득점 현황〉

(단위 : 경기)

구분	1월	2월	3월	4월	5월	6월	7월	8월	9월	10월
갑	1,024	1,266	1,156	1,245	1,410	1,545	1,205	1,365	1,875	2,012
을	1,352	1,702	2,000	1,655	1,320	1,307	1,232	1,786	1,745	2,100
병	1,078	1,423		1,298	1,188	1,241	1,357	1,693	2,041	1,988
정	1,298	1,545	1,658	1,602	1,542	1,611	1,080	1,458	1,579	2,124

① 1,358   ② 1,397
③ 1,450   ④ 1,498

※ 다음은 대북지원금에 대한 자료이다. 이어지는 물음에 답하시오. [5~6]

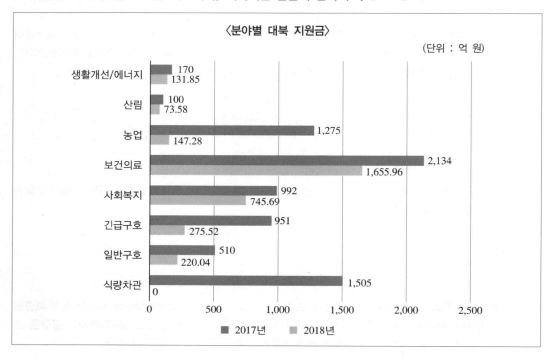

〈분야별 대북 지원금〉

(단위 : 억 원)

05 다음 제시된 자료에 대한 설명으로 적절하지 않은 것은?

① 2018년의 대북 지원금은 전년 대비 모든 분야에서 감소하였다.

② 2017 ~ 2018년 동안 지원한 금액은 농업 분야보다 긴급구호 분야가 많다.

③ 2017 ~ 2018년 동안 가장 많은 금액을 지원한 분야는 동일하다.

④ 산림 분야의 지원금은 2017년 대비 2018년에 25억 원 이상 감소하였다.

06 2017년과 2018년에 각각 가장 많은 금액을 지원한 3가지 분야 지원금의 차는?

① 약 2,237억 원

② 약 2,344억 원

③ 약 2,401억 원

④ 약 2,432억 원

| 03 | 문제해결

※ L기업에서 송년회를 개최하려고 한다. 다음을 보고 이어지는 질문에 답하시오. [1~2]

<송년회 후보지별 평가점수>

구분	가격	거리	맛	음식 구성	평판
A호텔	★★★☆	★★☆	★★★	★★★☆	★★★
B호텔	★★	★★★☆	★★☆	★★★	★★☆
C호텔	★☆	★★	★★	★★★☆	★★★☆
D호텔	★★★	★★☆	★★★☆	★★☆	★★★☆

※ ★은 하나당 5점이며, ☆은 하나당 3점이다.

Hard

01 L기업 임직원들은 맛과 음식 구성을 기준으로 송년회 장소를 결정하기로 하였다. 어느 호텔에서 송년회를 진행하겠는가?(단, 맛과 음식 구성의 합산 점수가 1위인 곳과 2위인 곳의 점수 차가 3점 이하일 경우 가격 점수로 결정한다)

① A호텔   ② B호텔
③ C호텔   ④ D호텔

02 A ~ D호텔의 1인당 식대가 다음과 같고, 예산 200만 원이라면 어느 호텔로 결정하겠는가?(단, L기업의 임직원은 총 25명이다)

<호텔별 1인당 식대>

A호텔	B호텔	C호텔	D호텔
73,000원	82,000원	85,000원	75,000원

※ 총 식사비용이 가장 저렴한 곳의 차이가 10만 원 이하일 경우, 맛 점수가 높은 곳으로 선정한다.

① A호텔   ② B호텔
③ C호텔   ④ D호텔

※ 다음은 골프 점수를 계산하는 방법을 나타낸 자료이다. 이어지는 물음에 답하시오. **[3~4]**

〈골프 타수별 점수〉

타수	파3		파4		파5	
	용어	점수	용어	점수	용어	점수
1타	홀인원 / 이글	-2	홀인원 / 알바트로스	-3	홀인원	-4
2타	버디	-1	이글	-2	알바트로스	-3
3타	파	0	버디	-1	이글	-2
4타	보기	+1	파	0	버디	-1
5타	더블보기	+2	보기	+1	파	0
6타	트리플보기 / 더블 파	+3	더블보기	+2	보기	+1
7타			트리플보기	+3	더블보기	+2
8타			쿼드루플보기 / 더블 파	+4	트리플보기	+3
9타	give up				쿼드루플보기	+4
10타			give up		더블 파	+5
11타					give up	

※ 파 : 각 홀에 정해진 기준 타수(18홀 파의 합은 72타)

　예 파4 : 홀에 4타 이내로 공을 넣어야 함

※ (최종 점수)＝(72타)＋(18홀의 타수 합)

　예 모든 코스를 보기로 끝낸 경우의 최종 점수는 72＋1×18＝90타이다.

※ 오버 파 : (72타)＜(점수), 이븐 파 : (72타)＝(점수), 언더 파 : (72타)＞(점수)

　예 최종 점수가 100점인 경우 18오버 파이다.

※ 싱글 : 9오버 파 이하

03 다음 주어진 자료에 대한 설명으로 적절한 것은?

① 파4인 홀에서는 8타 이상 칠 수 없다.
② 모든 홀을 버디로 끝냈다면 54타가 되고 이를 이븐 파라고 한다.
③ 80타는 싱글에 해당한다.
④ 홀인원은 2타를 쳐서 홀에 공을 넣은 경우를 의미한다.

Hard

04 다음은 A과장이 18홀을 모두 돌았을 때의 골프 점수를 나타낸 것이다. A과장의 골프 점수로 적절한 것은?

HOLE	1	2	3	4	5	6	7	8	9
PAR	4	4	3	4	5	3	5	4	4
타수	5	3	1	4	5	6	3	2	3
HOLE	10	11	12	13	14	15	16	17	18
PAR	5	4	4	3	4	4	4	3	5
타수	5	2	2	3	4	4	2	6	8

① 4오버 파   ② 1오버 파
③ 3언더 파   ④ 4언더 파

| 01 | 언어적 사고

Easy

01 다음 글을 읽고 유추할 수 있는 것은?

> 1895년 을미개혁 당시 일제의 억압 아래 강제로 시행된 단발령으로부터 우리 조상들이 목숨을 걸고 지키려고 했던 상투는 과연 그들에게 어떤 의미였을까? 상투는 관례나 결혼 후 자신의 머리카락을 끌어올려, 정수리 위에서 틀어 감아 높이 세우는 성인 남자의 대표적인 머리모양이었다. 상투의 존재는 고구려 고분벽화에서도 확인할 수 있는데, 그 크기와 형태 또한 다양함은 물론 신라에서 도기로 만들어진 기마인물에서도 나타나는 것으로 보아 삼국 공통의 풍습이었을 것으로 추정되고 있다. 전통사회에서는 혼인 여부를 통해 기혼자와 미혼자 사이에 엄한 차별을 두었기 때문에 어린아이라도 장가를 들면 상투를 틀고 존대를 했으며, 나이가 아무리 많아도 장가를 들지 않은 이들에게는 하댓말을 썼다고 한다. 이러한 대접을 면하고자 미혼자가 장가를 들지 않고 상투를 틀기도 했는데 이를 건상투라 불렀으며, 사정을 아는 동네 사람들은 건상투를 틀었다고 하더라도 여전히 하댓말로 대하였다고 전해진다.

① 일제의 단발령이 없었다고 하더라도 언젠가 상투는 사라질 문화였겠구나.
② 신라 기마인물의 형상을 보아하니 신라의 상투는 모양이 비슷했겠구나.
③ 장가를 들지 않은 이가 상투를 틀었다가는 자칫 큰 벌을 받았겠구나.
④ '상투를 틀었다.'는 말은 장가를 들었거나 제대로 성인취급을 받을 만하다는 뜻이겠구나.

02 다음 글을 통해 확인할 수 없는 것은?

> 흔히들 『삼국지』에서 가장 인기 있는 장수를 고르라 할 때 먼저 손꼽히는 인물인 관우는, 사실 중국에서 신으로 추앙받고 있기도 하다. 본래 관우는 삼국시대 촉나라 유비의 심복이자 의형제로서 유능한 장수로 활약한 인물이다. 그런 관우에 대한 신격화가 시작된 것은 수, 당대부터라는 견해가 일반적이나 몇몇 학자들은 수, 당대 이전의 위진남북조 시대에서 그 기원을 찾기도 한다. 위진남북조 시대 때 촌락의 공동체 정신이 약해지며 기존 촌락에서 믿던 수호신을 대신해 개인의 신적인 경향이 강한 성황신이나 토지신이 중심이 되면서 자연스레 관우가 신으로 모셔지게 되었다는 것이다.
>
> 한편 관우는 불교와 도교와 만나 새로운 신앙을 만들기도 하였는데, 당대 불교가 민간 포교활동의 일환으로 관우의 전설을 이용했기 때문이다. 도교의 경우 전란을 피해 전국 각지로 흩어지던 중 관우의 민간신앙과 결합하면서 보다 대중적으로 변했고, 이 과정에서 도교의 한 신으로 수용되었다. 관우는 또한 높은 의리와 충의의 이미지 때문에 재물의 신으로써 알려지기도 하는데, 송, 원대 이후 교역에 있어 상인들이 법의 보호 없이 서로의 도덕성에 의존해야 되는 상황에 직면하게 되면서 상호 간의 신뢰를 만드는 데 관우의 이미지가 중요한 역할을 했기 때문이다.

① 관우가 신으로 추앙받기 시작한 시대에 대해서는 몇몇 학자들의 의견이 엇갈리고 있다.
② 관우는 민간신앙 외의 종교와도 연관이 있는 신이다.
③ 관우는 지배층에서 특히 인기를 얻은 신이었다.
④ 관우가 재물의 신으로 알려진 것은 그가 생전에 의리와 충의를 지킨 인물이었기 때문이다.

03 갑, 을, 병, 정이 함께 중식당에서 음식을 주문했는데 각자 주문한 음식이 다르다. 그런데 짜장면을 주문한 사람은 언제나 진실을 말하고 볶음밥을 주문한 사람은 언제나 거짓을 말하며, 짬뽕과 우동을 주문한 사람은 진실과 거짓을 한 개씩 말한다. 이들이 다음과 같이 진술했을 때 주문한 사람과 음식이 일치하는 것은?

> 갑 : 병은 짜장면, 을은 짬뽕을 시켰다.
> 을 : 병은 짬뽕, 정은 우동을 시켰다.
> 병 : 갑은 짜장면, 정은 우동을 시켰다.
> 정 : 을은 짬뽕, 갑은 볶음밥을 주문했다.

① 갑 – 짬뽕
② 을 – 볶음밥
③ 병 – 짜장면
④ 정 – 우동

04 마지막 명제가 참일 때, 다음 빈칸에 들어갈 명제로 가장 적절한 것은?

> • 승용차를 탄다면 서울에 거주한다는 것이다.
> • _____
> • 연봉이 높아졌다는 것은 야근을 많이 했다는 것이다.
> • 그러므로 연봉이 높다는 것은 서울에 거주한다는 것이다.

① 서울에 거주한다면 연봉이 높다는 것이다.
② 야근을 많이 해도 서울에 거주하는 것은 아니다.
③ 승용차를 타지 않는다면 야근을 많이 하지 않는 것이다.
④ 승용차를 탄다고 해도 야근을 많이 하지는 않는다.

05 다음 문장을 읽고 유추할 수 없는 것은?

> • 예술가는 조각상을 좋아한다.
> • 철학자는 조각상을 좋아하지 않는다.
> • 조각상을 좋아하는 사람은 귀족이다.
> • 예술가가 아닌 사람은 부유하다.

① 예술가는 철학자가 아니다.
② 예술가는 귀족이다.
③ 철학자는 부유하다.
④ 부유하면 귀족이다.

| 02 | 수리적 사고

01 십의 자리 숫자와 일의 자리 숫자의 합은 10이고, 십의 자리 숫자와 일의 자리 숫자의 자리를 바꾼 수를 2로 나눈 값은 원래 숫자보다 14만큼 작다. 처음 숫자는 얼마인가?

① 43   ② 44
③ 45   ④ 46

02 L사는 신입사원 연수를 위해 숙소를 배정하려고 한다. 한 숙소에 4명씩 자면 8명이 남고, 5명씩 자면 방이 5개가 남으며 마지막 숙소에는 4명이 자게 된다. 이때 숙소의 수를 a개, 전체 신입사원 수를 b명이라고 한다면 $b-a$는?

① 105   ② 110
③ 115   ④ 120

Hard

03 다음은 연도별 기준 관광통역 안내사 자격증 취득현황이다. 이에 대한 〈보기〉의 설명 중 적절하지 않은 것을 모두 고르면?

〈연도별 관광통역 안내사 자격증 취득현황〉

(단위 : 명)

구분	영어	일어	중국어	불어	독어	스페인어	러시아어	베트남어	태국어
2016년	464	153	1,418	6	3	3	6	5	15
2015년	344	137	1,963	7	3	4	5	5	17
2014년	379	266	2,468	3	1	4	6	15	35
2013년	238	244	1,160	3	4	3	4	4	8
2012년	166	278	698	2	3	2	3	–	12
2011년	156	357	370	2	2	1	5	1	4
합계	1,747	1,435	8,077	23	16	17	29	30	91

보기

ㄱ. 영어와 스페인어 관광통역 안내사 자격증 취득자는 2012년부터 2016년까지 매년 전년 대비 증가하였다.

ㄴ. 중국어 관광통역 안내사 자격증 취득자는 2014년부터 2016년까지 매년 일어 관광통역 안내사 자격증 취득자의 8배 이상이다.

ㄷ. 태국어 관광통역 안내사 자격증 취득자 수 대비 베트남어 취득자 수 비율은 2013년부터 2015년까지 매년 증가하였다.

ㄹ. 불어 관광통역 안내사 자격증 취득자 수와 스페인어 관광통역 안내사 자격증 취득자 수는 2012년부터 2016년까지 전년 대비 증감추이가 동일하다.

① ㄱ   ② ㄴ, ㄹ
③ ㄱ, ㄷ   ④ ㄱ, ㄷ, ㄹ

※ 다음은 각 국가별 활동 의사 수에 대한 자료이다. 이어지는 물음에 답하시오. [4~5]

〈국가별 활동 의사 수〉

(단위 : 천 명/십만 명당)

구분	2000년	2006년	2010년	2011년	2012년	2013년	2014년	2015년	2016년
캐나다	2.1	2.1	2.1	2.1	2.1	2.1	2.1	2.1	2.2
덴마크	-	2.5	2.7	2.7	2.8	2.9	3.0	3.1	3.2
프랑스	3.1	3.3	3.3	3.3	3.4	3.4	3.4	3.4	3.4
독일	-	3.1	3.3	3.3	3.3	3.4	3.4	3.4	3.5
그리스	3.4	3.9	4.3	4.4	4.6	4.8	4.9	5.0	5.4
헝가리	2.8	3.0	3.1	3.2	3.2	3.3	3.3	2.8	3.0
이탈리아	-	3.9	4.1	4.3	4.4	4.1	4.2	3.8	3.7
일본	1.7	-	1.9	-	2.0	-	2.0	-	2.1
한국	0.8	1.1	1.3	1.4	1.5	1.6	1.6	1.6	1.7
멕시코	1.0	1.7	1.6	1.5	1.5	1.6	1.7	1.8	1.9
네덜란드	2.5	-	3.2	3.3	3.4	3.5	3.6	3.7	3.8
뉴질랜드	1.9	2.1	2.2	2.2	2.1	2.2	2.2	2.1	2.3
노르웨이	-	2.8	2.9	3.0	3.4	3.4	3.5	3.7	3.8
미국	-	2.2	2.3	2.4	2.3	2.4	2.4	2.4	2.4

04 〈보기〉 중 자료를 보고 판단한 내용으로 적절하지 않은 것을 모두 고르면?

> 보기
>
> ㄱ. 2011년의 활동 의사 수는 그리스가 한국의 4배 이상이다.
> ㄴ. 이 추이대로라면 활동 의사 수는 앞으로 10년 이내에 한국이 캐나다를 넘어설 것이다.
> ㄷ. 2016년 활동 의사 수가 가장 많은 나라의 활동 의사 수는 가장 적은 나라의 3배 이상이다.

① ㄱ   ② ㄴ
③ ㄱ, ㄴ   ④ ㄴ, ㄷ

05 다음 중 주어진 자료에 대한 설명으로 적절한 것은?

① 네덜란드의 2015년 활동 의사 수는 같은 해 활동 의사 수가 가장 많은 나라에 비해 1.7천 명
   적다.
② 활동 의사 수가 의료환경과 비례한다면, 의료환경이 가장 열악한 나라는 멕시코이다.
③ 그리스의 활동 의사 수는 미국보다 매년 두 배 이상 높은 수치를 보인다.
④ 2014년 활동 의사 수가 가장 적은 나라는 한국이며, 가장 많은 나라는 그리스이다.

| 03 | 문제해결

※ L기업은 새로 출시할 화장품과 관련하여 회의를 하였다. 다음 자료를 읽고 이어지는 질문에 답하시오.
[1~2]

<table>
<tr><td colspan="4" align="center">〈신제품 홍보 콘셉트 기획 1차 미팅〉</td></tr>
<tr><td>참여자</td><td colspan="3">• 제품 개발팀 : A과장, B대리
• 기획팀 : C과장, D대리, E사원
• 온라인 홍보팀 : F대리, G사원</td></tr>
<tr><td>회의 목적</td><td>• 신제품 홍보 방안 수립
• 제품명 개발</td><td>회의 날짜</td><td>2019.5.1.(수)</td></tr>
</table>

〈제품 특성〉

1. 여드름 치료에 적합한 화장품
2. 성분이 순하고, 향이 없음
3. 이용하기 좋은 튜브형 용기로 제작
4. 타사 여드름 관련 화장품보다 가격이 저렴함

〈회의 결과〉

• 제품 개발팀 : 제품의 특성을 분석
• 기획팀 : 특성에 맞고 소비자의 흥미를 유발하는 제품명 개발
• 온라인 홍보팀 : 현재 출시된 타사 제품에 대한 소비자 반응 확인, 온라인 설문조사 실시

01 다음 회의까지 해야 할 일로 적절하지 않은 것은?

① B대리 : 우리 제품이 피부자극이 적은 성분을 사용했다는 것을 성분표로 작성해 확인해봐야 겠어.
② C과장 : 여드름 치료 화장품이니 주로 청소년층이 우리 제품을 구매할 가능성이 커. 그러니 청소 년층에게 흥미를 일으킬 수 있는 이름을 고려해야겠어.
③ D대리 : 현재 판매되고 있는 타사 여드름 제품의 이름을 조사해야지.
④ F대리 : 화장품과 관련된 커뮤니티에서 타사의 여드름 제품에 대한 반응을 확인해야겠다.

02 온라인 홍보팀 G사원은 온라인에서 타사의 여드름 화장품에 대한 소비자의 반응을 조사해 추후 회의에 가져갈 생각이다. 다음 중 회의에 가져갈 반응으로 적절하지 않은 것은?

① A응답자 : 여드름용 화장품에 들어간 알코올 성분 때문에 얼굴이 화끈거리고 따가워요.
② B응답자 : 화장품이 유리용기에 담겨있어 쓰기에 불편해요.
③ C응답자 : 향이 강한 제품이 많아 거부감이 들어요.
④ D응답자 : 여드름용 화장품을 판매하는 매장이 적어 구입하기가 불편해요.

03 다음은 L사에서 근무하는 K사원의 업무일지이다. K사원이 출근 후 해야 할 일 중 두 번째로 해야할 일은 무엇인가?

날짜	2019년 4월 17일 수요일
내용	[오늘 할 일] • 팀 회의 준비 – 회의실 예약 후 마이크 및 프로젝터 체크 • 외주업체로부터 판촉 행사 브로슈어 샘플 디자인 받기 • 지난 주 외근 지출결의서 총무부 제출(늦어도 퇴근 전까지) • 회사 홈페이지, 관리자 페이지 및 업무용 메일 확인(출근하자마자 확인) • 14시 브로슈어 샘플 디자인 피드백 팀 회의 [주요 행사 확인] • 5월 2일 화요일 – 5월 데이행사(오이데이) • 5월 12일 금요일 – 또 하나의 마을(충북 제천 흑선동 본동마을) • 5월 15일 월요일 – 성년의 날(장미꽃 소비촉진 행사)

① 회의실 예약 후 마이크 및 프로젝터 체크
② 외주업체로부터 브로슈어 샘플 디자인 받기
③ 외근 관련 지출결의서 총무부 제출
④ 회사 홈페이지, 관리자 페이지 및 업무용 메일 확인

04 L회사에서는 자사의 제품을 효과적으로 홍보하기 위하여 미디어 이용률을 조사하였으며, 다음과 같은 결과를 얻었다. 다음의 자료를 참고하여 직원들이 대화를 나눌 때, 다음 중 올바르지 않은 발언을 한 사람은 누구인가?

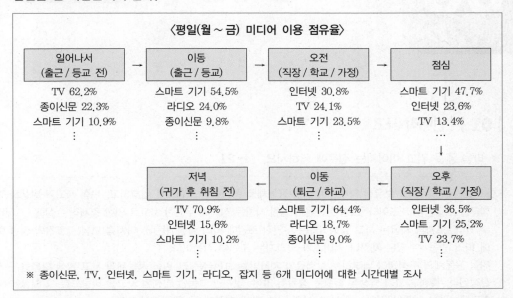

〈평일(월 ~ 금) 미디어 이용 점유율〉

일어나서 (출근 / 등교 전)	→	이동 (출근 / 등교)	→	오전 (직장 / 학교 / 가정)	→	점심
TV 62.2% 종이신문 22.3% 스마트 기기 10.9% ⋮		스마트 기기 54.5% 라디오 24.0% 종이신문 9.8% ⋮		인터넷 30.8% TV 24.1% 스마트 기기 23.5% ⋮		스마트 기기 47.7% 인터넷 23.6% TV 13.4% ···

↓

저녁 (귀가 후 취침 전)	←	이동 (퇴근 / 하교)	←	오후 (직장 / 학교 / 가정)
TV 70.9% 인터넷 15.6% 스마트 기기 10.2%		스마트 기기 64.4% 라디오 18.7% 종이신문 9.0%		인터넷 36.5% 스마트 기기 25.2% TV 23.7% ⋮

※ 종이신문, TV, 인터넷, 스마트 기기, 라디오, 잡지 등 6개 미디어에 대한 시간대별 조사

① A : 평일에는 일어나서 잠들기까지 'TV(출근 / 등교 전) → 스마트 기기(출근 / 등교 중) → 인터넷(직장 / 학교 / 가정) → 스마트 기기(퇴근 / 하교 중) → TV(귀가 후 취침 전)'를 주로 이용합니다.

② B : 저번 달에 자사 제품을 잡지에 실어 홍보했었는데, 각 시간대별 이용률이 10% 미만인 것을 보니 다른 홍보채널을 재검토하는 것이 좋을 것 같습니다.

③ C : 만약 자사 제품을 TV 광고로 노출시킨다면 저녁 시간대를 가장 먼저 고려하여야 할 것 같습니다.

④ D : 출퇴근 및 등하교 시에는 절반 이상이 스마트 기기를 이용하고 있습니다. 스마트 기기에 노출할 수 있는 홍보 전략을 수립해야겠습니다.

CHAPTER

08

2018년 하반기 기출복원문제

정답 및 해설 p.028

| 01 | 언어적 사고

※ 다음 글을 읽고 이어지는 질문에 답하시오. [1~2]

보험은 같은 위험을 보유한 다수인이 위험 공동체를 형성하여 보험료를 납부하고, 보험 사고가 발생하면 보험금을 지급받는 제도이다. 보험 상품을 구입한 사람은 장래의 우연한 사고로 인한 경제적 손실에 ㉠ 대비할 수 있다. 보험금 지급은 사고 발생이라는 우연적 조건에 따라 결정되는데, 이처럼 보험은 조건의 실현 여부에 따라 받을 수 있는 재화나 서비스가 달라지는 조건부 상품이다.

위험 공동체의 구성원이 납부하는 보험료와 지급받는 보험금은 그 위험 공동체의 사고 발생 확률을 근거로 산정된다. 특정 사고가 발생할 확률은 정확히 알 수 없지만 그동안 발생된 사고를 바탕으로 그 확률을 예측한다면, 관찰 대상이 많아짐에 따라 실제 사고 발생 확률에 ㉡ 근접하게 된다.

본래 보험 가입의 목적은 금전적 이득을 취하는 데 있는 것이 아니라 장래의 경제적 손실을 보상받는 데 있으므로 위험 공동체의 구성원은 자신이 속한 위험 공동체의 위험에 상응하는 보험료를 납부하는 것이 공정할 것이다. 따라서 공정한 보험에서는 구성원 각자가 납부하는 보험료와 그가 지급받을 보험금에 대한 기댓값이 일치해야 하며 구성원 전체의 보험료 총액과 보험금 총액이 일치해야 한다. 이때 보험금에 대한 기댓값은 사고가 발생할 확률에 사고 발생 시 수령할 보험금을 곱한 값이다.

보험금에 대한 보험료의 비율(보험료/보험금)을 보험료율이라 하는데, 보험료율이 사고 발생 확률보다 높으면 구성원 전체의 보험료 총액이 보험금 총액보다 더 많고, 그 반대의 경우에는 구성원 전체의 보험료 총액이 보험금 총액보다 더 적게 된다. 따라서 공정한 보험에서는 보험료율과 사고 발생 확률이 같아야 한다. 물론 현실에서 보험사는 영업 활동에 소요되는 비용 등을 보험료에 반영하기 때문에 공정한 보험이 적용되기 어렵지만, 기본적으로 위와 같은 원리를 바탕으로 보험료와 보험금을 산정한다.

그런데 보험 가입자들이 자신이 가진 위험의 정도에 대해 진실한 정보를 알려 주지 않는 한, 보험사는 보험 가입자 개개인이 가진 위험의 정도를 정확히 파악하여 거기에 ㉢ 상응하는 보험료를 책정하기 어렵다. 이러한 이유로 사고 발생 확률이 비슷하다고 예상되는 사람들로 구성된 어떤 위험 공동체에 사고 발생 확률이 더 높은 사람들이 동일한 보험료를 납부하고 진입하게 되면, 그 위험 공동체의 사고 발생 빈도가 높아져 보험사가 지급하는 보험금의 총액이 증가한다. 보험사는 이를 ㉣ 보전하기 위해 구성원이 납부해야 할 보험료를 인상할 수밖에 없다. 결국 자신의 위험 정도에 상응하는 보험료보다 더 높은 보험료를 납부하는 사람이 생기게 되는 것이다.

이러한 문제는 정보의 비대칭성에서 비롯되는데 보험 가입자의 위험 정도에 대한 정보는 보험 가입자가 보험사보다 더 많이 갖고 있기 때문이다. 이를 해결하기 위해 보험사는 보험 가입자의 감춰진 특성을 파악할 수 있는 수단이 필요하다. 우리 상법에 규정되어 있는 고지 의무는 이러한 수단이 법적으로 구현된 제도이다. 보험 계약은 보험 가입자의 청약과 보험사의 승낙으로 성립된다. 보험 가입자는 반드시 계약을 체결하기 전에 '중요한 사항'을 알려야 하고, 이를 사실과 다르게 진술해서는 안 된다. 여기서 '중요한 사항'은 보험사가 보험 가입자의 청약에 대한 승낙을 결정하거나 차등적인 보험료를 책정하는 근거가 된다. 따라서 고지 의무는 결과적으로 다수의 사람들이 자신의 위험 정도에 상응하는 보험료보다 더 높은 보험료를 납부해야 하거나, 이를 이유로 아예 보험에 가입할 동기를 상실하게 되는 것을 방지한다.

01 윗글의 내용으로 적절하지 않은 것은?

① 보험은 조건부 상품으로, 제공되는 재화나 서비스가 달라질 수 있다.

② 현실에서 공정한 보험이 적용되기 어려운 이유는 보험사의 영업 활동 비용 등이 보험료에 반영되기 때문이다.

③ 사고 발생 확률이 보험료율보다 높으면 구성원 전체의 보험료 총액이 보험금 총액보다 더 많게 된다.

④ 보험 가입자는 보험사보다 보험 가입자의 위험 정도에 대한 정보를 많이 가지고 있다.

Easy

02 다음 중 밑줄 친 ㉠ ~ ㉣을 대체할 수 있는 단어로 적절하지 않은 것은?

① ㉠ – 대처   ② ㉡ – 인접

③ ㉢ – 상당   ④ ㉣ – 보존

※ 다음 문장을 읽고 유추할 수 있는 것을 고르시오. [3~4]

03

> • 사과를 먹으면 볼이 빨갛다.
> • 나무에 잘 매달리지 않으면 원숭이가 아니다.
> • 볼이 빨가면 원숭이가 아니다.

① 나무에 잘 매달리면 볼이 빨갛다.
② 사과를 먹으면 나무에 잘 매달린다.
③ 원숭이면 사과를 먹지 않는다.
④ 사과를 먹으면 원숭이이다.

04

> • 갑각류가 아니면 가재가 아니다.
> • 갑각류는 게 편이다.
> • 소라는 게 편이 아니다.

① 소라는 가재가 아니다.
② 소라는 갑각류이다.
③ 게 편이 아니면 소라이다.
④ 소라가 아니면 가재가 아니다.

Hard

05 L기업에서 이번에 새로 구성된 프로젝트 팀 구성원 4명이 대화를 나누고 있다. 팀장과 부팀장은 각각 1명이고, 나머지는 일반 팀원이다. 모든 사람은 진실 혹은 거짓만을 말하며, 2명은 진실, 2명은 거짓을 말하고 있다고 할 때 다음 중 항상 옳은 것은?

> 준민 : 저는 팀장입니다.
> 슬비 : 정현 씨는 팀장이거나 부팀장이에요.
> 정현 : 슬비 씨가 부팀장이에요.
> 서경 : 준민 씨는 팀장이거나 부팀장이에요. 저는 일반 팀원입니다.

① 서경이는 거짓을 말한다.
② 팀장은 정현이다.
③ 부팀장은 슬비이다.
④ 준민이는 팀장도 부팀장도 아니다.

| 02 | 수리적 사고

01 L기업의 어느 동아리에서 임원진(회장, 부회장, 총무)을 새롭게 선출하려고 한다. 동아리 전체 인원이 17명일 때, 회장, 부회장, 총무를 각 1명씩 뽑는 경우의 수는 몇 가지인가?(단, 작년에 임원진이었던 3명은 연임하지 못한다)

① 4,080가지
② 2,730가지
③ 2,184가지
④ 1,360가지

02 A사원은 4명의 친구들에게 택배를 보내려고 우체국에 왔다. 택배비는 소포 무게 3kg까지 4,000원이며, 초과분부터는 1kg당 300원이다. 또한 소포 3개 이상을 보내면 택배비 10%를 할인해 준다고 한다. A사원이 친구들에게 5kg인 소포를 하나씩 보낸다고 할 때, 총 택배비는 얼마인가?

① 16,000원
② 16,560원
③ 18,450원
④ 19,000원

Hard

03 다음은 15 ~ 24세의 청년들을 대상으로 가장 선호하는 직장에 대해 조사한 통계자료이다. 자료를 해석한 것으로 적절하지 않은 것은?

〈15 ~ 24세가 가장 선호하는 직장〉

(단위 : %)

구분		국가기관	공기업	대기업	벤처기업	외국계기업	전문직기업	중소기업	해외취업	자영업	기타
성별	남성	32.2	11.1	19.5	5	2.8	11.9	2.9	1.8	11.9	0.9
	여성	34.7	10.9	14.8	1.8	4.5	18.5	2	3.7	7.9	1.2
연령	청소년(15 ~ 18세)	35.9	8.1	18.4	4.1	3.1	17.2	2.2	2.7	7.1	1.2
	청소년(19 ~ 24세)	31.7	13.2	16	2.7	4.2	14	2.6	2.8	11.9	0.9
학력	중학교 재학	35.3	10.3	17.6	3.5	3.9	16.5	2	3.1	6.7	1.1
	고등학교 재학	35.9	7.8	18.5	4.3	3	17.5	2.1	2.8	6.8	1.3
	대학교 재학	34.3	14.4	15.9	2.3	5.4	14.6	1.9	3.8	6.5	0.9
	기타	30.4	12.1	16.1	3	3.3	13.5	3.1	2.3	15.3	0.9
가구소득	100만 원 미만	31.9	9.5	18.5	3.9	2.8	15	3	2.5	11.3	1.6
	100 ~ 200만 원 미만	32.6	10.4	19.1	3.5	3.1	14.2	2.6	2.2	11.4	0.9
	200 ~ 300만 원 미만	34.7	11.2	15.9	3.1	3.1	16.1	2.5	2.5	9.8	1.1
	300 ~ 400만 원 미만	36.5	12	15.3	3.6	4	14.5	2.1	3	8.2	0.8
	400 ~ 600만 원 미만	31.9	12	17	2.4	6.4	16.5	1.9	4.6	6.5	0.8
	600만 원 이상	29.1	11.1	15.5	2.8	6.1	18	1.7	3.5	10.5	1.7

① 가구소득이 많을수록 중소기업을 선호하는 비율은 줄어들고 있다.
② 연령을 기준으로 3번째로 선호하는 직장은 15 ~ 18세의 경우와 19 ~ 24세의 경우가 같다.
③ 국가기관은 모든 기준에서 가장 선호하는 비율이 높은 직장이다.
④ 남성과 여성 모두 국가기관에 대한 선호 비율은 공기업에 대한 선호 비율의 3배 이상이다.

※ 다음은 2010년과 2015년의 해수면어업부문 종사 가구 및 성별 인구에 대한 자료이다. 다음 자료를 읽고 이어지는 질문에 답하시오. [4~5]

〈해수면어업부문 종사 가구 및 성별 인구 현황〉

(단위 : 가구, 명)

구분	2010년				2015년			
	어가	어가인구			어가	어가인구		
			남자	여자			남자	여자
전국	65,775	171,191	85,590	85,601	54,793	128,352	64,443	63,909
서울특별시	7	25	10	15	9	26	15	11
부산광역시	2,469	7,408	3,716	3,692	2,203	5,733	2,875	2,858
대구광역시	8	29	18	11	3	10	5	5
인천광역시	2,678	6,983	3,563	3,420	2,172	5,069	2,552	2,517
광주광역시	12	37	24	13	8	24	14	10
대전광역시	4	17	7	10	–	–	–	–
울산광역시	1,021	2,932	1,445	1,487	905	2,292	1,125	1,167
경기도	844	2,475	1,278	1,197	762	1,843	955	888
강원도	3,039	8,320	4,302	4,018	2,292	5,669	2,961	2,708
충청남도	11,021	27,302	13,238	14,064	8,162	18,076	8,641	9,435
전라북도	2,633	6,771	3,418	3,353	2,908	6,434	3,259	3,175
전라남도	21,809	54,981	27,668	27,313	18,819	43,818	22,434	21,384
경상북도	4,069	10,422	5,245	5,177	3,017	6,865	3,430	3,435
경상남도	10,768	28,916	14,571	14,345	9,417	22,609	11,543	11,066
제주특별자치도	5,393	14,573	7,087	7,486	4,116	9,884	4,634	5,250

04 위 자료에 대한 설명으로 적절한 것은?

① 2015년에 모든 지역에서 어가인구 중 남성이 여성보다 많았다.

② 부산광역시와 인천광역시는 2015년에 2010년 대비 어가인구가 10% 이상 감소하였다.

③ 강원도의 어가 수는 2010년과 2015년 모두 경기도의 어가 수의 4배 이상이다.

④ 2010년에 어가 수가 두 번째로 많은 지역과 어가인구가 두 번째로 많은 지역은 동일하다.

05 다음은 위 자료를 토대로 작성한 보고서이다. 다음 내용 중 잘못된 내용을 모두 고른 것은?

> 통계청은 2010년과 2015년의 해수면어업부문에 종사하는 가구 수와 인구에 대한 통계자료를 공개
> 하였다. 자료는 광역자치단체를 기준으로 행정구역별로 구분되어 있다. 자료에 따르면, ㉠ 2010년
> 에 해수면어업에 종사하는 가구가 가장 많은 행정구역은 전라남도였다. ㉡ 반면, 해수면어업 종사
> 가구 수가 가장 적은 행정구역은 대전광역시로, 가구와 인구 측면에서 모두 최저를 기록하였다. 내
> 륙에 위치한 지리적 특성과 행정도시라는 특성상 어업에 종사하는 가구 및 인구가 적은 것으로 추정
> 된다.
> ㉢ 2015년 해수면어업부문 종사 가구 및 성별 인구 현황을 보면, 어가 수의 경우 부산광역시, 인천
> 광역시 등 3개 이상의 행정구역에서 감소하였지만, 어가가 소멸한 지역은 없었다. 전반적으로 2010
> 년에 비해 어업 종사 가구와 인구가 줄어드는 것은 지속적인 산업구조 변화에 따른 것으로 해석할
> 수 있다. ㉣ 서울특별시와 강원도만 2010년 대비 2015년에 어가인구가 증가하였다.

① ㉠, ㉡

② ㉠, ㉢

③ ㉡, ㉢

④ ㉢, ㉣

※ 다음 상황을 보고 이어지는 질문에 답하시오. [1~2]

<상황>

갑, 을, 병, 정, 무가 서로 가위바위보를 한 번씩 해서 이기면 2점, 비기면 1점, 지면 0점인 게임을 하였다. 갑은 유일하게 한 번도 안 졌고, 무는 유일하게 한 번도 못 이겼다.

01 갑, 을, 병, 정, 무 순서대로 점수가 높았고, 총점이 각각 2점씩 차이가 났다면 갑 ~ 무의 점수를 모두 합한 점수로 옳은 것은?

① 19점   ② 20점

③ 21점   ④ 22점

02 다음 중 게임에서 결과가 결정되는 판은 몇 번째 판인가?

① 7번째 판   ② 8번째 판

③ 9번째 판   ④ 10번째 판

※ 다음은 호텔별 연회장 대여 현황에 대한 자료이다. 이를 참고하여 질문에 답하시오. [3~4]

<호텔별 연회장 대여 현황>

건물	연회장	대여료	수용 가능 인원	회사로부터 거리	비고
A호텔	연꽃실	140만 원	200명	6km	2시간 이상 대여 시 추가비용 40만 원
B호텔	백합실	150만 원	300명	2.5km	1시간 초과 대여 불가능
C호텔	매화실	150만 원	200명	4km	이동수단 제공
	튤립실	180만 원	300명	4km	이동수단 제공
D호텔	장미실	150만 원	250명	4km	-

03 총무팀에 근무하고 있는 이대리는 김부장에게 다음과 같은 지시를 받았다. 이대리가 연회장 예약을 위해 지불해야 하는 예약금은 얼마인가?

다음 주에 있을 회사창립 20주년 기념행사를 위해 준비해야 할 것들 알려줄게요. 먼저 다음 주 금요일 오후 6시부터 8시까지 사용 가능한 연회장 리스트를 뽑아서 행사에 적합한 연회장을 예약해주세요. 연회장 대여를 위한 예산은 160만 원이고, 회사에서의 거리가 가까워야 임직원들이 이동하기에 좋을 것 같아요. 행사 참석 인원은 240명이고, 이동수단을 제공해준다면 우선적으로 고려하도록 하세요. 예약금은 대여료의 10%라고 하니 예약 완료하고 지불하도록 하세요.

① 14만 원
② 15만 원
③ 16만 원
④ 18만 원

04 회사창립 20주년 기념행사의 연회장 대여 예산이 200만 원으로 증액된다면, 이대리는 어떤 연회장을 예약하겠는가?

① A호텔 연꽃실
② B호텔 백합실
③ C호텔 튤립실
④ D호텔 장미실

| 01 | 언어적 사고

※ 다음 글을 읽고 이어지는 물음에 답하시오. [1~3]

> (가) 과학과 예술이 무관하다는 주장의 첫 번째 근거는 과학과 예술이 인간의 지적 능력의 상이한 측면을 반영한다는 것이다. 즉, 과학은 주로 분석·추론·합리적 판단과 같은 지적 능력에 기인하는 반면에, 예술은 종합·상상력·직관과 같은 지적 능력에 기인한다고 생각한다.
>
> (나) 두 번째 근거는 과학과 예술이 상이한 대상을 다룬다는 것이다. 과학은 인간 외부에 실재하는 자연의 사실과 법칙을 다루기에 과학자는 사실과 법칙을 발견하지만, 예술은 인간의 내면에 존재하는 심성을 탐구하며, 미적 가치를 창작하고 구성하는 활동이라고 본다.
>
> (다) 그러나 이렇게 과학과 예술을 대립시키는 태도는 과학과 예술의 특성을 지나치게 단순화하는 것이다. ___ⓐ___ 이(가) 단순한 ___ⓑ___ 의 과정이 아니듯이 ___ⓒ___ 도 순수한 ___ⓓ___ 와(과) 구성의 과정이 아니기 때문이다. 과학에는 상상력을 이용하는 주체의 창의적 과정이 개입하며, 예술 활동은 전적으로 임의적인 창작이 아니라 논리적 요소를 포함하는 창작이다.
>
> (라) 과학 이론이 만들어지기 위해 필요한 것은 냉철한 이성과 객관적 관찰만이 아니다. 새로운 과학 이론의 발견을 위해서는 상상력과 예술적 감수성이 필요하다. 반대로 최근의 예술적 성과 중에는 과학기술의 발달에 의해 뒷받침된 것이 많다.

01 다음 글의 논지를 지지하는 진술로 적절하지 않은 것은?

① 과학자 왓슨과 크릭이 없었더라도 누군가 DNA 이중 나선 구조를 발견하였겠지만, 셰익스피어가 없었다면 『오셀로』는 결코 창작되지 못하였을 것이다.

② 물리학자 파인만이 주장했듯이 과학에서 이론을 정립하는 과정은 가장 아름다운 그림을 그려나가는 예술가의 창작 작업과 흡사하다.

③ 입체파 화가들은 수학자 푸앵카레의 기하학 연구를 자신들의 그림에 적용하고자 하였으며, 이런 의미에서 피카소는 "내 그림은 모두 연구와 실험의 산물이다."라고 말하였다.

④ 천문학자 칼 세이건이 "수학은 시만큼이나 인간적이다."라고 말한 것처럼 과학 또한 인간의 내면에 존재하는 예술적 감수성을 필요로 한다.

02 (가) ~ (라)에 대한 설명으로 적절하지 않은 것은?

① (가) : 기존의 관점에 대해 근거를 제시하며 설명하고 있다.
② (나) : 문제에 대한 대립적인 두 견해를 제시하고 있다.
③ (다) : 기존의 관점을 뒤집는 새로운 관점을 제시하고 있다.
④ (라) : 앞의 문단의 관점을 재차 되풀이하며 주장을 강화하고 있다.

03 (다)의 내용으로 볼 때 ⓐ ~ ⓓ에 들어갈 내용으로 각각 적절한 것은?

	ⓐ	ⓑ	ⓒ	ⓓ
①	예술	창조	과학	발견
②	과학	발견	예술	창조
③	과학	창조	예술	발견
④	예술	발견	과학	창조

※ 다음 문장을 읽고 유추할 수 있는 것을 고르시오. [4~5]

04

> • 만화책은 아이들이 읽기 쉽다.
> • 아이들이 읽기 쉬운 책은 삽화가 있다.
> • 동화책은 아이들이 읽기 쉽다.

① 동화책에는 글도 많다.
② 삽화가 없는 책은 동화책이 아니다.
③ 책은 읽기 쉽다.
④ 만화책은 삽화가 없다.

`Easy`

05

> • 기름기가 많은 고기는 돼지고기이다.
> • 소고기는 가격이 비싸다.
> • 돼지고기에는 비계가 있다.

① 돼지고기는 가격이 싸다.
② 소고기에는 비계가 없다.
③ 기름기가 많은 고기에는 비계가 있다.
④ 소고기에는 기름기가 많다.

06 A, B, C, D, E, F 여섯 명은 버스에 승차하기 위해 한 줄로 서 있다. 다음의 〈조건〉에 따라 줄을 서서 순서대로 버스에 승차했다고 할 때, 옳은 것은?

> `조건`
> • A와 F 사이에는 세 명이 있다.
> • D는 A보다 늦게, E는 D보다 늦게 승차한다.
> • B는 E와 F 사이에서 승차한다.
> • C와 F는 연속으로 승차하지 않는다.

① E는 세 번째에 승차한다.
② C는 A보다 늦게 승차한다.
③ D는 A 다음으로 승차한다.
④ A가 가장 먼저 승차한다.

| 02 | 수리적 사고

01 A사원은 1타에 1,600원인 볼펜을 사내 팀원들과 공동구매로 여러 타 구매하여 머릿수에 맞게 9개씩 묶어 나누기로 했다. 이 경우 9개씩 묶인 볼펜의 가격은 얼마인가?(단, 1타는 12자루이다)

① 1,200원   ② 1,300원
③ 1,400원   ④ 1,500원

02 농도가 7%인 100g의 설탕물을 증발시켜 14%의 농도가 되게 하려고 한다. 한 시간에 물이 2g 증발된다고 할 때, 총 몇 시간이 걸리겠는가?

① 23시간   ② 24시간
③ 25시간   ④ 26시간

Hard

03 속력이 일정한 4대의 버스가 총 40km인 경로를 일정한 배차 간격을 유지하면서 운영되고 있다. 이때 버스 한 대가 추가되어 배차 간격이 1분 36초 단축되었다면, 버스의 속력은 몇 m/분인가?

① 750m/분   ② 1,000m/분
③ 1,250m/분   ④ 1,500m/분

※ 다음은 대한민국 공직사회에 대한 부패인식을 조사 및 분석한 통계이다. 자료를 보고 이어지는 물음에 답하시오. [4~5]

〈부패인식 응답비율〉

구분	2011년	2012년	2013년	2014년	2015년	2016년
일반국민	56.7	42.4	54.3	69.4	57.8	51.9
기업인	28.9	36.0	34.5	41.7	37.0	37.7
외국인	21.8	16.8	23.4	48.5	30.2	16.0

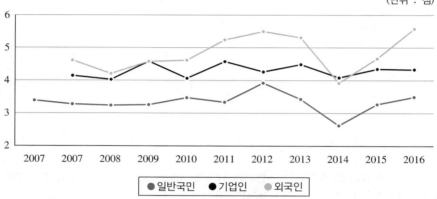

〈부패인식 점수 10점 평균〉

(단위 : 점)

●일반국민 ●기업인 ●외국인

• 부패인식도 수치해석방법

항목별 응답유형	10점 환산점수
매우 부패	0.0
부패한 편	2.5
보통	5.0
부패하지 않음	7.5
거의 부패하지 않음	10.0

Easy

04 주어진 자료에서 부패인식 응답비율의 전년 대비 증감 폭이 가장 큰 것은?

① 2014년 일반국민
② 2014년 외국인
③ 2015년 일반국민
④ 2015년 외국인

05 주어진 자료를 해석한 것으로 적절하지 않은 것은?

① 부패인식 응답비율과 부패인식 점수는 비례 관계이다.

② 부패인식도는 부패에 대한 인식이 높을수록 점수가 낮게 설정되어 있다.

③ 일반국민들은 기업인이나 외국인보다 공직사회가 부패했다고 인식하고 있다.

④ 외국인의 부패인식 응답비율이 가장 높았던 해는 다른 응답군의 응답비율 또한 높았다.

Hard

06 다음 도서기호 생성 방법을 참고하여 부여한 도서기호 중 옳은 것은?

〈도서기호 생성 방법〉

• 도서기호 1번 자리＝저자의 성
• 도서기호 2번 숫자＝저자 이름 첫 글자의 자음기호 번호
• 도서기호 3번 숫자＝저자 이름 첫 글자의 모음기호 번호
• 도서기호 4번 자리＝책 제목 첫 글자의 자음

자음기호				모음기호	
ㄱㄲ	1	ㅇ	6	ㅏ	2
ㄴ	19	ㅈㅉ	7	ㅐ(ㅑㅒ)	3
ㄷㄸ	2	ㅊ	8	ㅓ(ㅔㅕㅖ)	4
ㄹ	29	ㅋ	87	ㅗ(ㅘㅙㅚㅛ)	5
ㅁ	3	ㅌ	88	ㅜ(ㅝㅞㅟㅠ)	6
ㅂㅃ	4	ㅍ	89	ㅡ(ㅢ)	7
ㅅㅆ	5	ㅎ	9	ㅣ	8

① 전61ㄱ : 공자를 찾아가는 인문학 여행, 전용주 지음

② 안56ㄴ : 노자와 공자가 만났을 때, 안성재 지음

③ 김54ㅈ : 죽기 전에 논어를 읽으며 장자를 꿈꾸고 맹자를 배워라, 김세중 엮음

④ 김63ㅎ : 한비자, 관계의 기술, 김원중 지음

| 03 | 문제해결

※ 다음은 L회사에서 신입사원에게 배포한 행동강령의 일부와 디자인팀에서 일어난 사건이다. 이어지는
물음에 답하시오. [1~3]

〈행동강령〉

- 공과 사의 구별은 철저하게, 기회는 공정하게

• 성별, 연령, 인종, 국적이나 출신지역, 세대, 종교, 장애 등 개인이 노력해서 바꿀 수 없는 고유한 특성과
관련된 차별을 조직에서 추방하십시오. 채용, 승진, 배치, 급여, 보상, 복리후생 및 교육 등에서 개인 고유
의 특성을 이유로 차별하지 마십시오.
• 특정한 성별, 연령, 배경을 지닌 사람만이 해당업무를 잘 수행할 수 있다고 주장하는 사람이 있다면 경계하
십시오.
• 어떠한 인사 청탁도 거부하십시오. 당장은 이익이 될 수 있으나 장기적으로 우리 공동체에 치명적인 위해
가 됩니다.
• 오직 역량과 성과만으로 평가하십시오. 타인으로부터 채용이나 승진을 청탁 받았다면 거부하십시오. 그리
고 우리의 원칙에 대하여 적극적으로 설명하십시오.
• 개개인의 고유한 특성을 이유로 특정인을 기피하거나, 조롱, 따돌림 또는 차별이 없는 공동체를 만드십
시오.
• 국가마다 근무조건에 관한 법규나 정책이 다를 수 있습니다. 그로 인해 현지 법인의 인사규정이나 정책이
그룹의 방침과 차이가 생긴다면, 그 규정과 정책은 반드시 명문화하고 현지 법규에 위배되지 않는지 확인
하십시오.
• 불공정한 대우를 받았거나 혹은 목격, 그에 대한 고충을 들었다면 조직 책임자, 인사 또는 윤리담당과 바로
상의하십시오.

- 정직한 보고는 우리의 땀과 열정을 더 빛나게 해줍니다.

• 공인된 회계 기준에 따라 회계 기록을 작성하고 관리하십시오.
• 국제 회계 및 국가별 회계 기준은 각기 다를 뿐 아니라, 수시로 개정되고 있습니다. 항상 최신 기준을 확인
하십시오.
• 관련 데이터는 적정한 회계 기간 내에 기록하십시오. 단기 실적을 과장하거나 일시적으로 질책을 모면하기
위하여 수익이나 비용의 기록을 지연시키거나 앞당기지 마십시오.
• 발생하는 모든 비용은 일정한 문서에 의해 증명되어야 합니다. 비용과 관련된 시간 및 경비를 상세히 기록
하여 보고서로 제출하십시오.
• 상사의 지시에 따라 담당자가 회계 문서를 조작하였을 경우, 사문서 위조죄 등으로 상사와 담당자 모두에
게 민·형사상의 책임이 따르게 됩니다. 상사가 문서 위조 등을 지시할 경우 담당자는 바로 윤리담당과
상의하십시오.
• 문서 위조 등의 혐의가 있거나 거래 관행이 투명하지 않은 개인, 기업 및 국가와의 거래 관계는 조직 책임
자와 문제점을 상의하고 거래를 재고하십시오.
• 관리자는 바르고 투명한 회계 정보를 제공하기 위하여 모든 것을 원칙에 따라 철저하게 점검하고, 회계
문서의 위조 및 변조를 예방하기 위하여 주기적으로 모니터링 하십시오.
• 회계 문서 작성 과정에 있어 의문이 생겼을 경우나 문제가 있다고 생각될 경우 조직 책임자, 재무 또는
윤리담당과 바로 상의하십시오.

– 사회에서 받은 것을 사회와 나누는 일, 우리에겐 가장 큰 기쁨입니다.

- L사인에게는 더 높은 수준의 사회적 책임이 따릅니다. 임직원 각자가 지역사회의 일원으로 책임과 의무를 다하여, 회사에 대한 지역사회의 신뢰를 높이도록 노력하십시오.
- 임직원 각자가 지역사회의 일원으로 책임과 의무를 다하여 회사에 대한 지역사회의 신뢰를 높이도록 노력하십시오.
- 지역사회의 법, 문화와 가치관을 존중하여 지역사회의 삶의 질 향상에 기여하십시오.
- 학문과 예술, 문화, 체육 등 인류사회를 정신적으로 풍요롭게 하는 공익활동을 적극 지원함으로써 사회발전에 긍정적인 영향을 주십시오.
- 회사를 대표해서 또는 개인적으로 사회봉사 활동에 활발히 참여하는 것은 L사인의 의무이자 책임감 있는 행동입니다. 자원봉사, 재난구호 등 사회봉사 활동에 적극적으로 참여하십시오.

S#1. L회사 디자인팀 사무실 – 1월 19일 금요일
사무실에서 신입사원인 A사원은 디자인팀 B대리와 공동으로 회사 창립 51주년을 기념해 협력업체에게 보낼 카드 디자인을 작업하고 있다. 대략적인 디자인 작업을 끝내고 마지막으로 카드의 바탕색을 고르는 작업이 남은 상황에서 지나가던 C과장이 업무 중인 둘을 향해 다가왔다. 평소 C과장의 언행을 못마땅해 하는 B대리는 작게 한숨을 내쉬었다.

C과장 : 그래, 이번 발송용 카드 디자인이 이건가?
A사원 : 네. 맞습니다!
C과장 : 음~ 전반적으로 디자인은 마음에 드는데, 색깔이 좀 화사했으면 좋겠군.
B대리 : (다소 시큰둥하게) 어떤 색 말씀이십니까?

C과장은 주위를 둘러보다 사무실 한편에 놓인 연분홍색 화분을 가리킨다.

C과장 : 맞아! 바로 저 색이야. 이제 봄기운도 완연한데 화사한 색으로 가지!
B대리 : (이마를 손으로 짚으며) 과장님, 이 카드를 받는 분들의 연령대가 꽤 높은 편입니다. 연분홍색처럼 화사한 색보다는 차분한 색이 낫다고 생각하는데요?
C과장 : (다소 당황하면서도 큰소리로) 아니, 화사한 색이 어때서? 연령대가 높다고 화사한 색을 싫어할 거라는 건 편견이지.
B대리 : 각 협력 업체 중역들에게 보낼 감사카드인데 무슨 청첩장도 아니고…. (작게 중얼거리며) ㉠ 나이만 많으신 분이 아는 척은 진짜. (A사원을 바라보며) A씨는 어떻게 생각해? 연분홍색이 괜찮아?
C과장 : 그래, 그래! 젊은 A씨가 보기엔 어때? 연분홍색도 괜찮지?

A사원은 어찌할 바를 모르며 C과장과 B대리를 번갈아 바라본다.

S#2. L회사 주최 V시 행사장 – 10월 31일 목요일
어둠이 내려앉은 V시의 한 행사장. 행사장을 중심으로 현란한 조명과 큰 음악소리가 요란하다. V시에서 개최된 기념행사 진행을 돕기 위해 C과장과 함께 파견된 A사원은 C과장이 급한 용무로 잠시 자리를 비운 사이 문의 전화를 받았다. A사원이 쥔 수화기 너머로 격양된 중년 여성의 목소리가 들렸다.

주민 : (화난 목소리로) 도대체가 잠을 잘 수가 없네. 내일 아침 일찍 일어나야 되는데 어떡할 거야? 나 내일 운전하다 사고라도 나면 책임질 거야? 당장 담당자 바꿔!

급히 주위를 둘러보는 A사원. 하지만 C과장은 물론이고 주최 인원도 행사 진행을 위해 자리를 비운 상황이다.

A사원 : 죄송합니다. 현재 담당자가 자리를 비운 상황이라 잠시 기다려주시면….
 주민 : (수화기가 터질 것처럼) 아니 지금 나랑 장난해? 당장 행사 취소해!

심장을 울리는 행사장 소음과 귀를 때리는 주민의 날카로운 목소리 사이에서 A사원의 등줄기에 식은 땀 한 줄이 흘러내렸다.

01 S#1의 상황에서 A사원의 행동으로 가장 적절하지 않은 것은?

① 연분홍색이 어울린다고 생각하기 때문에 B대리에게 연분홍색을 추천한다.
② 고민을 해보았지만 마땅히 어울리는 색이 생각나지 않으므로 선택을 보류한다.
③ B대리와 함께 일할 상황이 많기 때문에 B대리의 편을 든다.
④ 연분홍색이 어울리지 않는다고 생각하기 때문에 C과장에게 이유를 정중하게 밝힌다.

02 S#1의 상황에서 B대리의 ㉠ 언행은 어떤 항목에 위배되는가?

① '공과 사의 구별은 철저하게, 기회는 공정하게' 부문의 두 번째 항목
② '공과 사의 구별은 철저하게, 기회는 공정하게' 부문의 세 번째 항목
③ '공과 사의 구별은 철저하게, 기회는 공정하게' 부문의 네 번째 항목
④ '공과 사의 구별은 철저하게, 기회는 공정하게' 부문의 다섯 번째 항목

03 S#2에서 A사원의 행동으로 가장 적절한 것은?

① 주민들에게 사전에 통보 및 허가가 난 행사이기 때문에 문제없다고 말한다.
② C과장이 자리에 돌아올 때까지 최대한 시간을 끈다.
③ 정중히 사과하며 권한 내에서 행사로 인한 소음을 개선할 것을 약속한다.
④ 급히 행사 관계자에게 소음을 줄이라고 연락한다.

※ E본사에 근무하고 있는 신입사원 L은 금일 외근에서 지하철을 타고 아래 목록의 업체를 모두 방문해야 한다. 지하철 한 정거장을 이동할 때 3분이 소요되며 환승에는 6분이 소요된다. 각각의 업체에 방문하는 시간은 고려하지 않을 때 다음 자료들을 참고하여 질문에 답하시오. **[4~5]**

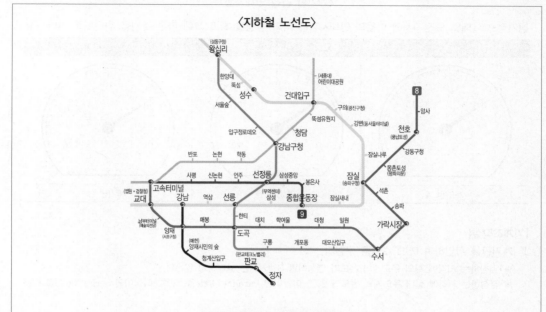

〈지하철 노선도〉

〈신입사원 L의 방문 업체〉

방문 업체	지하철역
A출판사	강남역
B증권	삼성역
C백화점	양재역
D상사	천호역
E본사	건대입구역

04 신입사원 L이 E본사에서 출발했을 시 가장 효율적으로 이동할 수 있는 순서는?

① E − C − A − B − D

② E − D − B − A − C

③ E − B − A − C − D

④ E − A − C − B − D

Hard

05 04에서 구한 순서로 이동할 때 최소 몇 분의 이동시간이 소요되는가?

① 56분

② 63분

③ 69분

④ 72분

※ 다음은 L공장에서 안전을 위해 정기적으로 실시하는 검침에 대한 안내사항이다. 이어지는 물음에 답하시오. **[6~7]**

〈계기판 검침 안내사항〉

정기적으로 매일 오전 9시에 다음의 안내사항에 따라 검침을 하고 그에 따른 조치를 취하도록 한다.

〈계기판 A · B · C의 표준 수치〉		
계기판 A	계기판 B	계기판 C

[기계조작실]

1. 계기판을 확인하여 PSD 수치를 구한다.
   ※ 검침하는 시각에 실외 온도계의 온도가 영상이면 B계기판은 고려하지 않는다.
   ※ 검침하는 시각에 실내 온도계의 온도가 20℃ 미만이면 Parallel Mode를, 20℃ 이상이면 Serial Mode를 적용한다.
   • Parallel Mode
     PSD=검침 시각 각 계기판 수치의 평균
   • Serial Mode
     PSD=검침 시각 각 계기판 수치의 합

2. PSD 수치에 따라서 알맞은 버튼을 누른다.

수치	버튼
PSD≤기준치	정상
기준치<PSD<기준치+5	경계
기준치+5≤PSD	비정상

※ 화요일과 금요일은 세 계기판의 표준 수치의 합의 1/2을 기준치로 삼고, 나머지 요일은 세 계기판의 표준 수치의 합을 기준치로 삼는다(단, 온도에 영향을 받지 않는다).

3. 기계조작실에서 버튼을 누르면 버튼에 따라 상황통제실의 경고등에 불이 들어온다.

버튼	경고등
정상	녹색
경계	노란색
비정상	빨간색

[상황통제실]
들어온 경고등의 색을 보고 필요한 조치를 취한다.

경고등	조치
녹색	정상 가동
노란색	안전요원 배치
빨간색	접근제한 및 점검

06 L공장의 기계조작실에서 근무하는 B사원은 월요일 아침 9시가 되자 계기판을 점검하여 검침일지를 쓰려고 한다. 오늘 실외 온도계 수치는 −4℃이고, 실내 온도계의 수치는 22℃였으며, 계기판의 수치는 다음과 같았다. B사원이 눌러야 하는 버튼은 무엇이며, 이를 본 상황통제실에서는 어떤 조치를 취해야 하는가?

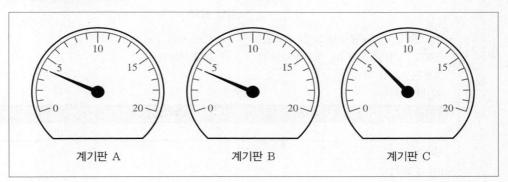

계기판 A   계기판 B   계기판 C

```
    버튼          조치
①  정상         정상 가동
②  정상        안전요원 배치
③  경계        안전요원 배치
④  비정상      접근제한 및 점검
```

07 오늘 L공장의 계기판 수치가 불안정하여 바쁜 하루를 보낸 B사원은 검침 일지를 제출하려고 검토하던 중 실내용 온도계 수치와 PSD 수치가 누락된 것을 발견하였다. 두 항목 중 실내용 온도계 수치를 예측할 때 가장 적절한 것은?

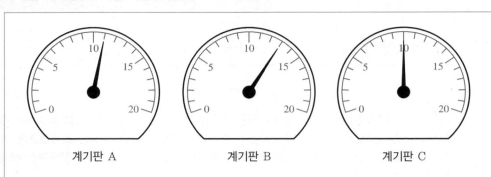

계기판 A   계기판 B   계기판 C

〈검침 일지〉

검침 일자 : 2018년 4월 30일 화요일   검침 시각 : am 09:00
점검자 : 기계조작실 M, 상황통제실 H   실외 온도계 수치 : 5℃
실내 온도계 수치 : [   ]
계기판 수치

계기판 A	계기판 B	계기판 C
11	13	10

PSD 수치 : [   ]
버튼 : 비정상
경고등 : 빨간색
조치
계기판 검침 안내사항에 따라 공장 안의 모든 직원들을 대피시키고 주민들이 가까이 오지 못하도록 접근제한을 하였습니다. 또한 전문가에게 공장 시설 점검을 요청하여 pm 15:00에 상황을 종료하였습니다.

비고
_____

관리자 서명 _____

① 영상 10℃ 이상 20℃ 미만   ② 영하
③ 영상 20℃ 이상   ④ 온도와 상관없다.

10

2017년 하반기 기출복원문제

정답 및 해설 p.035

| 01 | 언어적 사고

※ 다음 문장을 읽고 유추할 수 있는 것을 고르시오. [1~2]

01

> • 물에 잘 번지는 잉크의 펜은 수성 펜이다.
> • 수성 펜은 뚜껑이 있다.
> • 유성 펜은 잉크 찌꺼기가 생긴다.

① 수성 펜은 잉크 찌꺼기가 생기지 않는다.
② 유성 펜은 물에 잘 번지는 잉크의 펜이다.
③ 유성 펜은 뚜껑이 없다.
④ 물에 잘 번지는 잉크의 펜은 뚜껑이 있다.

02

> • 라임은 신 맛이 나는 과일이다.
> • 신 맛이 나는 과일은 비타민이 많은 과일이다.
> • 아로니아는 신 맛이 나는 과일이다.

① 아로니아는 단 맛도 난다.
② 비타민이 많지 않은 과일은 아로니아가 아니다.
③ 과일은 신 맛이 난다.
④ 라임에는 비타민이 많지 않다.

※ 다음 글을 읽고 물음에 답하시오. [3~5]

(가) 우리는 흔히 예술 작품을 감상한다는 말 대신에 예술 작품을 향유(Enjoyment)한다고 하기도 하며, 예술 작품을 평가(Appreciation)한다고 하기도 한다. 향유한다거나 평가한다는 것은 곧 예술 작품에서 쾌감을 얻거나 예술 작품의 가치를 따지는 것을 의미하는데, 이러한 의미 속에는 예술 작품은 감상의 주체인 감상자의 수용을 기다리는 존재이며, 고정된 채 가치를 측정당하는 대상이라는 인식이 내포되어 있다. 하지만 예술 작품은 그 가치가 확정되어 있거나 감상자의 수용을 기다리기만 하는 존재가 아니다.

(나) 예술 작품은 창작자와 창작된 시간, 문화적 환경과의 관계 속에서 창작되는데, 예술 작품의 창작과 관계되는 이 요소들에는 사회 규범과 예술 전통, 작가의 개성 등이 포함되어 있다. 하지만 그런 것들로 예술 작품의 의미를 확정할 수는 없다. 그런 것들은 창작자에 의해 텍스트로 조직되면서 변형되어 단지 참조 체계로서의 배경으로만 존재할 따름이다.

(다) 예술 작품의 의미는 역사의 특정한 순간에 만나게 되는 감상자에 의해 해석된다. 그런데 의미를 해석하기 위해서는 반드시 일정한 준거 틀이 있어야 한다. 준거 틀이 없다면 해석은 감상자의 주관적 이해를 벗어나기 어렵기 때문이다. 해석의 준거 틀 역할을 하는 것이 바로 참조 체계이다. 감상자가 예술 작품과 만나는 역사적 순간의 참조 체계는 과거와는 다른 새로운 관계를 만들어 내며, 이러한 새로운 관계에 의거해 감상자는 예술 작품으로부터 새로운 의미를 생산해 낸다.

(라) 따라서 예술 작품이 계속 전해지기만 한다면, 그것은 끊임없이 새로운 참조 체계를 통해 변화하며 새로운 의미를 부여받게 된다. 근본적으로 예술 작품의 의미는 무궁하다. 이것은 "㉠ 셰익스피어는 모두 다 말하지 않았다."라는 말과도 같다. 이때 '다 말하지 않았다'는 것은 의미가 예술 작품 그 자체에서 기인한다는 뜻이 아니다. 작품의 의미는 예술 작품 밖에 존재하는 참조 체계의 무궁함에서 기인하는 것이다. 텍스트는 끊임없이 새로운 ⓐ 를 찾으며 그로부터 새로운 ⓑ 를 획득하고, 끊임없이 새로운 ⓒ 를 형성하며 새로운 ⓓ 를 생산한다.

(마) 감상의 과정은 주체와 주체의 대화이다. 감상 과정에서 예술 작품과 감상자는 서로 다른 관점과 개성을 지닌 두 명의 개인과 마찬가지로 묻고 대답하면서 서로의 관점을 교정해가는 개방적 태도를 갖는다. 자신의 시계 속으로 상대방을 끌어들이는 것이 아니라 대화를 통해 진리로 나아간다. 감상자는 예술 작품 속에 존재하는 진리를 얻는 것이 아니라 대화 방식의 감상을 통해 예술 작품과 소통함으로써 새로운 진리를 만들어 낸다. 예술 작품을 자신이 갖고 있는 전이해(前理解)의 예증으로 삼는 것이 아니라 외재하는 예술 작품을 통해 이를 초월·확대·변화시킴으로써 새로운 시야를 획득한다. 그렇게 함으로써 예술 작품도 자신과는 다른 감상자를 통해 자신의 의미를 초월하게 된다.

(바) 감상은 감상자와 예술 작품이 양방향으로 초월하는 미적 체험의 과정이다. 예술 작품은 감상자를 향하여, 감상자는 예술 작품을 향하여 서로 열려 있는 것이다.

03 밑줄 친 ㉠의 문맥적 의미를 가장 바르게 이해한 것은?

① 셰익스피어 작품이 지니는 의미는 준거 틀에 따라 변화한다.
② 셰익스피어는 작품에는 명확한 주제가 존재하지 않는다.
③ 셰익스피어의 작품은 새로운 감상자들에게 언제나 한결같은 의미로 다가간다.
④ 셰익스피어는 그의 작품에서 그가 전달하고자 하는 의미를 쉽게 드러내지 않는다.

04 윗글의 주제로 가장 적절한 것은?

① 예술 작품 감상의 유형
② 예술 작품 감상의 역사적 변화
③ 예술 작품의 창작과 감상
④ 소통으로서의 예술 작품 감상

05 (다) 문단의 내용으로 볼 때 ⓐ~ⓓ에 들어갈 내용으로 각각 적절한 것은?

	ⓐ	ⓑ	ⓒ	ⓓ
①	참조 체계	감상자	의미	관계
②	감상자	참조 체계	관계	의미
③	참조 체계	감상자	관계	의미
④	감상자	참조 체계	의미	관계

06 구다리, 김지정, 김인자, 이소아, 문성질, 조상욱 여섯 명이 다음과 같이 나란히 서 있을 때 옳지 않은 것은?

• 김인자와 김지정 사이에는 3명이 서 있다.
• 조상욱과 이소아는 바로 옆에 서 있다.
• 문성질과 구다리는 바로 옆에 서 있지 않다.
• 구다리와 김지정은 양 끝에 서 있다.
• 문성질이 조상욱보다 오른쪽에 서 있다.
• 이소아는 구다리보다 왼쪽에 서 있다.

---

① 구다리는 오른쪽 끝에 서 있다.
② 김인자는 문성질 바로 옆에 서 있다.
③ 문성질은 이소아보다 오른쪽에 서 있다.
④ 이소아는 조상욱보다 왼쪽에 서 있다.

01 정희는 5명으로 구성된 인사팀에서 비품을 담당하고 있다. 비품을 신청할 때가 되어 다음과 같이 비품을 주문하려고 하는데, 정해진 예산은 25,000원이다. 다음을 모두 사고 남은 돈으로 1자루에 250원짜리 볼펜을 주문한다고 할 때 볼펜 몇 타를 살 수 있겠는가?(단, 1타＝12자루이다)

〈주문 비품 목록〉

물품	가격	개수
지우개	500원	인사팀 인원 수
계산기	5,700원	1개
형광펜	600원	3개

① 3타 ② 4타
③ 5타 ④ 6타

02 A씨는 제품의 설명서를 작성하고 있는데, 화씨온도를 사용하는 미국에 수출하기 위해 보관방법의 내용을 영어로 번역하려고 한다. 보관방법 설명서에 밑줄 친 부분의 단위를 올바르게 환산한 것은?

[보관방법]
본 제품은 수분, 열에 의한 영향에 민감하므로, 열원이나 직사광선을 피해 서늘한 곳에 보관하십시오. 온도 30℃ 이상, 상대습도 75% 이상에서는 제품이 변형될 수 있습니다. 어린이 손에 닿지 않는 곳에 보관하십시오.

※ $C=\dfrac{5}{9}(F-32)$

① 85℉ ② 86℉
③ 87℉ ④ 88℉

※ 다음은 한·미·일의 세계무역 수출입 통계이다. 자료를 보고 이어지는 물음에 답하시오. [3~5]

〈한·미·일 세계무역 수출입 통계〉

(단위 : 백만 불)

구분 \ 연도 \ 국가		한국	미국	일본
수입액	2015년	436,499	2,241,663	647,989
	2014년	525,514	2,347,684	812,222
	2013년	515,585	2,268,370	832,343
	2012년	519,584	2,276,267	886,036
	2011년	524,375	2,207,955	854,998
수출액	2015년	526,744	1,504,572	624,801
	2014년	572,651	1,620,483	690,213
	2013년	559,625	1,578,429	714,613
	2012년	547,861	1,545,802	798,620
	2011년	555,400	1,482,483	822,564

※ (무역액)=(수입액)+(수출액)

Easy

03 주어진 자료에서 수입액과 수출액의 전년 대비 증감 폭이 가장 큰 것은?

① 2015년 일본 수입　　　　　　② 2015년 미국 수입
③ 2014년 미국 수출　　　　　　④ 2013년 한국 수출

04 2016년 일본의 무역액이 전년 대비 12% 감소했다고 할 때, 2016년 일본의 무역액은 얼마인가?

① 약 1,098,400백만 불　　　　　② 약 1,120,055백만 불
③ 약 1,125,250백만 불　　　　　④ 약 1,263,760백만 불

05 주어진 자료를 해석한 것으로 적절하지 않은 것은?

① 매년 미국의 무역액은 한국과 일본의 무역액을 합친 것보다 많다.
② 전년 대비 2015년 한국 수입액의 증감률 절댓값은 전년 대비 2014년 미국 수입액의 증감률 절댓값보다 크다.
③ 미국과 일본은 수입액의 증감추세가 동일하다.
④ 수출 부문에서 매년 수출액이 감소한 나라가 있다.

※ 다음은 세계 3대 신용평가기관인 Moody's와 S&P가 제공한 A회사의 국제 신용등급 현황이다. 이어지는 물음에 답하시오. [6~7]

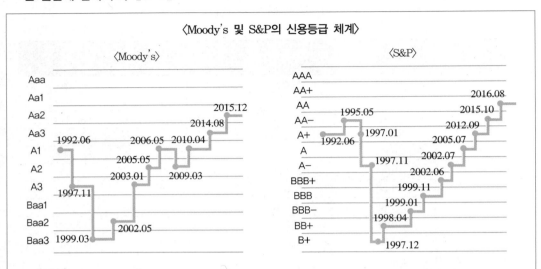

〈Moody's 및 S&P의 신용등급 체계〉

구분	Moody's(21등급)	S&P(22등급)	의미
투자 적격 등급	Aaa	AAA	투자 위험이 가장 작은 최고 등급
	Aa1	AA+	모든 기준에서 우수하며 투자위험이 상급 등급보다 약간 높은 등급
	Aa2	AA	
	Aa3	AA−	
	A1	A+	투자하기에 좋은 조건이 많이 있으나, 경제 환경이나 경영여건이 나쁘면 원리금 지급 능력이 저하될 가능성이 있음
	A2	A	
	A3	A−	
	Baa1	BBB+	중간 등급이며, 현재의 원리금 지급 능력은 적정하나 장기적으로는 불안한 요인이 있음
	Baa2	BBB	
	Baa3	BBB−	
투자 부적격 등급	Ba1	BB+	투기적 요인이 있는 등급이며, 장기적으로는 원리금 지급 능력이 떨어짐
	Ba2	BB	
	Ba3	BB−	
	B1	B+	바람직한 투자대상이 되지 못하며, 장기적으로는 원리금 지급 능력이 낮음
	B2	B	
	B3	B−	
	Caa1	CCC+	부도위험이 있는 하위 등급
	Caa2	CCC	
	Caa3	CCC−	
	Ca	CC	부도위험이 매우 큰 등급
	C	C	최하위 등급
		D	

06 다음 중 제시된 자료에 대한 설명으로 적절한 것은?

① 1997년 11월 Moody's와 S&P는 A회사의 신용등급을 각각 다르게 평가하였다.

② S&P가 평가한 A회사의 신용등급에서 최고와 최저 등급은 10등급의 차이가 난다.

③ 2000년 이후부터 A회사의 신용등급은 하락한 적이 없다.

④ Moody's가 평가한 A회사의 신용등급을 모든 기준에서 우수하며 투자위험이 상급 등급보다 약간 높은 등급으로 평가한 시점은 2014년 8월부터이다.

07 1997년 이후 A회사가 두 회사 모두에서 투자 적격 등급에 진입한 연도는 언제인가?

① 2014년   ② 2005년

③ 2002년   ④ 1999년

| 03 | 문제해결

※ 다음은 L회사에서 신입사원에게 배포한 행동강령의 일부와 인사팀에서 일어난 사건이다. 이어지는 물음에 답하시오. [1~5]

<hr/>

〈행동강령〉

– 공과 사의 구별은 철저하게, 기회는 공정하게

- 성별, 연령, 인종, 국적이나 출신지역, 세대, 종교, 장애 등 개인이 노력해서 바꿀 수 없는 고유한 특성과 관련된 차별을 조직에서 추방하십시오. 채용, 승진, 배치, 급여, 보상, 복리후생 및 교육 등에서 개인 고유의 특성을 이유로 차별하지 마십시오.
- 특정한 성별, 연령, 배경을 지닌 사람만이 해당업무를 잘 수행할 수 있다고 주장하는 사람이 있다면 경계하십시오.
- 어떠한 인사 청탁도 거부하십시오. 당장은 이익이 될 수 있으나 장기적으로 우리 공동체에 치명적인 위해가 됩니다.
- 오직 역량과 성과만으로 평가하십시오. 타인으로부터 채용이나 승진을 청탁 받았다면 거부하십시오. 그리고 우리의 원칙에 대하여 적극적으로 설명하십시오.
- 개개인의 고유한 특성을 이유로 특정인을 기피하거나, 조롱, 따돌림 또는 차별이 없는 공동체를 만드십시오.
- 국가마다 근무조건에 관한 법규나 정책이 다를 수 있습니다. 그로 인해 현지 법인의 인사규정이나 정책이 그룹의 방침과 차이가 생긴다면, 그 규정과 정책은 반드시 명문화하고 현지 법규에 위배되지 않는지 확인하십시오.
- 불공정한 대우를 받았거나 혹은 목격, 그에 대한 고충을 들었다면 조직 책임자, 인사 또는 윤리담당과 바로 상의하십시오.

– 우리 모두는 누군가의 소중한 가족입니다.

- 동료들을 언제나 내 가족처럼 존중하고 배려하십시오.
- 사회적으로 수용될 수 없는 본인만의 가치관으로 타인을 판단하지 마십시오. 틀린 것이 아니라 다른 것임을 인정하고 서로 이해하는 문화를 만드십시오.
- '여직원'은 회사에서 불필요한 단어입니다. 또한 여성 인재는 배려와 동정의 대상이 아닙니다. 남성과 여성의 구별 없이 동등하게 대우하십시오.
- 팀원이 있어야 팀장이 존재할 수 있습니다. 팀원은 소중하게 육성해달라고 우리 공동체가 관리자에게 맡긴 인재입니다. 최선을 다하여 육성하십시오.
- 상대에게 거부감을 주거나, 위화감을 주는 말과 행동을 피하십시오. 자신이 생각 없이 한 말이나 행동이 타인에게 상처를 주거나 오해를 불러일으키지 않도록 항상 주의하십시오.
- 말과 행동뿐만 아니라 전화, 메신저, SNS, 이메일 등 통신시스템을 이용하여 부적절한 언어를 사용하거나 내용을 게시 및 전송하는 행위를 조직 내에서 근절하십시오.
- 국가와 지역마다 다른 법·규정·관습·예법 등이 존재합니다. 해외에서 근무하거나 출장 시에는 이점을 항상 주의해서 행동하십시오. 국내에서 문제없는 행동이 해외에서는 문제가 될 수도 있다는 사실을 명심하십시오.
- 위와 같은 행동을 목격했거나 그에 대한 고충을 들었다면, 조직 책임자나 인사 또는 윤리담당과 바로 상의하십시오.
- 위 원칙은 우리 직원뿐만 아니라 고객, 파트너사 및 모든 이해관계자들과의 관계에서도 동일하게 적용됩니다. 항상 신중하게 말하고 행동하십시오.

‒ 정직한 보고는 우리의 땀과 열정을 더 빛나게 해줍니다.

• 발생하는 모든 비용은 일정한 문서에 의해 증명되어야 합니다. 비용과 관련된 시간 및 경비를 상세히 기록하여 보고서로 제출하십시오.

• 상사의 지시에 따라 담당자가 회계 문서를 조작하였을 경우, 사문서 위조죄 등으로 상사와 담당자 모두에게 민‧형사상의 책임이 따르게 됩니다. 상사가 문서 위조 등을 지시할 경우 담당자는 바로 윤리담당과 상의하십시오.

• 문서 위조 등의 혐의가 있거나 거래 관행이 투명하지 않은 개인, 기업 및 국가와의 거래 관계는 조직 책임자와 문제점을 상의하고 거래를 재고하십시오.

• 관리자는 바르고 투명한 회계 정보를 제공하기 위하여 모든 것을 원칙에 따라 철저하게 점검하고, 회계 문서의 위조 및 변조를 예방하기 위하여 주기적으로 모니터링 하십시오.

• 회계 문서 작성 과정에 있어 의문이 생겼을 경우나 문제가 있다고 생각될 경우 조직 책임자, 재무 또는 윤리담당과 바로 상의하십시오.

S#1. L회사 인사팀 사무실 ‒ 8월 7일 월요일

사무실 안에서 이하영 대리와 이지애 주임이 수다를 떨고 있다. 사무실 밖에선 첫 출근을 한 신입사원 임상희가 사무실 문 앞에서 쭈뼛거리고 있다. 이를 발견한 조경현 과장이 임상희를 데리고 사무실로 들어간다.

조경현 과장 : 다 출근했나? 여기 이번에 새로 들어온 신입사원입니다. 인사들 나누세요.

이때 들어온 김정현 대리가 임상희를 힐끔 보고 자리로 가서 앉는다.

임상희　　　 : 안녕하세요. 임상희입니다.
이하영 대리 : 안녕~ 어? 너 그 가방! 이탈리아에서 수입해온 거 아니야? 내가 사고 싶었던 건데! (이지애 주임을 보며) 내가 전에 말했던 거!
이지애 주임 : 아, 저거에요? 저거 비싸다고 하지 않았어요? (임상희를 보며) 얼마주고 샀어?
조경현 과장 : 시끄럽고, (임상희를 보며) 상희 씨는 저기에 앉으면 돼. (큰소리로) 이번 하반기 채용에 관한 팀 프로젝트를 수요일까지 제출해야 되는 거 알지? 30분 후에 각자 준비한 거 가지고 회의실로 모이자고!
모두　　　　 : 네!

S#2. 회의실 ‒ 8월 7일 월요일

조경현 과장 : 다들 채용일정에 대해서 생각해 왔지? 언제가 좋을지 토의해서 정하자고. 상희 씨는 회의 내용을 잘 기록해줘.
이하영 대리 : (회사 일정이 적힌 종이를 꺼내며) 12월 22일에 연말행사가 있으니 행사 전까지 모든 채용절차가 마무리 돼야 할 것 같아요.
이지애 주임 : 맞아요. 그러니까 조금 서둘러서 9월 1일에 채용공고가 나가도록 하는 것이 어떨까요? (사람들의 반응을 살핀다)
조경현 과장 : 나도 그게 좋을 것 같은데. 다른 사람은 어때?

끄덕이는 임상희. 무언가를 깊게 다른 생각을 하고 있는 김정현 대리.

김정현 대리 : (생각을 마친 듯 급히) 저도 좋습니다. 그런데…. 그럼 항상 그랬듯이 필기전형은 한 달 뒤 토요일에 실시하나요?

조경현 과장 : 그렇게 되겠지? (임상희를 보며) 아. 상희 씨. 그날 나와서 시험 감독을 해야 해. 그날은 특근으로 처리가 될 거야. (앞에 있는 서류를 정리하며) 모두 동의하면 회의 마치고 확정된 일정으로 채용일정 진행하자고.

끄덕이며 기록하는 임상희. 무언가 마음에 들지 않는 김정현 대리
조경현 과장, 이하영 대리, 이지애 주임 퇴장
회의실에서 나가려는 김정현 대리, 기록지를 정리하는 임상희를 보고 무언가 떠올랐는지 임상희에게 다가간다.

김정현 대리 : 상희 씨라고 했나? (손을 내밀며) 그 기록지 나한테 줘. 오늘 처음 왔는데 뭘 알고 제대로 쓰기나 했겠어. 그냥 들리는 대로 쓴다고 다가 아니라고.

임상희 : 그래도 과장님이 저한테 시키신 건데….

김정현 대리 : 달라면 달라는 거지 무슨 말대꾸야.

임상희 : 네. (기록지를 건네며) 여기요.

회의실을 나가는 임상희
모두가 나가고 회의실에 혼자 남은 김정현 대리. 기록지를 보며 무언가를 펜으로 쓴다. 이를 몰래 지켜보는 임상희

S#3. 탕비실 – 8월 16일 목요일
갑자기 프랑스 출장이 잡힌 과장님을 따라 출장에 함께 하게 되어 걱정하는 임상희를 다독여주는 이지애 주임. 그 옆에서 할 말이 있는 듯 서성이는 이하영 대리

임상희 : 입사한 지 1주일 정도밖에 안됐는데 프랑스 출장이라니 너무 부담돼요.

이지애 주임 : 너무 걱정하지 마. 과장님 일하시는 거 지원해드리면 되니까, 과장님이 하라는 대로만 하면 돼.

이하영 대리 : 맞아. 난 네가 부러워. 이번 프로젝트만 없었으면 내가 간다고 했을 텐데. 거기 화장품이 엄청 싸거든. 그래서 말인데 화장품 몇 개만 사다 줘. 어려운 부탁도 아니잖아.

임상희 : 제가 그럴 시간이 있을지 모르겠어요. 프랑스도 처음이고, 출장도 처음이라 살 수 있을지….

이하영 대리 : (이지애 주임의 눈치를 보며, 임상희의 귀에 대고 작은 목소리로) ㉠ 이런 작은 부탁도 들어주지 않는다면 이번에 치러지는 인사평가에서 내가 너를 어떻게 평가해야 할지 고민될 것 같은데.

그때 탕비실에 들어오는 김정현 대리

김정현 대리 : 또 모여서 무슨 수다를 그렇게 떨어. 맨날 보면서 무슨 할 이야기가 그렇게 많은지 원. 하여튼 여자들이란 어쩔 수 없다니까.

빠르게 밖으로 나가는 임상희와 이지애 주임, 이하영 대리

S#4. 놀이터 – 8월 16일 목요일
퇴근하여 집으로 돌아가던 임상희. 집 근처 놀이터에 있는 그네에 앉는다. 오늘 갑자기 정해진 프랑스 출장과 김정현 대리가 자신에게 대하는 태도, 이하영 대리의 부탁 등 회사에서 있었던 일들을 떠올리며 한숨을 쉰다. 이때 고모에게서 전화가 온다.

임상희   : (밝게 전화를 받으며) 여보세요? 네. 고모. 잘 지내셨어요? 지수도 이제 졸업이죠? 저야 잘 다니고 있죠. 근데 어쩐 일로…. 네네. (점점 얼굴이 굳어지며) ⓛ 지수가 제가 다니는 회사에 들어갈 수 있게 도와달라는 말씀이신가요?

굳은 표정으로 통화를 마치고 고개를 들어 멍하니 하늘을 쳐다보는 임상희

S#5. 프랑스 호텔 - 한국 시간으로 8월 31일 목요일 오후 8시
각자 호텔 방 앞에 서있는 조경현 과장과 임상희

조경현 과장 : (임상희를 보며) 영수증 잘 챙겨놓고 있지? 한국 가서 제출해야 되니 잘 챙겨둬. 그리고 미리 김정현 대리에게 연락해서 공고 잘 작성했는지, 내일 몇 시에 올릴 건지 확인하는 거 잊지 말고. ⓒ 내일 아침 일찍 현지 거래처 사람과 식사를 해야 하니 일찍 자도록 해.
임상희   : 네. 안녕히 주무세요.

각자 방으로 들어간다.

S#6. L회사 인사팀 사무실 - 9월 4일 월요일
어두운 사무실 분위기. 태연한 김정현 대리와 임상희를 보며 숙덕거리는 이하영 대리와 이지애 주임. 이를 눈치 채지 못하고 출장에서 사용한 영수증을 계산하고 있는 임상희. 계산기를 다시 두드려보지만 프랑스로 출장을 가서 쓴 영수증 두 개를 잃어버린 듯하다.

조경현 과장 : 상희 씨, ⓓ 오늘 내로 영수증이랑 출장보고서 정리해서 회계팀에 보내. 김정현 대리는 채용 공고 내용 가지고 와서 나한테 보고해.

자리에서 일어서는 김정현 대리

임상희   : (불안한 표정으로) 네.

김정현 대리와 조경현 과장이 과장실에 들어간다.

(잠시 후 과장실에서 들려오는 조경현 과장의 목소리) 뭐야? 필기시험이 왜 일요일로 되어 있어? 이거 누가 작성했어? 상희 씨가 한 거라고?

놀라는 임상희. 무슨 일이 벌어졌는지 깨닫고 이하영 대리와 이지애 주임의 따가운 시선을 느끼며 고개를 숙인다.

01 행동강령에 따르면 김정현 대리의 언행은 어떤 항목에 위배되는가?
  ① '우리 모두는 누군가의 소중한 가족입니다' 부문의 두 번째 항목
  ② '우리 모두는 누군가의 소중한 가족입니다' 부문의 네 번째 항목
  ③ '우리 모두는 누군가의 소중한 가족입니다' 부문의 다섯 번째 항목
  ④ '우리 모두는 누군가의 소중한 가족입니다' 부문의 일곱 번째 항목

02 당신이 ㉠의 상황에 처했다면, 행동강령에 따라 어떻게 행동해야 하는가?

① 이하영 대리에게 화장품을 사다 줄테니 인사평가를 잘 해달라고 한다.

② 사내 게시판에 익명으로 이하영 대리에게 협박을 당했다는 글을 올린다.

③ 이지애 주임에게 인사평가가 중요한거냐며 넌지시 물어보며 상황을 판단한다.

④ 인사팀의 책임자인 조경현 과장에게 이를 알리고 상의한다.

03 당신이 ㉡의 상황에 처했다면, 행동강령에 따라 어떻게 해야 하는가?

① 채용 단계 중 서류전형을 통과하게만 도와주고 그 다음 단계는 도와주지 않는다.

② 기록에 남지 않게 도움을 주되 돈은 받지 않으면 된다.

③ L회사의 채용 원칙에 대해 설명하며 거절한다.

④ 채용 담당자 자리에서 물러나고 인사팀의 다른 업무를 수행한다.

`Easy`

04 ㉢의 상황에서 행동강령에 위배되는 생각은?

① 프랑스에서 프랑스인을 만나는 자리이므로 프랑스 예절을 공부해서 내일 실수하지 않아야겠다.

② 나는 한국 사람이므로 우리나라 예절에 맞도록 행동하면 돼.

③ 어떤 행동이 프랑스 예절에 어긋나는 것인지 잘 모르니 가능한 얌전히 있어야겠다.

④ 거래처 사람이 권하는 음식이 입에 맞지 않아도 티내지 않아야겠어.

`Easy`

05 당신이 ㉣과 같은 상황에서 행동할 때 행동강령에 위배되는 행동은?

① 영수증이 모자라니 영수증을 내지 않고 총금액만 회계팀에 보고한다.

② 모자란 영수증의 금액은 본인의 돈으로 채워 넣고 영수증에 있는 금액만 회계팀에 보고한다.

③ 조경현 과장에게 솔직하게 말하고 영수증에 있는 금액만 회계팀에 보고한다.

④ 부서의 다른 선배에게 조언을 구하고 행동한다.

| 01 | 언어적 사고

01 다음 글을 읽고 논리적 순서대로 바르게 나열한 것을 고르면?

> (가) 이처럼 사대부들의 시조는 심성 수양과 백성의 교화라는 두 가지 주제로 나타난다. 이는 사대부들이 재도지기(載道之器), 즉 문학을 도(道)를 싣는 수단으로 보는 효용론적 문학관에 바탕을 두었기 때문이다. 이때 도(道)란 수기의 도와 치인의 도라는 두 가지 의미를 지니는데, 강호가류의 시조는 수기의 도를, 오륜가류의 시조는 치인의 도를 표현한 것이라 할 수 있다.
>
> (나) 한편, 오륜가류는 백성들에게 유교적 덕목인 오륜을 실생활 속에서 실천할 것을 권장하려는 목적으로 창작한 시조이다. 사대부들이 관직에 나아가면 남을 다스리는 치인(治人)을 위해 최선을 다했고, 그 방편으로 오륜가류를 즐겨 지었던 것이다. 오륜가류는 쉬운 일상어를 활용하여 백성들이 일상생활에서 마땅히 행하거나 행하지 말아야 할 것들을 명령이나 청유 등의 어조로 노래하였다. 이처럼 오륜가류는 유교적 덕목인 인륜을 실천함으로써 인간과 인간이 이상적 조화를 이루고, 이를 통해 천하가 평화로운 상태까지 나아가는 것을 주요 내용으로 하였다.
>
> (다) 조선시대 시조 문학의 주된 향유 계층은 사대부들이었다. 그들은 '사(士)'로서 심성을 수양하고 '대부(大夫)'로서 관직에 나아가 정치 현실에 참여하는 것을 이상으로 여겼다. 세속적 현실 속에서 나라와 백성을 위한 이념을 추구하면서 동시에 심성을 닦을 수 있는 자연을 동경했던 것이다. 이러한 의식의 양면성에 기반을 두고 시조 문학은 크게 강호가류(江湖歌類)와 오륜가류(五倫歌類)의 두 가지 경향으로 발전하게 되었다.
>
> (라) 강호가류는 자연 속에서 한가롭게 지내는 삶을 노래한 것으로, 시조 가운데 작품 수가 가장 많다. 강호가류가 크게 성행한 시기는 사화와 당쟁이 끊이질 않았던 16 ~ 17세기였다. 세상이 어지러워지자 정치적 이상을 실천하기 어려웠던 사대부들은 정치 현실을 떠나 자연으로 회귀하였다. 이때 사대부들이 지향했던 자연은 세속적 이익과 동떨어진 검소하고 청빈한 삶의 공간이자 안빈낙도(安貧樂道)의 공간이었다. 그 속에서 사대부들은 강호가류를 통해 자연과 인간의 이상적 조화를 추구하며 자신의 심성을 닦는 수기(修己)에 힘썼다.

① (라) – (다) – (나) – (가) 　　　② (라) – (나) – (가) – (다)
③ (다) – (라) – (나) – (가) 　　　④ (다) – (나) – (가) – (라)

※ 다음 글을 읽고 물음에 답하시오. [2~3]

섬유 예술은 실, 직물, 가죽, 짐승의 털 등의 섬유를 오브제로 사용하여 미적 효과를 구현하는 예술을 일컫는다. 오브제란 일상 용품이나 자연물 또는 예술과 무관한 물건을 본래의 용도에서 분리하여 작품에 사용함으로써 새로운 상징적 의미를 불러일으키는 대상을 의미한다. 섬유 예술은 실용성에 초점을 둔 공예와 달리 섬유가 예술성을 지닌 오브제로서 기능할 수 있다는 자각에서 비롯되었다.

섬유 예술이 새로운 조형 예술의 한 장르로 자리매김한 결정적 계기는 1969년 제5회 '로잔느 섬유 예술 비엔날레전'에서 올덴버그가 가죽을 사용하여 만든 「부드러운 타자기」라는 작품을 전시하여 주목을 받은 것이었다. 올덴버그는 이 작품을 통해 공예의 한 재료에 불과했던 가죽을 예술성을 구현하는 오브제로 활용하여 섬유를 심미적 대상으로 인식할 수 있게 하였다.

이후 섬유 예술은 평면성에서 벗어나 조형성을 강조하는 여러 기법들을 활용하여 작가의 개성과 미의식을 구현하는 흐름을 보였는데, 이에는 바스켓트리, 콜라주, 아상블라주 등이 있다. 바스켓 트리는 바구니 공예를 일컫는 말로 섬유의 특성을 활용하여 꼬기, 엮기, 짜기 등의 방식으로 예술적 조형성을 구현하는 기법이다. 콜라주는 이질적인 여러 소재들을 혼합하여 일상성에서 탈피한 미감을 주는 기법이고, 아상블라주는 콜라주의 평면적인 조형성을 넘어 우리 주변에서 흔히 볼 수 있는 물건들과 폐품 등을 혼합하여 3차원적으로 표현하는 기법이다. 콜라주와 아상블라주는 현대의 여러 예술 사조에서 활용되는 기법을 차용한 것으로, 섬유 예술에서는 순수 조형미를 드러내거나 현대 사회의 복합성과 인류 문명의 한 단면을 상징화하는 수단으로 활용되기도 하였다.

섬유를 오브제로 활용한 대표적인 작품으로는 라우센버그의 「침대」가 있다. 이 작품에서 라우센버그는 섬유 자체뿐 아니라 여러 오브제들을 혼합하여 예술적 미감을 표현하기도 했다. 「침대」는 캔버스에 평소 사용하던 커다란 침대보를 부착하고 베개와 퀼트 천으로 된 이불, 신문 조각, 잡지 등을 붙인 다음 그 위에 물감을 흩뿌려 작업한 것으로, 콜라주, 아상블라주 기법을 주로 활용하여 섬유의 조형적 미감을 잘 구현한 작품으로 평가 받고 있다.

02 윗글에서 알 수 있는 내용이 아닌 것은?

① 섬유 예술의 재료

② 섬유 예술의 발전 과정

③ 섬유 예술 작품의 예

④ 섬유 예술과 타 예술장르의 관계

03 윗글의 '섬유 예술'에 대한 추론으로 적절하지 않은 것은?

① 라우센버그의 「침대」에 쓰인 재료들은 특별한 의미를 추구하지 않는다.

② 올덴버그의 「부드러운 타자기」가 주목받기 이전에는 대체로 섬유 예술을 조형 예술 장르로 보지 않았다.

③ 섬유 예술은 기존의 섬유를 실용성의 측면에서 보던 시각에서 탈피하여 섬유를 심미적 대상으로 보았다.

④ 콜라주와 아상블라주는 섬유 예술 이외에도 다양한 예술 분야에서 사용된다.

※ 다음 문장을 읽고 유추할 수 있는 것을 고르시오. [4~5]

04

- 손이 고우면 마음이 예쁘다.
- 손이 곱지 않으면 키가 크다.

① 키가 크지 않으면 마음이 예쁘다.
② 마음이 예쁘면 손이 곱다.
③ 키가 크면 손이 곱지 않다.
④ 손이 고우면 키가 크다.

05

- 모든 L대학교 학생은 영어 또는 작문 수업을 듣는다.
- 어떤 L대학교 학생은 중국어 수업을 듣는다.

① 어떤 L대학교 학생은 영어 수업을 듣는다.
② 어떤 L대학교 학생은 영어와 작문 수업을 듣는다.
③ 어떤 L대학교 학생은 중국어 수업을 듣고 영어 수업을 듣지 않는다.
④ 어떤 L대학교 학생은 중국어와 영어 또는 중국어와 작문 수업을 듣는다.

06 점심식사를 하기 위해 구내식당 배식대 앞에 A, B, C, D, E, F가 한 줄로 줄을 서 있는데, 순서가 다음 〈조건〉과 같을 때 항상 옳은 것은?

> **조건**
> • A는 맨 앞 또는 맨 뒤에 서 있다.
> • B는 맨 앞 또는 맨 뒤에 서지 않는다.
> • D와 F는 앞뒤로 인접해서 서 있다.
> • B와 C는 한 사람을 사이에 두고 서 있다.
> • D는 B보다 앞쪽에 서 있다.

① A가 맨 뒤에 서 있다면 맨 앞에는 D가 서 있다.
② A가 맨 앞에 서 있다면 E는 다섯 번째에 서 있다.
③ F와 B는 앞뒤로 서 있지 않다.
④ C는 맨 뒤에 서지 않는다.

07 어느 사무실에 도둑이 들어서 갑, 을, 병, 정, 무 5명의 용의자를 대상으로 조사를 했다. 이 중 1명만 진실을 말하고 나머지는 거짓을 말한다고 할 때, 범인은 누구인가?

> 갑 : 을이 범인이에요.
> 을 : 정이 범인이 확실해요.
> 병 : 저는 확실히 도둑이 아닙니다.
> 정 : 을은 거짓말쟁이예요.
> 무 : 제가 도둑입니다.

① 갑   ② 병
③ 정   ④ 무

01 L기업 총무부에서는 직원들에게 단합대회 기념품을 지급하기 위해 텀블러와 이어폰을 합쳐 총 300개를 구입했다. 텀블러는 개당 15,000원, 이어폰은 개당 17,000원이었으며, 구입한 총 비용은 4,730,000원이었다. 텀블러와 이어폰 구입 개수는 몇 개 차이가 나는가?

① 10개   ② 30개
③ 50개   ④ 70개

02 어떤 강의 상류 선착장에서 하류 선착장까지 왕복으로 운행하는 배가 있다. 두 선착장 사이의 거리는 27km이고, 하류에서 상류로 올라가는 데 걸리는 시간은 강을 상류에서 하류로 내려가는 데 걸리는 시간의 $\frac{3}{2}$ 배이며, 두 지점을 왕복하는 데에는 2시간 15분이 걸렸다. 만약 물이 정지해 있다면 배의 속력은 얼마인가?

① 25km/h   ② 30km/h
③ 35km/h   ④ 40km/h

03 L영화관에 엄마, 아빠, 중학생 1명, 초등학생 2명으로 이루어진 가족이 영화를 보러갔더니, 영화관람료가 1인당 성인은 10,000원, 초·중·고등학생은 8,000원이었다. 신용카드는 A카드와 B카드가 있는데, A카드는 성인 영화관람료의 20%, 청소년 영화관람료의 40%를 할인해주며, B카드는 성인 영화관람료의 30%, 청소년 영화관람료의 25%를 할인해준다고 한다. 다섯 명의 영화관람료를 하나의 카드로 결제한다면, 어떤 카드로 결제하는 것이 얼마 더 이익인가?

① A카드, 1,600원   ② A카드, 2,400원
③ B카드, 1,600원   ④ B카드, 2,400원

04 다음은 2016년 국내 지역별 백미 생산량을 나타낸 자료이다. 자료에 대한 설명으로 적절하지 않은 것은?

〈2016년 국내 백미 생산량〉

(단위 : ha, 톤)

구분	논벼		밭벼	
	면적	생산량	면적	생산량
서울·인천·경기	91,557	468,506	2	4
강원	30,714	166,396	0	0
충북	37,111	201,670	3	5
세종·대전·충남	142,722	803,806	11	21
전북	121,016	687,367	10	31
광주·전남	170,930	871,005	705	1,662
대구·경북	105,894	591,981	3	7
부산·울산·경남	77,918	403,845	11	26
제주	10	41	117	317

① 광주·전남 지역은 백미 생산 면적이 가장 넓고 백미 생산량도 가장 많다.
② 제주 지역의 밭벼 생산량은 제주 지역 백미 생산량의 약 88.6%를 차지한다.
③ 면적당 논벼 생산량이 가장 많은 지역은 세종·대전·충남이다.
④ 전국 밭벼 생산 면적 중 광주·전남 지역의 면적이 차지하는 비율은 80% 이상이다.

05 다음은 OECD 주요 국가의 유기농 경작 면적률을 나타낸 자료이다. 이를 해석한 것으로 적절하지 않은 것은?

〈OECD 주요 국가의 유기농 경작 면적률〉

(단위 : %)

구분	2007년	2008년	2009년	2010년	2011년	2012년	2013년	2014년
일본	0.14	0.2	0.2	0.2	0.21	0.23	0.23	0.23
미국	0.42	0.42	0.48	0.48	0.48	0.48	0.54	0.53
한국	0.53	0.66	0.74	0.87	1.1	1.43	1.2	1.05
영국	3.74	4.07	4.16	4.05	3.71	3.42	3.23	3.04
프랑스	1.91	2	2.33	2.92	3.38	3.58	3.69	3.89
호주	2.82	2.87	2.93	2.92	2.73	2.96	2.45	4.22
독일	5.11	5.36	5.61	5.93	6.07	6.2	6.26	6.27
이탈리아	8.12	6.93	7.91	7.78	7.92	8.5	9.66	10.55

① 우리나라가 전년 대비 유기농 경작 면적률이 가장 많이 증가한 것은 2011년이다.
② 2010년 이전까지 프랑스는 호주에 비해 유기농 경작 면적률이 낮았으나, 2011 ~ 2013년에는 호주보다 유기농 경작 면적률이 높았다.
③ 우리나라의 유기농 경작 면적률은 항상 일본의 3배 이상이다.
④ 유기농 경작 면적률이 매년 증가하는 것은 프랑스와 독일뿐이다.

06 다음은 2014 ~ 2016년 우리나라의 10대 수출 품목에 대한 자료이다. 이에 대한 설명으로 적절하지 않은 것은?

〈우리나라의 10대 수출 품목〉

(단위 : 백만 달러)

구분	2014년		2015년		2016년	
	품목명	금액	품목명	금액	품목명	금액
1위	반도체	62,717	반도체	62,426	반도체	62,005
2위	석유제품	50,784	자동차	45,794	자동차	40,637
3위	자동차	48,924	선박해양구조물 및 부품	40,107	선박해양구조물 및 부품	34,268
4위	선박해양구조물 및 부품	39,886	무선통신기기	32,587	무선통신기기	29,664
5위	무선통신기기	29,573	석유제품	32,002	석유제품	26,472
6위	자동차 부품	26,635	자동차 부품	25,550	자동차 부품	24,415
7위	평판디스플레이 및 센서	26,498	평판디스플레이 및 센서	21,915	합성수지	17,484
8위	합성수지	21,691	합성수지	18,418	평판디스플레이 및 센서	16,582
9위	철강판	19,144	철강판	16,458	철강판	15,379
10위	전자응용기기	9,800	전자응용기기	10,038	플라스틱 제품	9,606

① 2014년 10대 수출 품목 10개 중 1개를 제외한 품목이 모두 2016년까지 수출액이 10위 안에 들었다.

② 3년 연속으로 순위가 같았던 품목들은 순위는 유지했으나 모두 수출액은 계속 줄어들었다.

③ 2014 ~ 2016년 3년간의 총 수출액은 무선통신기기가 석유제품보다 많다.

④ 2015년에 2014년 대비 순위와 수출액이 모두 상승한 것은 2품목이다.

다음은 우리나라 지역별 가구 수와 1인 가구 수를 나타낸 자료이다. 이에 대한 설명으로 적절한 것은?

<지역별 가구 수 및 1인 가구 수>

(단위 : 천 가구)

구분	전체 가구	1인 가구
서울특별시	3,675	1,012
부산광역시	1,316	367
대구광역시	924	241
인천광역시	1,036	254
광주광역시	567	161
대전광역시	596	178
울산광역시	407	97
경기도	4,396	1,045
강원도	616	202
충청북도	632	201
충청남도	866	272
전라북도	709	222
전라남도	722	242
경상북도	1,090	365
경상남도	1,262	363
제주특별자치도	203	57
계	19,018	5,279

① 전체 가구 대비 1인 가구의 비율이 가장 높은 지역은 충청북도이다.
② 서울특별시·인천광역시·경기도의 1인 가구는 전체 1인 가구의 40% 이상을 차지한다.
③ 도 지역의 가구 수 총합보다 서울시 및 광역시의 가구 수 총합이 더 크다.
④ 경기도를 제외한 도 지역 중 1인 가구 수가 가장 많은 지역이 전체 가구 수도 제일 많다.

| 03 | 문제해결

Easy

01 다음 달에 있을 이사회에서 신제품 개발안을 발표해야 하는 박대리가 준비한 발표 자료에 대한 설명이다. 다음 중 가장 적절하지 못한 것은?

① 파워포인트를 이용하여 자료를 작성하였으며, 관련 동영상 자료를 링크시켜 청중의 시선을 끌게 하였다.

② 신제품 개발에 대해 충분한 설명이 될 수 있게 가능한 많은 양의 자료를 입력하였다.

③ 슬라이드 디자인을 적용하여 각 장의 형식을 통일시켰다.

④ 같은 페이지에는 같은 주제에 관련된 문장과 단락만을 중요 단어 중심으로 간략하게 입력하였다.

02 신입사원인 귀하는 사수인 S주임에게 컴퓨터 바탕화면이 지저분하고 어수선하다는 지적을 받았다. 다음과 같이 S주임에게 조언 받은 내용을 바탕으로 컴퓨터 바탕화면 정리를 할 때, 다음 중 가장 적절하지 않은 것은?

> S주임 : 윈도우 바탕화면에 최소한의 필요요소만 남기고 나머지는 보이지 않도록 하는 것이 좋아요. 업무 중에 자주 사용하는 파일이나 프로그램은 잘 찾을 수 있도록 바탕화면에 놓아두세요. 나머지 프로그램이나 파일들은 폴더를 만들어서 정리해야 해요. 업무 항목별로 폴더를 몇 가지 만들어서, 그 안에 다시 폴더를 만들어서 하위분류를 해 두면 쉽게 찾을 수 있어요. 그런데 항목별로 분류를 했는데도 한 폴더 안에 파일이 많으면 찾는 데 오래 걸리니까, 그럴 땐 가장 최근에 진행한 업무 파일이 맨 앞으로 오게 정리하면 효율적이에요.
> 마지막으로 폴더 안에서도 최근에 진행한 주요 업무들이 상위 카테고리에 오게 하고, 나머지는 따로 정리해두세요. 바탕화면 정리가 어려운 거 같아도 막상 시작하면 얼마 안 걸리니까, 얼른 정리하고 다시 업무 시작합시다!

① 엑셀, 한글, 파워포인트 등의 프로그램은 바탕화면에 남겨두었다.

② 오랫동안 진행하지 않은 파일들은 따로 하나의 폴더에 모아두었다.

③ 폴더 안에 파일이 많을 때는 가나다순으로 정렬하여 파일 제목으로 찾기 쉽도록 하였다.

④ 폴더 안에 하위 폴더를 여러 개 두어 소분류 별로 파일을 배치해두었다.

03 L마트 △△지점에서 사무보조 아르바이트생을 채용하려고 한다. 귀하는 조건에 부합하는 지원자만 연락하여 면접을 진행할 계획이다. 다음은 L마트 △△지점이 채용 사이트에 게재한 공고문과, 지원자들의 신상정보이다. 다음 중 귀하가 연락할 지원자로 바르게 짝지어진 것은?

〈아르바이트 채용공고〉

L마트 △△지점에서 단기 사무보조 아르바이트생을 모집합니다.

1. 업무내용
   - 문서 작성 및 보조
   - 비품 정리 및 주변 청소
2. 지원자격
   - 연령 : 만 18세 이상 ~ 40세 이하
   - 4년제 대학 재학생 또는 졸업자
   - 엑셀·워드프로세서 숙련자(필수), 파워포인트 사용 가능자(우대)
   - 인근 지역 거주자(30분 이내)
   - 급여 : 시급 8,000원(식사 별도 제공)
3. 근무기간 및 근무시간
   - 기간 : 2017년 5월 25일 ~ 2017년 8월 24일(3개월)
   - 근무시간
     - 월 ~ 금 중 주3일 근무(협의 후 매주 화요일을 포함한 3일 고정 근무, 요일 변경 불가)
     - 근무시간 : 9:00 ~ 16:00(점심시간 1시간 제외)
     - 협의된 요일 중 공휴일 포함 시 휴무(급여 미지급)
   - ※ 지원 방법 : 하단의 '즉시지원' 이용 또는 e-mail(ksm0518@coolmail.net)로 사진과 학력사항이 포함된 이력서, 간단한 자기소개서(1,000자 이내)를 보내주시기 바랍니다.
   - ※ 문의 : 김OO (01×-××××-××××)

〈지원자 현황〉

구분	A	B	C	D	E	F
연령	39세	19세	32세	21세	39세	24세
직업	주부	재수생	프리랜서	대학생	주부	대학생
학력	고졸	고졸	대졸	고졸	대졸	고졸
사용 가능 프로그램	엑셀, 워드프로세서	워드프로세서, 파워포인트	엑셀, 파워포인트, 워드프로세서	엑셀, 워드프로세서	파워포인트, 워드프로세서	워드프로세서, 파워포인트, 엑셀, 포토샵
근무 가능 시간	월 ~ 금	평일	화, 수 제외	월, 수 제외	월 ~ 목	월요일 제외
출퇴근거리	10분	30분	40분	20분	15분	25분

① A, C   ② B, D
③ C, D   ④ D, F

| 01 | 언어적 사고

※ 다음 글을 읽고 물음에 답하시오. [1~2]

우리는 보통 은행이나 농협은 익숙해 하면서, 제1금융권, 제2금융권이라는 말은 왠지 낯설어한다. 상호저축은행, 새마을금고 등 여러 금융 기관이 있다고 하는데, 이러한 금융 기관들은 어떻게 다른 걸까?

먼저 은행에는 중앙은행, 일반은행, 특수은행이 있다. 이 중 중앙은행으로는 금융제도의 중심이 되는 한국은행이 있다. 한국은행은 우리가 사용하는 돈인 한국 은행권을 발행하고, 경제 상태에 따라 시중에 유통되는 돈의 양, 곧 통화량을 조절한다.

일반은행의 종류에는 큰 도시에 본점을 두고 전국적인 지점망을 형성하는 시중은행과 지방 위주로 영업하는 지방은행, 외국은행의 국내지점이 있다. 일반은행은 예금은행 또는 상업은행이라고도 하며, 예금을 주로 받고 그 돈을 빌려주어서 이익을 얻는 상업적 목적으로 운영된다.

특수은행은 정부가 소유한 은행으로서, 일반은행으로서는 수지가 맞지 않아 자금 공급이 어려운 경제 부문에 자금을 공급하는 것이 주요 업무이다. 국가 주요 산업이나 기술 개발용 장기 자금을 공급하는 한국산업은행, 기업이 수출입 거래를 하는 데 필요한 자금을 공급해주는 한국수출입은행, 중소기업 금융을 전문으로 하는 중소기업은행이 이에 해당한다. 농업과 축산업 금융을 다루는 농업협동조합중앙회, 또는 수산업 금융을 다루는 수산업 협동조합중앙회도 특수 은행에 포함된다. 이 중에서 일반적으로 일반은행과 특수은행을 제1금융권이라고 한다.

제2금융권은 은행이 아니지만 은행과 비슷한 예금 업무를 다루는 기관으로, 은행에 비해 규모가 작고 특정한 부문의 금융 업무를 전문으로 한다. 상호저축은행, 신용협동기구, 투자신탁회사, 자산운용회사 등이 이에 해당한다.

상호저축은행은 도시 자영업자를 주요 고객으로 하는 소형 금융 기관이다. 은행처럼 예금 업무가 가능하고 돈을 빌려주기도 하지만 이자가 더 높고, 일반은행과 구별하기 위해서 상호저축은행이라는 이름을 쓴다. 신용협동조합, 새마을금고, 농협과 수협의 지역 조합을 통틀어 신용협동기구라고 하는데, 직장 혹은 지역 단위로 조합원을 모아서 이들의 예금을 받고, 그 돈을 조합원에게 빌려주는 금융 업무를 주로 담당한다. 투자신탁회사, 자산운용회사는 투자자들이 맡긴 돈을 모아 뭉칫돈으로 만들어 증권이나 채권 등에 투자해 수익을 올리지만, 돈을 빌려주지는 않는다.

이외에도 여러 금융 기관들이 있는데, 이를 기타 금융 기관이라고 한다. 기타 금융 기관으로는 여신 전문 금융회사가 있는데, 신용카드회사와 할부 금융회사, 기계 등의 시설을 빌려주는 리스회사 등이 포함된다. 그리고 증권사를 상대로 돈을 빌려주는 증권금융회사도 기타 금융 기관에 해당한다.

01 윗글을 쓴 목적으로 가장 적절한 것은?

① 대상에 새로운 역할이 부여되어야 함을 주장하기 위해
② 대상의 특성을 설명하여 독자에게 정보를 제공하기 위해
③ 대상의 기능을 강조하여 독자의 인식 전환을 촉구하기 위해
④ 대상의 장점을 부각시켜 대상에 대한 관심을 유도하기 위해

Hard

02 윗글을 바탕으로 할 때, 〈보기〉의 상황에 대해 제시할 수 있는 의견으로 적절하지 않은 것은?

> **보기**
>
> • 국회의원 A씨는 물가 상승의 원인이 통화량이 지나치게 많기 때문임을 파악하고, 이를 해결할 수 있는 방법을 찾고자 한다.
> • 농부 B씨는 이번에 새롭게 버섯농사를 시작하려 했으나, 자금이 부족하여 금융 기관에서 일정 금액을 대출받으려 한다.
> • 중소기업의 사장 C씨는 제품의 생산량을 늘리기 위해 새로운 기계를 구입하려 했으나, 그 돈은 예금으로 맡겨 놓고 기계를 임대하는 것이 더욱 이익임을 알게 되었다.

① A씨가 해결 방법을 찾기 위해서는 한국은행 측에 자문을 구해 보는 것이 좋을 거야.
② B씨는 농업과 관련된 금융을 주로 다루는 농업협동조합중앙회에서 대출을 받을 수 있을 거야.
③ B씨가 좀 더 낮은 이자로 대출받기를 원한다면 투자신탁회사를 이용할 수도 있어.
④ C씨는 기타 금융 기관인 리스회사를 통해서 필요한 기계를 빌릴 수 있을 거야.

흔히 우리 춤을 손으로 추는 선(線)의 예술이라 한다. 서양 춤은 몸의 선이 잘 드러나는 옷을 입고 추는 데 반해 우리 춤은 옷으로 몸을 가린 채 손만 드러내놓고 추는 경우가 많기 때문이다. 한마디로 말해서 손이 춤을 구성하는 중심축이 되고, 손 이외의 얼굴과 목과 발 등은 손을 보조하며 춤을 완성하는 역할을 한다. 손이 중심이 되어 만들어 내는 우리 춤의 선은 내내 곡선을 유지한다. 예컨대 승무에서 장삼을 휘저으며 그에 맞추어 발을 내딛는 역동적인 움직임도 곡선이요, 살풀이춤에서 수건의 간드러진 선이 만들어 내는 것도 곡선이다. 해서 지방의 탈춤과 처용무에서도 S자형의 곡선이 연속적으로 이어지면서 춤을 완성해 낸다.

물론 우리 춤에 등장하는 곡선이 다 같은 곡선은 아니다. 힘 있는 선과 유연한 선, 동적인 선과 정적인 선, 무거운 선과 가벼운 선 등 그 형태가 다양하고, 길이로 볼 때도 긴 곡선이 있는가 하면 짧은 곡선도 있다. 이렇게 다양한 선들은 춤을 추는 이가 호흡을 깊이 안으로 들이마실 때에는 힘차게 휘도는 선으로 나타나고, ㉠ 가볍게 숨을 들이마시고 내쉬는 과정을 반복할 때에는 경쾌하고 자잘한 곡선으로 나타나곤 한다.

호흡의 조절을 통해 다양하게 구현되는 곡선들 사이에는 우리 춤의 빼놓을 수 없는 구성 요소인 '정지'가 숨어있다. 정지는 곡선의 흐름과 어울리며 우리 춤을 더욱 아름답고 의미 있게 만들어 주는 역할을 한다. 정지하기 쉬운 동작에서 정지는 별 의미가 없지만, ㉡ 정지하기 어려운 동작에서 정지하는 것은 예술적 기교로 간주된다.

그러나 이때의 정지는 말 그대로의 정지라기보다 ㉢ '움직임의 없음'이며, 그런 점에서 동작의 연장선상에서 이해해야 한다. 음악의 경우 연주가 시작되기 전이나 끝난 후에 일어나는 정지 상태는 별다른 의미가 없지만 연주 도중의 정지, 곧 침묵의 순간은 소리의 연장선상에서 이해되는 것과 마찬가지다. 다시 말해서 이때의 소리의 없음도 엄연히 연주의 일부라는 것이다.

우리 춤에서 정지를 ㉣ 동작의 연장으로 보는 것, 이것은 바로 우리 춤에 담겨 있는 '마음의 몰입'이 발현된 결과이다. 춤추는 이가 호흡을 가다듬으며 다양한 곡선들을 연출하는 과정을 보면 한 순간 움직임을 통해 선을 만들어 내지 않고 멈춰 있는 듯한 장면이 있다. 이런 동작의 정지 상태에도 멈춤 그 자체로 머무는 것이 아니며, 여백의 그 순간에도 상상의 선을 만들어 춤을 이어가는 것을 몰입 현상이라고 말하는 것이다. 우리 춤이 춤의 진행 과정 내내 곡선을 유지한다는 말은 이처럼 실제적인 곡선뿐만 아니라 마음의 몰입까지 포함한다는 의미이며, 이것이 바로 우리 춤을 가장 우리 춤답게 만들어 주는 특성이라고 할 수 있다.

Easy

03 윗글의 내용을 통해 알 수 없는 것은?

① 우리 춤은 주로 손을 중심으로 하여 선을 만들어간다.
② 우리 춤은 곡선의 흐름을 유지하면서 내용을 전개한다.
③ 우리 춤은 힘차고 가벼운 동작을 규칙적으로 반복한다.
④ 우리 춤은 호흡 조절을 통해 여러 가지 선을 연출한다.

04 ㉠ ~ ㉣ 중에서 의미하는 바가 다른 하나는?

① ㉠   ② ㉡
③ ㉢   ④ ㉣

05 은지, 경순, 주연, 정언, 다은이는 롯데리아를 가서 불고기버거, 치즈버거, 새우버거를 먹고 음료는 콜라, 사이다, 우유, 물을 마셨다. 다음 주어진 〈조건〉을 바탕으로 할 때 항상 옳은 것을 고르면? (단, 모든 사람은 불고기버거, 치즈버거, 새우버거 중 반드시 한 종류의 햄버거를 먹으며, 아무도 마시지 않은 음료는 없다)

> **조건**
> • 2명은 불고기버거를 먹고, 각각 콜라 또는 사이다를 마신다.
> • 치즈버거를 먹는 사람은 콜라 또는 우유를 마신다.
> • 은지와 정언이는 햄버거와 음료 모두 같은 메뉴를 선택한다.
> • 주연이는 혼자 우유를 마신다.
> • 정언이는 물과 새우버거를 먹는다.

① 은지는 치즈버거, 정언이는 새우버거를 먹는다.
② 경순이가 사이다와 불고기버거를 먹으면, 다은이는 콜라와 불고기버거를 먹는다.
③ 은지와 정언이는 불고기버거를 먹는다.
④ 주연이는 우유와 새우버거를 먹는다.

Easy

06 정주는 월요일에서 금요일까지 기차여행으로 목포, 전주, 여수, 담양, 순천을 가려고 한다. 다음 주어진 〈조건〉이 모두 참일 때 항상 옳은 것은?

> **조건**
> • 전주를 첫째 날에 가고, 목포를 그 다음 날에 간다.
> • 수요일, 금요일은 비가 내린다.
> • 여수를 비오는 날에 가지만, 맨 마지막에 가는 여행지는 아니다.
> • 담양과 순천은 연속해서 간다.

① 여수와 순천을 갈 때 비가 내린다.
② 목포를 담양보다 먼저 간다.
③ 여행지 순서는 전주 – 목포 – 여수 – 담양 – 순천이다.
④ 담양을 갈 때 비가 내린다.

| 02 | 수리적 사고

01 정주는 4km 떨어진 영화관까지 150m/분의 속도로 자전거를 타고 가다가 중간에 내려 50m/분의 속도로 걸어갔다. 집에서 영화관까지 도착하는 데 30분이 걸렸을 때, 정주가 걸어간 시간은 몇 분인가?

① 5분   ② 7분
③ 10분   ④ 15분

Hard

02 다음은 서울에서 부산으로 귀성할 경우 귀성길 교통수단별 비용을 비교한 것이다. 이 자료에 대한 설명으로 적절하지 않은 것은?

〈서울 → 부산 가족 귀성길 교통수단별 비용 비교〉

(단위 : 원)

구분	승용차	
	경차	경차 외
주유비	74,606	74,606
통행료	12,550	25,100

(단위 : 원)

구분	고속버스	KTX
어른요금(2명)	68,400	114,600
아동요금(2명)	34,200	57,200

① 경차 외 승용차로 가는 비용은 총 9만 9,706원이다. 만약 경차를 이용할 경우 통행료에서 50% 할인이 적용돼 총 8만 7,156원이 소요된다.

② 4인 가족(어른 2명, 아동 2명)이 고속버스를 이용하면 승용차를 이용하는 것보다 금액은 저렴해진다.

③ 어른 두 명이 고속버스로 귀성길에 오를 경우 경차를 이용하는 경우보다 저렴해진다.

④ 4인 가족(어른 2명, 아동 2명)이 서울에서 부산으로 귀성할 경우 비용이 가장 많이 드는 교통수단은 KTX이다.

03 L회사는 매달 마지막 주 금요일에 사내 동아리가 있다. 50명의 마케팅 팀 사원들이 영화 또는 볼링 동아리에서 활동한다. 영화 동아리는 39명, 볼링 동아리는 25명이 가입되어 있을 때, 두 동아리 모두 가입한 사원은 최대 몇 명인가?

① 4명   ② 8명
③ 10명   ④ 14명

Easy

04 여름휴가를 샌 안젤로로 떠난 도연이는 맛집 열 곳 중 세 곳을 골라 아침, 점심, 저녁을 먹으려고 한다. 가능한 가짓수는 총 몇 개인가?

① 420가지   ② 560가지
③ 600가지   ④ 720가지

05 다음은 모바일·인터넷 쇼핑 소비자 동향과 관련된 정보이다. 다음 자료에 대한 해석으로 적절하지 않은 것은?

<주요 업태별 월평균 이용자 수 추이>

(단위 : 명)

분야		15년 상반기	15년 하반기	16년 상반기
PC기반 인터넷 쇼핑몰	오픈마켓	21,493,000	21,515,000	21,480,000
	종합쇼핑몰	12,263,000	13,282,000	12,872,000
	소셜커머스	11,266,000	11,158,000	12,377,000
모바일 쇼핑 어플	오픈마켓	2,421,000	3,675,000	5,480,000
	종합쇼핑몰	580,000	868,000	1,530,000
	소셜커머스	2,568,000	4,057,000	6,604,000

① 모바일 쇼핑 어플 이용자 수는 지속적인 증가 추세를 보였다.
② 2016년 상반기의 월평균 모바일 쇼핑 어플 이용자 수는 2015년 하반기 대비 약 58% 증가하였다.
③ 조사기간 동안 모바일 쇼핑 어플 분야에서는 소셜커머스 - 오픈마켓 - 종합쇼핑몰 순서로 월평균 이용자 수가 많았다.
④ 2016년 상반기와 2015년 상반기의 분야별 월평균 이용자 수를 비교했을 때, PC기반 종합쇼핑몰 이용자 수의 증감률이 가장 낮은 것으로 나타났다.

06 다음은 최근 한국과 일본을 찾아오는 외국인 관광객의 국적을 분석한 자료이다. 자료에 대한 설명으로 적절하지 않은 것은?

〈최근 한국 및 일본의 외국인 관광객 국적별 추이〉

(단위 : 만 명, %)

구분	국적	2010	2011	2012	2013	2014	2015	2016.1 ~ 6
방한 관광객	중국	101 (74.1)	131 (29.7)	203 (54.9)	314 (54.4)	477 (52.0)	471 (−1.3)	327 (36.0)
	기타	536 (4.9)	589 (10.0)	662 (12.4)	594 (−10.4)	615 (3.7)	542 (−11.9)	326 (17.2)
	일본	295 (−1.1)	321 (8.9)	342 (6.8)	263 (−23.1)	217 (−17.5)	174 (−19.8)	100 (11.5)
	일본 제외	241 (13.4)	268 (11.4)	320 (19.2)	330 (3.2)	398 (20.6)	368 (−7.6)	227 (19.9)
방일 관광객	중국	83 (72.7)	45 (−45.5)	83 (83.0)	70 (−15.0)	175 (148.8)	424 (141.7)	−
	기타	553 (29.3)	360 (−34.8)	521 (44.6)	726 (39.2)	913 (25.8)	1,273 (39.5)	−

※ ( ) 안은 전년 동기 대비 증가율

① 2010년과 2011년에 일본을 방문한 총 중국인 관광객 수는 같은 기간 한국을 방문한 총 중국인 관광객 수와 동일하다.
② 2010년부터 2014년까지 한국을 방문한 중국인 관광객 수는 꾸준히 증가하였다.
③ 2010년부터 2014년까지 일본을 방문한 중국인 관광객 수는 증감을 반복하고 있다.
④ 한국을 방문한 중국인 관광객의 수가 가장 많은 것은 2014년도이다.

07 다음은 한국외식산업연구원(K-FIRI)에서 발표한 외식산업통계 자료 중 2016년 1 ~ 8월 평균 식재료 가격에 대한 자료이다. 자료에 대한 해석으로 적절하지 않은 것은?

〈2016년 1 ~ 8월 평균 식재료 가격〉

(단위 : 원)

구분	1월	2월	3월	4월	5월	6월	7월	8월
쌀(kg)	2,132	2,112	2,085	2,027	1,988	1,990	1,992	1,993
양파(kg)	2,358	2,392	2,373	2,383	1,610	1,412	1,385	1,409
배추(포기)	2,183	2,874	3,587	4,125	3,676	2,775	2,967	4,556
무(개)	1,255	1,745	1,712	1,927	2,038	1,664	1,653	1,829
건멸치(kg)	21,210	21,260	21,370	22,030	22,490	22,220	23,760	24,180
물오징어(마리)	2,131	2,228	2,359	2,235	2,153	2,273	2,286	2,207
계란(개)	5,493	5,473	5,260	5,259	5,216	5,260	5,272	5,322
닭(kg)	5,265	5,107	5,545	5,308	5,220	5,529	5,436	5,337
돼지(kg)	14,305	14,465	14,245	14,660	15,020	16,295	16,200	15,485
소_국산(kg)	49,054	50,884	50,918	50,606	49,334	50,802	52,004	52,220
소_미국산(kg)	21,452	23,896	22,468	23,028	21,480	22,334	21,828	22,500
소_호주산(kg)	23,577	24,375	24,087	23,538	24,388	24,060	23,760	23,777

① 계란의 가격은 1 ~ 5월에 감소 추세를 보인 뒤 6월부터 가격이 다시 증가한다.
② 2 ~ 3월 양파 가격 평균의 합은 6 ~ 7월 배추 가격 평균의 합보다 작다.
③ 국산, 미국산, 호주산에 상관없이 소의 가격은 매월 꾸준히 증가한다.
④ 1 ~ 2월 계란 가격 변동 폭은 동월 대비 닭 가격 변동 폭보다 작다.

Easy

01 다음 제시된 상황에서 J사원의 고객응대 자세의 문제점은?

> J사원은 L마트에서 육류제품의 유통 업무를 담당하고 있다. 전화벨이 울리자 신속하게 인사와 함께 전화를 받았는데 채소류에 관련된 업무 문의였다. J사원은 고객에게 자신은 채소류에 관련된 담당 자가 아니라고 설명하고, "지금 거신 전화는 육류에 관련된 부서로 연결되어 있습니다. 채소류 관련 부서로 전화를 돌려드릴 테니 잠시만 기다려 주십시오."라고 말하고 타부서로 전화를 돌렸다.

① 신속하게 전화를 받지 않았다.
② 기다려 주신 데 대한 인사를 하지 않았다.
③ 고객의 기다림에 대한 양해를 구하지 않았다.
④ 전화를 다른 부서로 돌려도 괜찮은지 묻지 않았다.

02 다음 글을 읽고 C사원이 해야 할 업무 순서로 적절한 것을 고르면?

> 상사 : 벌써 2시 50분이네요. 3시에 팀장회의가 있어서 지금 업무지시를 할게요. 업무 보고는 내일 9시 30분에 받을게요. 업무보고 전 아침에 회의실과 마이크 체크를 한 후 내용을 업무보고에 반영해 주세요. 내일 있을 3시 팀장회의도 차질 없이 준비해야 합니다. 아 그리고 오늘 P사 원이 아파서 조퇴했으니 P사원 업무도 부탁할게요. 간단한 겁니다. 사업 브로슈어에 사장님 의 개회사를 추가하는 건데, 브로슈어 인쇄는 2시간밖에 걸리지 않지만, 인쇄소가 오전 10 시부터 6시까지 일하니 비서실에 방문해 파일을 미리 받아 늦지 않게 인쇄소에 넘겨주세요. 비서실은 본관 15층에 있으니 가는 데 15분 정도 걸릴 거예요. 브로슈어는 다음날 10시까지 준비되어야 하는 거 알죠? 팀장회의에 사용할 케이터링 서비스는 매번 시키는 D업체로 예약 해주세요. 24시간 전에는 예약해야 하니 서둘러 주세요.

(A) 비서실 연락	(B) 회의실, 마이크 체크
(C) 케이터링 서비스 예약	(D) 인쇄소 방문
(E) 업무보고	

① (A) – (D) – (C) – (E) – (B)
② (B) – (A) – (D) – (C) – (E)
③ (C) – (A) – (D) – (B) – (E)
④ (C) – (B) – (A) – (D) – (E)

03 인사팀에 근무하는 A팀장은 전 직원을 대상으로 몇 년 동안의 기혼 여부와 업무성과를 연계하여 조사를 실시해왔다. 그 결과 안정적인 가정을 꾸린 직원이 더 높은 성과를 달성한다는 사실을 확인할 수 있었다. 조사 내용 중 특히 신입사원의 혼인율이 급격하게 낮아지고 있으며, 최근 그 수치가 매우 낮아 향후 업무성과에 좋지 못한 영향을 미칠 것으로 예상되었다. 이러한 문제의 근본원인을 찾아 도식화하여 상사에게 보고하려고 할 때, (D) 부분에 입력할 내용으로 적절한 것은 무엇인가?

- 배우자를 만날 시간이 없다.
- 신입사원이어서 업무에 대해 잘 모른다.
- 매일 늦게 퇴근한다.
- 업무를 제때에 못 마친다.

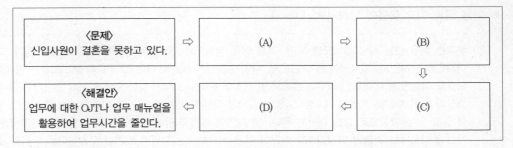

① 배우자를 만날 시간이 없다.
② 신입사원이어서 업무에 대해 잘 모른다.
③ 매일 늦게 퇴근한다.
④ 업무를 제때에 못 마친다.

| 01 | 언어적 사고

※ 다음 글을 읽고 물음에 답하시오. [1~3]

(가) 우리는 처음 만난 사람의 외모를 보고, 그를 어떤 방식으로 대우해야 할지를 결정할 때가 많다. 그가 여자인지 남자인지, 얼굴색이 흰지 검은지, 나이가 많은지 적은지 혹은 그의 스타일이 조금은 상류층의 모습을 띠고 있는지 아니면 너무나 흔해서 별 특징이 드러나 보이지 않는 외모를 하고 있는지 등을 통해 그들과 나의 차이를 재빨리 감지한다. 일단 감지가 되면 우리는 둘 사이의 지위 차이를 인식하고 우리가 알고 있는 방식으로 그를 대하게 된다. 한 개인이 특정 집단에 속한다는 것은 단순히 다른 집단의 사람과 다르다는 것뿐만 아니라, 그 집단이 다른 집단보다는 지위가 높거나 우월하다는 믿음을 갖게 한다. 모든 인간은 평등하다는 우리의 신념에도 불구하고 왜 인간들 사이의 이러한 위계화(位階化)를 당연한 것으로 받아들일까? 위계화란 특정 부류의 사람들은 자원과 권력을 소유하고 다른 부류의 사람들은 낮은 사회적 지위를 갖게 되는 사회적이며 문화적인 체계이다. 다음에서 우리는 이러한 불평등이 어떠한 방식으로 경험되고 조직화되는지를 살펴보기로 하자.

(나) 인간이 불평등을 경험하게 되는 방식은 여러 측면으로 나눌 수 있다. 산업 사회에서의 불평 등은 계층과 계급의 차이를 통해서 정당화되는데, 이는 재산, 생산 수단의 소유 여부, 학력, 집안 배경 등등의 요소들의 결합에 의해 사람들 사이의 위계를 만들어 낸다. 또한 모든 사회에서 인간은 태어날 때부터 얻게 되는 인종, 성, 종족 등의 생득적 특성과 나이를 통해 불평등을 경험한다. 이러한 특성들은 단순히 생물학적인 차이를 지칭하는 것이 아니라, 개인의 열등성과 우등성을 가늠하게 만드는 사회적 개념이 되곤 한다.

(다) 한편 불평등이 재생산되는 다양한 사회적 기제들이 때로는 관습이나 전통이라는 이름하에 특정 사회의 본질적인 문화적 특성으로 간주되고 당연시되는 경우가 많다. 불평등은 체계적으로 조직되고 개인에 의해 경험됨으로써 문화의 주요 부분이 되었고, 그 결과 같은 문화권 내의 구성원들 사이에 권력 차이와 그에 따른 폭력이나 비인간적인 행위들이 자연스럽게 수용될 때가 많다.

(라) 문화 인류학자들은 사회 집단의 차이와 불평등, 사회의 관습 또는 전통이라고 얘기되는 문화 현상에 대해 어떤 입장을 취해야 할지 고민을 한다. 문화 인류학자가 이러한 문화 현상은 고유한 역사적 산물이므로 나름대로 가치를 지닌다는 입장만을 반복하거나 단순히 관찰자로서의 입장에 안주한다면, 이러한 차별의 형태를 제거하는 데 도움을 줄 수 없다. 실제로 문화 인류학 연구는 기존의 권력 관계를 유지시켜주는 다양한 문화적 이데올로기를 분석하고, 인간 간의 차이가 우등성과 열등성을 구분하는 지표가 아니라 동등한 다름일 뿐이라는 것을 일깨우는 데 기여해 왔다.

01 윗글의 내용을 포괄하는 제목으로 가장 적절한 것은?

① 차이와 불평등
② 차이의 감지 능력
③ 문화 인류학의 역사
④ 위계화의 개념과 구조

02 다음 글이 들어가기에 가장 적절한 곳은?

> 잘 알려진 나치 치하의 유태인 대학살은 아리안 종족의 우월성에 대한 믿음에서 기인했다. 또한 한 사회에서 어떠한 가치와 믿음이 중요하다고 여겨지느냐에 따라, '얼굴이 희다.'는 것은 단순히 개인의 매력을 평가하는 척도로 취급될 수 있으나, 동시에 인종적 우월성을 정당화시키는 문화적 관념으로 기능하기도 한다. '나의 조상이 유럽인이다.'는 사실은 라틴 아메리카의 다인종 사회에서는 주요한 사회적 의미를 지닌다. 왜냐하면 그 사회에서는 인종적 차이가 보상과 처벌이 분배되는 방식을 결정하기 때문이다.

① (가)의 앞
② (가)와 (나) 사이
③ (나)와 (다) 사이
④ (다)와 (라) 사이

Easy

03 윗글의 내용을 바르게 해석한 것은?

① 자원과 권력만 공평하게 소유하게 된다면 인간은 불평등을 경험하지 않을 것이다.
② 문화 인류학자의 임무는 객관적인 입장에서 인간의 문화 현상을 관찰하는 것으로 끝나야 한다.
③ 관습이나 전통은 때로 구성원끼리의 권력 차이나 폭력을 수용하는 사회적 기제로 이용되기도 한다.
④ 두 사람이 싸우다가 당신의 나이가 몇 살이냐고 묻는 것은 단순히 생물학적 차이를 알고자 하는 것이다.

04 어느 도시에 있는 병원의 공휴일 진료 현황은 다음과 같다. 공휴일에 진료하는 병원의 수는?

- 만약 B병원이 진료를 하지 않으면, A병원은 진료를 한다.
- 만약 B병원이 진료를 하면, D병원은 진료를 하지 않는다.
- 만약 A병원이 진료를 하면, C병원은 진료를 하지 않는다.
- 만약 C병원이 진료를 하지 않으면, E병원이 진료를 한다.
- E병원은 공휴일에 진료를 하지 않는다.

① 1곳 ② 2곳
③ 3곳 ④ 4곳

05 다음 진술이 모두 참이라고 할 때 항상 참이라고 할 수 없는 것은?

- 등산을 좋아하는 사람은 스케이팅을 좋아하지 않는다.
- 영화 관람을 좋아하지 않는 사람은 독서를 좋아한다.
- 영화 관람을 좋아하지 않는 사람은 조깅 또한 좋아하지 않는다.
- 낮잠 자기를 좋아하는 사람은 스케이팅을 좋아한다.
- 스케이팅을 좋아하는 사람은 독서를 좋아한다.

① 등산을 좋아하는 사람은 낮잠 자기를 좋아하지 않는다.
② 스케이팅을 좋아하는 사람은 등산을 좋아하지 않고, 독서를 좋아한다.
③ 영화 관람을 좋아하는 사람은 독서를 좋아하지 않고, 조깅을 좋아한다.
④ 독서를 좋아하지 않는 사람은 낮잠 자기를 좋아하지 않는다.

06 A, B, C, D, E, F, G는 게스트하우스에서 1층에 방 3개, 2층에 방 2개를 빌렸다. 다음 〈조건〉에 따르면 1층은 몇 명이 사용하는가?

조건
- 1인용 방은 꼭 혼자 사용해야 하고, 2인용 방은 혼자 또는 두 명이 사용할 수 있다.
- 1인용 방은 각 층에 하나씩 있으며 F, D가 사용한다.
- A와 F는 2층을 사용한다.
- B와 G는 같은 방을 사용한다.
- C와 E는 다른 층에 있다.

① 2명 ② 3명
③ 4명 ④ 5명

| 02 | 수리적 사고

01 인형 가게에서 고양이 인형을 하나 팔면 600원이 남고, 펭귄 인형을 하나 팔면 800원이 남는다. 이 두 종류의 인형을 21개 판매하고 14,400원의 이득을 얻었다면 고양이 인형은 몇 개 판매되었나?

① 10개   ② 11개
③ 12개   ④ 13개

`Easy`

02 상호는 친구들과 함께 공원에 갔다. 공원에는 똑같은 크기의 벤치가 몇 개 있는데, 한 벤치에 4명씩 앉았더니 2명이 앉을 자리가 없었고, 5명씩 앉았더니 빈자리 없이 모두 앉을 수 있었다. 상호는 몇 명의 친구들과 함께 공원에 갔는가?

① 10명   ② 15명
③ 20명   ④ 25명

03 민수가 어떤 일을 하는 데 1시간이 걸리고, 그 일을 아버지가 하는 데는 15분이 걸린다. 민수가 30분간 혼자서 일하는 중에 아버지가 오셔서 함께 그 일을 끝마쳤다면 민수가 아버지와 함께 일한 시간은 몇 분인가?

① 5분   ② 6분
③ 7분   ④ 8분

04 민경이는 자신의 집에서 선화네 집을 향해 3m/초의 속도로 가고 선화는 민경이네 집을 향해 2m/초의 속도로 간다. 민경이와 선화네 집은 900m 떨어져 있고 선화가 민경이보다 3분 늦게 출발했을 때, 민경이는 집에서 출발한 지 얼마 만에 선화를 만날까?(단, 민경이와 선화네 집 사이의 길은 한 가지밖에 없다)

① 1분 12초   ② 2분 12초
③ 3분 12초   ④ 4분 12초

05 다음은 2011년에 검거된 강력범죄자에 대한 자료이다. 이를 보고 판단한 내용으로 적절하지 않은 것은?

〈강력범죄 검거단서〉

(단위 : 명)

구분	살인	강도	강간	방화
계	1,349	5,904	14,902	1,653
피해자 신고	298	2,036	7,456	439
제3자 신고	180	94	444	124
현행범 체포	349	915	4,072	660
수사활동	333	2,323	2,191	250
자수	53	30	26	27
기타	136	506	713	153

〈연령별 강력범죄자 수〉

(단위 : 명)

구분	살인	강도	강간	방화
계	1,208	5,584	14,329	1,443
18세 이하	18	1,414	1,574	176
19~30세	173	1,543	3,596	153
31~40세	274	1,033	3,499	277
41~50세	350	781	3,060	498
51~60세	210	293	1,407	222
61세 이상	92	68	625	52
미상	91	452	568	65

① 강력범죄 검거단서로 볼 때 수사활동이 가장 큰 비중을 차지하고 있는 것은 강도이고, 가장 작은 것은 방화이다.

② 연령별 강력범죄자 수에서 19~30세와 41~50세의 1위 비중은 강간이다.

③ 61세 이상이 강간에서 차지하는 비중은 강도에서 차지하는 비중보다 더 높다.

④ 강력범죄 검거단서 중 피해자 신고의 비중은 강도보다 강간이 더 높다.

06 다음은 한국방송공사가 발표한 2011년 연간방송 편성비율이다. 2TV의 재방송시간 중 교양프로그램에 35%를 할애했다면 교양프로그램의 방영시간은 총 얼마인가?

〈연간방송 편성비율〉

(단위 : 분, %)

사업자명	매체	연간 유형별 방송시간과 편성비율									
		보도		교양		오락		본방송		재방송	
		시간	비율	시간	비율	시간	비율	시간	비율	시간	비율
한국 방송 공사	1TV	141,615	32.2	227,305	51.7	70,440	16	397,075	90.4	42,285	9.6
	2TV	32,400	7.4	208,085	47.8	194,835	44.8	333,320	76.6	102,000	23.4
	1라디오	234,527	44.8	280,430	53.6	8,190	1.6	449,285	85.9	73,862	14.1
	2라디오	34,548	7.2	224,928	46.7	222,314	46.1	459,785	95.4	22,005	4.6
	3라디오	111,327	24.3	285,513	62.4	60,915	13.3	310,695	67.9	147,060	32.1
	1FM	85	0.02	231,114	44	294,264	56	460,260	87.6	65,203	12.4
	2FM	82	0.02	0	0	523,358	100	523,440	100	0	0
	한민족1	71,868	16.4	311,792	71.2	54,340	12.4	302,160	69	135,840	31
	한민족2	44,030	14.3	237,250	77.3	25,550	8.3	230	0.1	306,600	99.9
	국제방송 (5개채널)	729,060	22.9	1,832,670	57.6	620,590	19.5	364,150	11.4	2,818,170	88.6

① 27,530분
② 30,467분
③ 35,700분
④ 40,120분

| 03 | 문제해결

※ 다음 상황을 보고 이어지는 질문에 답하시오. [1~2]

공기업 자재관리팀에 근무 중인 귀하는 회사 행사 때 사용할 배너를 제작하는 업무를 맡았다.

■ 행사 장소 도면

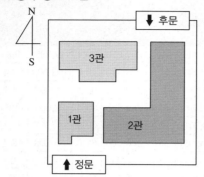

■ 배너 설치 비용(배너 제작비＋배너 거치대)
  - 배너 제작 비용 : 일반 배너 한 장당 15,000원
    양면 배너 한 장당 20,000원
  - 배너 거치대 : 건물 내부용 10,000원, 건물 외부용
    15,000원

■ 현수막 제작 비용
  - 기본 크기(세로×가로) : 1m×3m → 5,000원
  - 기본 크기에서 추가 시 → 1m²당 3,000원씩 추가

■ 행사 장소 : 본 건물 3관

Easy

01 배너와 관련된 정보가 다음과 같을 때, 배너 설치에 필요한 비용은 총 얼마인가?

1. 배너 설치 장소 : 1관과 2관 사잇길 1장, 2관과 3관 내부 각 1장
2. 추가 요청 사항 : 실외용은 전부 양면 배너로 제작할 것

① 80,000원 ② 85,000원
③ 90,000원 ④ 95,000원

02 귀하는 배너 비용을 계산한 후 이를 상사에게 보고하였다. 상사의 추가 지시에 따라 계산한 현수막 설치 비용은?

상사 : 행사장 위치를 명확하게 알리려면 현수막도 설치하는 것이 좋을 것 같네요. 정문하고 후문에 하나씩 걸고 2관 건물 입구에도 하나를 답시다. 정문하고 후문에는 3m×8m의 크기로 하고, 2관 건물 입구에는 1m×4m의 크기가 적당할 것 같아요. 견적 좀 부탁할게요.

① 98,000원 ② 108,000원
③ 120,000원 ④ 144,000원

03 무역회사에 근무 중인 귀하는 A과장과 함께 이집트 출장일정을 조율하고 있다. 개괄적인 출장일정을 살펴보면 현지 거래처와의 미팅은 11월 21일 오후 2시부터 시작되며, 11월 23일 저녁식사를 마지막으로 오후 5시에 모든 일정이 마무리된다. 이를 바탕으로 항공편을 알아보던 중 다음과 같은 뉴스를 접하였다. 귀하가 A과장에게 보고해야 할 내용으로 가장 적절하지 않은 것은?

항공편	ICN, 서울(현지 시간 기준)		CAI, 카이로(현지 시간 기준)		경유 여부
150	출발	11/20 09:00	출발	11/21 14:20	2회 (홍콩, 에티오피아)
	도착	11/25 08:20	도착	11/23 13:00	
301	출발	11/20 09:30	출발	11/20 18:00	1회 (이스탄불)
	도착	11/25 09:30	도착	11/24 11:00	
402	출발	11/20 10:00	출발	11/21 11:30	1회 (로마)
	도착	11/25 10:00	도착	11/23 18:30	
501	출발	11/20 10:30	출발	11/20 21:00	1회 (두바이)
	도착	11/25 10:30	도착	11/24 10:00	

- 서울과 카이로 간의 시차는 7시간이며, 서울이 더 빠르다.
- 같은 항공편 안에서 소요되는 비행시간은 동일하다.
- 현지 거래처는 카이로 공항에서 30분 거리에 위치하고 있다.

〈○○○ 보도국〉

속보입니다. 프랑스 파리 연쇄 테러 사건이 발생한 이후 각국에서 시리아 내 IS 격퇴에 힘을 보태고 있습니다. 시리아 내 IS에 대한 공습이 예상되는 가운데 주변국을 포함하여 긴장감이 높아지고 있습니다. 이에 따라 시리아 영공 및 그 주변을 지나가는 항공편의 안전이 위협받고 있습니다.

① 150 항공편은 인천공항에서 11월 20일 09:00에 출발해서 이집트 카이로공항에 11월 21일 14:20에 도착하는데, 현지 업체와의 미팅 시간보다 늦게 도착해서 적절하지 않습니다.

② 뉴스를 보니 최근 파리 연쇄 테러사건으로 인하여 시리아 및 인근 지역이 위험하다고 하는데, 301 항공편이 그 지역을 경유하므로 다른 항공편을 찾아보는 것이 더 좋을 것 같습니다.

③ 402 항공편은 현지 거래처와의 업무일정에 아무런 영향을 주지 않아 적합한데, 다른 항공편에 비해서 비행시간이 가장 길어서 고민이 됩니다.

④ 501 항공편은 비행시간이 17시간 30분이 소요되므로 현지 출장업무를 모두 진행하고도 시간이 남아 여유로울 것 같습니다.

| 01 | 언어적 사고

※ 다음 글을 읽고 물음에 답하시오. [1~3]

미술가가 추구하는 효과는 결코 예측할 수 없기 때문에 이러한 종류의 규칙을 설정하기란 사실상 불가능하다. 미술가는 일단 옳다는 생각이 들면 전혀 조화되지 않는 것까지 시도하기를 원할지 모른다. 제대로 된 조각이나 그림에 대한 기준은 없기 때문에 우리가 어떤 작품을 걸작이라고 느끼더라도 그 이유를 정확하게 ㉮ 표현하는 것도 거의 불가능하다.

그렇다고 어느 작품이나 다 마찬가지라거나, 사람들이 취미에 대해 논할 수 없다는 뜻은 아니다. 별 의미가 없는 것이라 하더라도 그러한 논의들은 우리에게 그림을 더 보도록 만들 뿐만 아니라, 전에 발견하지 못했던 점들을 깨닫게 해준다. 그림을 보면서 각 시대의 미술가들이 이룩하려 했던 조화에 대한 감각을 발전시키고, 느낌이 풍부해질수록 더욱 그림 ㉯ 감상을 즐기게 될 것이다. '취미에 관한 문제는 논의의 여지가 없다.'라는 오래된 ㉰ 경구가 진실이라고 해도, 이로 인해 '취미는 개발될 수 있다.'라는 사실이 숨겨져서는 안 된다. 예컨대 ㉠ 차를 자주 마시지 않던 사람들은 여러 가지 차를 혼합해서 만드는 차와 다른 종류의 차가 똑같은 맛을 낸다고 느낄지 모른다. 그러나 만일 여가(餘暇)와 기회가 있어 그러한 맛의 차이를 찾아내려 한다면, 그들은 자기가 좋아하는 혼합된 차의 종류를 정확하게 ㉱ 식별해내는 진정한 감식가가 될 수 있을 것이다. 분명히 미술 작품에 대한 취미는 음식이나 술에 대한 취미보다 매우 복잡하다. 그것은 여러 가지 미묘한 풍미(風味)를 발견하는 문제 이상으로 훨씬 진지하고 중요한 것이다. 요컨대 위대한 미술가들은 작품을 위해 그들의 모든 것을 바치고 그 작품들로 인해 고통을 받고 그들 작품에 심혈을 기울였으므로, 우리에게 최소한 그들이 원하는 방식으로 미술 작품을 이해하도록 노력해야 한다고 요구할 권리가 있다.

01 윗글의 집필 의도를 바르게 제시한 것은?

① 미의 표현 방식을 설명하기 위해
② 미술에 대한 관심을 불러일으키기 위해
③ 미술 교육이 나아갈 방향을 제시하기 위해
④ 미술 작품 감상의 올바른 태도를 제시하기 위해

02 ㉠이 의미하는 바는?

① 미술에 대해 편견을 갖고 있는 사람
② 미술 작품을 소장하고 있지 않은 사람
③ 미술 작품을 자주 접할 기회가 없는 사람
④ 그림을 그리는 방법을 잘 알지 못하는 사람

`Hard`

03 다음 중 밑줄 친 단어의 한자어로 바르지 않은 것은?

① ㉮ : 표현(表現)
② ㉯ : 감상(感想)
③ ㉰ : 경구(驚句)
④ ㉱ : 식별(識別)

`Easy`

04 빨간색, 파란색, 노란색, 초록색의 화분이 있다. 이 화분에 빨강, 파랑, 노랑, 초록 꽃씨를 심으려고 한다. 같은 색깔로는 심지 못한다고 할 때 다음 〈조건〉에 맞지 않는 것은?

> 조건
> • 빨강 꽃씨를 노란 화분에 심을 수 없으며, 노랑 꽃씨를 빨간 화분에 심지 못한다.
> • 파랑 꽃씨를 초록 화분에 심을 수 없으며, 초록 꽃씨를 파란 화분에 심지 못한다.

① 빨간 화분에 파랑 꽃씨를 심었다면, 노란 화분에는 초록 꽃씨를 심을 수 있다.
② 파란 화분에 빨강 꽃씨를 심었다면, 초록 화분에는 노랑 꽃씨를 심을 수 있다.
③ 초록 화분과 노란 화분에 심을 수 있는 꽃씨의 종류는 같다.
④ 빨간 화분과 노란 화분에 심을 수 있는 꽃씨의 종류는 같다.

05 L회사의 건물은 5층 건물이고 회사에는 A, B, C, D, E 5개의 부서가 있다. 각 부서는 한 층에 한 개씩 위치하고 있을 때, 주어진 〈조건〉에서 항상 옳은 것은?

> **조건**
> • A부서는 1층과 5층에 위치하고 있지 않다.
> • B부서와 D부서는 인접하고 있다.
> • A부서와 E부서 사이에 C부서가 위치하고 있다.
> • A부서와 D부서는 인접하고 있지 않다.

① B부서는 2층에 있다.
② D부서는 1층에 있다.
③ D부서는 5층에 있다.
④ A부서는 3층에 있다.

Easy

06 민호는 6개 도시를 여행했다. 다음 〈조건〉을 바탕으로 부산이 4번째 여행지라면 전주는 몇 번째 여행지인가?

> **조건**
> • 춘천은 3번째 여행지였다.
> • 대구는 6번째 여행지였다.
> • 전주는 강릉의 바로 전 여행지였다.
> • 부산은 안동의 바로 전 여행지였다.

① 첫 번째   ② 두 번째
③ 세 번째   ④ 다섯 번째

| 02 | 수리적 사고

01 50원, 100원, 500원짜리 동전이 5개씩 있을 때, 1,200원을 지불하는 방법의 수는?

① 2가지
② 3가지
③ 4가지
④ 5가지

02 철수는 기본급 80만 원에 차량 한 대당 3%의 성과급을 받는다. 차량 한 대의 금액이 1,200만 원이라면 월급을 240만 원 이상 받고자 할 때 최소 몇 대를 팔아야 하는가?

① 3대
② 5대
③ 6대
④ 10대

03 세 변의 길이가 각각 $2x$, $3x$, 10인 삼각형을 만들려고 한다. x의 범위를 구하면?

① $x > 2$
② $x > \dfrac{10}{3}$

③ $2 < x < \dfrac{10}{3}$
④ $2 < x < 3$

Easy

04 세 자연수 a, b, c가 있다. $a+b+c=5$일 때, 순서쌍 (a, b, c)의 값이 될 수 있는 경우는 몇 가지인가?

① 3가지
② 4가지
③ 5가지
④ 6가지

다음은 주요 선진국과 BRICs의 고령화율을 나타낸 표이다. 다음 중 2040년의 고령화율이 2010년 대비 2배 이상 증가하는 나라를 〈보기〉에서 모두 고른 것은?

〈주요 선진국과 BRICs 고령화율〉

(단위 : %)

구분	한국	미국	프랑스	영국	독일	일본	브라질	러시아	인도	중국
1990년	5.1	12.5	14.1	15.7	15	11.9	4.5	10.2	3.9	5.8
2000년	7.2	12.4	16	15.8	16.3	17.2	5.5	12.4	4.4	6.9
2010년	11	13.1	16.8	16.6	20.8	23	7.04	13.1	5.1	8.4
2020년	15.7	16.6	20.3	18.9	23.1	28.6	9.5	14.8	6.3	11.7
2030년	24.3	20.1	23.2	21.7	28.2	30.7	13.6	18.1	8.2	16.2
2040년	33	21.2	25.4	24	31.8	34.5	17.6	18.3	10.2	22.1
2010년 대비 2040년	㉠	㉡	1.5	1.4	1.5	㉢	㉣	1.4	㉤	2.6

보기

㉠ 한국   ㉡ 미국

㉢ 일본   ㉣ 브라질

㉤ 인도

① ㉠, ㉡, ㉢   ② ㉠, ㉣, ㉤

③ ㉡, ㉢, ㉣   ④ ㉡, ㉣, ㉤

다음은 보건복지부에서 발표한 2014년 12월 말 기준 어린이집 보육교직원 현황이다. 총계에서 원장을 제외한 나머지 인원이 차지하는 비율은?

〈어린이집 보육교직원 현황〉

(단위 : 명)

구분			계	원장	보육교사	특수교사	치료사	영양사	간호사	사무원	취사부	기타
계 (전국)	총계		248,635	39,546	180,247	1,341	550	706	891	934	17,457	6,963
	국·공립		22,229	2,099	15,376	502	132	85	147	132	2,669	1,087
	법인		17,491	1,459	12,037	577	336	91	117	162	1,871	841
	민간	법인외	7,724	867	5,102	54	20	35	50	101	899	596
		민간개인	112,779	14,030	85,079	198	62	415	508	408	8,379	3,700
	가정		82,911	20,557	58,674	5	–	1	8	53	2,997	616
	부모협동		485	88	328	1	–	3	–	3	51	11
	직장		5,016	446	3,651	4	–	76	61	75	591	112

① 75.7%   ② 76.4%

③ 80.3%   ④ 84.1%

07 다음 자료에 대한 해석 중 적절하지 않은 것은?

〈국가별 생산자 물가지수 추이〉

구분	2005년	2006년	2007년	2008년	2009년	2010년	2011년
한국	97.75	98.63	100	108.6	108.41	112.51	119.35
미국	93.46	96.26	100	106.26	103.55	107.94	114.39
독일	93.63	98.69	100	105.52	101.12	102.72	N.A.
중국	94.16	96.99	100	106.87	101.13	106.69	113.09
일본	96.15	98.27	100	104.52	99.04	98.94	100.96
대만	88.89	93.87	100	105.16	95.91	101.16	104.62

※ N.A.(Not Available) - 참고 예상 수치 없음

① 2005년 대비 2011년 생산자 물가지수 상승세가 가장 낮은 나라보다 생산자 물가지수가 4배 이상 높은 나라의 수는 2개이다.

② 우리나라의 생산자 물가지수 상승률은 2008년부터 4년 새 다른 나라에 비해 가장 높은 상승세를 보이고 있다.

③ 2005년에 비해 2011년 물가지수 상승세가 가장 낮은 나라는 일본이다.

④ 미국과 일본, 중국은 다른 경쟁국에 비해 높은 생산자 물가지수 상승세를 보이고 있다.

| 03 | 문제해결

※ 서울시는 S ~ T구간에 수도관을 매설하려고 한다. 다음 그림에서 각 마디(Node)는 지점을, 가지(Link)는 지점 간의 연결 가능한 구간을, 가지 위의 숫자는 두 지점 간의 거리(m)를 나타내고 있다. 이어지는 물음에 각각 답하시오. **[1~3]**

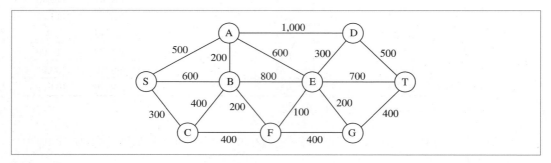

Easy

01 수도관 매설 공사를 총 지휘하고 있는 서울시 K소장은 S지점부터 T지점까지 최소 거리로 수도관 파이프라인을 설치하여 수도관 재료비용을 절감하려고 한다. 수도관 재료비용이 1m당 1만 원일 때, 최소 수도관 재료비용은?

① 1,200만 원　　　　　　　　　　② 1,300만 원
③ 1,400만 원　　　　　　　　　　④ 1,500만 원

02 01번에서 제시된 수도관 매설 공사를 진행하던 중 F지점 부근에서 청동기 시대 유적지가 발견되어 종전에 세워 둔 수도관 매설 계획에 차질이 빚어졌다. 서울시 K소장은 할 수 없이 공사 계획을 변경하여 F를 경유하지 않는 새로운 최적 경로를 재설정하기로 하였다. 수도관 재료비용이 1m당 1만 원일 때, 종전 F를 경유하는 최적 경로에서 새로 F를 경유하지 않는 최적 경로로 변경함으로써 추가되는 수도관 재료비용은 얼마인가?(단, 종전 공사를 복구하는 과정에서 추가되는 비용 등 다른 조건들은 무시한다)

① 300만 원　　　　　　　　　　② 400만 원
③ 500만 원　　　　　　　　　　④ 600만 원

03 수도관 매설 공사를 총 지휘하고 있는 서울시 K소장은 S지점부터 T지점까지 최소 거리로 수도관 파이프라인을 설치하여 수도관 재료비용을 절감하려고 한다. 매설 가능한 수도관의 종류는 연결 구간의 위치에 따라 세 가지로 구분되며, 각각의 수도관은 직경별로 가격 차이가 있다. 〈자료 1〉은 연결 구간별 매설 가능한 수도관의 종류를 나타내고, 〈자료 2〉는 수도관의 종류별 직경 및 구입가 격을 나타내고 있다. 수도관의 최소 구입비용은 얼마인가?

〈자료 1〉 연결 구간별 매설 가능한 수도관의 종류

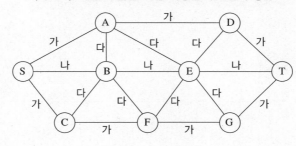

〈자료 2〉 수도관의 종류별 직경 및 구입가격

구분	수도관 직경	길이 m당 구입가격
가	2m	3만 원
나	1m	2만 원
다	0.5m	1만 원

① 2,900만 원
② 3,000만 원
③ 3,100만 원
④ 3,200만 원

L—TAB ●

PART III

주요기업 기출복원문제

주요기업 기출복원문제

정답 및 해설 p.056

| 언어 |

| 2022년 상반기 SK그룹

01 다음 중 A의 주장에 대해 반박할 수 있는 내용으로 적절한 것은?

> • A : 우리나라의 장기 기증률은 선진국에 비해 너무 낮아. 이게 다 부모로부터 받은 신체를 함부로 훼손해서는 안 된다는 전통적 유교 사상 때문이야.
> • B : 맞아. 그런데 장기기증 희망자로 등록이 돼 있어도 유족들이 장기 기증을 반대하여 기증이 이뤄지지 않는 경우도 많아.
> • A : 유족들도 결국 유교 사상으로 인해 신체 일부를 다른 사람에게 준다는 방식을 잘 이해하지 못하는 거야.
> • B : 글쎄, 유족들이 동의해서 기증이 이뤄지더라도 보상금을 받고 '장기를 팔았다.'는 죄책감을 느끼는 유족들도 있다고 들었어. 또 아직은 장기 기증에 대한 생소함 때문일 수도 있어.

① 캠페인을 통해 장기 기증에 대한 사람들의 인식을 변화시켜야 한다.
② 유족에게 지급하는 보상금 액수가 증가하면 장기 기증률도 높아질 것이다.
③ 장기기증 희망자는 반드시 가족들의 동의를 미리 받아야 한다.
④ 장기 기증률이 낮은 이유에는 유교 사상 외에도 여러 가지 원인이 있을 수 있다.
⑤ 제도 변화만으로는 장기 기증률을 높이기 어렵다.

02   다음 글의 내용으로 적절한 것은?

> 통증은 조직 손상이 일어나거나 일어나려고 할 때 의식적인 자각을 주는 방어적 작용으로 감각의 일종이다. 통증을 유발하는 자극에는 강한 물리적 충격에 의한 기계적 자극, 높은 온도에 의한 자극, 상처가 나거나 미생물에 감염되었을 때 세포에서 방출하는 화학 물질에 의한 화학적 자극 등이 있다. 이러한 자극은 온몸에 퍼져 있는 감각 신경의 말단에서 받아들이는데, 이 신경 말단을 통각 수용기라 한다. 통각 수용기는 피부에 가장 많아 피부에서 발생한 통증은 위치를 확인하기 쉽지만, 통각 수용기가 많지 않은 내장 부위에서 발생한 통증은 위치를 정확히 확인하기 어렵다. 후각이나 촉각 수용기 등에는 지속적인 자극에 대해 수용기의 반응이 감소되는 감각 적응 현상이 일어난다. 하지만 통각 수용기에는 지속적인 자극에 대해 감각 적응 현상이 거의 일어나지 않는다. 그래서 우리 몸은 위험한 상황에 대응할 수 있게 된다.
> 대표적인 통각 수용 신경 섬유에는 Aδ섬유와 C섬유가 있다. Aδ섬유에는 기계적 자극이나 높은 온도 자극에 반응하는 통각 수용기가 분포되어 있으며, C섬유에는 기계적 자극이나 높은 온도 자극뿐만 아니라 화학적 자극에도 반응하는 통각 수용기가 분포되어 있다. Aδ섬유를 따라 전도된 통증 신호가 대뇌 피질로 전달되면, 대뇌 피질에서는 날카롭고 쑤시는 듯한 짧은 초기 통증을 느끼고 통증이 일어난 위치를 파악한다. C섬유를 따라 전도된 통증 신호가 대뇌 피질로 전달되면, 대뇌피질에서는 욱신거리고 둔한 지연 통증을 느낀다. 이는 두 신경 섬유의 특징과 관련이 있다. Aδ섬유는 직경이 크고 전도 속도가 빠르며, C섬유는 직경이 작고 전도 속도가 느리다.

① Aδ섬유를 따라 전도된 통증 신호가 대뇌 피질로 전달되면, 대뇌피질에서는 욱신거리고 둔한 지연 통증을 느낀다.

② 통각 수용기는 수용기의 반응이 감소되는 감각 적응 현상이 거의 일어나지 않는다.

③ Aδ섬유는 C섬유보다 직경이 작고 전도 속도가 빠르다.

④ 통각 수용기가 적은 부위일수록 통증 위치를 확인하기 쉽다.

⑤ 기계적 자극이나 높은 온도에 반응하는 통각 수용기는 Aδ섬유에만 분포되어 있다.

※ 다음 문단을 논리적 순서대로 바르게 나열한 것을 고르시오. [3~5]

❙ 2022년 상반기 CJ그룹

03

> (가) 심리학자 와이너는 부정적인 경험을 한 상황을 어떻게 해석하느냐에 따라 이러한 공포증이 생길 수도 있고 그렇지 않을 수도 있다고 한다.
>
> (나) 일반적인 사람들도 공포증을 유발하는 대상을 접하면서 부정적인 경험을 할 수 있지만 공포증으로까지 이어지는 경우는 드물다.
>
> (다) 부정적인 경험을 하더라도 상황을 가변적으로 해석하는 사람보다 고정적으로 해석하는 사람은 공포증이 생길 확률이 높다.
>
> (라) '공포증'이란 특정 대상에 대한 과도한 두려움으로 그 대상을 계속해서 피하게 되는 증세를 말한다.

① (가) – (나) – (다) – (라)   ② (나) – (라) – (가) – (다)
③ (다) – (나) – (라) – (가)   ④ (다) – (가) – (나) – (라)
⑤ (라) – (나) – (가) – (다)

❙ 2022년 상반기 KT그룹

04

> (가) 그런데 자연의 일양성은 선험적으로 알 수 있는 것이 아니라 경험에 기대어야 알 수 있는 것이다. 즉, '귀납이 정당한 추론이다.'라는 주장은 '자연은 일양적이다.'라는 다른 지식을 전제로 하는데, 그 지식은 다시 귀납에 의해 정당화되어야 하는 경험 지식이므로 귀납의 정당화는 순환 논리에 빠져 버린다는 것이다. 이것이 귀납의 정당화 문제이다.
>
> (나) 귀납은 논리학에서 연역이 아닌 모든 추론, 즉 전제가 결론을 개연적으로 뒷받침하는 모든 추론을 가리킨다. 귀납은 기존의 정보나 관찰 증거 등을 근거로 새로운 사실을 추가하는 지식 확장적 특성을 지닌다.
>
> (다) 이와 관련하여 흄은 과거의 경험을 근거로 미래를 예측하는 귀납이 정당한 추론이 되려면 미래의 세계가 과거에 우리가 경험해 온 세계와 동일하다는 자연의 일양성, 곧 한결같음이 가정되어야 한다고 보았다.
>
> (라) 이 특성으로 인해 귀납은 근대 과학 발전의 방법적 토대가 되었지만, 한편으로 귀납 자체의 논리 한계를 지적하는 문제들에 부딪히기도 한다.

① (가) – (라) – (나) – (다)   ② (가) – (나) – (다) – (라)
③ (가) – (다) – (나) – (라)   ④ (나) – (다) – (라) – (가)
⑤ (나) – (라) – (다) – (가)

05

(가) 문화재(문화유산)는 옛사람들이 남긴 삶의 흔적이다. 그 흔적에는 유형의 것과 무형의 것이 모두 포함된다. 문화재 가운데 가장 가치 있는 것으로 평가받는 것은 다름 아닌 국보이며, 현행 문재재보호법 체계상 국보에 무형문화재는 포함되지 않는다. 즉 국보는 유형문화재만을 대상으로 한다.

(나) 국보 선정 기준에 따라 우리의 전통 문화재 가운데 최고의 명품으로 꼽힌 문화재로는 국보 1호 숭례문이 있다. 숭례문은 현존 도성 건축물 중 가장 오래된 건물이다. 다음으로 온화하고 해맑은 백제의 미소로 유명한 충남 서산 마애여래삼존상은 국보 84호이다. 또한 긴 여운의 신비하고 그윽한 종소리로 유명한 선덕대왕신종은 국보 29호, 유네스코 세계유산으로도 지정된 석굴암은 국보 24호이다. 이렇듯 우리나라 전통문화의 상징인 국보는 다양한 국보 선정의 기준으로 선발된 것이다.

(다) 문화재보호법에 따르면 국보는 특히 "역사적·학술적·예술적 가치가 큰 것, 제작 연대가 오래되고 그 시대를 대표하는 것, 제작 의장이나 제작 기법이 우수해 그 유례가 적은 것, 형태 품질 용도가 현저히 특이한 것, 저명한 인물과 관련이 깊거나 그가 제작한 것" 등을 대상으로 한다. 이것이 국보 선정의 기준인 셈이다.

(라) 이처럼 국보 선정의 기준으로 선발된 문화재는 지금 우리 주변에서 여전히 숨쉬고 있다. 우리와 늘 만나고 우리와 늘 교류한다. 우리에게 감동과 정보를 주기도 하고, 때로는 이 시대의 사람들과 갈등을 겪기도 한다. 그렇기에 국보를 둘러싼 현장은 늘 역동적이다. 살아있는 역사라 할 수 있다. 문화재는 그 스스로 숨쉬면서 이 시대와 교류하기에, 우리는 그에 어울리는 시선으로 국보를 바라볼 필요가 있다.

① (가) - (나) - (라) - (다)
② (가) - (다) - (나) - (라)
③ (다) - (가) - (나) - (라)
④ (다) - (나) - (가) - (라)
⑤ (나) - (다) - (라) - (가)

06 G씨는 성장기인 아들의 수면 습관을 바로 잡기 위해 수면 습관에 관련된 글을 찾아보았다. 다음 중 G씨가 이해한 것으로 적절하지 않은 것은?

> 수면은 비렘(non-Rem)수면과 렘수면으로 이뤄진 사이클이 반복되면서 이뤄지는 복잡한 신경계의 상호작용이며 좋은 수면이란 이 사이클이 끊어지지 않고 충분한 시간 동안 유지되도록 하는 것이다. 수면 패턴은 일정한 것이 좋으며 깨는 시간을 지키는 것이 중요하다. 그리고 수면 패턴은 휴일과 평일 모두 일정하게 지키는 것이 성장하는 아이들의 수면 리듬을 유지하는 데 좋다. 수면 상태에서 깨어날 때 영향을 주는 자극들은 '빛, 식사 시간, 운동, 사회 활동' 등이 있으며 이 중 가장 강한 자극은 '빛'이다. 침실을 밝게 하는 것은 적절한 수면 자극을 방해하는 것이다. 반대로 깨어날 때는 강한 빛 자극을 주면 빠르게 수면 상태에서 벗어날 수 있다. 이는 뇌의 신경 전달 물질인 멜라토닌의 농도와 연관되어 나타나는 현상으로, 수면 중 최대치로 올라간 멜라토닌은 시신경이 강한 빛에 노출되면 빠르게 줄어들게 되는데 이때 수면 상태에서 벗어나게 된다. 아침 일찍 일어나 커튼을 젖히고 밝은 빛이 침실 안으로 들어오게 하는 것은 매우 효과적인 각성 방법인 것이다.

① 잠에서 깨는 데 가장 강력한 자극을 주는 것은 빛이었구나.
② 멜라토닌의 농도에 따라 수면과 각성이 영향을 받는군.
③ 평일에 잠이 모자란 우리 아들은 잠을 보충해줘야 하니까 휴일에 늦게까지 자도록 둬야겠다.
④ 좋은 수면은 비렘수면과 렘수면의 사이클이 충분한 시간동안 유지되도록 하는 것이구나.
⑤ 우리 아들 침실이 좀 밝은 편이니 충분한 수면을 위해 암막커튼을 달아줘야겠어.

07 다음 글의 논지를 이끌 수 있는 첫 문장으로 가장 적절한 것은?

> 사람과 사람이 직접 얼굴을 맞대고 하는 접촉이 라디오나 텔레비전 등의 매체를 통한 접촉보다 결정적인 영향력을 미친다는 것이 일반적인 견해로 알려져 있다. 매체는 어떤 마음의 자세를 준비하게 하는 구실을 하여 나중에 직접 어떤 사람에게서 새 어형을 접했을 때 그것이 텔레비전에서 자주 듣던 것이면 더 쉽게 그쪽으로 마음의 문을 열게 하는 면에서 영향력을 행사하기는 하지만, 새 어형이 전파되는 것은 매체를 통해서보다 상면하는 사람과의 직접적인 접촉에 의해서라는 것이 더 일반화된 견해이다. 사람들은 한두 사람의 말만 듣고 언어 변화에 가담하지는 않고, 주위의 여러 사람들이 다 같은 새 어형을 쓸 때 비로소 그것을 받아들이게 된다고 한다. 매체를 통해서보다 자주 접촉하는 사람들을 통해 언어 변화가 진전된다는 사실은 언어 변화의 여러 면을 바로 이해하는 하나의 핵심적인 내용이라 해도 좋을 것이다.

① 일반적으로 젊은 층이 언어 변화를 주도한다.
② 언어 변화는 결국 접촉에 의해 진행되는 현상이다.
③ 접촉의 형식도 언어 변화에 영향을 미치는 요소로 지적되고 있다.
④ 매체의 발달이 언어 변화에 중요한 영향을 미치는 것으로 알려져 있다.
⑤ 언어 변화는 외부와의 접촉이 극히 제한되어 있는 곳일수록 속도가 느리다.

08 다음 글에 사용된 설명방식으로 적절하지 않은 것은?

> 집단사고는 강한 응집력을 보이는 집단의 의사결정과정에서 나타나는 비합리적인 사고방식이다. 이는 소수의 우월한 엘리트들이 모여서 무언가를 결정하는 과정에서 흔히 발생한다. 이것의 폐해는 반대 시각의 부재, 다시 말해 원활하지 못한 소통에서 비롯된다. 그 결과 '이건 아닌데…….' 하면서도 서로 아무 말을 못 해서 일이 파국으로 치닫곤 한다.
>
> 요즘 각광받는 집단지성은 집단사고와 비슷한 것 같지만 전혀 다른 개념이다. 집단지성이란 다수의 개체들이 협력하거나 경쟁함으로써 얻어지는 고도의 지적 능력을 말한다. 이는 1910년대 한 곤충학자가 개미의 사회적 행동을 관찰하면서 처음 제시한 개념인데, 사회학자 피에르레비가 사이버공간에서의 집단지성의 개념을 제시한 이후 여러 분야에서 활발히 연구되고 있다. 위키피디아는 집단지성의 대표적인 사례이다. 위키피디아는 참여자 모두에게 편집권이 있고, 다수에 의해 수정되며, 매일 업데이트 되는 '살아 있는 백과사전'이다. 서로 이해와 입장이 다른 수많은 참여자가 콘텐츠를 생산하거나 수정하고 다시 그것을 소비하면서 지식의 빈자리를 함께 메워 가는 소통의 과정 그 자체가 위키피디아의 본질이다. 이처럼 집단지성은 참여와 소통의 수준 면에서 집단사고와는 큰 차이가 있다.

① 정의
② 대조
③ 예시
④ 인용
⑤ 비유

09 다음 글의 제목으로 가장 적절한 것은?

> 물은 너무 넘쳐도 문제고, 부족해도 문제다. 무엇보다 충분한 양을 안전하게 저장하면서 효율적으로 관리하는 것이 중요하다. 하지만 예기치 못한 자연재해가 불러오는 또 다른 물의 재해도 우리를 위협한다. 지진의 여파로 쓰나미(지진해일)가 몰려오고 댐이 붕괴되면서 상상도 못 한 피해를 불러올 수 있다. 이는 역사 속에서 실제로 반복되어 온 일이다.
>
> 1755년 11월 1일 아침, 15·16세기 대항해 시대를 거치며 해양 강국으로 자리매김한 포르투갈의 수도 리스본에 대지진이 발생했다. 도시 건물 중 85%가 파괴될 정도로 강력한 지진이었다. 하지만 지진은 재해의 전주곡에 불과했다.
>
> 지진이 덮치고 약 40분 후 쓰나미(지진해일)가 항구와 도심지로 쇄도했다. 해일은 리스본뿐 아니라 인근 알가르브 지역의 해안 요새 중 일부를 박살냈고, 숱한 가옥을 무너뜨렸다. 6만~9만 명이 귀한 목숨을 잃었다. 이 대지진과 이후의 쓰나미는 포르투갈 문명의 역사를 바꿔버렸다. 포르투갈은 이후 강대국 대열에서 밀려나 옛 영화를 찾지 못한 채 지금에 이르고 있다.
>
> 또한, 1985년 7월 19일 지진에 의해 이탈리아의 스타바댐이 붕괴하면서 그 여파로 발생한 약 20만 톤의 진흙과 모래, 물이 테세로 마을을 덮쳐 268명이 사망하고 63개의 건물과 8개의 다리가 파괴되는 사고가 일어났다.

① 우리나라는 '물 스트레스 국가'
② 도를 지나치는 '물 부족'
③ 강력한 물의 재해 '지진'
④ 누구도 피해갈 수 없는 '자연 재해'
⑤ 자연의 경고 '댐 붕괴'

10 다음 글의 내용으로 적절하지 않은 것은?

> 『북학의』는 18세기 후반 사회적 위기에 직면한 조선을 개혁하려는 의도로 쓰인 책이다. 당시까지
> 조선 사회는 외국 문물에 대해 굳게 문을 닫고 있었고 지식인은 자아도취에 빠져 백성들의 현실을
> 외면한 채 성리학 이론에만 깊이 매몰되어 있었다. 북경 사행길에서 새로운 세계를 접한 박제가는
> 후진 상태에 머물러 있는 조선 사회와 백성의 빈곤을 해결할 수 있는 대책을 정리하여 『북학의』를
> 완성했다.
> 『북학의』는 이후 '북학'이라는 학문이 조선의 시대사상으로 자리 잡는 데 기반이 되는 역할을 하였다.
> 박제가 외에도 박지원, 홍대용, 이덕무 등 북학의 중요성을 강조하는 학자그룹이 나타나면서 북학은
> 시대사상으로 자리 잡았다. 폐쇄적인 사회의 문을 활짝 열고 이용후생(利用厚生)을 통한 백성들의
> 생활 안정과 부국을 강조했기 때문에 북학파 학자들을 일컬어 '이용후생 학파'라고도 부른다.
> 이들은 청나라 사행에서 견문한 내용을 국가 정책으로 발전시키고자 하였다. 건축 자재로서 벽돌의
> 이용, 교통수단으로서 선박과 수레의 적극적 활용, 비활동적인 한복의 개량, 대외무역 확대 등이
> 이들이 제시한 주요 정책들이었다. 그 바탕에는 사농공상으로 서열화된 직업의 귀천을 최대한 배제
> 하고 상공업의 중흥을 강조해야 한다는 생각이 자리 잡고 있었다.

① 18세기 후반 조선 사회는 외국 문화에 대해 폐쇄적이었다.
② 『북학의』의 저자는 박제가이다.
③ 이용후생 학파는 농업의 중요성을 강조하였다.
④ 이용후생 학파는 청나라에서 보고 들은 내용을 국가 정책으로 발전시키고자 했다.
⑤ 『북학의』를 통해 후진 상태의 조선에서 벗어날 수 있는 대책을 제시하였고 이는 시대적 공감을
  얻었다.

11 다음 글을 통해 추론할 수 있는 내용으로 적절하지 않은 것은?

> 국어학자로서 주시경은 근대 국어학의 기틀을 세운 선구적인 인물이었다. 과학적 연구 방법이 전무하다시피 했던 국어학 연구에서, 그는 단어의 원형을 밝혀 적는 형태주의적 입장을 가지고 독자적으로 문법 현상을 분석하고 이론으로 체계화하는 데 힘을 쏟았다. 특히 '늣씨'와 '속뜻'의 개념을 도입한 것은 주목할 만하다. 그는 단어를 뜻하는 '씨'를 좀 더 작은 단위로 분석하면서 여기에 '늣씨'라는 이름을 붙였다. 예컨대 '해바라기'를 '해^바라^기', '이더라'를 '이^더라'처럼 늣씨 단위로 분석했다. 이는 그가 오늘날 '형태소'라 부르는 것과 유사한 개념을 인식하고 있었음을 보여 준다. 이것은 1930년대에 언어학자 블룸필드가 이 개념을 처음 사용하기 훨씬 이전이었다. 또한 그는 숨어 있는 구조인 '속뜻'을 통해 겉으로는 구조를 파악하기 어려운 문장을 분석했고, 말로 설명하기 어려운 문장의 계층적 구조는 그림을 그려 풀이하는 방식으로 분석했다. 이러한 방법은 현대 언어학의 분석적인 연구 방법과 유사하다는 점에서 연구사적 의의가 크다.
>
> 주시경은 국어학사에서 길이 기억될 연구 업적을 남겼을 뿐 아니라, 국어 교육자로서도 큰 공헌을 하였다. 그는 언어를 민족의 정체성을 나타내는 징표로 보았으며, 국가와 민족의 발전이 말과 글에 달려 있다고 생각하여 국어 교육에 온 힘을 다하였다. 여러 학교에서 우리말을 가르쳤을 뿐만 아니라, 국어 강습소를 만들어 장차 교사가 될 사람에게 국어문법을 체계적으로 교육하였다.
>
> 그는 맞춤법을 확립하는 정책에도 자신의 학문적 성과를 반영하고자 했다. 이를 위해 연구 모임을 만들어 맞춤법의 이론적 근거를 확보하기 위한 논의를 지속해 나갔다. 그리고 1907년에 설치된 '국문 연구소'의 위원으로 국어 정책을 수립하는 일에도 적극 참여하였다. 그의 이러한 노력은 오늘날 우리에게 지대한 영향을 미치고 있다.

① 주시경이 '늣씨'의 개념을 도입한 것은 언어학자 블룸필드의 개념을 연구한 데서 도움을 받았을 것이다.

② 주시경은 국어학 연구에서 독자적인 과학적 방법으로 국어학을 연구하려 노력했을 것이다.

③ 주시경은 맞춤법을 확립하는 정책에도 관심이 많았을 것이다.

④ 주시경이 국어 교육에 온 힘을 다한 이유는 언어를 민족의 정체성을 나타내는 징표로 보았기 때문이다.

⑤ 주시경이 1907년에 설치한 '국문 연구소'는 국어 정책을 수립하는 일을 하였을 것이다.

12 다음 글을 근거로 판단할 때 가장 적절한 것은?

> 한복(韓服)은 한민족 고유의 옷이다. 삼국시대의 사람들은 저고리, 바지, 치마, 두루마기를 기본적으로 입었다. 저고리와 바지는 남녀 공용이었으며, 상하 귀천에 관계없이 모두 저고리 위에 두루마기를 덧입었다. 삼국시대 이후인 남북국시대에는 서민과 귀족이 모두 우리 고유의 두루마기인 직령포(直領袍)를 입었다. 그런데 귀족은 직령포를 평상복으로만 입었고, 서민과 달리 의례와 같은 공식적인 행사에는 입지 않았다. 고려시대에는 복식 구조가 크게 변했다. 특히 귀족층은 중국옷을 그대로 받아들여 입었지만, 서민층은 우리 고유의 복식을 유지하여, 복식의 이중 구조가 나타났다. 조선시대에도 한복의 기본 구성은 지속되었다. 중기나 후기에 들어서면서 한복 디자인은 한층 단순해졌고, 띠 대신 고름을 매기 시작했다. 조선 후기에는 마고자와 조끼를 입기 시작했는데, 조끼는 서양 문물의 영향을 받은 것이었다.
>
> 한편 조선시대 관복에는 여러 종류가 있었다. 곤룡포(袞龍袍)는 임금이 일반 집무를 볼 때 입었던 집무복[상복 : 常服]으로, 그 흉배(胸背)에는 금색 실로 용을 수놓았다. 문무백관의 상복도 곤룡포와 모양은 비슷했다. 그러나 무관 상복의 흉배에는 호랑이를, 문관 상복의 흉배에는 학을 수놓았다. 무관들이 주로 대례복으로 입었던 구군복(具軍服)은 무관 최고의 복식이었다. 임금도 전쟁 시에는 구군복을 입었는데, 임금이 입었던 구군복에만 흉배를 붙였다.
>
> ※ 흉배 : 왕을 비롯한 문무백관이 입던 관복의 가슴과 등에 덧붙였던 사각형의 장식품

① 남북국시대의 서민들은 직령포를 공식적인 행사에도 입었다.
② 고려시대에는 복식 구조가 크게 변하여 모든 계층에서 중국옷을 그대로 받아들여 입는 현상이 나타났다.
③ 조선시대 중기에 들어서면서 고름을 매기 시작했고, 후기에는 서양 문물의 영향으로 인해 마고자를 입기 시작했다.
④ 조선시대 무관이 입던 구군복의 흉배에는 호랑이가 수놓아져 있었다.
⑤ 조선시대 문관의 경우 곤룡포와 비슷한 모양의 상복에 호랑이가 수놓아진 흉배를 붙였다.

Hard

13 다음 글에서 추론할 수 있는 것을 〈보기〉에서 모두 고르면?

> 대선후보 경선 여론조사에서 후보에 대한 지지 정도에 따라 피조사자들은 세 종류로 분류된다. 특정 후보를 적극적으로 지지하는 사람들과 소극적으로 지지하는 사람들, 그리고 기타에 해당하는 사람들이다.
>
> 후보가 두 명인 경우로 한정해서 생각해 보자. 여론조사 방식은 설문 문항에 따라 두 가지로 분류된다. 하나는 선호도 방식으로 "차기 대통령 후보로 누구를 더 선호하느냐?"라고 묻는다. 선호도 방식은 적극적으로 지지하는 사람들과 소극적으로 지지하는 사람들을 모두 지지자로 계산하는 방식이다. 이 여론조사 방식에서 적극적 지지자들과 소극적 지지자들은 모두 지지 의사를 답한다.
>
> 다른 한 방식은 지지도 방식으로 "내일(혹은 오늘) 투표를 한다면 누구를 지지하겠느냐?"라고 묻는다. 특정 후보를 적극적으로 지지하는 지지자들은 두 경쟁 후보를 놓고 두 물음에서 동일한 반응을 보일 것이다. 문제는 어느 한 후보를 적극적으로 지지하지 않는 소극적 지지자들이다. 이들은 특정 후보가 더 낫다고 생각하기 때문에 선호도를 질문할 경우에는 특정 후보를 선호한다고 대답하지만, 지지 여부를 질문할 경우에는 지지하는 후보가 없다는 '무응답'을 선택한다. 따라서 지지도 방식은 적극적 지지자만 지지자로 분류하고 나머지는 기타로 분류하는 방식에 해당한다.

보기

> ㄱ. A후보가 B후보보다 적극적 지지자의 수가 많고 소극적 지지자의 수는 적을 경우, 지지도 방식을 사용할 때 A후보가 B후보보다 더 많은 지지를 받을 것이다.
>
> ㄴ. A후보가 B후보보다 적극적 지지자의 수는 적고 소극적 지지자의 수가 많을 경우, 선호도 방식을 사용할 때 A후보가 B후보보다 더 많은 지지를 받을 것이다.
>
> ㄷ. A후보가 B후보보다 적극적 지지자와 소극적 지지자의 수가 각각 더 많다면, 선호도 방식에 비해 지지도 방식에서 A후보와 B후보 사이의 지지자 수의 격차가 더 클 것이다.

① ㄱ　　　　　　　　　　　　　　② ㄷ
③ ㄱ, ㄴ　　　　　　　　　　　　④ ㄴ, ㄷ
⑤ ㄱ, ㄷ

14 다음 글에서 추론할 수 없는 것은?

> '장가간다'와 '시집간다' 두 용어를 시간 순서대로 살펴보면, 후자가 나중에 생겼다. 이것은 문화 변동의 문제로 볼 수 있다. 두 용어 다 '결혼한다'의 의미이다. 전자는 남자가 여자의 집으로, 후자는 여자가 남자의 집으로 가는 것을 말한다.
>
> 우리나라는 역사적으로 거주율(居住律)에 있어서 처거제를 오랫동안 유지하였다. 즉 신혼부부가 부인의 본가에 거주지를 정하고 살림을 하면서 자녀를 키웠다. 이와 같은 거주율의 영향을 받아 고려시대까지 혈통률(血統律)에 있어서 모계제를 유지하는 삶의 방식을 취하였다.
>
> 조선시대 들어 유교적 혈통률의 영향을 받아 삶의 모습은 처거제 – 부계제로 변화하였다. 이러한 체제는 조선 전기까지 대부분 유지되었다. 친척관계 자료들을 수집하기 위해 마을을 방문할 경우, '처가로 장가를 든 선조가 이 마을의 입향조가 되었다.'는 얘기를 듣곤 하는데, 이것이 바로 처거제 – 부계제의 원리가 작동한 결과라고 말할 수 있다. 거주율과 혈통률을 결합할 경우, 혼인에 있어서는 남자의 뿌리를 뽑아서 여자의 거주지로 이전하고, 집안 계승의 측면에서는 남자 쪽을 선택하도록 한 것이다. 거주율에서는 여자의 입장을 유리하게 하고, 혈통률에서는 남자의 입장이 유리하도록 하는 균형적인 모습을 보여주고 있다.
>
> 삶의 진화선상에서 생각한다면, 어떤 시점에 처거제 – 모계제를 유지하는 가족제에서 '남자의 반란'이 있었다는 가설을 제기할 수 있다. 처거제에서 부거제로 전환된 시점을 정확하게 지목하기는 힘들지만, 조선 후기에 부거제가 시행된 점에 대해서는 이론의 여지가 없다. 거주율이 바뀌었다는 것은 대단한 사회변동이다. 혁명 이상의 것이라고도 할 수 있다.

① 조선 전기와 후기 사이에 커다란 사회변동이 있었다.
② 우리나라에서 부계제가 부거제보다 먼저 등장하였다.
③ 고려시대의 남성은 외가에서 어린 시절을 보냈을 것이다.
④ 조선 전기에 이르러 가족관계에서 남녀 간 힘의 균형이 무너졌다.
⑤ 우리나라의 거주율과 혈통률은 모두 여자 위주에서 남자 위주로 변화하였다.

15 다음 글에서 알 수 있는 것은?

어떤 사람이 러시아 여행을 가려고 하는데 러시아어를 전혀 모른다. 그래서 그는 러시아 여행 시 의사소통을 하기 위해 특별한 그림책을 이용할 계획을 세웠다. 그 책에는 어떠한 언어적 표현도 없고 오직 그림만 들어 있다. 그는 그 책에 있는 사물의 그림을 보여줌으로써 의사소통을 하려고 한다. 예를 들어 빵이 필요하면 상점에 가서 빵 그림을 보여주는 것이다. 그 책에는 다양한 종류의 빵 그림뿐 아니라 여행할 때 필요한 것들의 그림이 빠짐없이 담겨 있다. 과연 이 여행자는 러시아 여행을 하면서 의사소통을 성공적으로 할 수 있을까? 유감스럽게도 그럴 수 없을 것이다. 예를 들어 그가 자전거 상점에 가서 자전거 그림을 보여준다고 해보자. 자전거 그림을 보여주는 게 자전거를 사겠다는 의미로 받아들여질 것인가, 아니면 자전거를 팔겠다는 의미로 받아들여질 것인가? 결국 그는 자신이 뭘 원하는지 분명하게 전달할 수 없는 곤란한 상황에 처하게 될 것이다.

구매자를 위한 그림과 판매자를 위한 그림을 간단한 기호로 구별하여 이런 곤란을 극복하려고 해볼 수도 있다. 예컨대 자전거 그림 옆에 화살표 기호를 추가로 그려서, 오른쪽을 향한 화살표는 구매자를 위한 그림을, 왼쪽을 향한 화살표는 판매자를 위한 그림임을 나타내는 것이다. 하지만 이런 방법은 의사소통에 여전히 도움이 되지 않는다. 왜냐하면 기호가 무엇을 의미하는지는 약속에 의해 결정되기 때문이다. 상대방은 어떤 것이 판매를 의미하는 화살표이고, 어떤 것이 구매를 의미하는 화살표인지 전혀 알 수 없을 것이다. 설령 상대방에게 화살표가 의미하는 것을 전달했다 하더라도, 자전거를 사려는 사람이 책을 들고 있는 여행자의 바로 옆에 있는 사람이 아니라 바로 여행자 자신이라는 것은 또 무엇을 통해 전달할 수 있을까? 여행자가 사고 싶어 하는 물건이 자전거를 그린 그림이 아니라 진짜 자전거라는 것은 또 어떻게 전달할 수 있을까?

① 언어적 표현의 의미는 확정될 수 없다.
② 약속에 의해서도 기호의 의미는 결정될 수 없다.
③ 한 사물에 대한 그림은 여러 의미로 이해될 수 있다.
④ 의미가 확정된 표현이 없어도 성공적인 의사소통은 가능하다.
⑤ 상이한 사물에 대한 그림들은 동일한 의미로 이해될 수 없다.

16 다음 글의 ㉠의 사례로 보기 어려운 것은?

> 디지털 이미지는 사용자가 가장 손쉽게 정보를 전달할 수 있는 멀티미디어 객체이다. 일반적으로 디지털 이미지는 화소에 의해 정보가 표현되는데, M×N개의 화소로 이루어져 있다. 여기서 M과 N은 가로와 세로의 화소 수를 의미하며, M 곱하기 N을 한 값을 해상도라 한다.
>
> 무선 네트워크와 모바일 기기의 사용이 보편화되면서 다양한 스마트 기기의 보급이 진행되고 있다. 스마트 기기는 그 사용 목적이나 제조 방식, 가격 등의 요인에 의해 각각의 화면 표시 장치들이 서로 다른 해상도와 화면 비율을 가진다. 이에 대응하여 동일한 이미지를 다양한 화면 표시 장치 환경에 맞출 필요성이 발생했다. 하나의 멀티미디어의 객체를 텔레비전용, 영화용, 모바일 기기용 등 표준적인 화면 표시 장치에 맞추어 각기 독립적인 이미지 소스로 따로 제공하는 것이 아니라, 하나의 이미지 소스를 다양한 화면 표시 장치에 맞도록 적절히 변환하는 기술을 요구하고 있다.
>
> 이러한 변환 기술을 '이미지 리타겟팅'이라고 한다. 이는 A×B의 이미지를 C×D 화면에 맞추기 위해 해상도와 화면 비율을 조절하거나 이미지의 일부를 잘라 내는 방법 등으로 이미지를 수정하는 것이다. 이러한 수정에서 입력 이미지에 있는 콘텐츠 중 주요 콘텐츠는 그대로 유지되어야 한다. 즉, 리타겟팅 처리 후에도 원래 이미지의 중요한 부분을 그대로 유지하면서 동시에 왜곡을 최소화하는 형태로 주어진 화면에 맞게 이미지를 변형하여야 한다. 이러한 조건을 만족하기 위해 ㉠ 다양한 접근이 일어나고 있는데, 이미지의 주요한 콘텐츠 및 구조를 분석하는 방법과 분석된 주요 사항을 바탕으로 어떤 식으로 이미지 해상도를 조절하느냐가 주요 연구 방향이다.

① 광고 사진에서 화면 전반에 걸쳐 흩어져 있는 콘텐츠를 무작위로 추출하여 화면을 재구성하는 방법

② 풍경 사진에서 전체 풍경에 대한 구도를 추출하고 구도가 그대로 유지될 수 있도록 해상도를 조절하는 방법

③ 인물 사진에서 얼굴 추출 기법을 사용하여 인물의 주요 부분을 왜곡하지 않고 필요 없는 부분을 잘라 내는 방법

④ 정물 사진에서 대상물의 영역은 그대로 두고 배경 영역에 대해서는 왜곡을 최소로 하며 이미지를 축소하는 방법

⑤ 상품 사진에서 상품을 충분히 인지할 수 있을 정도의 범위 내에서 가로와 세로의 비율을 화면에 맞게 조절하는 방법

17 다음 중 글을 통해 알 수 있는 내용으로 적절하지 않은 것을 고르면?

별도로 제작된 디자인 설계 도면을 바탕으로 소재를 얇게 적층하여 3차원의 입체 형상을 만들어내는 3D프린터는 오바마 대통령의 국정 연설에서도 언급되며 화제를 일으키기도 했다. 단순한 형태의 부품부터 가구, 치아, 심지어 크기만 맞으면 자동차까지 인쇄할 수 있는 3D프린터는 의학 분야에서도 역시 활용되고 있다.

인간의 신체 일부를 찍어낼 수 있는 의료용 3D바이오프린팅 시장은 이미 어느 정도 주류로 자리잡고 있다. 뼈나 장기가 소실된 환자에게 유기물로 3D프린팅 된 신체를 대체시키는 기술은 연구개발과 동시에 상용화에도 박차를 가하고 있는 상황이다. 그리고 이러한 의료용 3D프린팅 기술 중에는 사람의 피부를 3D프린터로 인쇄하는 것도 있다. 화상이나 찰과상, 자상 등에 의해 피부 세포가 죽거나 소실되었을 때 인공 피부를 직접 사람에게 인쇄하는 방식이다.

이 인공 피부를 직접 사람에게 인쇄하기 위해서는 마찬가지로 살아 있는 잉크, 즉 '바이오 잉크'가 필요한데, 피부 세포와 콜라겐, 섬유소 등으로 구성된 바이오 잉크는 거부 반응으로 인한 괴사 등의 위험을 해결하기 위해 자기유래세포를 사용한다. 이처럼 환자의 피부 조직을 배양해 만든 배양 피부를 바이오 잉크로 쓰면 본인의 세포에서 유래된 만큼 거부 반응을 최소화할 수 있다는 장점이 있다.

물론 의료용 3D프린팅 기술에도 해결해야 할 문제는 존재한다. 3D프린팅 기술을 통한 피부이식에 대한 안전성 검증에는 많은 비용과 시간, 인내가 필요함에 따라 결과 도출에 오랜 시간이 걸릴 것으로 예상되며, 이 과정에서 장기 이식 및 전체적 동식물 유전자 조작에 대한 부정적 견해를 유발할 수 있을 것으로 우려되기 때문이다.

① 3D프린터는 재료와 그 크기에 따라 다양한 사물을 인쇄할 수 있다.
② 3D프린터 기술이 발전한다면 장기기증자를 기다리지 않아도 될 것이다.
③ 피부를 직접 환자에게 인쇄하기 위해서는 별도의 잉크가 필요하다.
④ 같은 바이오 잉크라 해도 환자에 따라 거부 반응이 발생할 여지가 있다.
⑤ 자칫 장기 이식 및 선택적 동식물 유전자 조작에 대한 부정적 견해를 유발할 수 있다.

18 밑줄 친 부분에서 말하고자 하는 바로 가장 적절한 것은?

<u>아무리 남을 도와주려는 의도를 갖고 한 일일지라도 결과적으로는 남에게 도움이 되기는커녕 오히려 큰 고통이나 해를 더 가져오는 경우가 얼마든지 있다.</u> 거꾸로 남을 해롭게 하려는 의도로 한 일이 오히려 남에게 도움이 되는 결과를 낳을 수도 있다. 태도로서의 '선'은 행동이나 결정의 결과를 고려하지 않고 그 행동의 의도, 즉 동기에서만 본 '선'을 의미한다. 내 행동의 결과가 예상 밖으로 남에게 고통을 가져오는 한이 있었다 해도, 내 행동의 동기가 남의 고통을 덜어주고, 남을 도와주는 데 있었다면 나를 선한 사람으로 볼 수 있지 않느냐는 말이다.

① 일과 그 의도는 무관하다.
② 의도와 결과는 동일하지 않다.
③ 의도만 놓고 결과를 판단할 수 있다.
④ 우리가 의도한 대로 일이 이루어지는 경우가 있다.
⑤ 세상에는 의도와 일치하는 일이 빈번하게 일어난다.

19 다음 글의 빈칸에 들어갈 내용으로 가장 적절한 것은?

> 1979년 경찰관 출신이자 샌프란시스코 시의원이었던 화이트 씨는 시장과 시의원을 살해했다는 이유로 1급 살인죄로 기소되었다. 화이트의 변호인은 피고인이 스낵을 비롯해 컵케이크, 캔디 등을 과다 섭취해서 당분 과다로 뇌의 화학적 균형이 무너져 정신에 장애가 왔다고 주장하면서 책임 경감을 요구하였다. 재판부는 변호인의 주장을 인정하여 계획 살인죄보다 약한 일반 살인죄를 적용하여 7년 8개월의 금고형을 선고했다. 이 항변은 당시 미국에서 인기 있던 스낵의 이름을 따 '트윙키 항변'이라 불렸고 사건의 사회성이나 의외의 소송 전개 때문에 큰 화제가 되었다.
> 이를 계기로 1982년 슈엔달러는 교정시설에 수용된 소년범 276명을 대상으로 섭식과 반사회 행동의 상관관계에 대해 실험을 하였다. 기존의 식단에서 각설탕을 꿀로 바꾸어 보고, 설탕이 들어간 음료수에서 천연 과일 주스를 주는 등으로 변화를 주었다. 이처럼 정제한 당의 섭취를 원천적으로 차단한 결과 시설 내 폭행, 절도, 규율 위반, 패싸움 등이 실험 전에 비해 무려 45%나 감소했다는 것을 알게 되었다. 따라서 이 실험을 통해 _____

① 과다한 영양 섭취가 범죄 발생에 영향을 미친다는 것을 알 수 있다.
② 과다한 정제당 섭취는 반사회적 행동을 유발할 수 있다는 것을 알 수 있다.
③ 가공 식품의 섭취가 일반적으로 폭력 행위를 증가시킨다는 것을 알 수 있다.
④ 정제당 첨가물로 인한 범죄 행위는 그 책임이 경감되어야 한다는 것을 알 수 있다.
⑤ 범죄 예방을 위해 교정시설 내에 정제당을 제공하지 말아야 한다는 것을 알 수 있다.

Easy

20 다음 글의 빈칸에 들어갈 내용으로 가장 적절한 것은?

> 자연계는 무기적인 환경과 생물적인 환경이 상호 연관되어 있으며, 그것은 생태계로 불리는 한 시스템을 이루고 있음이 밝혀진 이래, 이 이론은 자연을 이해하기 위한 가장 기본이 되는 것으로 받아들여지고 있다. 그동안 인류는 보다 윤택한 삶을 누리기 위하여 산업을 일으키고 도시를 건설하며 문명을 이룩해 왔다. 이로써 우리의 삶은 매우 윤택해졌으나 우리의 생활환경은 오히려 훼손되고 있으며, 환경오염으로 인한 공해가 누적되고 있고, 우리 생활에서 없어서는 안 될 각종 자원도 바닥이 날 위기에 놓이게 되었다. _____ 따라서 우리는 낭비되는 자원, 그리고 날로 황폐해져가는 자연에 대하여 우리가 해야 할 시급한 임무가 무엇인지를 깨닫고, 이를 실천하기 위해 우리 모두의 지혜와 노력을 모아야만 한다.

① 만약 우리가 이 위기를 슬기롭게 극복해내지 못한다면 인류는 머지않아 파멸에 이르게 될 것이다.
② 이러한 위기를 초래하게 된 인류의 무분별한 자연 이용과 자연 정복의 태도는 크게 비판받아 마땅하다.
③ 그리고 과학 기술을 제 아무리 고도로 발전시킨다 해도 이러한 위기가 근본적으로 해소되기를 기대할 수는 없는 노릇이다.
④ 이처럼 인류가 환경 및 자원의 위기에 놓이게 된 것은 각국이 자국의 이익만을 앞세워 발전을 꾀했기 때문이다.
⑤ 때문에 과학기술을 이용하여 환경오염 방지 시스템을 신속히 개발해 더 이상의 자연훼손이 일어나지 않도록 막아야 한다.

21 다음 글을 읽고 알 수 있는 사실이 아닌 것은?

> 인류의 역사를 석기시대, 청동기시대 그리고 철기시대로 구분한다면 현대는 '플라스틱시대'라고 할 수 있을 만큼 플라스틱은 현대사회에서 가장 혁명적인 물질 중 하나이다. "플라스틱은 현대 생활의 뼈, 조직, 피부가 되었다."는 미국의 과학 저널리스트 수전 프라인켈(Susan Freinkel)의 말처럼 플라스틱은 인간 생활에 많은 부분을 차지하고 있다. 저렴한 가격과 필요에 따라 내구성, 강도, 유연성 등을 조절할 수 있는 장점 덕분에 일회용 컵부터 옷, 신발, 가구 등 플라스틱이 아닌 것이 거의 없을 정도이다. 그러나 플라스틱에는 치명적인 단점이 있다. 플라스틱이 지닌 특성 중 하나인 영속성(永續性)이다. 즉, 인간이 그동안 생산한 플라스틱은 바로 분해되지 않고 어딘가에 계속 존재하고 있어 플라스틱은 환경오염의 원인이 된 지 오래이다.
>
> 치약, 화장품, 피부 각질제거제 등 생활용품, 화장품에 들어 있는 작은 알갱이의 성분은 '마이크로비드(Microbead)'라는 플라스틱이다. 크기가 1mm보다 작은 플라스틱을 '마이크로비드'라고 하는데 이 알갱이는 정수처리과정에서 걸러지지 않고 생활 하수구에서 강으로, 바다로 흘러간다. 이 조그만 알갱이들은 바다를 떠돌면서 생태계의 먹이사슬을 통해 동식물 체내에 축적되어 면역체계 교란, 중추신경계 손상 등의 원인이 되는 잔류성유기오염물질(Persistent Organic Pollutants)을 흡착한다. 그리고 물고기, 새 등 여러 생물은 마이크로비드를 먹이로 착각해 섭취한다. 마이크로비드를 섭취한 해양생물은 다시 인간의 식탁에 올라온다. 즉, 우리가 버린 플라스틱을 우리가 다시 먹게 되는 셈이다.
>
> 플라스틱 포크로 음식을 먹고, 플라스틱 컵으로 물을 마시는 등 플라스틱을 음식을 먹기 위한 수단으로만 생각했지 직접 먹게 되리라고는 상상도 못 했을 것이다. 우리가 먹은 플라스틱이 우리 몸에 남아 분해되지 않고 큰 질병을 키우게 될 것을 말이다.

① 플라스틱은 필요에 따라 유연성, 강도 등을 조절할 수 있고, 값이 싼 장점이 있다.
② 플라스틱은 바로 분해되지 않고 어딘가에 존재한다.
③ 마이크로비드는 크기가 작기 때문에 정수처리과정에서 걸러지지 않고 바다로 유입된다.
④ 마이크로비드는 잔류성유기오염물질을 분해하는 역할을 한다.

22 다음 글을 근거로 판단할 때 적절하지 않은 것은?

개발도상국으로 흘러드는 외국자본은 크게 원조, 부채, 투자가 있다. 원조는 다른 나라로부터 지원 받는 돈으로, 흔히 해외 원조 혹은 공적개발원조라고 한다. 부채는 은행 융자와 정부 혹은 기업이 발행한 채권으로, 투자는 포트폴리오 투자와 외국인 직접투자로 이루어진다. 포트폴리오 투자는 경영에 대한 영향력보다는 경제적 수익을 추구하기 위한 투자이고, 외국인 직접투자는 회사 경영에 일상적으로 영향력을 행사하기 위한 투자이다.

개발도상국에 유입되는 이러한 외국자본은 여러 가지 문제점을 보이고 있다. 해외 원조는 개발도상 국에 대한 경제적 효과가 있다고 여겨져 왔으나 최근 경제학자들 사이에서는 그러한 경제적 효과가 없다는 주장이 점차 힘을 얻고 있다.

부채는 변동성이 크다는 단점이 지적되고 있다. 특히 은행 융자는 변동성이 큰 것으로 유명하다. 예컨대 1998년 개발도상국에 대하여 이루어진 은행 융자 총액은 500억 달러였다. 하지만 1998년 러시아와 브라질, 2002년 아르헨티나에서 일어난 일련의 금융 위기가 개발도상국을 강타하여 1999 ~ 2002년의 4개년 동안에는 은행 융자 총액이 연평균 −65억 달러가 되었다가, 2005년에는 670억 달러가 되었다. 은행 융자만큼 변동성이 큰 것은 아니지만, 채권을 통한 자본 유입 역시 변동성이 크다. 외국인은 1997년에 380억 달러의 개발도상국 채권을 매수했다. 그러나 1998 ~ 2002년에는 연평균 230억 달러로 떨어졌고, 2003 ~ 2005년에는 연평균 440억 달러로 증가했다.

한편 포트폴리오 투자는 은행 융자만큼 변동성이 크지는 않지만 채권에 비하면 변동성이 크다. 개발 도상국에 대한 포트폴리오 투자는 1997년의 310억 달러에서 1998 ~ 2002년에는 연평균 90억 달러로 떨어졌고, 2003 ~ 2005년에는 연평균 410억 달러에 달했다.

① 개발도상국에 대한 투자는 경제적 수익뿐만 아니라 회사 경영에 영향력을 행사하기 위해서도 이루어질 수 있다.
② 해외 원조는 개발도상국에 대한 경제적 효과가 없다고 주장하는 경제학자들이 있다.
③ 개발도상국에 유입되는 외국자본에는 해외 원조, 은행 융자, 채권, 포트폴리오 투자, 외국인 직접 투자가 있다.
④ 개발도상국에 대한 2005년의 은행 융자 총액은 1998년의 수준을 회복하지 못하였다.
⑤ 1998 ~ 2002년과 2003 ~ 2005년의 연평균 금액을 비교할 때, 개발도상국에 대한 포트폴리오 투자가 채권보다 증감액이 크다.

23 다음 글에서 추론할 수 있는 것은?

두뇌 연구는 지금까지 뉴런을 중심으로 진행되어 왔다. 뉴런 연구로 노벨상을 받은 카얄은 뉴런이 '생각의 전화선'이라는 이론을 확립하여 사고와 기억 등 두뇌에서 일어나는 모든 현상을 뉴런의 연결망과 뉴런 간의 전기 신호로 설명했다. 그러나 두뇌에는 뉴런 외에도 신경교 세포가 존재한다. 신경교 세포는 뉴런처럼 그 수가 많지만 전기 신호를 전달하지 못한다. 이 때문에 과학자들은 신경교 세포가 단지 두뇌 유지에 필요한 영양 공급과 두뇌 보호를 위한 전기 절연의 역할만을 가진다고 여겼다.

최근 과학자들은 신경교 세포에서 그 이상의 기능을 발견했다. 신경교 세포 중에도 '성상세포'라 불리는 별 모양의 세포는 자신만의 화학적 신호를 가진다는 것이 밝혀졌다. 성상세포는 뉴런처럼 전기를 이용하지는 않지만, '뉴런송신기'라고 불리는 화학물질을 방출하고 감지한다. 과학자들은 이러한 화학적 신호의 연쇄반응을 통해 신경교 세포가 전체 뉴런을 조정한다고 추론했다.

A연구팀은 신경교 세포가 전체 뉴런을 조정하면서 기억력과 사고력을 향상시킨다고 예상하고서, 이를 확인하기 위해 인간의 신경교 세포를 갓 태어난 생쥐의 두뇌에 주입했다. 쥐가 자라면서 주입된 인간의 신경교 세포도 성장했다. 이 세포들은 쥐의 뉴런들과 완벽하게 결합되어 쥐의 두뇌 전체에 걸쳐 퍼지게 되었다. 심지어 어느 두뇌 영역에서는 쥐의 뉴런의 숫자를 능가하기도 했다. 뉴런과 달리 쥐와 인간의 신경교 세포는 비교적 쉽게 구별된다. 인간의 신경교 세포는 매우 길고 무성한 섬유질을 가지기 때문이다. 쥐에 주입된 인간의 신경교 세포는 그 기능을 그대로 간직한다. 그렇게 성장한 쥐들은 다른 쥐들과 잘 어울렸고, 다른 쥐들의 관심을 끄는 것에 흥미를 보였다. 이 쥐들은 미로를 통과해 치즈를 찾는 테스트에서 더 뛰어났다. 보통의 쥐들은 네다섯 번의 시도 끝에 올바른 길을 배웠지만, 인간의 신경교 세포를 주입받은 쥐들은 두 번 만에 학습했다.

① 인간의 신경교 세포를 쥐에게 주입하면, 쥐의 뉴런은 전기 신호를 전달하지 못할 것이다.
② 인간의 뉴런 세포를 쥐에게 주입하면, 쥐의 두뇌에는 화학적 신호의 연쇄 반응이 더 활발해질 것이다.
③ 인간의 뉴런 세포를 쥐에게 주입하면, 그 뉴런 세포는 쥐의 두뇌 유지에 필요한 영양을 공급할 것이다.
④ 인간의 신경교 세포를 쥐에게 주입하면, 그 신경교 세포는 쥐의 뉴런을 보다 효과적으로 조정할 것이다.
⑤ 인간의 신경교 세포를 쥐에게 주입하면, 그 신경교 세포는 쥐의 신경교 세포의 기능을 갖도록 변화할 것이다.

24 다음 글에 대한 반론으로 가장 적절한 것은?

어떤 경제 주체의 행위가 자신과 거래하지 않는 제3자에게 의도하지 않게 이익이나 손해를 주는 것을 '외부성'이라 한다. 과수원의 과일 생산이 인접한 양봉업자에게 벌꿀 생산과 관련한 이익을 준다든지, 공장의 제품 생산이 강물을 오염시켜 주민들에게 피해를 주는 것 등이 대표적인 사례이다. 외부성은 사회 전체로 보면 이익이 극대화되지 않는 비효율성을 초래할 수 있다. 개별 경제 주체가 제3자의 이익이나 손해까지 고려하여 행동하지는 않을 것이기 때문이다. 예를 들어, 과수원의 이윤을 극대화하는 생산량이 Qa라고 할 때, 생산량을 Qa보다 늘리면 과수원의 이윤은 줄어든다. 하지만 이로 인한 과수원의 이윤 감소보다 양봉업자의 이윤 증가가 더 크다면, 생산량을 Qa보다 늘리는 것이 사회적으로 바람직하다. 하지만 과수원이 자발적으로 양봉업자의 이익까지 고려하여 생산량을 Qa보다 늘릴 이유는 없다.

전통적인 경제학은 이러한 비효율성의 해결책이 보조금이나 벌금과 같은 정부의 개입이라고 생각한다. 보조금을 받거나 벌금을 내게 되면 제3자에게 주는 이익이나 손해가 더 이상 자신의 이익과 무관하지 않게 되므로, 자신의 이익에 충실한 선택이 사회적으로 바람직한 결과로 이어진다는 것이다.

① 일반적으로 과수원은 양봉업자의 입장을 고려하지 않는다.
② 과수원 생산자는 자신의 의도와 달리 다른 사람들에게 손해를 끼칠 수 있다.
③ 과수원자에게 보조금을 지급한다면 생산량을 Qa보다 늘리려 할 것이다.
④ 정부의 개입을 통해 외부성으로 인한 비효율성을 줄일 수 있다.
⑤ 정부의 개입 과정에서 시간과 노력이 많이 들게 되면 비효율성이 늘어날 수 있다.

25 다음 기사의 (가) ~ (마) 문단의 소제목으로 적절하지 않은 것은?

> (가) 우리 경제는 1997년을 기준으로 지난 30년간 압축성장을 이룩하는 과정에서 많은 문제점을 안게 되었다. 개발을 위한 물자 동원을 극대화하는 과정에서 가명·무기명 금융거래 등 잘못된 금융 관행이 묵인되어 음성·불로 소득이 널리 퍼진 소위 지하경제가 번창한 것이다.
>
> (나) 이에 따라 계층 간 소득과 조세 부담의 불균형이 심화되었으며, 재산의 형성 및 축적에 대한 불신이 팽배해져 우리 사회의 화합과 지속적인 경제성장의 장애 요인이 되고 있었다. 또한 비실명거래를 통해 부정한 자금이 불법 정치자금·뇌물·부동산투기 등에 쓰이면서 각종 비리와 부정부패의 온상이 되기도 하였다. 이로 인하여 일반 국민들 사이에 위화감이 조성되었으며, 대다수 국민들의 근로의욕을 약화시키는 요인이 되었다.
>
> (다) 이와 같이 비실명 금융거래의 오랜 관행에서 발생되는 폐해가 널리 번짐에 따라 우리 경제가 더 나은 경제로 진입하기 위해서는 금융실명제를 도입하여 금융거래를 정상화할 필요가 절실했으며, 그러한 요구가 사회단체를 중심으로 격렬하게 제기되었다.
>
> (라) 이에 문민정부는 과거 정권에서 부작용을 우려하여 실시를 유보하였던 금융실명제를 과감하게 도입했다. 금융실명제는 모든 금융거래를 실제의 명의(實名)로 하도록 함으로써 금융거래와 부정부패·부조리를 연결하는 고리를 차단하여 깨끗하고 정의로운 사회를 구현하고자 하는 데 의미가 있었다.
>
> (마) 이러한 금융실명제가 도입되면서 금융 거래의 투명성은 진전되었으나 여전히 차명 거래와 같은 문제점은 존재했다. 이전까지는 탈세 목적을 가진 차명 거래가 적발되어도 법률로 계좌를 빌려준 사람과 실소유주를 처벌할 수 없었던 것이다.

① (가) : 잘못된 금융 관행으로 나타난 지하경제
② (나) : 비실명 금융거래의 폐해
③ (다) : 금융실명제의 경제적 효과
④ (라) : 금융실명제의 도입과 의미
⑤ (마) : 금융실명제 도입에서 나타난 허점

26 다음 글의 내용이 참일 때 항상 거짓인 것을 고르면?

> 일반적으로 최초의 망원경은 네덜란드의 안경 제작자인 한스 리퍼쉬(Hans Lippershey)에 의해 만들어졌다고 알려져 있다. 이 최초의 망원경 발명에는 출처가 분명하지는 않지만 재미있는 일화가 전해진다.
>
> 1608년 리퍼쉬의 아들이 리퍼쉬의 작업실에서 렌즈를 가지고 놀다가 두 개의 렌즈를 어떻게 조합을 하였더니 멀리 있는 교회의 뾰족한 첨탑이 매우 가깝게 보였다. 리퍼쉬의 아들은 이러한 사실을 아버지에게 알렸고 이것을 본 리퍼쉬가 망원경을 발명하였다. 리퍼쉬가 만들었던 망원경은 당시 그 지역을 다스리던 영주에게 상납되었다. 유감스럽게도 리퍼쉬가 망원경 제작에 사용한 렌즈의 조합은 현재 정확하게 알려져 있지는 않지만, 아마도 두 개의 볼록렌즈를 사용했을 것으로 추측된다. 이렇게 망원경이 발명되었다는 소식은 유럽 전역으로 빠르게 전파되어, 약 1년 후에는 이탈리아의 갈릴레오에게까지 전해졌다.
>
> 1610년, 갈릴레오는 초점거리가 긴 볼록렌즈를 망원경의 대물렌즈로 사용하고 초점 거리가 짧은 오목렌즈를 초점면 앞에 놓아 접안렌즈로 사용하였다. 이 같은 설계는 물체와 상의 상하좌우가 같은 정립상을 제공하므로 지상 관측에 적당하다. 이러한 광학적 설계 방식을 갈릴레이식 굴절 망원경이라고 한다.
>
> 갈릴레오가 자신이 만든 망원경으로 천체를 관측하여 발견한 천문학적 사실 중 가장 중요한 것은 바로 금성의 상변화이다. 금성의 각크기가 변한다는 것을 관측함으로써 금성이 지구를 중심으로 공전하는 것이 아니라 태양을 중심으로 공전하고 있다는 것을 증명하였으며, 따라서 코페르니쿠스의 지동설을 지지하는 강력한 증거를 제공하였다. 그러나 갈릴레이식 굴절 망원경은 초점 거리가 짧은 오목렌즈 제작의 어려움으로 배율에 한계가 있었으며, 시야도 좁고 색수차가 심하여 17세기 초반까지만 사용되었다. 오늘날에는 갈릴레이식 굴절 망원경은 오페라 글라스와 같은 작은 쌍안경에나 쓰일 뿐 거의 사용되지 않고 있다.
>
> 이후 케플러가 설계했다는 천체 관측용 망원경이 만들어졌는데, 이 망원경은 갈릴레이식보다 진일보한 형태로 오늘날 천체 관측용 굴절 망원경의 원형이 되고 있다. 케플러식 굴절 망원경은 장초점의 볼록렌즈를 대물렌즈로 하고 단초점의 볼록렌즈를 초점면 뒤에 놓아 접안렌즈로 사용한 구조이다. 이러한 설계 방식은 상의 상하좌우가 뒤집힌 도립상을 보여주기 때문에 지상용으로는 부적절하지만 천체를 관측할 때는 별다른 문제가 없다.

① 네덜란드의 안경 제작자인 한스 리퍼쉬는 아들의 렌즈 조합 발견을 계기로 망원경을 제작할 수 있었다.

② 갈릴레오의 망원경은 볼록렌즈를 대물렌즈로, 오목렌즈를 접안렌즈로 사용하였다.

③ 갈릴레오는 자신이 발명한 망원경으로 금성의 상변화를 관측하여 금성이 태양을 중심으로 공전한다는 것을 증명하였다.

④ 케플러식 망원경은 볼록렌즈만 사용하여 만들어졌다.

⑤ 케플러식 망원경은 갈릴레오식 망원경과 다르게 상의 상하좌우가 같은 정립상을 보여준다.

Easy

27 다음 주장에 대한 반박으로 가장 적절한 것은?

> 비타민D 결핍은 우리 몸에 심각한 건강 문제를 일으킬 수 있다. 비타민D는 칼슘이 체내에 흡수되어 뼈와 치아에 축적되는 것을 돕고 가슴뼈 뒤쪽에 위치한 흉선에서 면역세포를 생산하는 작용에 관여 하는데, 비타민D가 부족할 경우 칼슘과 인의 흡수량이 줄어들고 면역력이 약해져 뼈가 약해지거나 신체 불균형이 일어날 수 있다.
>
> 비타민D는 주로 피부가 중파장 자외선에 노출될 때 형성된다. 중파장 자외선은 피부와 혈류에 포함된 7-디하이드로콜레스테롤을 비타민D로 전환시키는데, 이렇게 전환된 비타민D는 간과 신장을 통해 칼시트리올(Calcitriol)이라는 호르몬으로 활성화된다. 바로 이 칼시트롤을 통해 우리는 혈액과 뼈에 흡수될 칼슘과 인의 흡수를 조절하는 것이다.
>
> 이러한 기능을 담당하는 비타민D를 함유하고 있는 식품은 자연에서 매우 적기 때문에, 우리의 몸은 충분한 비타민D를 생성하기 위해 주기적으로 태양빛에 노출될 필요가 있다.

① 태양빛에 노출될 경우 피부암 등의 질환이 발생하여 도리어 건강이 더 악화될 수 있다.

② 비타민D 결핍으로 인해 생기는 부작용은 주기적인 칼슘과 인의 섭취를 통해 해결할 수 있다.

③ 비타민D 보충제만으로는 체내에 필요한 비타민D를 얻을 수 없다.

④ 태양빛에 직접 노출되지 않거나 자외선 차단제를 사용했음에도 체내 비타민D 수치가 정상을 유지 한다는 연구결과가 있다.

⑤ 선크림 등 자외선 차단제를 사용하더라도 비타민D 생성에 충분한 중파장 자외선에 노출될 수 있다.

28 다음 글의 내용을 가장 잘 설명하는 사자성어는?

> 금융그룹이 발표한 자료에 따르면 최근 수년간 자영업 창업은 감소 추세에 있고, 폐업은 증가 추세에 있다. 즉, 창업보다 폐업이 많아지고 있는데 가장 큰 이유는 영업비용이 지속적으로 느는 데 비해 영업이익은 감소하고 있기 때문이다. 특히 코로나19 상황에서 더욱 어려워지고 있다. 우리나라 자영업자 중 70%가 저부가가치 사업에 몰려 있어 산업 구조 자체를 바꾸지 않으면 이런 현상은 점점 커질 것이다. 하지만 정부는 종합 대책이라고 하면서 대출, 카드 수수료 인하, 전용 상품권 발행 등의 대책만 마련하였다. 이것은 일시적인 효과일 뿐 지나친 경쟁으로 인한 경쟁력 하락이라는 근본적 문제를 해결하지 못한다. 오히려 대출 등의 정책은 개인의 빚만 늘린 채 폐업을 하게 되는 상황을 초래할 수 있다. 저출산 고령화가 가속되고 있는 현재 근본적인 대책이 필요하다.

① 유비무환   ② 근주자적

③ 동족방뇨   ④ 세불십년

29 다음 (가) ~ (마) 문장을 논리적 순서대로 바르게 나열한 것은?

(가) 한 연구팀은 1979년부터 2017년 사이 덴먼 빙하의 누적 얼음 손실량이 총 2,680억 톤에 달한
  다는 것을 밝혀냈고, 이탈리아우주국(ISA) 위성 시스템의 간섭계* 자료를 이용해 빙하가 지반
  과 분리되어 바닷물에 뜨는 지점인 '지반선(Grounding Line)'을 정확히 측정했다.

(나) 남극대륙에서 얼음의 양이 압도적으로 많은 동남극은 최근 들어 빠르게 녹고 있는 서남극에
  비해 지구 온난화의 위협을 덜 받는 것으로 생각되어 왔다.

(다) 그러나 동남극의 덴먼(Denman) 빙하 등에 대한 정밀조사가 이뤄지면서 동남극 역시 지구 온
  난화의 위협을 받고 있다는 증거가 속속 드러나고 있다.

(라) 이것은 덴먼 빙하의 동쪽 측면에서는 빙하 밑의 융기부가 빙하의 후퇴를 저지하는 역할을 한
  반면, 서쪽 측면은 깊고 가파른 골이 경사져 있어 빙하 후퇴를 가속하는 역할을 하는 데 따른
  것으로 분석됐다.

(마) 그 결과 1996년부터 2018년 사이 덴먼 빙하의 육지를 덮은 얼음인 빙상(Ice Sheet)의 육지
  － 바다 접점 지반선 후퇴가 비대칭성을 보인 것으로 나타났다.

*간섭계 : 동일한 광원에서 나오는 빛을 두 갈래 이상으로 나눈 후 다시 만났을 때 일어나는 간섭현상을 관찰하
  는 기구

① (가) － (나) － (다) － (라) － (마)

② (가) － (마) － (라) － (다) － (나)

③ (나) － (다) － (가) － (마) － (라)

④ (나) － (라) － (가) － (다) － (마)

30 다음 중 (가)와 (나)에 대한 추론으로 적절한 것은?

> 최근 경제신문에는 기업의 사회적 책임을 반영한 마케팅 용어들이 등장하고 있다. 그중 하나인 코즈 마케팅(Cause Marketing)은 기업이 환경, 보건, 빈곤 등과 같은 사회적인 이슈, 즉 코즈(Cause)를 기업의 이익 추구를 위해 활용하는 마케팅 기법으로, 기업이 추구하는 사익과 사회가 추구하는 공익을 동시에 얻는 것을 목표로 한다. 소비자는 사회적인 문제들을 해결하려는 기업의 노력에 호의적인 반응을 보이게 되고, 결국 기업의 선한 이미지가 제품 구매에 영향을 미치는 것이다.
>
> 미국의 카드 회사인 (가) 아메리칸 익스프레스는 1850년 설립 이후 전 세계에 걸쳐 개인 및 기업에 대한 여행이나 금융 서비스를 제공하고 있다. 1983년 아메리칸 익스프레스사는 기존 고객이 자사의 신용카드로 소비할 때마다 1센트씩, 신규 고객이 가입할 때마다 1달러씩 '자유의 여신상' 보수 공사를 위해 기부하기로 하였다. 해당 기간 동안 기존 고객의 카드 사용률은 전년 동기 대비 28% 증가하였고, 신규 카드의 발급 규모는 45% 증가하였다.
>
> 현재 코즈 마케팅을 활발하게 펼치고 있는 대표적인 사회적 기업으로는 미국의 신발 회사인 (나) 탐스(TOMS)가 있다. 탐스의 창업자는 여행을 하던 중 가난한 아이들이 신발을 신지도 못한 채로 거친 땅을 밟으면서 각종 감염에 노출되는 것을 보고 그들을 돕기 위해 신발을 만들었고, 신발 하나를 구매하면 아프리카 아이들에게도 신발 하나를 선물한다는 'One for One' 마케팅을 시도했다. 이를 통해 백만 켤레가 넘는 신발이 기부되었고, 소비자는 만족감을 얻는 동시에 어려운 아이들을 도왔다는 충족감을 얻게 되었다. 전 세계의 많은 소비자들이 동참하면서 탐스는 3년 만에 4,000%의 매출을 올렸다.

① (가)는 기업의 사익보다 공익을 우위에 둔 마케팅을 펼침으로써 신규 고객을 확보할 수 있었다.
② (가)가 큰 이익을 얻을 수 있었던 이유는 소비자의 니즈(Needs)를 정확히 파악했기 때문이다.
③ (나)는 기업의 설립 목적과 어울리는 코즈(Cause)를 연계시킴으로써 높은 매출을 올릴 수 있었다.
④ (나)는 높은 매출을 올렸으나, 기업의 일방적인 기부 활동으로 인해 소비자의 공감을 이끌어 내는 데 실패하였다.
⑤ (나)는 기업의 사회적 책임을 강조하기 위해 기업의 실익을 포기하였지만, 오히려 반대의 효과를 얻을 수 있었다.

※ 다음 글을 읽고 이어지는 질문에 답하시오. [31~32]

우리의 눈을 카메라에 비유했을 때 렌즈에 해당하는 부분을 수정체라고 한다. 수정체는 먼 거리를 볼 때 두께가 얇아지고 가까운 거리를 볼 때 두께가 두꺼워지는데, 이러한 과정을 조절이라고 한다. 노화가 시작되어 수정체의 탄력이 떨어지면 조절 능력이 저하되고 이로 인해 가까운 거리의 글씨가 잘 안 보이는 노안이 발생한다.

노안은 주로 40대 중반부터 시작되는데 나이가 들수록 조절력은 감소하게 된다. 최근에는 30·40대가 노안 환자의 절반가량을 차지하고 있으며, 빠르면 20대부터 노안이 발생하기도 한다.

노안이 발생하면 가까운 거리의 시야가 흐리게 보이는 증세가 나타나며, 책을 읽거나 컴퓨터 작업을 할 때 눈이 쉽게 피로하고 두통이 있을 수 있다. 젊은 연령대에서는 이러한 증상을 시력 저하로 생각하고 병원을 찾았다가 노안으로 진단받아 당황하는 경우가 종종 있다.

가장 활발하게 사회생활을 하는 젊은 직장인들의 경우 스마트폰과 PC를 이용한 근거리 작업이 수정체의 조절 능력을 떨어뜨리면서 눈의 노화를 발생시킨다. 또한 전자 기기에서 나오는 블루라이트(모니터, 스마트폰, TV 등에서 나오는 380 ~ 500 나노미터 사이의 파란색 계열의 광원) 불빛이 눈을 쉽게 피로하게 만들어 노안 발생 연령을 앞당기기도 한다.

최근에는 주위에서 디지털 노안을 방지하기 위한 블루라이트 차단 안경이나 필름 등을 어렵지 않게 찾아볼 수 있다. 기업에서도 블루라이트를 최소화한 전자 기기를 출시하는 등 젊은이들에게도 노안은 더 이상 먼 이야기가 아니다. '몸이 천 냥이면 눈이 구백 냥'이라는 말이 있듯이 삶의 질을 유지하는 데 있어 눈은 매우 중요한 기관이다. 몸이 피로하고 지칠 때 편안하게 쉬듯이 눈에도 충분한 휴식을 주어 눈에 부담을 덜어주는 것이 필요하다.

| 2022년 상반기 포스코그룹

31 다음 중 노안 예방 방법으로 적절하지 않은 것은?

① 눈에 충분한 휴식을 준다.
② 전자 기기 사용을 줄인다.
③ 눈 운동을 한다.
④ 블루라이트 차단 제품을 사용한다.

| 2022년 상반기 포스코그룹

32 다음 중 노안 테스트 질문으로 적절한 것을 모두 고르면?

ㄱ. 항상 안경을 착용한다.
ㄴ. 하루에 세 시간 이상 스마트폰을 사용한다.
ㄷ. 갑작스럽게 두통이나 어지럼증을 느낀다.
ㄹ. 최신 스마트폰을 사용한다.
ㅁ. 먼 곳을 보다가 가까운 곳을 보면 눈이 침침하다.
ㅂ. 조금만 책을 읽어도 눈이 쉽게 피로해진다.

① ㄱ, ㄴ, ㄹ   ② ㄱ, ㄷ, ㅂ
③ ㄴ, ㄷ, ㅁ   ④ ㄴ, ㅁ, ㅂ

※ 다음 글을 읽고, 이어지는 질문에 답하시오. [33~34]

4차 산업혁명은 인공지능(AI) 등의 정보통신기술(ICT)이 기존의 산업에 융합되어 일어나는 혁신을 가리킨다. 따라서 산업의 기술적 변화를 가리키는 '4차 산업혁명'은 산업 분류에서의 '4차 산업'과 다른 개념을 의미한다.

4차 산업혁명은 생산능력과 효율성에 큰 향상을 불러올 것으로 예상된다. 4차 산업혁명의 키워드라 불리는 인공지능, 빅데이터, 3D프린팅, 드론, VR, 사물인터넷 등 기술의 융·복합은 단순한 노동구조의 변화를 넘어 기획과 창조의 영역까지 인간을 대체할 것으로 보이며, 생산이라는 패러다임의 변화를 가져올 것으로 예상된다.

특히 제조업에서는 '아이디어를 구체화하는 인공지능 시스템', '즉각적인 고객 맞춤형 생산', '자원효율성과 제품 수명주기를 ㉠관장하는 가상생산 시스템' 등이 현실화될 것으로 보인다. 이를 제조업의 디지털화·서비스화·스마트화라 한다.

이러한 4차 산업혁명의 변화는 우리의 삶을 더욱 풍족하게 하겠지만, 한편으로는 사람들의 일자리가 줄어 대량실업 사태가 발생할 수 있다는 우려도 꾸준히 제기된다.

| 2021년 하반기 포스코그룹

33 윗글 다음에 이어질 내용으로 가장 적절한 것은?

① 4차 산업혁명의 긍정적 영향
② 4차 산업혁명의 부정적 영향
③ 4차 산업혁명의 정의 및 유형
④ 4차 산업혁명과 4차 산업의 차이점

| 2021년 하반기 포스코그룹

34 다음 중 밑줄 친 ㉠과 의미가 유사한 것은?

① 처리하다   ② 방관하다
③ 장관하다   ④ 권장하다

※ 다음은 매슬로우의 인간 욕구 5단계 이론을 설명한 자료이다. 다음 자료를 읽고 이어지는 질문에 답하시오. [35~37]

(가) 이러한 인간 욕구 5단계는 경영학에서 두 가지 의미로 널리 사용된다. 하나는 인사 분야에서 인간의 심리를 다루는 의미로 쓰인다. 그 예로는 승진이나 보너스, 주택 전세금 대출 등 사원들에게 동기부여를 위한 다양한 보상의 방법을 만드는 데 사용한다. 사원들이 회사 생활을 좀 더 잘할 수 있도록 동기를 부여할 때 주로 사용한다 하여 '매슬로우의 동기부여론'이라고도 부른다.

(나) 인간의 욕구는 치열한 경쟁 속에서 살아남으려는 생존 욕구부터 시작해 자아실현 욕구에 이르기까지 끝이 없다. 그런데 이런 인간의 욕구는 얼마나 다양하고 또 욕구 간에는 어떤 순차적인 단계가 있는 걸까? 이런 본질적인 질문에 대해 에이브러햄 매슬로우(Abraham Maslow)는 1943년 인간 욕구에 관한 학설을 제안했다. 이른바 '매슬로우의 인간 욕구 5단계 이론(Maslow's Hierarchy of Needs)'이다. 이 이론에 의하면 사람은 누구나 다섯 가지 욕구를 가지고 태어나며, 이들 다섯 가지 욕구에는 우선순위가 있어서 단계가 구분된다.

(다) 좀 더 자세히 보자. 첫 번째 단계는 생리적 욕구이다. 숨 쉬고, 먹고, 자고, 입는 등 우리 생활에 있어서 가장 기본적인 요소들이 포함된 단계이다. 사람이 하루 세끼 밥을 먹는 것, 때마다 화장실에 가는 것, 그리고 종족 번식 본능 등이 이 단계에 해당한다. 두 번째 단계는 (A) 안전 욕구이다. 우리는 흔히 놀이동산에서 롤러코스터를 탈 때 '혹시 이 기구가 고장이 나서 내가 다치지는 않을까?' 하는 염려를 한다. 이처럼 안전 욕구는 신체적, 감정적, 경제적 위험으로부터 보호받고 싶은 욕구이다. 세 번째 단계는 소속과 애정의 욕구이다. 누군가를 사랑하고 싶은 욕구, 어느 한 곳에 소속되고 싶은 욕구, 친구들과 교제하고 싶은 욕구, 가족을 이루고 싶은 욕구 등이 여기에 해당한다. 네 번째 단계는 존경 욕구이다. 우리가 흔히들 말하는 명예욕, 권력욕 등이 이 단계에 해당한다. 즉, 누군가로부터 높임을 받고 싶고, 주목과 인정을 받으려 하는 욕구이다. 마지막으로 다섯 번째 단계는 자아실현 욕구이다. 존경 욕구보다 더 높은 욕구로 역량, 통달, 자신감, 독립심, 자유 등이 있다. 매슬로우는 최고 수준의 욕구로 이 자아실현 욕구를 강조했다. 모든 단계가 기본적으로 충족돼야만 이뤄질 수 있는 마지막 단계로 자기 발전을 이루고 자신의 잠재력을 끌어내어 극대화할 수 있는 단계라 주장한 것이다.

(라) 사람은 가장 기초적인 욕구인 생리적 욕구(Physiological Needs)를 맨 먼저 채우려 하며, 이 욕구가 어느 정도 채워지면 안전해지려는 욕구(Safety Needs)를, 안전 욕구가 어느 정도 채워지면 사랑과 소속 욕구(Love & Belonging)를, 그리고 더 나아가 존경 욕구(Esteem)와 마지막 욕구인 자아실현 욕구(Self-Actualization)를 차례대로 채우려 한다. 즉, 사람은 5가지 욕구를 채우려 하되 우선순위에 있어서 가장 기초적인 욕구부터 차례로 채우려 한다는 것이다.

(마) 다른 하나는 마케팅 분야에서 소비자의 욕구를 채우기 위해 단계별로 다른 마케팅 전략을 적용하는 데 사용한다. 예를 들면, 채소를 구매하려는 소비자가 안전의 욕구를 갖고 있다고 가정하자. 마케팅 전략을 짜는 사람이라면 '건강'에 기초한 마케팅 전략을 구상해야 할 것이다. 마케팅 담당자가 고객의 욕구보다 더 높은 수준의 가치를 제공한다면, 고객 만족을 실현할 수 있는 지름길이자 기회인 것이다.

35 다음 (가) ~ (마) 문단을 논리적 순서대로 바르게 나열한 것은?

① (나) – (라) – (다) – (가) – (마)
② (라) – (다) – (가) – (마) – (나)
③ (나) – (다) – (가) – (마) – (라)
④ (라) – (다) – (나) – (마) – (가)

36 제시문을 읽고 이해한 내용으로 적절하지 않은 것은?

① 배고플 때 맛있는 음식이 생각나는 것은 인간 욕구 5단계 중 첫 번째 단계에 해당한다.
② 사람은 가장 기초적인 욕구부터 차례로 채우려 한다.
③ 우수한 사원을 위한 성과급은 매슬로우의 동기부여론 사례로 볼 수 있다.
④ 행복한 가정을 이루고 싶어 하는 것은 존경 욕구에 해당한다.

37 제시문의 밑줄 친 (A)에 대한 사례로 적절한 것은?

① 돈을 벌어 부모에게서 독립하고 싶은 A씨
② 야근에 지쳐 하루 푹 쉬고 싶어 하는 B씨
③ 노후 대비를 위해 연금보험에 가입한 C씨
④ 동호회 활동을 통해 다양한 사람들을 만나고 싶은 D씨

| 수리 |

| 2022년 상반기 삼성그룹

01 영업부 직원 4명이 1월부터 5월 사이에 한 달에 한 명씩 출장을 가려고 한다. 네 사람이 적어도 한 번 이상씩 출장 갈 경우의 수는?

① 60가지　　　　　　　　　　　　② 120가지

③ 180가지　　　　　　　　　　　　④ 240가지

⑤ 300가지

| 2022년 상반기 삼성그룹

02 작년 A부서의 신입사원 수는 55명이다. 올해 A부서의 신입사원 수는 5명이 증가했고, B부서의 신입사원 수는 4명 증가했다. 올해 B부서 신입사원 수의 1.2배가 올해 A부서 신입사원 수라면, 작년 B부서의 신입사원 수는?

① 44명　　　　　　　　　　　　　② 46명

③ 48명　　　　　　　　　　　　　④ 50명

⑤ 52명

| 2022년 상반기 삼성그룹

03 A ~ F 6개의 직무팀을 층마다 두 개의 공간으로 분리된 3층짜리 건물에 배치하려고 한다. A팀과 B팀이 2층에 들어갈 확률은?

① $\dfrac{1}{15}$　　　　　　　　　　　② $\dfrac{1}{12}$

③ $\dfrac{1}{9}$　　　　　　　　　　　④ $\dfrac{1}{6}$

⑤ $\dfrac{1}{3}$

04 S사에서 판매 중인 두 제품 A와 B의 원가의 합은 50,000원이다. 각각 10%, 12% 이익을 붙여서 5개씩 팔았을 때 마진이 28,200원이라면 B의 원가는?

① 12,000원   ② 17,000원

③ 22,000원   ④ 27,000원

⑤ 32,000원

05 A와 B는 C사 필기시험에 응시했다. A가 합격할 확률은 40%이고, A와 B 모두 합격할 확률은 30%일 때, 두 사람 모두 불합격할 확률은?

① 0.1   ② 0.15

③ 0.2   ④ 0.25

⑤ 0.3

06 K회사의 구내식당에서는 파란색과 초록색의 두 가지 색깔의 식권을 판매한다. 파란색 식권은 1장에 1명이 식사가 가능하고 초록색 식권은 1장에 2명까지 식사가 가능할 때, 파란색 식권 3장과 초록색 식권 2장으로 식사 가능한 최대 인원은?

① 5명   ② 6명

③ 7명   ④ 8명

⑤ 9명

07 같은 헤어숍에 다니고 있는 A양과 B군은 일요일에 헤어숍에서 마주쳤다. 서로 마주친 이후 A양은 10일 간격으로 헤어숍에 방문했고, B군은 16일마다 헤어숍에 방문했다. 두 사람이 다시 헤어숍에서 만났을 때의 요일은?

① 월요일   ② 화요일

③ 수요일   ④ 목요일

⑤ 금요일

08 가로의 길이가 5m, 세로의 길이가 12m인 직사각형 모양의 농구코트가 있다. 철수는 농구코트의 모서리에서 서 있으며, 농구공은 농구코트 안에서 철수로부터 가장 멀리 떨어진 곳에 존재하고 있다. 최단거리로 농구공을 가지러 간다면 철수의 이동거리는?

① 5m   ② 6m
③ 12m   ④ 13m
⑤ 15m

09 농도가 서로 다른 소금물 A, B가 있다. 소금물 A를 200g, 소금물 B를 300g 섞으면 농도가 9%인 소금물이 되고, 소금물 A를 300g, 소금물 B를 200g 섞으면 농도 10%인 소금물이 될 때, 소금물 B의 농도는?

① 7%   ② 10%
③ 13%   ④ 20%
⑤ 25%

10 어떤 콘텐츠에 대한 네티즌 평가를 하였다. 1,000명이 참여한 A사이트에서는 평균 평점이 5.0이었으며, 500명이 참여한 B사이트에서는 평균 평점이 8.0이었다. 이 콘텐츠에 대한 두 사이트 전체 참여자의 평균 평점은?

① 4.0점   ② 5.5점
③ 6.0점   ④ 7.5점
⑤ 8.0점

`Easy`

11 5명으로 이루어진 남성 신인 아이돌 그룹의 나이의 합은 105살이다. 5명 중 3명이 5명의 평균 나이와 같고, 가장 큰 형의 나이는 24살이다. 막내의 나이는?

① 18살   ② 19살
③ 20살   ④ 21살
⑤ 22살

12 B대리는 집에서 거리가 14km 떨어진 회사에 출근할 때 자전거를 이용해 1시간 30분 동안 이동하고, 퇴근할 때는 회사에서 6.8km 떨어진 가죽공방을 들렸다가 취미활동 후 10km 거리를 이동하여 집에 도착한다. 퇴근할 때 회사에서 가죽공방까지 18분, 가죽공방에서 집까지 1시간이 걸린다면 B대리가 출퇴근할 때 평균속력은?

① 10km/h   ② 11km/h
③ 12km/h   ④ 13km/h
⑤ 14km/h

13 초콜릿을 3명이 나눠 먹었을 때 2개가 남고, 4명이 나눠 먹었을 때도 2개가 남는다. 초콜릿이 25개 이하일 때 이 초콜릿을 7명이 나눠 먹을 경우 남는 초콜릿 개수는?

① 0개   ② 1개
③ 2개   ④ 3개
⑤ 4개

Hard

14 10명의 사원에게 휴가를 나눠주려 한다. 휴가는 25, 26, 27, 28일이다. 하루에 최대 4명에게 휴가를 줄 수 있을 때 가능한 경우의 수는?(단, 경우의 수는 하루에 휴가를 주는 사원수만 고려한다)

① 22가지   ② 32가지
③ 38가지   ④ 44가지
⑤ 88가지

15 S를 포함한 6명이 한국사 자격증 시험을 보았다. 시험 점수가 70점 이상인 2명이 고급 자격증을 획득하였고, 1명이 60점 미만인 54점으로 과락을 하였다. 그리고 나머지는 중급을 획득하였는데, 평균이 62점이었다. 6명의 평균이 65점일 때, S가 얻을 수 있는 시험 점수의 최댓값은?

① 70점   ② 75점
③ 80점   ④ 85점
⑤ 90점

16 A씨는 산딸기의 무게를 재기 위해 대저울을 꺼내고, 추를 찾아보니 2kg, 3kg, 7kg이 한 개씩 있었다. 이때, A씨가 추를 사용하여 잴 수 있는 무게의 경우의 수는?

① 11가지   ② 10가지

③ 9가지   ④ 8가지

⑤ 7가지

17 A, B, C 세 사람이 가위바위보를 한 번 할 때, A만 이길 확률은?

① $\dfrac{1}{5}$ ② $\dfrac{1}{6}$

③ $\dfrac{1}{7}$ ④ $\dfrac{1}{8}$

⑤ $\dfrac{1}{9}$

18 학교에서 도서관까지 시속 40km로 갈 때와 시속 45km로 갈 때 걸리는 시간이 10분 차이가 난다면 학교에서 도서관까지의 거리는?

① 50km   ② 60km

③ 70km   ④ 80km

⑤ 90km

19 며칠 전 Q씨는 온라인 쇼핑몰 S마켓에서 한 개당 7,500원인 A상품을 6개, 한 개당 8,000원인 B상품을 5개 구매하였고 배송비는 무료였다. 오늘 두 물건을 받아본 Q씨는 마음에 들지 않아 두 물건을 모두 반품하고 회수되는 금액으로 한 개당 5,500원인 C상품을 사려고 한다. A상품과 B상품을 반품할 때 반품 배송비는 총 5,000원이며, C상품을 구매할 때에는 3,000원의 배송비가 발생할 때, 구매할 수 있는 C상품의 최대 개수는?

① 14개 ② 15개
③ 16개 ④ 17개
⑤ 18개

20 S사의 회의실 기존 비밀번호는 862#이다. T부장은 기존 비밀번호에서 첫 번째에서 세 번째 자리까지는 0 ~ 9의 숫자를 사용하고, 마지막 네 번째 자리는 특수기호 #, *을 사용하여 비밀번호를 변경하였다. 이때 S사 회의실의 변경된 비밀번호가 기존 비밀번호 네 자리 중 한 자리와 그 문자가 같을 확률은?(단, 0 ~ 9의 숫자는 중복하여 사용할 수 있다)

① $\dfrac{972}{1,000}$ ② $\dfrac{486}{1,000}$

③ $\dfrac{376}{1,000}$ ④ $\dfrac{243}{1,000}$

⑤ $\dfrac{154}{1,000}$

21 S사에서 생산하는 A제품과 B제품의 매출액은 다음과 같다. 매출액 추이가 동일하게 유지될 때, 두 제품의 매출액을 합쳐서 최초로 300억 원을 초과하는 연도는 언제인가?

〈A, B제품 매출액〉

(단위 : 억 원)

구분	2016년	2017년	2018년	2019년	2020년
A제품	100	101	103	107	115
B제품	80	78	76	74	72

① 2021년 ② 2022년
③ 2023년 ④ 2024년
⑤ 2025년

22 S학원에 초급반 A, B, C와 고급반 가, 나, 다 수업이 있다. 6개 수업을 순차적으로 개설하려고 할 때, 고급반 수업은 이어서 개설되고, 초급반 수업은 이어서 개설되지 않는 경우의 수는?

① 12가지
② 24가지
③ 36가지
④ 72가지
⑤ 144가지

23 A가 속한 동아리에는 총 6명이 활동 중이며, 올해부터 조장을 뽑기로 하였다. 조장은 매년 1명이며, 1년마다 새로 뽑는다. 연임은 불가능할 때 올해부터 3년 동안 A가 조장을 두 번 할 확률은?(단, 3년 동안 해당 동아리에서 인원 변동은 없었다)

① $\dfrac{1}{3}$
② $\dfrac{1}{10}$
③ $\dfrac{1}{15}$
④ $\dfrac{1}{30}$
⑤ $\dfrac{1}{40}$

24 농도가 25%인 소금물 200g에 농도가 10%인 소금물을 섞었다. 섞은 후 소금물에 함유된 소금의 양이 55g일 때 섞은 후의 소금물의 농도는 얼마인가?

① 20%
② 21%
③ 22%
④ 23%
⑤ 24%

25 S사에서는 A상품을 생산하는 데 모두 10억 원의 생산비용이 발생하며, A상품의 개당 원가는 200원, 정가는 300원이다. 생산한 A상품을 정가에서 25% 할인하여 판매했을 때 손해를 보지 않으려면 몇 개 이상 생산해야 하는가?(단, 이외의 비용은 생각하지 않고 생산한 A상품은 모두 판매된다. 또한 원가에는 생산비용이 포함되어 있지 않다)

① 3천만 개
② 4천만 개
③ 5천만 개
④ 6천만 개
⑤ 7천만 개

26 A기차와 B기차가 36m/s의 일정한 속력으로 달리고 있다. 600m 길이의 터널을 완전히 지나는 데 A기차가 25초, B기차가 20초 걸렸다면 각 기차의 길이로 알맞게 짝지어진 것은?

    A기차   B기차
① 200m   150m
② 300m   100m
③ 150m   120m
④ 200m   130m
⑤ 300m   120m

27 반지름이 5cm, 높이가 10cm인 원기둥의 부피는?

① $685cm^3$ ② $785cm^3$
③ $885cm^3$ ④ $985cm^3$
⑤ $1,085cm^3$

28 S사는 매년 A기계와 B기계를 생산한다. 다음과 같은 규칙으로 생산할 때, 2025년에 두 기계의 총 생산량은?

〈A, B기계 생산대수〉

(단위 : 대)

구분	2015년	2016년	2017년	2018년	2019년	2020년
A기계	20	23	26	29	32	35
B기계	10	11	14	19	26	35

① 130대   ② 140대
③ 150대   ④ 160대
⑤ 170대

※ 일정한 규칙으로 수와 문자를 나열할 때 빈칸에 들어갈 적절한 숫자를 고르시오. [29~36]

29

| 2022년 상반기 KT그룹

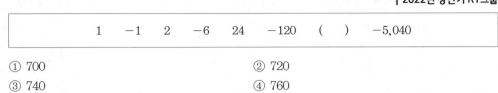

	1		−1		2		−6		24		−120		( )		−5,040	

① 700　　　　　　　　　　　② 720

③ 740　　　　　　　　　　　④ 760

⑤ 780

30

| 2022년 상반기 KT그룹

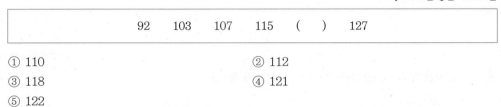

	92		103		107		115		( )		127	

① 110　　　　　　　　　　　② 112

③ 118　　　　　　　　　　　④ 121

⑤ 122

31

| 2021년 하반기 KT그룹

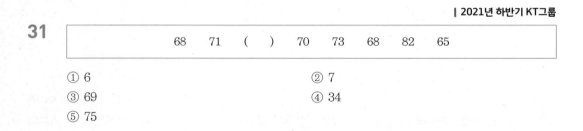

	68		71		( )		70		73		68		82		65	

① 6　　　　　　　　　　　② 7

③ 69　　　　　　　　　　　④ 34

⑤ 75

32

| 2021년 하반기 KT그룹

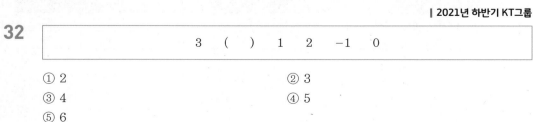

	3		( )		1		2		−1		0	

① 2　　　　　　　　　　　② 3

③ 4　　　　　　　　　　　④ 5

⑤ 6

33

$$4 \quad \frac{1}{2} \quad \frac{1}{2} \quad \frac{8}{6} \quad \frac{3}{8} \quad 2 \quad \frac{7}{9} \quad 3 \quad (\quad)$$

① $\dfrac{3}{7}$ ② $\dfrac{4}{7}$

③ $\dfrac{5}{7}$ ④ $\dfrac{3}{9}$

⑤ $\dfrac{5}{9}$

34

$$84 \quad 80 \quad 42 \quad 20 \quad 21 \quad (\quad) \quad 10.5 \quad 1.25$$

① 7   ② 6

③ 5   ④ 4

⑤ 3

35

$$\underline{\frac{1}{2} \quad 2 \quad \frac{3}{2} \quad 2} \quad \underline{4 \quad 5 \quad \frac{7}{2} \quad (\quad)} \quad \underline{6 \quad 7 \quad 2 \quad 9} \quad \underline{4 \quad \frac{1}{2} \quad \frac{1}{4} \quad 8}$$

① 10   ② $\dfrac{11}{2}$

③ 12   ④ $\dfrac{13}{2}$

⑤ 13

36

$$\frac{3}{2} \quad \frac{5}{6} \quad \frac{7}{12} \quad \frac{9}{20} \quad \frac{11}{30} \quad (\quad)$$

① $\dfrac{12}{42}$ ② $\dfrac{13}{36}$

③ $\dfrac{12}{36}$ ④ $\dfrac{13}{42}$

⑤ $\dfrac{14}{35}$

37 6개의 문자 A, B, C, 1, 2, 3으로 다음 〈조건〉에 따라 여섯 자리의 문자조합을 만든다고 할 때, 가능한 조합의 경우의 수는?

> **조건**
> • 1 ~ 3번째 자리에는 알파벳, 4 ~ 6번째 자리에는 숫자가 와야 한다.
> • 각 문자는 중복 사용이 가능하지만 동일한 알파벳은 연속으로 배치할 수 없다.
> 예 11A(○), 1AA(×), ABA(○)

① 225가지   ② 256가지
③ 300가지   ④ 324가지
⑤ 365가지

38 다음은 1,000명을 대상으로 주요 젖병회사 브랜드인 D사, G사, U사의 연도별 판매율을 조사한 자료이다. 자료에 대한 설명으로 적절하지 않은 것은?

〈2017 ~ 2021년 젖병회사별 판매율〉

(단위 : %)

구분	2017년	2018년	2019년	2020년	2021년
D사	52	55	61	58	69
G사	14	19	21	18	20
U사	34	26	18	24	11

① D사와 G사의 판매율 증감은 동일하다.
② D사와 G사의 판매율이 가장 높은 연도는 동일하다.
③ D사의 판매율이 가장 높은 연도는 U사의 판매율이 가장 낮았다.
④ G사의 판매율이 가장 낮은 연도는 U사의 판매율이 가장 높았다.
⑤ U사의 판매율의 가장 높은 연도와 가장 낮은 연도의 차이는 20%p 이상이다.

39 다음은 2021년 1월 기준 코로나19 확진자 발생 현황에 대한 자료이다. 다음 〈보기〉에서 이 자료에 대한 설명으로 적절하지 않은 것을 모두 고른 것은?

〈코로나19 확진자 발생 현황〉

(단위 : 명)

구분	확진자	치료중	퇴원	소속기관별 확진자							
				유	초	중	고	특수	각종	학평	행정기관
학생	1,203	114	1,089	56	489	271	351	14	12	10	–
교직원	233	7	226	16	73	68	58	9	3	–	6

보기

ㄱ. 확진자 중 퇴원 비율은 교직원이 학생보다 6% 이상 높다.
ㄴ. 학생 확진자 중 초등학생 비율은 전체 확진자 중 초등 소속(학생+교직원) 비율보다 낮다.
ㄷ. 전체 확진자 중 고등학생의 비율은 유치원생의 비율의 8배 이상이다.
ㄹ. 고등학교와 중학교 소속 확진자는 전체 확진자의 과반수 이상이다.

① ㄱ, ㄴ
② ㄷ, ㄹ
③ ㄴ, ㄷ
④ ㄴ, ㄹ
⑤ ㄱ, ㄴ, ㄷ

40 다음은 공공도서관 현황에 대한 표이다. 이에 대한 설명으로 적절하지 않은 것은?

〈공공도서관의 수〉

구분	2018년	2019년	2020년	2021년
공공도서관 수(단위 : 개관)	644	703	759	786
1관당 인구 수(단위 : 명)	76,926	70,801	66,556	64,547
1인당 장서(인쇄, 비도서) 수(단위 : 권)	1.16	1.31	1.10	1.49
장서(인쇄, 비도서) 수(단위 : 천 권)	58,365	65,366	70,539	75,575
방문자 수(단위 : 천 명)	204,919	235,140	258,315	270,480

① 공공도서관 수는 점점 증가하고 있는 추세이다.
② 2021년 1인당 장서 수는 1.49권이다.
③ 2021년 1관당 인구 수는 2018년 1관당 인구 수에 비해 12,379명 증가했다.
④ 2020년의 공공도서관에는 258,315,000명이 방문했다.

41 다음은 S사 최종합격자 A ~ D 4명의 채용시험 점수표이다. 점수표를 기준으로 〈조건〉의 각 부서가 원하는 요구사항 대로 A ~ D를 배치한다고 할 때, 최종합격자 A ~ D와 각 부서가 바르게 연결된 것은?

〈최종합격자 A ~ D의 점수표〉

구분	서류점수	필기점수	면접점수	평균
A	?	85	68	?
B	66	71	85	74
C	65	?	84	?
D	80	88	54	74
평균	70.75	80.75	72.75	74.75

> **조건**
>
> **〈각 부서별 인원배치 요구사항〉**
>
> 홍보팀 : 저희는 대외활동이 많다보니 면접점수가 가장 높은 사람이 적합할 것 같아요.
> 총무팀 : 저희 부서는 전체적인 평균점수가 높은 사람의 배치를 원합니다.
> 인사팀 : 저희는 면접점수보다도, 서류점수와 필기점수의 평균이 높은 사람이 좋을 것 같습니다.
> 기획팀 : 저희는 어느 영역에서나 중간 정도 하는 사람이면 될 것 같아요.
> ※ 배치순서는 홍보팀 – 총무팀 – 인사팀 – 기획팀 순으로 결정한다.

	홍보팀	총무팀	인사팀	기획팀
①	A	B	C	D
②	B	C	A	D
③	B	C	D	A
④	C	B	D	A
⑤	C	B	A	D

42 다음은 연도별 자원봉사 참여현황을 나타낸 자료이다. 자료에 대한 설명으로 〈보기〉 중 적절한 것을 모두 고르면?

〈연도별 자원봉사 참여현황〉

(단위 : 명)

구분	2017년	2018년	2019년	2020년	2021년
총 성인 인구수	41,649,010	42,038,921	43,011,143	43,362,250	43,624,033
자원봉사 참여 성인 인구수	2,667,575	2,874,958	2,252,287	2,124,110	1,383,916

보기

ㄱ. 자원봉사에 참여하는 성인 참여율은 2018년도가 가장 높다.
ㄴ. 2019년도의 성인 자원봉사 참여율은 2020년보다 높다.
ㄷ. 자원봉사 참여 증가율이 가장 높은 해는 2018년도이고 가장 낮은 해는 2020년이다.
ㄹ. 2017년부터 2020년까지의 총 자원봉사 참여한 성인 인구수는 천만 명 이상이다.

① ㄱ, ㄴ
② ㄱ, ㄷ
③ ㄴ, ㄹ
④ ㄷ, ㄹ

43 다음은 각기 다른 두 가지 조건에서 세균을 배양하는 실험을 한 결과이다. 다음과 같이 일정한 변화가 지속될 때, 처음으로 환경 A의 세균이 더 많아질 때는?

〈환경별 세균 수 변화〉

(단위 : 마리)

구분	1시간	2시간	3시간	4시간	5시간
환경 A	1	3	7	15	31
환경 B	10	20	40	70	110

① 8시간 후
② 9시간 후
③ 10시간 후
④ 11시간 후
⑤ 12시간 후

44 다음은 마트 유형별 비닐봉투·종량제봉투·종이봉투·에코백·개인장바구니 사용률을 조사한 자료이다. 이에 대한 설명으로 〈보기〉에서 적절한 것을 모두 고르면?

〈마트 유형별 비닐봉투·종량제봉투·종이봉투·에코백·개인장바구니 사용률〉

구분	대형마트 (2,000명 대상)	중형마트 (800명 대상)	개인마트 (300명 대상)	편의점 (200명 대상)
비닐봉투	7%	18%	21%	78%
종량제봉투	28%	37%	43%	13%
종이봉투	5%	2%	1%	0%
에코백	16%	7%	6%	0%
개인장바구니	44%	36%	29%	9%

※ 마트 유형별 전체 조사자 수는 상이하다.

보기

ㄱ. 대형마트의 종이봉투 사용자 수는 중형마트의 6배 이상이다.
ㄴ. 대형마트의 종량제봉투 사용자 수는 전체 종량제봉투 사용자 수의 절반 이하이다.
ㄷ. 비닐봉투 사용률이 가장 높은 곳과 비닐봉투 사용자 수가 가장 많은 곳은 동일하다.
ㄹ. 편의점을 제외한 마트의 규모가 커질수록 개인장바구니의 사용률은 증가한다.

① ㄱ, ㄹ
② ㄱ, ㄴ, ㄷ
③ ㄱ, ㄷ, ㄹ
④ ㄴ, ㄷ, ㄹ

45 C공장에서 습도를 일정하게 유지하기 위해 공장 안에서의 포화 수증기량을 기준으로 상대습도를 알아보고자 한다. 공장은 기온을 23℃로 유지하고, 공기 1kg에 수증기 12g이 포함되어 있다고 할 때, 공장 안에서의 상대습도는?(단, 상대습도는 소수점 둘째 자리에서 반올림한다)

〈공장 내부 기온에 따른 포화수증기량〉

기온(℃)	포화수증기량(g/kg)	기온(℃)	포화수증기량(g/kg)
0	4.0	16	12.8
1	4.5	17	14.0
2	4.9	18	15.2
3	5.4	19	15.9
4	5.9	20	16.7
5	6.3	21	17.5
6	6.7	22	18.6
7	7.1	23	20.8
8	7.6	24	22.4
9	8.1	25	23.9
10	8.5	26	25.1
11	8.9	27	26.7
12	9.6	28	28.4
13	10.0	29	30.2
14	11.2	30	31.6
15	12.1	31	32.9

※ 상대습도(%) = $\dfrac{(\text{현재 공기 중 수증기량})}{(\text{현재 온도 포화수증기량})} \times 100$

① 57.7%
② 56.4%
③ 55.1%
④ 54.8%
⑤ 53.5%

Hard

46 다음은 2019년도 귀농어·귀촌인 통계 및 성별과 연령대 비율을 나타낸 그래프이다. 표에 대한 해석으로 적절하지 않은 것은?(단, 가구 수 및 인원은 소수점 첫째 자리에서 버림한다)

〈귀농어·귀촌인 통계〉

(단위 : 가구, 명)

구분	가구 수	귀농·귀촌·귀어인	가구원
귀농	11,961	12,055	17,856
귀촌	328,343	472,474	–
귀어	917	986	1,285

※ 가구원은 귀농인 및 귀어인에 각각 동반가구원을 합한 인원이다.

〈귀농어·귀촌인 전년 대비 증감률〉

(단위 : %)

구분	가구 수	귀농·귀촌·귀어인	가구원
귀농	−5.3	−5.5	−9.0
귀촌	−1.7	−5.0	–
귀어	1.2	−0.5	−5.4

〈귀농어·귀촌인 성별 및 연령대 비율〉

(단위 : %)

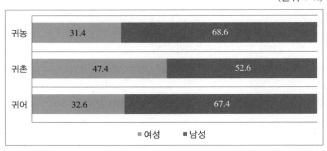

(단위 : %)

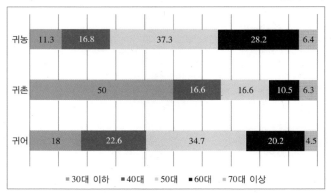

※ 비율은 귀농·귀촌·귀어인 수를 기준으로 나타냈다.

① 귀농·귀촌·귀어 중 2018년 대비 2019년에 가구 수가 증가한 부문의 2018년 가구 수는 약 906가구이다.

② 전년 대비 2019년 가구 수의 감소율이 가장 높은 부문의 남성과 여성의 비율 차이는 35.2%p이다.

③ 30대 이하 귀농인 수는 60대 귀촌인 수보다 48,247명 적다.

④ 귀농·귀촌·귀어에서 각각 연령대별 가장 낮은 비율의 총합은 17.2%p이다.

Easy

47

다음은 연령대별 삶의 만족도에 대해 조사한 자료이다. 자료에 대한 〈보기〉의 설명 중 적절한 것을 모두 고르면?

〈연령대별 삶의 만족도〉

(단위 : %)

구분	매우 만족	만족	보통	불만족	매우 불만족
10대	8	11	34	28	19
20대	3	13	39	28	17
30대	5	10	36	39	10
40대	11	17	48	16	8
50대	14	18	42	23	3

※ 긍정적인 답변 : 매우 만족, 만족, 보통
※ 부정적인 답변 : 불만족, 매우 불만족

보기

㉠ 연령대가 높아질수록 '매우 불만족'이라고 응답한 비율은 낮아진다.

㉡ 모든 연령대에서 '매우 만족'과 '만족'이라고 응답한 비율이 가장 낮은 연령대는 20대이다.

㉢ 모든 연령대에서 긍정적인 답변을 한 비율은 50% 이상이다.

㉣ 50대에서 '불만족' 또는 '매우 불만족'이라고 응답한 비율은 '만족' 또는 '매우 만족'이라고 응답한 비율의 80% 이하이다.

① ㉠, ㉢   ② ㉠, ㉣

③ ㉡, ㉢   ④ ㉡, ㉣

48 다음은 최근 5개년 동안의 연령대별 평균 데이트폭력 경험횟수를 나타낸 자료이다. 이에 대한 설명으로 적절하지 않은 것은?

〈연도별 각 연령대의 평균 데이트폭력 경험횟수〉

(단위 : 회)

구분	2016년	2017년	2018년	2019년	2020년
10대	3.2	3.9	5.7	7.9	10.4
20대	9.1	13.3	15.1	19.2	21.2
30대	8.8	11.88	14.2	17.75	18.4
40대	2.5	5.8	9.2	12.8	18
50대	4.1	3.8	3.5	3.3	2.9

① 2018년 이후 20대와 30대의 평균 데이트폭력 경험횟수의 합은 전 연령대 평균 데이트폭력 경험횟수의 절반이상이다.

② 10대의 평균 데이트폭력 경험횟수는 매년 증가하고 있지만, 50대는 매년 감소하고 있다.

③ 2020년 40대의 평균 데이트폭력 경험횟수는 2016년의 7.2배에 해당한다.

④ 30대의 2019년 전년 대비 데이트폭력 경험횟수 증가율은 2017년보다 크다.

49 다음은 종이책 및 전자책 성인 독서율에 대한 자료이다. (가)에 들어갈 수치로 적절한 것은?(단, 각 항목의 2020년 수치는 2018년 수치 대비 일정한 규칙으로 변화한다)

〈종이책 및 전자책 성인 독서율〉

(단위 : %)

항목 \ 연도		2018년			2020년		
		사례 수 (건)	1권 이상 읽음	읽지 않음	사례 수 (건)	1권 이상 읽음	읽지 않음
전체	소계	5,000	60	40	6,000	72	28
성별	남자	2,000	60	40	3,000	90	10
	여자	3,000	65	35	3,000	65	35
연령별	20대	1,000	87	13	1,000	87	13
	30대	1,000	80.5	19.5	1,100	88.6	11.4
	40대	1,000	75	25	1,200	90	10
	50대	1,000	60	40	1,200	(가)	
	60대 이상	1,000	37	63	1,400	51.8	48.2
학력별	중졸 이하	900	30	70	1,000	33.3	66.7
	고졸	1,900	63	37	2,100	69.6	30.4
	대졸 이상	2,200	70	30	2,800	89.1	10.9

① 44
② 52
③ 72
④ 77
⑤ 82

50 다음은 연령별 3월 및 4월 코로나 신규 확진자 수 현황을 지역별로 조사한 자료이다. 자료에 대한 설명으로 적절한 것은?(단, 비율은 소수점 둘째 자리에서 반올림한다)

〈연령별 코로나 신규 확진자 수 현황〉

(단위 : 명)

구분 지역	기간	10대 미만	10대	20대	30대	40대	50대	60대	70대 이상	전체
A	3월	7	29	34	41	33	19	28	35	226
A	4월	5	18	16	23	21	2	22	14	121
B	3월	6	20	22	33	22	35	12	27	177
B	4월	1	5	10	12	18	14	5	13	78
C	3월	2	26	28	25	17	55	46	29	228
C	4월	2	14	22	19	2	15	26	22	122
D	3월	3	11	22	20	9	21	54	19	159
D	4월	1	2	21	11	5	2	41	12	95
E	3월	4	58	30	37	27	41	22	57	276
E	4월	2	14	15	21	13	22	11	44	142
F	3월	9	39	38	59	44	45	54	32	320
F	4월	2	29	33	31	22	31	36	12	196
G	3월	0	8	10	29	48	22	29	39	185
G	4월	0	3	2	22	11	8	2	13	61
H	3월	4	15	11	52	21	31	34	48	216
H	4월	3	9	4	14	9	20	12	22	93
I	3월	2	11	18	35	4	33	21	19	143
I	4월	0	4	4	12	4	21	7	2	54

① 각 지역의 10대 미만 4월 신규 확진자 수는 전월 대비 감소하였다.

② 20대 신규 확진자 수가 10대 신규 확진자 수보다 적은 지역 수는 3월과 4월이 동일하다.

③ 3월 신규 확진자 수가 세 번째로 많은 지역의 4월 신규 확진자 수가 가장 많은 연령대는 20대이다.

④ H지역의 4월 신규 확진자 수가 4월 전체 지역의 신규 확진자 수에서 차지하는 비율은 10% 이상이다.

⑤ 3월 대비 4월 신규 확진자 수의 비율은 F지역이 G지역의 2배 이상이다.

51 다음은 보건복지부에서 발표한 연도별 의료기기 생산실적 통계자료이다. 이 자료를 보고 판단한 것 중 적절하지 않은 것은?

〈연도별 의료기기 생산실적 총괄 현황〉

(단위 : 개, %, 명, 백만 원)

구분	업체 수	증감률	품목 수	증감률	운영인원	증감률	생산금액	증감률
2013년	1,500	–	5,862	–	25,287	–	1,478,165	–
2014년	1,596	6.4	6,392	9.04	25,610	1.28	1,704,161	15.29
2015년	1,624	1.75	6,639	3.86	26,399	3.08	1,949,159	14.38
2016년	1,662	2.34	6,899	3.92	26,936	2.03	2,216,965	13.74
2017년	1,726	3.85	7,367	6.78	27,527	2.19	2,525,203	13.9
2018년	1,754	1.62	8,003	8.63	28,167	2.32	2,764,261	9.47
2019년	1,857	5.87	8,704	8.76	30,190	7.18	2,964,445	7.24
2020년	1,958	5.44	9,086	4.39	32,255	6.84	3,366,462	13.56

① 2014 ~ 2020년까지 의료기기 생산업체 수는 꾸준히 증가하고 있으며, 품목 또한 해마다 다양해지고 있다.

② 업체 수의 2014 ~ 2020년까지의 평균 증감률은 5% 이하이다.

③ 전년 대비 업체 수가 가장 많이 늘어난 해는 2014년이며, 전년 대비 생산금액이 가장 많이 늘어난 해는 2017년이다.

④ 2017 ~ 2020년 사이 운영인원의 증감률 추이와 품목 수의 증감률 추이는 같다.

⑤ 품목 수의 평균 증감률은 업체 수의 평균 증감률을 넘어선다.

52 다음은 지역별 7급 공무원 현황을 나타낸 자료이다. 자료에 대한 설명으로 적절한 것은?

〈지역별 7급 공무원 현황〉

(단위 : 명)

구분	남성	여성	합계
서울	14,000	11,000	25,000
경기	9,000	6,000	15,000
인천	9,500	10,500	20,000
부산	7,500	5,000	12,500
대구	6,400	9,600	16,000
광주	4,500	3,000	7,500
대전	3,000	1,800	4,800
울산	2,100	1,900	4,000
세종	1,800	2,200	4,000
강원	2,200	1,800	4,000
충청	8,000	12,000	20,000
전라	9,000	11,000	20,000
경상	5,500	4,500	10,000
제주	2,800	2,200	5,000
합계	85,300	82,500	167,800

※ 수도권 : 서울, 경기, 인천

① 남성 공무원 수가 여성 공무원 수보다 많은 지역은 5곳이다.
② 광역시 중 남성 공무원 수와 여성 공무원 수 차이가 가장 큰 지역은 울산이다.
③ 인천 여성 공무원 비율과 세종 여성 공무원 비율의 차이는 2.5%p이다.
④ 수도권 전체 공무원 수와 광역시 전체 공무원 수의 차이는 5,000명 이상이다.
⑤ 제주지역 전체 공무원 중 남성 공무원의 비율은 55%이다.

53 다음은 주요업종별 영업이익을 비교한 자료이다. 자료에 대한 설명으로 적절하지 않은 것은?

〈주요업종별 영업이익 비교〉

(단위 : 억 원)

구분	2019년 1분기 영업이익	2019년 4분기 영업이익	2020년 1분기 영업이익
반도체	40,020	40,540	60,420
통신	5,880	6,080	8,880
해운	1,340	1,450	1,660
석유화학	9,800	9,880	10,560
건설	18,220	19,450	16,410
자동차	15,550	16,200	5,240
철강	10,740	10,460	820
디스플레이	4,200	4,620	−1,890
자동차부품	3,350	3,550	−2,110
조선	1,880	2,110	−5,520
호텔	980	1,020	−3,240
항공	−2,880	−2,520	120

① 2019년 1분기보다 2019년 4분기의 영업이익은 모든 업종에서 높다.

② 2020년 1분기 영업이익이 전년 동기 대비 영업이익보다 높은 업종은 5개이다.

③ 2020년 1분기 영업이익이 적자가 아닌 업종 중 영업이익이 직전 분기 대비 감소한 업종은 3개이다.

④ 2019년 1, 4분기에 흑자였다가 2020년 1분기에 적자로 전환된 업종은 4개이다.

⑤ 항공업은 2019년 1, 4분기에 적자였다가 2020년 1분기에 흑자로 전환되었다.

다음은 2019년도 주택보급률에 대한 표이다. 표에 대한 해석으로 적절한 것은?

〈2019년 주택보급률 현황〉

구분	2019년		
	가구 수(만 가구)	주택 수(만 호)	주택보급률(약 %)
전국	1,989	2,072	104
수도권	967	957	99
지방	1,022	1,115	109
서울	383	368	96
부산	136	141	103
대구	95	99	104
인천	109	110	101
광주	57	61	107
대전	60	61	102
울산	43	47	110
세종	11	12	109
경기	475	479	100
강원	62	68	110
충북	64	72	113
충남	85	95	112
전북	73	80	110
전남	73	82	112
경북	109	127	116
경남	130	143	110
제주	24	26	108

※ (주택보급률)$=\dfrac{(주택\ 수)}{(가구\ 수)}\times100$

※ 수도권은 서울, 인천, 경기 지역이며, 지방은 수도권 외에 모든 지역이다.

① 전국 주택보급률보다 낮은 지역은 모두 수도권 지역이다.
② 수도권 외 지역 중 주택 수가 가장 적은 지역의 주택보급률보다 높은 지역은 다섯 곳이다.
③ 가구 수가 주택 수보다 많은 지역은 전국에서 가구 수가 세 번째로 많다.
④ 지방 전체 주택 수의 10% 이상을 차지하는 수도권 외 지역 중 지방 주택보급률보다 낮은 지역의
주택보급률과 전국 주택보급률의 차이는 약 1%p이다.
⑤ 주택 수가 가구 수의 1.1배 이상인 지역에서 가구 수가 세 번째로 적은 지역의 주택보급률은
지방 주택보급률보다 약 2%p 높다.

다음은 해외국가별 3월에 1주간 발생한 코로나19 확진자 수와 4월 15일을 기준으로 100만 명당 확진자 수를 정리한 그래프이다. 그래프에 대한 해석으로 적절한 것은?(단, 비율은 소수점 둘째 자리에서 반올림한다)

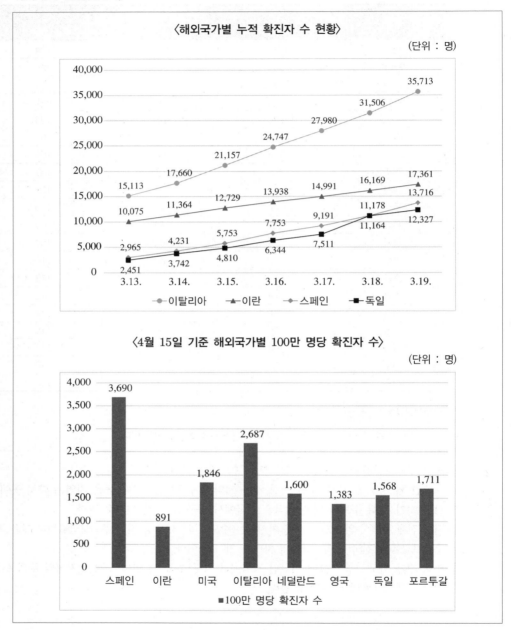

〈해외국가별 누적 확진자 수 현황〉

〈4월 15일 기준 해외국가별 100만 명당 확진자 수〉

① 3월 14일부터 18일까지 새로 양성판정을 받은 확진자 수의 평균은 이탈리아가 독일의 2배 이상이다.
② 4월 15일 기준 스페인의 100만 명당 확진자 수의 40%보다 적은 국가는 이란, 영국, 독일이다.
③ 이란에서 3월 16일부터 19일까지 발생한 확진자 수가 두 번째로 많은 날은 19일이다.
④ 4월 15일 기준 100만 명당 확진자 수가 세 번째로 적은 국가의 3월 17일에 발생한 확진자 수는 1,534명이다.

| 2021년 상반기 SK그룹

56 Q회사에서는 추석을 맞이해 직원들에게 선물을 보내려고 한다. 선물은 비슷한 가격대의 상품으로 다음과 같이 준비하였으며, 전 직원들을 대상으로 투표를 실시하였다. 가장 많은 표를 얻은 상품 하나를 선정하여 선물을 보낸다면, 총 얼마의 비용이 들었겠는가?

상품 내역		투표 결과					
상품명	가격	총무부	기획부	영업부	생산부	관리부	연구소
한우Set	80,000원	2	1	5	13	1	1
영광굴비	78,000원	0	3	3	15	3	0
장뇌삼	85,000원	1	0	1	21	2	2
화장품	75,000원	2	1	6	14	5	1
전복	70,000원	0	1	7	19	1	4

※ 투표에 대해 무응답 및 중복응답은 없다.

① 9,200,000원
② 9,450,000원
③ 9,650,000원
④ 9,800,000원
⑤ 10,000,000원

57 다음은 국민연금 자산별 수익률과 연말에 계획하는 다음 연도 자산별 투자 비중에 관한 그래프이다. 그래프에 대한 해석으로 적절하지 않은 것은?

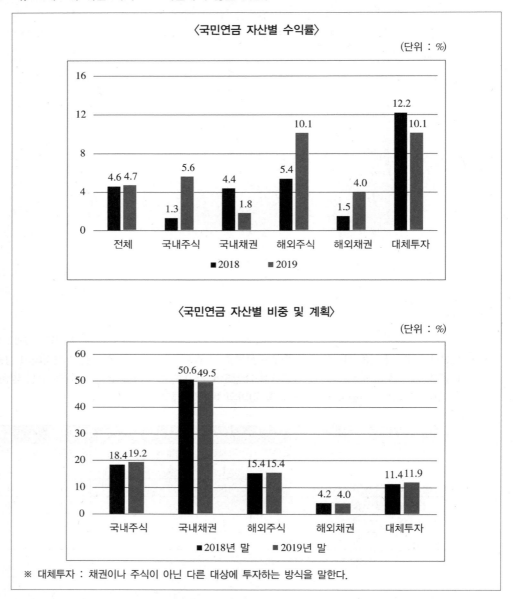

〈국민연금 자산별 수익률〉

(단위 : %)

〈국민연금 자산별 비중 및 계획〉

(단위 : %)

※ 대체투자 : 채권이나 주식이 아닌 다른 대상에 투자하는 방식을 말한다.

① 2018 ~ 2019년 동안 주식 및 채권 수익률의 합은 국내보다 해외가 항상 높다.
② 자산별 수익률 결과에 비례하여 다음 연도 자산별 투자 비중을 계획하지 않았다.
③ 2019년과 2020년을 대비하여 계획한 자산별 투자 비중이 높은 순서는 동일하다.
④ 2018년도에 해외주식 수익률보다 낮은 자산들의 2019년 말 비중의 합은 68.9%이다.

58 금연프로그램을 신청한 흡연자 A씨는 국민건강보험공단에서 진료 및 상담비용과 금연보조제 비용의 일정 부분을 지원받고 있다. A씨는 의사와 상담을 6회 받았고, 금연보조제로 니코틴패치 3묶음을 구입했다고 할 때, 다음 지원 현황에 따라 흡연자 A씨가 지불하는 부담금은 얼마인가?

〈금연프로그램 지원 현황〉

구분	진료 및 상담	금연보조제(니코틴패치)
가격	30,000원/회	12,000원/묶음
지원금 비율	90%	75%

※ 진료 및 상담료 지원금은 6회까지 지원한다.

① 21,000원   ② 23,000원
③ 25,000원   ④ 26,000원
⑤ 27,000원

59 다음은 중성세제 브랜드별 용량 및 가격을 정리한 표이다. 각 브랜드마다 용량에 대한 가격을 조정했을 때, 각 브랜드별 판매 가격 및 용량의 변경 전과 변경 후에 대한 판매 금액 차이가 적절하게 연결된 것은?

〈브랜드별 중성세제 판매 가격 및 용량〉

(단위 : 원, L)

구분		1L 당 가격	용량		1L 당 가격	용량
A브랜드	변경 전	8,000	1.3	변경 후	8,200	1.2
B브랜드		7,000	1.4		6,900	1.6
C브랜드		3,960	2.5		4,000	2.0
D브랜드		4,300	2.4		4,500	2.5

	A브랜드	B브랜드	C브랜드	D브랜드
①	550원 증가	1,220원 감소	2,000원 증가	930원 증가
②	550원 감소	1,240원 증가	1,900원 증가	930원 증가
③	560원 감소	1,240원 증가	1,900원 감소	930원 증가
④	560원 증가	1,240원 감소	2,000원 감소	900원 감소
⑤	560원 감소	1,220원 증가	1,900원 감소	900원 감소

※ 다음은 국유재산종류별 규모현황이다. 자료를 읽고 이어지는 질문에 답하시오. [60~61]

〈국유재산종류별 규모현황〉

(단위 : 억 원)

국유재산종류	2017년	2018년	2019년	2020년	2021년
총계	9,384,902	9,901,975	10,444,088	10,757,551	10,817,553
토지	4,374,692	4,485,830	4,670,080	4,630,098	4,677,016
건물	580,211	616,824	652,422	677,188	699,211
공작물	2,615,588	2,664,379	2,756,345	2,821,660	2,887,831
입목죽	108,049	110,789	80,750	128,387	88,025
선박·항공기	21,775	20,882	23,355	23,178	25,524
기계·기구	4,124	4,096	6,342	9,252	10,524
무체재산	10,432	10,825	11,334	11,232	11,034
유가증권	1,670,031	1,988,350	2,243,460	2,456,556	2,418,389

| 2022년 상반기 포스코그룹

60 다음 중 2019년에 국유재산의 규모가 10조를 넘는 국유재산의 종류의 개수는?

① 2개   ② 3개
③ 4개   ④ 5개

| 2022년 상반기 포스코그룹

61 다음 〈보기〉의 설명 중 자료에 대한 설명으로 적절한 것을 모두 고르면?

> 보기
> ㄱ. 2019년과 2021년에 국유재산 종류별로 규모가 큰 순서는 동일하다.
> ㄴ. 2017년과 2018년에 규모가 가장 작은 국유재산은 동일하다.
> ㄷ. 2018년 국유재산 중 건물과 무체재산, 유가증권 규모의 합계는 260조 원보다 크다.
> ㄹ. 2017년부터 2020년까지 국유재산 중 선박·항공기와 기계·기구의 전년 대비 증감추이는 동일하다.

① ㄴ, ㄷ   ② ㄷ, ㄹ
③ ㄱ, ㄴ, ㄷ   ④ ㄴ, ㄷ, ㄹ

※ 다음은 2021년 지역별 상수도 민원건수에 대한 자료이다. 이를 보고 이어지는 물음에 답하시오.
　[62~63]

〈지역별 상수도 민원건수〉

(단위 : 건)

구분	민원내용				
	낮은 수압	녹물	누수	냄새	유충
서울	554	682	102	244	118
경기	120	203	84	152	21
대구	228	327	87	414	64
인천	243	469	183	382	72
부산	248	345	125	274	68
강원	65	81	28	36	7
대전	133	108	56	88	18
광주	107	122	87	98	11
울산	128	204	88	107	16
제주	12	76	21	23	3
세종	47	62	41	31	9

| 2021년 하반기 포스코그룹

62 다음 〈보기〉 중 자료에 대한 설명으로 적절한 것을 모두 고르면?

보기

ㄱ. 경기 지역의 민원 중 40%는 녹물에 대한 것이다.
ㄴ. 대구의 냄새에 대한 민원건수는 강원의 11.5배이고, 제주의 18배이다.
ㄷ. 세종과 대전의 각 민원내용별 민원건수의 합계는 부산보다 작다.
ㄹ. 수도권 각 지역에서 가장 많은 민원은 녹물에 대한 것이고, 가장 낮은 민원은 유충에 대한 것이다.

① ㄱ, ㄴ
② ㄱ, ㄷ
③ ㄱ, ㄹ
④ ㄴ, ㄷ

| 2021년 하반기 포스코그룹

63 다음 중 자료를 보고 나타낼 수 없는 그래프는 무엇인가?

① 수도권과 수도권 외 지역 상수도 민원건수 발생 현황
② 광역시의 녹물 민원건수 발생 현황
③ 수도권 전체 민원건수 중 녹물에 대한 민원 비율
④ 지역별 유충발생건수 현황

※ 다음은 20,000명을 대상으로 연도별 운전면허 보유현황을 나타낸 자료이다. 이어지는 질문에 답하시오. [64~65]

<연령대별 운전면허 소지현황>

구분		20대	30대	40대	50대	60대	70대
남성	소지비율	38%	55%	75%	68%	42%	25%
	조사인원	1,800명	2,500명	2,000명	1,500명	1,500명	1,200명
여성	소지비율	22%	35%	54%	42%	24%	12%
	조사인원	2,000명	1,400명	1,600명	1,500명	2,000명	1,000명

| 2021년 상반기 포스코그룹

64 다음 중 자료에 대한 설명으로 적절하지 않은 것은?

① 운전면허 소지현황 비율이 가장 높은 연령대는 남성과 여성이 동일하다.

② 70대 여성의 운전면허 소지비율은 남성의 절반 이하이다.

③ 전체 조사자 중 20·30대가 차지하는 비율은 40% 이상이다.

④ 50대 운전면허 소지자는 1,500명 이상이다.

| 2021년 상반기 포스코그룹

65 다음 중 자료에 대한 설명으로 적절한 것은?

① 조사에 참여한 60·70대는 남성이 여성보다 많다.

② 40대 여성의 운전면허소지자는 40대 남성의 운전면허소지자의 55% 이하이다.

③ 20대 남성의 운전면허소지자는 70대 남성의 2.5배 이상이다.

④ 20·30대 여성의 운전면허소지자는 전체 조사자의 5% 미만이다.

66 다음은 2017 ~ 2021년 K사의 경제 분야 투자에 관한 자료이다. 이에 대한 설명으로 적절하지 않은 것은?

<K사의 경제 분야 투자규모>

(단위 : 억 원, %)

연도 구분	2017년	2018년	2019년	2020년	2021년
경제 분야 투자규모	20	24	23	22	21
총지출 대비 경제 분야 투자규모 비중	6.5	7.5	8	7	6

① 2021년 총지출은 320억 원 이상이다.
② 2018년 경제 분야 투자규모의 전년 대비 증가율은 25% 이하이다.
③ 2019년이 2020년보다 경제 분야 투자규모가 전년에 비해 큰 비율로 감소하였다.
④ 2017 ~ 2021년 동안 경제 분야에 투자한 금액은 110억 원이다.
⑤ 2018 ~ 2021년 동안 경제 분야 투자규모와 총지출 대비 경제 분야 투자규모 비중의 전년 대비 증감추이는 동일하지 않다.

67 다음은 우리나라의 보건 수준을 가늠하게 하는 신생아 사망률에 관한 자료이다. 이에 대한 설명으로 적절한 것은?

〈생후 1주일 이내 성별 · 생존기간별 신생아 사망률〉

(단위 : 명, %)

생존 기간	남		여	
1시간 이내	31	2.7	35	3.8
1 ~ 12시간	308	26.5	249	27.4
13 ~ 24시간	97	8.3	78	8.6
25 ~ 48시간	135	11.6	102	11.2
49 ~ 72시간	166	14.3	114	12.5
73 ~ 168시간	272	23.4	219	24.1
미상	153	13.2	113	12.4
전체	1,162	100.0	910	100.0

〈생후 1주일 이내 산모 연령별 신생아 사망률〉

(단위 : 명, %)

산모 연령	출생아 수	신생아 사망률
19세 미만	6,356	8.8
20 ~ 24세	124,956	6.3
25 ~ 29세	379,209	6.8
30 ~ 34세	149,760	9.4
35 ~ 39세	32,560	13.5
40세 이상	3,977	21.9
전체	696,818	7.7

① 생후 첫날 여자 신생아 사망률은 남자 신생아 사망률보다 낮다.
② 생후 1주일 내 신생아 사망자 수가 가장 많은 산모 연령대는 40세 이상이다.
③ 생후 1주일 내에서 첫날의 신생아 사망률은 약 50%이다.
④ 생후 1주일 내 신생아 사망률 중 셋째 날 신생아 사망률은 약 13.5%이다.
⑤ 산모 연령 25 ~ 29세가 출생아 수가 가장 많고 신생아 사망률이 가장 낮다.

※ 다음은 2019년 발화요인에 따른 월별 화재발생현황이다. 자료를 읽고 이어지는 질문에 답하시오.
[68~69]

〈2019년 발화요인에 따른 월별 화재발생현황〉

(단위 : 건)

항목	합계	전기적 요인	기계적 요인	화학적 요인	가스누출	교통사고	부주의	기타
합계	42,338	10,471	4,619	604	211	505	20,352	5,576
1월	4,083	1,065	504	36	32	53	1,838	555
2월	4,632	896	392	30	15	42	2,707	550
3월	3,875	892	406	53	11	37	2,033	443
4월	3,714	783	346	44	19	37	2,012	473
5월	3,038	819	340	32	22	46	1,374	405
6월	3,441	721	310	53	8	38	1,865	446
7월	3,409	1,104	424	84	10	41	1,292	454
8월	3,690	1,160	373	95	12	32	1,513	505
9월	2,517	677	265	52	12	44	1,088	379
10월	3,048	759	405	45	18	41	1,386	394
11월	2,954	688	377	33	25	45	1,366	420
12월	3,937	907	477	47	27	49	1,878	552

▎2020년 하반기 포스코그룹

68 2019년 5월 화재발생 건수가 많은 순서로 발화요인을 나열한 것은?

① 기타 – 부주의 – 기계적 요인 – 전기적 요인 – 화학적 요인 – 가스누출 – 교통사고
② 부주의 – 전기적 요인 – 기타 – 기계적 요인 – 화학적 요인 – 교통사고 – 가스누출
③ 부주의 – 전기적 요인 – 기타 – 기계적 요인 – 교통사고 – 가스누출 – 화학적 요인
④ 부주의 – 전기적 요인 – 기타 – 기계적 요인 – 교통사고 – 화학적 요인 – 가스누출

▎2020년 하반기 포스코그룹

69 다음 〈보기〉의 설명 중 자료에 대한 설명으로 적절하지 않은 것을 모두 고르면?

> **보기**
> ㄱ. 가스누출로 인한 화재발생 건수는 10월 대비 11월에 증가하였다.
> ㄴ. 2월에 부주의로 인한 화재발생 건수는 기타 요인으로 인한 화재발생 건수의 3배 이상이다.
> ㄷ. 매월 기계적 요인으로 인한 화재발생 건수는 기타 요인으로 인한 화재발생 건수보다 적다.
> ㄹ. 2019년에 두 번째로 많은 화재발생 건수를 차지하는 발화요인은 기계적 요인이다.

① ㄱ, ㄴ   ② ㄱ, ㄷ
③ ㄴ, ㄷ   ④ ㄷ, ㄹ

| 추리 |

※ 제시된 명제가 모두 참일 때, 빈칸에 들어갈 명제로 가장 적절한 것을 고르시오. [1~5]

| 2022년 상반기 CJ그룹

01

> 한씨는 부동산을 구두로 양도했다.
> _____
> 한씨의 부동산 양도는 무효다.

① 무효가 아니면, 부동산을 구두로 양도했다.
② 부동산을 구두로 양도하지 않으면, 무효다.
③ 부동산을 구두로 양도하면, 무효다.
④ 부동산을 구두로 양도하면, 무효가 아니다.
⑤ 구두로 양보하지 않으면, 무효가 아니다.

| 2022년 상반기 KT그룹

02

> A고등학교 학생은 봉사활동을 해야 졸업한다.
> 이번 학기에 봉사활동을 하지 않은 A고등학교 학생이 있다.
> _____

① A고등학교 졸업생은 봉사활동을 했다.
② 봉사활동을 안 한 A고등학교 졸업생이 있다.
③ 다음 학기에 봉사활동을 해야 하는 A고등학교 학생이 있다.
④ 이번 학기에 봉사활동을 하지 않은 A고등학교 학생은 이미 봉사활동을 했다.
⑤ 다음 학기에 봉사활동을 하지 않는 학생은 졸업을 할 수 없다.

03

> _____
>
> 선영이는 경식이보다 나이가 많다.
> 그러므로 재경이가 나이가 가장 많다.

① 재경이는 선영이보다 나이가 많다.
② 재경이는 경식이보다 나이가 많다.
③ 경식이는 재경이보다 나이가 많다.
④ 재경이는 선영이와 나이가 같다.
⑤ 선영이는 나이가 제일 적다.

04

> 물에 잘 번지는 펜은 수성펜이다.
> 수성펜은 뚜껑이 있다.
> 물에 잘 안 번지는 펜은 잉크 찌꺼기가 생긴다.
>
> _____

① 물에 잘 번지는 펜은 뚜껑이 없다.
② 뚜껑이 없는 펜은 잉크 찌꺼기가 생긴다.
③ 물에 잘 안 번지는 펜은 뚜껑이 없다.
④ 물에 잘 번지는 펜은 잉크 찌꺼기가 안 생긴다.
⑤ 물에 잘 안 번지는 펜은 잉크 찌꺼기가 안 생긴다.

05

> A를 구매한 어떤 사람은 B를 구매했다.
>
> _____
> 그러므로 C를 구매한 어떤 사람은 A를 구매했다.

① B를 구매하지 않는 사람은 C도 구매하지 않았다.
② B를 구매한 모든 사람은 C를 구매했다.
③ C를 구매한 사람은 모두 B를 구매했다.
④ A를 구매하지 않은 어떤 사람은 C를 구매했다.
⑤ B를 구매한 어떤 사람은 C를 구매했다.

06 신발가게에서 일정 금액 이상 구매 한 고객에게 추첨을 통해 다양한 경품을 주는 이벤트를 하고 있다. 함께 쇼핑을 한 A~E는 이벤트에 응모했고 이 중 1명만 신발에 당첨되었다. 다음 A~E의 대화에서 한 명이 거짓말을 한다고 할 때, 신발 당첨자는?

> A : C는 신발이 아닌 할인권에 당첨됐어.
> B : D가 신발에 당첨됐고, 나는 커피 교환권에 당첨됐어.
> C : A가 신발에 당첨됐어.
> D : C의 말은 거짓이야.
> E : 나는 꽝이야.

① A   ② B
③ C   ④ D
⑤ E

07 [제시문 A]를 읽고, [제시문 B]를 판단한 것으로 가장 적절한 것은?

> [제시문 A]
> • 오이보다 토마토가 더 비싸다.
> • 토마토보다 참외가 더 비싸다.
> • 파프리카가 가장 비싸다.
>
> [제시문 B]
> • 참외가 두 번째로 비싸다.

① 항상 참이다.   ② 항상 거짓이다.   ③ 알 수 없다.

운송관리팀 T주임은 다음 보에 따라 운송해야 한다. 다음 중 통행료가 가장 적게 소요되는 경로는?

- T주임은 새로 출시된 제품들을 A창고에서 S창고로 운송하는 경로를 계획 중이다.
- A창고에서 S창고로 이동 가능한 경로는 다음과 같다.

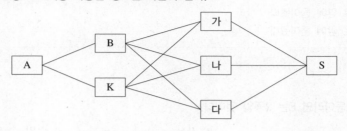

- 각 게이트에서 지불하는 통행료는 다음과 같다.

게이트	통행료	비고
B	46,100	–
K	37,900	–
가	38,400	–
나	51,500	B게이트를 거쳐 온 경우 10% 할인
다	40,500	K게이트를 거쳐 온 경우 5% 할인

① A – B – 가 – S   ② A – B – 나 – S

③ A – K – 가 – S   ④ A – K – 나 – S

⑤ A – K – 다 – S

※ 다음 제시문을 읽고 각 문장이 항상 참이면 ①, 거짓이면 ②, 알 수 없으면 ③을 고르시오. [9~10]

- 6명의 친구가 달리기를 했다.
- A는 3등으로 들어왔다.
- B는 꼴찌로 들어왔다.
- C는 E 바로 앞에 들어왔다.
- D는 F 바로 앞에 들어왔다.

Easy
| 2021년 상반기 SK그룹

09 D가 4등이라면 E는 2등일 것이다.

① 참　　　　　　　　② 거짓　　　　　　　　③ 알 수 없음

| 2021년 상반기 SK그룹

10 C는 1등으로 들어왔다.

① 참　　　　　　　　② 거짓　　　　　　　　③ 알 수 없음

| 2022년 상반기 KT그룹

11 수영, 슬기, 경애, 정서, 민경의 머리 길이가 서로 다르다고 할 때, 〈조건〉을 보고 바르게 추론한 것은?

조건
- 수영이는 단발머리로 슬기와 경애의 머리보다 짧다.
- 정서의 머리는 수영보다 길지만, 슬기보다는 짧다.
- 경애의 머리는 정서보다 길지만, 슬기보다는 짧다.
- 민경의 머리는 경애보다 길지만, 다섯 명 중에 가장 길지는 않다.

① 경애는 단발머리이다.
② 슬기의 머리가 가장 길다.
③ 민경의 머리는 슬기보다 길다.
④ 수영의 머리가 다섯 명 중 가장 짧지는 않다.
⑤ 머리가 긴 순서대로 나열하면 '슬기 – 정서 – 민경 – 경애 – 수영'이다.

12 한 마트에서는 4층짜리 매대에 과일들을 진열해 놓았다. 매대의 각 층에는 서로 다른 과일이 한 종류씩 진열되어 있을 때, 〈조건〉을 보고 바르게 추론한 것은?

> **조건**
> • 정리된 과일은 사과, 귤, 감, 배의 네 종류이다.
> • 사과 위에는 아무 과일도 존재하지 않는다.
> • 배는 감보다 아래쪽에 올 수 없다.
> • 귤은 감보다는 높이 위치해 있지만, 배보다 높이 있는 것은 아니다.

① 사과는 3층 매대에 있을 것이다.
② 귤이 사과 바로 아래층에 있을 것이다.
③ 배는 감 바로 위층에 있을 것이다.
④ 귤은 감과 배 사이에 있다.
⑤ 귤은 가장 아래층에 있을 것이다.

13 N백화점 명품관에서 도난 사건이 발생했다. CCTV 확인을 통해 그 시각 백화점 명품관에 있던 A, B, C, D, E, F가 용의자로 검거됐다. 이들 중 범인인 두 사람이 거짓말을 하고 있다면, 거짓말을 한 사람은?

> A : F가 성급한 모습으로 나가는 것을 봤어요.
> B : C가 가방 속에 무언가 넣는 모습을 봤어요.
> C : 나는 범인이 아닙니다.
> D : B 혹은 A가 훔치는 것을 봤어요.
> E : F가 범인인 게 확실해요. CCTV를 자꾸 신경 쓰고 있었거든요.
> F : 얼핏 봤는데, 제가 본 도둑은 C 아니면 E예요.

① A, C   ② B, C
③ B, F   ④ D, E
⑤ F, C

14 김대리, 박과장, 최부장 중 한 명은 점심으로 짬뽕을 먹었다. 다음 여러 개의 진술 중 두 개의 진술만 참이고 나머지는 모두 거짓일 때, 짬뽕을 먹은 사람과 참인 진술을 바르게 연결한 것은?(단, 중국집에서만 짬뽕을 먹을 수 있고, 중국 음식은 짬뽕뿐이다)

> 김대리 : 박과장이 짬뽕을 먹었다. … ㉠
> 나는 최부장과 중국집에 갔다. … ㉡
> 나는 중국 음식을 먹지 않았다. … ㉢
> 박과장 : 김대리와 최부장은 중국집에 가지 않았다. … ㉣
> 나는 점심으로 짬뽕을 먹었다. … ㉤
> 김대리가 중국 음식을 먹지 않았다는 것은 거짓말이다. … ㉥
> 최부장 : 나와 김대리는 중국집에 가지 않았다. … ㉦
> 김대리가 점심으로 짬뽕을 먹었다. … ㉧
> 박과장의 마지막 말은 사실이다. … ㉨

① 김대리, ㉡·㉥
② 박과장, ㉠·㉤
③ 박과장, ㉤·㉨
④ 최부장, ㉡·㉦
⑤ 최부장, ㉡·㉢

15 A, B, C, D는 M아파트 10층에 살고 있다. 〈조건〉을 보고 다음 중 항상 거짓인 것을 고르면?

> **조건**
> • 아파트 10층의 구조는 다음과 같다.
>
> | 계단 | 1001호 | 1002호 | 1003호 | 1004호 | 엘리베이터 |
> | --- | --- | --- | --- | --- | --- |
>
> • A는 엘리베이터보다 계단이 더 가까운 곳에 살고 있다.
> • C와 D는 계단보다 엘리베이터에 더 가까운 곳에 살고 있다.
> • D는 A 바로 옆에 살고 있다.

① A보다 계단이 가까운 곳에 살고 있는 사람은 B이다.
② D는 1003호에 살고 있다.
③ 본인이 살고 있는 곳과 가장 가까운 이동 수단을 이용한다면 C는 엘리베이터를 이용할 것이다.
④ B가 살고 있는 곳에서 엘리베이터 쪽으로는 2명이 살고 있다.
⑤ C옆에는 D가 살고 있다.

16 A팀과 B팀은 보안등급 상에 해당하는 문서를 나누어 보관하고 있다. 이에 따라 두 팀은 보안을 위해 아래와 같은 〈조건〉에 따라 각 팀의 비밀번호를 지정하였다. 다음 중 A팀과 B팀에 들어갈 수 있는 암호배열은?

> **조건**
> • 1 ~ 9까지의 숫자로 (한 자리 수)×(두 자리 수)=(세 자리 수)=(두 자리 수)×(한 자리 수) 형식
>   의 비밀번호로 구성한다.
> • 가운데에 들어갈 세 자리 수의 숫자는 156이며 숫자는 중복 사용할 수 없다. 즉, 각 팀의 비밀번호
>   에 1, 5, 6이란 숫자가 들어가지 않는다.
>
>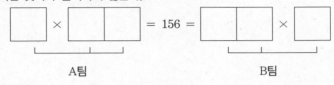

① 23

② 27

③ 29

④ 37

⑤ 39

17 A, B, C, D 네 명은 한 판의 가위바위보를 한 후 그 결과에 대해 각각 두 가지의 진술을 하였다. 두 가지의 진술 중 하나는 반드시 참이고, 하나는 반드시 거짓이라고 할 때, 다음 중 항상 참인 것은?

> A : C는 B를 이길 수 있는 것을 냈고, B는 가위를 냈다.
> B : A는 C와 같은 것을 냈지만, A가 편 손가락의 수는 나보다 적었다.
> C : B는 바위를 냈고, 그 누구도 같은 것을 내지 않았다.
> D : A, B, C 모두 참 또는 거짓을 말한 순서가 동일하다. 이 판은 승자가 나온 판이었다.

① B와 같은 것을 낸 사람이 있다.

② 보를 낸 사람은 1명이다.

③ D는 혼자 가위를 냈다.

④ B가 기권했다면 가위를 낸 사람이 지는 판이다.

⑤ 바위를 낸 사람은 2명이다.

18 다음 A~E 다섯 사람 중 두 사람만 진실을 말하고 있다. 다음 중 진실을 말하는 두 사람은?

A : B는 거짓말을 하지 않아.
B : C의 말은 거짓이야.
C : D의 말은 진실이야.
D : C는 진실을 말하고 있어.
E : D는 거짓말을 하지 않아.

① A, B   ② A, C
③ B, D   ④ C, E
⑤ D, E

19 다음 〈조건〉을 통해 추론할 때, 항상 거짓이 되는 것은?

> **조건**
> • 6대를 주차할 수 있는 2행3열로 구성된 G주차장이 있다.
> • G주차장에는 자동차 a, b, c, d가 주차되어 있다.
> • 1행과 2행에 빈자리가 한 곳씩 있다.
> • a자동차는 대각선을 제외하고 주변에 주차된 차가 없다.
> • b자동차와 c자동차는 같은 행 바로 옆에 주차되어 있다.
> • d자동차는 1행에 주차되어 있다.

① b자동차의 앞 주차공간은 비어있다.
② c자동차의 옆 주차공간은 빈자리가 없다.
③ a자동차는 2열에 주차되어 있다.
④ a자동차와 d자동차는 같은 행에 주차되어 있다.
⑤ d자동차와 c자동차는 같은 열에 주차되어 있다.

20 A, B, C 세 사람은 점심식사 후 아메리카노, 카페라테, 카푸치노, 에스프레소 4종류의 음료를 파는 카페에서 커피를 마신다. 주어진 〈조건〉이 항상 참일 때, 다음 중 적절한 것은?

> **조건**
> • A는 카페라테와 카푸치노를 좋아하지 않는다.
> • B는 에스프레소를 좋아한다.
> • A와 B는 좋아하는 커피가 서로 다르다.
> • C는 에스프레소를 좋아하지 않는다.

① C는 아메리카노를 좋아한다.
② A는 아메리카노를 좋아한다.
③ C와 B는 좋아하는 커피가 같다.
④ A가 좋아하는 커피는 주어진 조건만으로는 알 수 없다.
⑤ C는 카푸치노를 좋아한다.

Hard

21 다음 〈조건〉을 통해 추론할 때, 다음 중 항상 거짓이 되는 것은?

> **조건**
> • A, B, C, D, E 다섯 명의 이름을 입사한 지 오래된 순서로 이름을 적었다.
> • A와 B의 이름은 바로 연달아서 적혔다.
> • C와 D의 이름은 연달아서 적히지 않았다.
> • E는 C보다 먼저 입사하였다.
> • 가장 최근에 입사한 사람은 입사한지 2년된 D이다.

① C의 이름은 A의 이름보다 먼저 적혔다.
② B는 E보다 먼저 입사하였다.
③ E의 이름 바로 다음에 C의 이름이 적혔다.
④ A의 이름은 B의 이름보다 나중에 적혔다.
⑤ B는 C보다 나중에 입사하였다.

Easy

22 다음은 숨은 그림 찾기의 결과이다. 많이 찾은 순서대로 바르게 나열한 것은?

> • 숨은 그림 찾기에서 민수가 철수보다 더 많이 찾았다.
> • 숨은 그림 찾기에서 철수가 영희보다 더 적게 찾았다.
> • 숨은 그림 찾기에서 민수가 영희보다 더 적게 찾았다.

① 영희 – 철수 – 민수   ② 철수 – 영희 – 민수
③ 영희 – 민수 – 철수   ④ 민수 – 철수 – 영희
⑤ 민수 – 영희 – 철수

23 사과 12개를 A, B, C, D, E 5명의 사람들이 나누어 먹고 다음과 같은 대화를 나눴다. 이 중에서 단 1명만이 진실을 말하고 있다고 할 때, 다음 중 사과를 가장 많이 먹은 사람과 적게 먹은 사람을 순서대로 짝지은 것은?(단, 모든 사람은 적어도 1개 이상의 사과를 먹었다)

> A : 나보다 사과를 적게 먹은 사람은 없어.
> B : 나는 사과를 2개 이하로 먹었어.
> C : D는 나보다 사과를 많이 먹었고, 나는 B보다 사과를 많이 먹었어.
> D : 우리 중에서 사과를 가장 많이 먹은 사람은 A야.
> E : 나는 사과를 4개 먹었고, 우리 중에 먹은 사과의 개수가 같은 사람이 있어.

① B, D
② B, A
③ E, A
④ E, D
⑤ E, C

Hard

24 하경이는 A, B, C 3종류의 과자를 총 15개 구매하였다. 3종류의 과자를 다음 주어진 〈조건〉에 맞게 구입했을 때, 〈보기〉에서 항상 적절한 것을 모두 고르면?

조건
- A, B, C과자는 각각 2개 이상 구매하였다.
- B과자는 A과자 개수의 2배 이상 구입하였다.
- C과자는 B과자 개수보다 같거나 많았다.
- A과자와 B과자 개수 합은 6개를 넘었다.

보기
ㄱ. 하경이가 B과자를 7개 이상 사지 않았다.
ㄴ. C과자는 7개 이상 구입하였다.
ㄷ. 하경이는 A과자를 2개 샀다.

① ㄱ
② ㄴ
③ ㄱ, ㄴ
④ ㄷ
⑤ ㄴ, ㄷ

25 세계의 여러 나라가 참가하는 축구 경기가 개최되었다. 조별로 예선전이 진행되었으며 K조인 A, B, C, D국의 예선 결과가 발표되었다. 전산 오류로 D국의 정보가 누락되었을 때 다음 중 K조 예선 결과에 대한 설명으로 적절하지 않은 것은?

〈K조 예선 결과〉

국가	경기	승	무	패	득점	실점	승점
A	3	2	0	1	8	7	6
B	3	0	1	2	5	7	1
C	3	1	0	2	4	6	3

※ 득점 : 경기에서 얻은 점수
※ 실점 : 경기에서 잃은 점수
※ 승점 : 경기에서 승리 시 3점, 무승부 시 1점, 패배 시 0점을 부여하여 합산한 점수
※ 각 조에서 승점이 가장 높은 국가가 본선에 진출할 수 있다.

① D국은 예선전에서 2번 승리하였다.
② B국과 D국의 경기는 무승부로 끝났다.
③ A국은 예선전에서 한 번 패하였지만 본선에 진출하였다.
④ D국은 A국과의 경기에서 승리하였다.
⑤ D국의 득점은 실점보다 3점이 높다.

26 A~E 5명은 아이스크림 가게에서 바닐라, 딸기, 초코맛 중에 한 개씩 주문하였다. 〈조건〉과 같을 때 다음 중 옳지 않은 것은?

> **조건**
> • C 혼자 딸기맛을 선택했다.
> • A와 D는 서로 같은 맛을 선택했다.
> • B와 E는 다른 맛을 선택했다.
> • 바닐라, 딸기, 초코맛 아이스크림은 각각 2개씩 있다.
> • 마지막에 주문한 E는 인원 초과로 선택한 아이스크림을 먹지 못했다.

① A가 바닐라맛을 선택했다면, E 또한 바닐라맛을 선택했을 것이다.
② C가 딸기맛이 아닌 초코맛을 선택하고 딸기맛은 아무도 선택하지 않았다면 C는 아이스크림을 먹지 못했을 것이다.
③ D보다 E가 먼저 주문했다면, E는 아이스크림을 먹었을 것이다.
④ A와 E가 같은 맛을 주문했다면, B와 D는 서로 다른 맛을 주문했다.
⑤ E가 딸기맛을 주문했다면, 모두 각자 선택한 맛의 아이스크림을 먹을 수 있었다.

27 매주 화요일에 진행되는 취업스터디에 A, B, C, D, E 5명의 친구가 함께 참여하고 있다. 스터디 불참 시 벌금이 부과되는 스터디 규칙에 따라 지난주 불참한 2명은 벌금을 내야 한다. 이들 중 2명이 거짓말을 하고 있다고 할 때, 다음 중 적절한 것은?

> A : 내가 다음 주에는 사정상 참석할 수 없지만 지난주에는 참석했어.
> B : 지난주 불참한 C가 반드시 벌금을 내야 해.
> C : 지난주 스터디에 A가 불참한 건 확실해.
> D : 사실 나는 지난주 스터디에 불참했어.
> E : 지난주 스터디에 나는 참석했지만, B는 불참했어.

① A와 B가 벌금을 내야 한다.　　　　② A와 C가 벌금을 내야 한다.
③ A와 E가 벌금을 내야 한다.　　　　④ B와 D가 벌금을 내야 한다.
⑤ D와 E가 벌금을 내야 한다.

28 J사의 기획팀에서 근무하고 있는 직원 A ~ D는 서로의 프로젝트 참여 여부에 관하여 다음과 같이 진술하였고, 이들 중 단 1명만이 진실을 말하였다. 이들 가운데 반드시 프로젝트에 참여하는 사람은?

> A : 나는 프로젝트에 참여하고, B는 프로젝트에 참여하지 않는다.
> B : A와 C 중 적어도 한 명은 프로젝트에 참여한다.
> C : 나와 B 중 적어도 한 명은 프로젝트에 참여하지 않는다.
> D : B와 C 중 한 명이라도 프로젝트에 참여한다면, 나도 프로젝트에 참여한다.

① A　　　　　　　　　　　　② B
③ C　　　　　　　　　　　　④ D
⑤ 없음

※ 다음 도식에서 기호들은 일정한 규칙에 따라 문자를 변화시킨다. ?에 들어갈 알맞은 문자를 고르시오
(단, 규칙은 가로와 세로 중 한 방향으로만 적용된다). [29~30]

$$
\begin{array}{ccccccc}
 & & \text{KㄹQㅅ} & & \text{XㅋFㅂ} & & \\
 & & \downarrow & & \downarrow & & \\
\text{ㄷTㅍJ} & \to & \heartsuit & \to & \square & \to & \text{ㅎlㄹS} \\
 & & \downarrow & & \downarrow & & \\
\text{ㅈHㄴO} & \to & \triangle & \to & \heartsuit & \to & \text{HㅈOL} \\
 & & \downarrow & & \downarrow & & \\
 & & \text{ㄹKㅅQ} & & \triangle & & \\
 & & & & \downarrow & & \\
 & & & & \text{ㅊYㅁG} & & \\
\end{array}
$$

29

ㄱㅌWN → □ → ♡ → ?

① VMㅎㅋ   ② ㅎㅋVM
③ XMㄴㅋ   ④ ㄴㅋXM
⑤ XOㅎ

30

ㅎBㄱG → □ → △ → ?

① FAㄱㄴ   ② CHㅍㅎ
③ FㄴAㄱ   ④ CㅎHㅍ
⑤ AㄱㄴF

※ 다음 도식에서 기호들은 일정한 규칙에 따라 문자를 변화시킨다. ?에 들어갈 알맞은 문자를 고르시오
(단, 규칙은 가로와 세로 중 한 방향으로만 적용된다). [31~34]

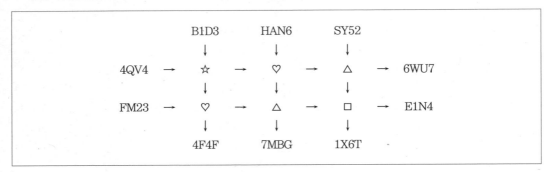

| 2022년 상반기 CJ그룹

31

US24 → □ → ☆ → ?

① 4S2U   ② 2US4
③ 4V8V   ④ 8V4V
⑤ 48VV

| 2022년 상반기 CJ그룹

32

KB52 → ☆ → ♡ → ?

① 37KE   ② 37EO
③ E37K   ④ EO52
⑤ E37O

| 2022년 상반기 CJ그룹

33

? → △ → ♡ → △ → 9381

① 1839   ② 3819
③ 2748   ④ 4827
⑤ 8472

| 2022년 상반기 CJ그룹

34

? → □ → △ → 96II

① 96HJ   ② 9HJ6
③ 87HJ   ④ 8H7J
⑤ J7H8

지식에 대한 투자가 가장 이윤이 많이 남는 법이다.

– 벤자민 프랭클린 –

앞선 정보 제공! 도서 업데이트

언제, 왜 업데이트될까?

도서의 학습 효율을 높이기 위해 자료를 추가로 제공할 때!
공기업 · 대기업 필기시험에 변동사항 발생 시 정보 공유를 위해!
공기업 · 대기업 채용 및 시험 관련 중요 이슈가 생겼을 때!

01 SD에듀 도서 www.sdedu.co.kr/book 홈페이지 접속

02 상단 카테고리 「도서업데이트」 클릭

03 해당 기업명으로 검색

참고자료, 시험 개정사항 등 정보 제공으로 학습효율을 높여 드립니다.

SD에듀

대기업 인적성검사
시리즈

신뢰와 책임의 마음으로 수험생 여러분에게 다가갑니다.

대기업 인적성 "기본서" 시리즈

대기업 취업 기초부터 합격까지! 취업의 문을 여는
Master Key!

PART

II

기출복원문제
정답 및 해설

 도서 관련 최신 정보 및 정오사항이 있는지
우측 QR을 통해 확인해 보세요! ➡

2022년 상반기 정답 및 해설

01	02	03	04	05	06	07	08	09	10	11	12								
④	②	①	④	③	②	②	①	②	②	④	④								

01 정답 ④

휴일에 근무 시 휴일 근무일수의 2배에 해당하는 휴가를 지급하며, 0.5일은 휴가 사용 시 토요일을 0.5일로 계산한다는 의미이므로 적절하지 않다.

02 정답 ②

휴일인 일요일을 제외하고 10월 1 ~ 13일 동안 평일은 9일이고, 3일과 10일은 토요일이므로 휴가 사용 시 토요일은 0.5일로 계산한다는 기준을 적용한다. 따라서 C팀장의 휴가 신청일수는 9(평일)+1(토요일, 0.5×2)=10일이다.

03 정답 ①

주어진 조건을 표로 나타내면 다음과 같다. 따라서 민경이가 가는 곳은 제주도이고, 게스트하우스에서 숙박한다.

구분	제주도	일본	대만
정주		게스트 하우스	
경순			호텔
민경	게스트 하우스		

04 정답 ④

내려오는 경우, 구간별 트래킹 소요시간은 50% 단축되므로 F지점에서 E지점으로 가는 데에는 1시간이 소요된다. 따라서 ④는 적절하지 않은 설명이다.

오답분석

① A지점에서 B지점까지 3시간이 소요되고, B지점에서 C지점을 거쳐 D지점까지도 3시간(=2+1)이 소요된다.
② F지점에서 G지점까지 3시간이 소요되고, E지점에서 F지점까지 2시간이 소요된다.
③ 내려오는 경우이므로 M지점에서 L지점까지 1시간 30분(=3×0.5)이 소요되고, K지점에서 J지점을 거쳐 I지점까지도 1시간 30분(=(2+1)×0.5)이 소요된다.
⑤ 3시간이 소요되는 구간은 'A → B', 'F → G', 'K → L', 'L → M' 구간으로 'A → B' 구간의 거리가 588m(=1,638-1,050)로 가장 길다.

05 정답 ③

5월 3일에 트래킹을 시작한 총무부의 트래킹과 관련된 정보는 다음과 같다.

(단위 : m, 시간)

구분	이동경로	이동거리	소요시간	해발고도
5월 3일	A → D	1,061	6	2,111
5월 4일	D → G	237	6	2,348
5월 5일	G → I	246	4	2,502
5월 6일	I → K	139	3	2,641
5월 7일	K → L	192	3	2,833
5월 8일	L → M	179	3	3,012
5월 9일	M → H	545	5.5	2,467
5월 10일	H → B	829	5.5	1,638
5월 11일	B → A	588	1.5	1,050

하루에 가능한 트래킹의 최장시간은 6시간으로 셋째 날에 G지점에서 J지점까지 5시간이 소요되어 올라갈 수 있지만, 해발 2,500m를 통과한 순간부터 고산병 예방을 위해 수면고도를 전날 수면고도에 비해 200m 이상 높일 수 없으므로 셋째 날은 J지점이 아닌 I지점까지만 올라간다. 따라서 둘째 날의 트레킹 소요시간은 6시간, 셋째 날에는 4시간이다.

06 정답 ②

05번의 표로부터 총무부가 모든 트래킹 일정을 완료한 날짜는 5월 11일임을 알 수 있다.

07 정답 ②

사업을 추진하기 위해서는 먼저 ⓒ 수요조사를 통해 ② 시행계획을 수립한 후 ⓒ 세부계획에 대한 공고를 통해 연구기관의 접수를 받는다. 이후 제시된 자료에 나타난 절차를 거친 후, ㉠ 최종평가를 진행하고 이를 통해 제출된 ㉢ 연구결과를 활용하여 계약을 체결한다.

08 정답 ①

제시된 자료에 따르면 선정평가는 사전검토 → 전문기관검토 → 전문가평가 → 심의위원회 심의·조정 단계로 진행된다. 따라서 전문기관의 검토 다음 단계인 ⓐ에 들어갈 내용으로는 전문가평가인 ①이 적절하다.

09 정답 ②

145와 203의 최대공약수는 29이므로 연구개발조는 29조로 편성된다. 따라서 한 조에 남자 연구자는 5명, 여자 연구자는 7명으로 구성되므로 $a+b=5+7=12$이다.

10 정답 ②

중간에 D과장이 화요일에 급한 업무가 많다고 하였으므로 수요일에만 회의가 가능하다. 수요일만 살펴보면 오전 9시부터 오전 11시까지는 B대리가 안 되고, 오후 12시부터 오후 1시까지는 점심시간이며, 오후 1시부터 오후 4시까지는 A사원의 외근으로 불가능하고, E사원은 오후 4시 전까지만 가능하다고 했으므로 수요일 오전 11시에 회의를 할 수 있다.

11 정답 ④

화요일 3시부터 4시까지 외근을 하려면 2시부터 5시까지 스케줄이 없어야 하므로 화요일에 급한 업무가 많은 D과장과 스케줄이 겹치는 B대리, A사원은 불가능하다. 따라서 2시부터 5시까지 스케줄이 없는 E사원이 적절하다.

12 정답 ④

프로젝트를 끝내는 일의 양을 1이라고 가정한다. 혼자 할 경우 A사원은 하루에 할 수 있는 일의 양은 $\frac{1}{24}$ 이고, E사원은 $\frac{1}{16}$ 이며, 함께 할 경우 $\frac{1}{24}+\frac{1}{16}=\frac{5}{48}$ 만큼 할 수 있다.

문제에서 함께 한 일수는 3일간이며, E사원 혼자 한 날을 x일이라 하면 총 일의 양에 대한 방정식은 다음과 같다.

$\frac{5}{48}\times3+\frac{1}{16}\times x=1$

$\rightarrow \frac{5}{16}+\frac{1}{16}\times x=1$

$\rightarrow \frac{1}{16}\times x=\frac{11}{16}$

$\therefore x=11$

따라서 E사원이 혼자 일한 기간은 11일이므로, 보고서를 제출할 때까지 3+11=14일이 걸렸다.

02 2021년 하반기 정답 및 해설

01	02	03	04	05	06	07	08	09	10	11	12								
③	①	⑤	②	③	④	①	③	⑤	④	④	④								

01 정답 ③

11월 21일의 팀미팅은 워크숍 시작시간 전인 오후 1시 30분에 끝나므로 3시에 출발 가능하며, 22일의 일정이 없기 때문에 11월 21 ~ 22일이 워크숍 날짜로 적절하다.

오답분석
① 11월 9 ~ 10일 : 다른 팀과 함께하는 업무가 있는 주이므로 워크숍 불가능
② 11월 18 ~ 19일 : 19일은 주말이므로 워크숍 불가능
④ 11월 28 ~ 29일 : E대리 휴가로 모든 팀원 참여 불가능
⑤ 11월 29 ~ 30일 : 말일이므로 워크숍 불가능

02 정답 ①

가중평균을 이용하여 합격생 수를 구하면 빠르게 풀 수 있다. 합격률이 $X\%$라 가정하면 불합격률은 $(1-X)\%$이다. 조건에 따라 방정식을 세우면

$80X + 50(1-X) = 54.5 \rightarrow 30X = 4.5 \rightarrow X = 0.15$

따라서 합격률은 15%이며 1차 합격한 응시생은 $2,500 \times 0.15 = 375$명이다.

03 정답 ⑤

먼저 첫 번째 조건에 따라 감염대책위원장과 재택관리위원장은 함께 뽑힐 수 없으므로 감염대책위원장이 뽑히는 경우와 재택관리위원장이 뽑히는 경우로 나누어 볼 수 있다.

1) 감염대책위원장이 뽑히는 경우
   첫 번째 조건에 따라 재택관리위원장은 뽑히지 않으며, 두 번째 조건에 따라 위생관리위원장 2명이 모두 뽑힌다. 이때, 위원회는 총 4명으로 구성되므로 나머지 후보 중 생활방역위원장 1명이 뽑힌다.
2) 재택관리위원장이 뽑히는 경우
   첫 번째 조건에 따라 감염대책위원장은 뽑히지 않으며, 세 번째 조건에 따라 생활방역위원장은 2명 이상이 뽑힐 수 없으므로 1명 또는 2명이 뽑힐 수 있다. 따라서 생활방역위원장 2명이 뽑히면 위생관리위원장은 1명이 뽑히고, 생활방역위원장 1명이 뽑히면 위생관리위원장은 2명이 뽑힌다.

이를 표로 정리하면 다음과 같다.

구분	감염병관리위원회 구성원
경우 1	감염대책위원장 1명, 위생관리위원장 2명, 생활방역위원장 1명
경우 2	재택관리위원장 1명, 위생관리위원장 1명, 생활방역위원장 2명
경우 3	재택관리위원장 1명, 위생관리위원장 2명, 생활방역위원장 1명

따라서 항상 참이 되는 것은 '생활방역위원장이 뽑히면 위생관리위원장도 뽑힌다.'인 ⑤이다.

① 경우 3에서는 위생관리위원장 2명이 뽑힌다.
② 경우 2에서는 생활방역위원장 2명이 뽑힌다.
③ 어떤 경우에도 감염대책위원장과 재택관리위원장은 함께 뽑히지 않는다.
④ 감염대책위원장이 뽑히면 생활방역위원장은 1명이 뽑힌다.

04 정답 ②

세 번째 문단을 보면, 위험하고 반복한 일은 로봇에게 맡김으로써 인간이 보다 가치집약적인 일에 집중하게 하는 것을 목표로 한다는 내용이 제시되어 있다.

① 두 번째 문단에 따르면 공모전의 본선은 서울산업진흥원 본부가 아닌 G캠프에서 진행된다.
③ 두 번째 문단에 따르면 최종 우승팀은 연말에 결정된다.
④ 첫 번째 문단에 따르면 홈페이지에 접수해야 한다.
⑤ 첫 번째 문단에 따르면 팀뿐만 아니라 개인 자격으로도 공모전에 참가가 가능하다.

05 정답 ③

ㄱ. 본선 진출팀의 수를 늘려 상금 획득 가능성에 대한 기대를 높이고, 최종 우승 시의 보상을 높이는 것은 참여의지를 촉진시킨다.
ㄴ. 내부 심사 외에, 일반 고객들이 지원자가 아닌 평가자로서도 참여할 수 있도록 하고 이를 홍보한다면 다른 일반인들의 관심이 높아져 흥행할 수 있다.

ㄷ. 제출 작품의 전문성을 높일 수는 있겠지만, 지원자의 폭을 좁혀 흥행 촉진에는 부정적일 수 있다. 또한 일상에서의 로봇 활용 아이디어를 목표로 하는 만큼, 지원자격에 전문성을 추가하는 것은 참신한 아이디어를 제한할 수 있다.

06 정답 ④

팀별 평가결과를 바탕으로 최종 점수를 산출하면 다음과 같다.

팀명	안전개선	고객지향	기술혁신	가치창조	최종 점수
A	24	5	16	4	49
B	18	8	10	5	41
C	21	6	12	7	46
D	21	7	14	7	49
E	15	6	20	4	45

최종 점수는 A팀과 D팀이 49점 동점으로 가장 높다. 그 중 고객지향 점수가 더 높은 D팀이 최종 우승팀으로 결정된다.

07 정답 ①

네 번째 문단에 따르면 ESG는 특정 조직 업무가 아니라 전사적 기조임을 강조하고 있다.

② 마지막 문단에 따르면, ESG 경영의 일환으로 주주총회 전자투표제가 도입되었다.
③ 두 번째 문단에 따르면 'ESG Committee'는 CFO를 의장으로 안전환경, 사회공헌 등을 한다.
④ 네 번째 문단에서 환경(Environment), 사회(Social), 지배구조(Governance)임을 알 수 있다.
⑤ 마지막 문단에서 지배구조는 주주친화 정책과 경영 투명성 강화에 주력한다고 하고 있다.

08   정답   ③

ㄱ. 세 번째 문단에 따르면, ESG 친화를 위한 단기적 대안 수립보다는 중장기 전략을 수립하는 것이 적절한 추진책이라 볼 수 있다.

ㄴ. 다섯 번째 문단에 따르면, 지역사회와의 공존도 ESG 경영기조에 포함되므로 지역사회로부터의 독립성을 강화하는 것은 적절한 조치라 볼 수 없다.

오답분석

ㄷ. 친환경 분야에서의 노력이면서 노조 측과의 협의를 통해 지배구조상의 개선을 추구하고 있으므로 ESG 경영기조에 부합하는 내용이다.

09   정답   ⑤

선정방식에 따라 각 후보자들의 최종 점수를 산정하면 다음과 같다.

후보자	관련 경력	최종 학위	성과점수	대외점수	최종 점수
A	25	12	24	18	79
B	16	18	28	14	76
C	22	20	21	19	82
D	19	15	32	17	83
E	25	10	27	20	82

최종 점수가 가장 높은 D가 1순위로 선정되며, C와 E가 82점으로 동점이 된다. 그 중 동점자 처리 기준에 따라 성과점수가 더 높은 E가 2순위로 선정된다.

10   정답   ④

가입 후 1년 이내에 해지하는 경우, 사은품으로 증정한 모바일 상품권에 대한 할인반환금이 발생한다.

오답분석

① 두 상품은 월 이용요금과 간식로봇의 제공 여부에서만 차이를 보인다.
② 3년 약정으로 가입한 경우에만 자료의 혜택이 모두 제공됨을 알 수 있다.
③ 3년간 무료 가입됨을 알 수 있다.
⑤ O펫샵에서 할인을 제공받을 수 있다.

11   정답   ④

ㄱ. 2020.03.01.에 가입하여 1년이 경과하였으므로, 모바일 상품권에 대한 할인반환금은 발생하지 않는다.
ㄴ. 시츄는 맹견이 아니므로 반려동물보험 가입불가종에 해당하지 않는다.
ㄹ. A의 반려견인 시츄는 만 10세 이상이므로, 사망 위로금을 받을 수 없다.

오답분석

ㄷ. 보험의 경우, 본인이 직접 가입 신청하여야 하므로 직접 신청하지 않았다면 반려견은 가입되어 있지 않을 것이다.

12   정답   ④

P펫호텔에서 사용 가능한 무료 숙박권 2회 중 1회를 사용하였으므로 별도 비용이 발생하지 않으며, 무료 촬영권의 경우, 액자비 2만 원이 현장 청구된다. 또한 가입과 동시에 10만 원 상당의 모바일 상품권을 제공받지만, 현대백화점은 사용 가능처가 아니므로 사용금액은 B가 부담하게 된다. 따라서 총 12만 원을 부담하게 된다.

01	02	03	04	05	06	07	08	09	10	11	12	13	14	15					
⑤	④	③	④	③	③	③	④	⑤	③	①	①	④	④	③					

01 　정답　⑤

견적 제출 및 계약방식에 따르면 국가종합전자조달시스템의 안전 입찰서비스를 이용하여 견적서를 제출해야 한다.

　오답분석　
① 견적서 제출기간에 따르면 견적서 제출확인은 국가종합전자조달 전자입찰시스템의 웹 송신함에서 확인할 수 있다.
② 개찰일시 및 장소에 따르면 개찰은 견적서 제출 마감일인 6월 14일 오전 11시에 진행되므로 마감 1시간 뒤에 바로 진행된다.
③ 견적서 제출기간 항목에 보면 마감 시간이 임박하여 제출할 경우 입력 도중 중단되는 경우가 있으므로 마감 시간 10분 전까지 입력을 완료하도록 안내한다. 따라서 마감 시간 이후로는 더 이상 견적서를 제출할 수 없음을 알 수 있다.
④ 견적 제출 참가 자격에 따르면 이번 입찰은 '지문인식 신원확인 입찰'이 적용되므로 입찰대리인은 미리 지문정보를 등록하여야 하나, 예외적으로 지문인식 신원확인이 곤란한 자에 한하여 개인인증서에 의한 제출이 가능하다. 따라서 둘 중 하나의 방법을 선택한다는 내용은 적절하지 않다.

02 　정답　④

• 재출 → 제출
• 걔약 → 계약
• 소제지 → 소재지
• 낙찰차 → 낙찰자

03 　정답　③

$$_{10}C_2 \times _8C_2 = \frac{10 \times 9}{2 \times 1} \times \frac{8 \times 7}{2 \times 1} = 1,260가지$$

04 　정답　④

6월 달력을 살펴보면 다음과 같다.

⟨6월 달력⟩

월	화	수	목	금	토	일
	1	2	3	4	5	6
7	8	9	10	11	12	13
14	15	16	17	18	19	20
21	22	23	24	25	26	27
28	29	30				

• 견적서 제출 마감일 제외(14−1=13일)
  → 둘째 주 주말 제외(13−2=11일)
  → 회의 결과에 따른 견적서 수정 기간 사흘 제외(11−3=8일)
  → 제출 전 검토 기간 이틀 제외(8−2=6일)
  → 첫째 주 주말 제외(6−2=4일)
따라서 견적서 제출일과 가장 가까운 회의 날짜는 6월 4일 금요일이다.

05 　정답　③

직장에서 업무와 관련된 이메일을 보낼 때는 메일을 받는 상대가 내용을 쉽게 알 수 있도록 내용이 축약된 제목을 붙여야 한다.

06 　정답　③

경산모의 $\frac{1}{3}$ 은 $150 \times 0.58 \times \frac{1}{3} = 29$명, 30대는 $150 \times (0.32+0.1) = 63$명이다. 따라서 경산모의 $\frac{1}{3}$ 이 30대라고 할 때, 30대에서 경산모의 비율은 $\frac{29}{63} \times 100 ≒ 46\%$이다.

오답분석

① 초산모는 $150 \times 0.42 = 63$명, 20대는 $150 \times (0.12+0.46) = 87$명으로, 초산모가 모두 20대라고 할 때, 20대에서 초산모가 차지하는 비율은 $\frac{63}{87} \times 100 ≒ 72\%$로 70% 이상이다.

② 초산모는 $150 \times 0.42 = 63$명, 단태아는 $150 \times 0.76 = 114$명으로, 초산모가 모두 단태아를 출산했다고 하면, 단태아를 출산한 경산모의 수는 $114-63=51$명이다. 따라서 단태아를 출산한 산모 중 경산모가 차지하는 비율은 $\frac{51}{114} \times 100 ≒ 44\%$이므로 48% 미만이다.

④ 20대 산모는 $150 \times (0.12+0.46) = 87$명, 30대 산모는 $150 \times (0.32+0.1) = 63$명으로 20대 산모는 30대 산모보다 24명 더 많다.

⑤ 산모가 200명일 때의 단태아를 출산한 산모의 수는 $200 \times 0.76 = 152$명, 산모가 400명일 때의 초산모의 수는 $400 \times 0.42 = 168$명이다. 따라서 산모가 200명일 때의 단태아를 출산한 산모의 수는 산모가 400명일 때의 초산모의 수보다 적다.

07 　정답　③

경산모의 전체 인원은 150명 중 58%로 $150 \times 0.58 = 87$명이다. 25세 이상 35세 미만의 산모의 $\frac{1}{3}$ 은 $150 \times (0.46+0.32) \times \frac{1}{3} = 39$명이다.

따라서 차지하는 비율은 $\frac{39}{87} \times 100 ≒ 44\%$이다.

08 　정답　④

• 유형 : 성질이나 특징 따위가 공통적인 것끼리 묶은 하나의 틀. 또는 그 틀에 속하는 것
④ 특징 : 다른 것에 비하여 특별히 눈에 뜨이는 점

오답분석

① 종류 : 사물의 부문을 나누는 갈래
② 가닥 : 한군데서 갈려 나온 낱낱의 줄
③ 갈래 : 하나에서 둘 이상으로 갈라져 나간 낱낱의 부분이나 계통
⑤ 전형 : 같은 부류의 특징을 가장 잘 나타내고 있는 본보기

09   정답 ⑤

산모의 연령대는 제시된 것 이외엔 없다고 하였으므로 40대 이상의 산모를 위한 프리미엄 상품을 기획한다면 수요자가 없을 것이다.

10   정답 ③

국제관 세미나실B의 경우 화요일에 글로벌전략부의 이용이 끝난 13시 30분부터 예약이 가능하다.

오답분석

① 본관 1세미나실의 경우 수요일은 15시 이후에 이용 가능하지만 발표는 오후 1시부터 오후 4시 사이에 진행되어야 하므로, 1시간 30분 동안 연이어 진행되어야 하는 발표회는 불가능하다.
② 본관 2세미나실은 최대 수용가능인원이 16명이므로 24명의 발표회 참석자를 수용하지 못해 제외된다.
④ 국제관 세미나실B의 경우 수요일은 오후 1시부터 오후 4시 사이에 진행되어야 하는 조건에 따라 수요일에 사업부 이용 전에는 1시간, 이용 후에는 30분만 이용이 가능하므로 1시간 30분 동안 연이어 진행되어야 하는 발표회는 불가능하다.
⑤ 복지동 세미나실은 빔프로젝터가 없어서 제외된다.

11   정답 ①

남자 5명 중 보조자 1명, 여자 3명 중 보조자 1명을 차출하고, 남은 6명 중 발표자 1명을 선정하면 된다.
→ $5 \times 3 \times 6 = 90$
∴ 90가지

12   정답 ①

조건에 맞지 않는 제품들을 차례대로 제외해 나가도록 한다.
1. 최대 스크린 200 이하의 제품인 B기업의 'PL680', E기업의 'SY3211'를 제외한다(두 제품의 경우 800*600 이하 해상도를 지닌 제품이기도 하다).
2. 무료 A/S 기간이 1년 이하인 C기업의 'Leisure 470', E기업의 'SY8200'를 제외한다.
3. 스피커 출력 7W 이하의 제품인 B기업의 'PH550', C기업의 'Leisure 520'을 제외한다.
4. 남은 A기업의 'HF60LA'와 D기업의 'T-1000', 'T-2500' 중 가장 가격이 저렴한 것은 1,210,000원인 A기업의 'HF60LA'이다.
따라서 조건에 부합하는 빔 프로젝터 회사는 'A기업'이다.

13   정답 ④

숨은 참조인으로 메일을 수신 받은 팀장, 매니저, 책임급 참여자들은 사원급과 대리급 이하 참여자들의 메일에서 수신인으로 확인되지 않는다.

오답분석

①·②·③·⑤ 메일은 받는 사람과 참조, 숨은 참조 기능을 사용한 모든 이들에게 전송되지만 숨은 참조인, 즉 팀장, 매니저, 책임급 참여자들은 받는 사람 및 참조인으로 자료를 받은 이들은 수신자로 확인되지 않으며, 반대로 숨은 참조인으로 자료를 받은 이들은 나머지 수신인들을 확인할 수 있다.

14 정답 ④

구분	월	화	수	목	금	토	일
오전	공주원 지한준 김민정	이지유 최유리	강리환 이영유	공주원 강리환 이건율	이지유 지한준	김민정 최민관 강지공	이건율 최민관
오후	이지유 최민관	최민관 이영유 강지공	공주원 지한준 강지공 김민정	최유리	이영유 강지공	강리환 최유리 이영유	이지유 김민정

당직 근무 규칙에 따르면 오후 당직의 경우 최소 2명이 근무해야 한다. 그러나 목요일 오후에 최유리 1명만 근무하므로 최소 1명의 근무자가 더 필요하다. 이때, 한 사람이 같은 날 오전·오후 당직을 모두 할 수 없으므로 목요일 오전 당직 근무자인 공주원, 강리환, 이건율은 제외된다. 또한 당직 근무는 주당 5회 미만이므로 이번 주에 4번의 당직 근무가 예정된 근무자 역시 제외된다. 따라서 지한준의 당직 근무 일정을 추가해야 한다.

15 정답 ③

당직 근무 규칙에 따르면 1일 당직 근무 최소 인원은 오전 1명, 오후 2명으로 총 3명이다. 이때 오전에는 홀로 배정된 인원이 없으므로 오후 인원만 파악하도록 한다. 이번 주 당직에서 제외되더라도 문제가 없는 근무자는 월요일 오전(3명), 수요일 오후(4명), 목요일 오전(3명)에 근무하는 공주원이다.

오답분석
① 최소 인원이 2명인 목요일 오후에 홀로 배정되어 있으므로 제외될 수 없다.
② 월요일 오후에 최소 인원 2명 중 한 명으로 배정되어 있으므로 제외될 수 없다.
④·⑤ 일요일 오후에 최소 인원 2명 중 한 명으로 배정되어 있으므로 제외될 수 없다.

| 01 | 언어적 사고

01	02	03	04						
④	④	②	②						

01 　정답　④

먼저 L씨가 월요일부터 토요일까지 운동 스케줄을 등록할 때, 토요일에는 리포머 수업만 진행되므로 L씨는 토요일에 리포머 수업을 선택해야 한다.

금요일에는 체어 수업에 참여하므로 네 번째 조건에 따라 목요일에는 바렐 또는 리포머 수업만 선택할 수 있다. 그런데 L씨가 화요일에 바렐 수업을 선택한다면, 목요일에는 리포머 수업만 선택할 수 있다. 따라서 수요일에는 리포머 수업을 선택할 수 없으며, 반드시 체어 수업을 선택해야 한다.

월	화	수	목	금	토
리포머	바렐	체어	리포머	체어	리포머

오답분석

L씨가 등록할 수 있는 월~토요일까지의 운동 스케줄은 다음과 같다.

구분	월	화	수	목	금	토
경우 1	리포머	바렐	체어	리포머	체어	리포머
경우 2	리포머	체어	바렐	리포머	체어	리포머
경우 3	리포머	체어	리포머	바렐	체어	리포머
경우 4	체어	리포머	바렐	리포머	체어	리포머
경우 5	바렐	리포머	체어	리포머	체어	리포머

① 경우 2와 경우 3에 따라 옳은 내용이다.
② 경우 4에 따라 옳은 내용이다.
③ 경우 2에 따라 옳은 내용이다.

02 　정답　④

제시문에서는 대리모가 아이를 금전적인 대가를 받는 수단으로 취급하여 인간의 존엄과 가치를 침해한다는 것을 전제로 대리모의 허용을 반대한다. 이러한 주장을 반박하기 위해서는 근거로 제시하고 있는 전제를 부정하는 것이 효과적이므로 대리모는 아이가 아닌 임신·출산 서비스를 매매의 대상으로 삼는다는 ④를 통해 반박하는 것이 가장 적절하다.

오답분석

①·② 대리모를 찬성하는 입장에 해당하나, 제시문의 주장과는 전혀 다른 관점에서 반박하고 있으므로 적절하지 않다.
③ 대리모를 통해 발생할 수 있는 문제에 대한 해결책을 촉구하는 것에 해당하므로 제시문의 주장에 대한 반박으로는 적절하지 않다.

03 정답 ②

먼저 을의 진술이 거짓일 경우 갑과 병은 모두 세미나에 참석하지 않으며, 병의 진술이 거짓일 경우 을과 병은 모두 세미나에 참여한다. 따라서 을과 병의 진술은 동시에 거짓이 될 수 없으므로 둘 중 한 명의 진술은 반드시 참이 된다.

1) 을의 진술이 참인 경우
   갑은 세미나에 참석하지 않으며, 을과 병은 모두 세미나에 참석한다. 을과 병 모두 세미나에 참석하므로 정은 세미나에 참석하지 않는다.

2) 병의 진술이 참인 경우
   갑의 진술은 거짓이므로 갑은 세미나에 참석하지 않으며, 을은 세미나에 참석한다. 병은 세미나에 참석하지 않으나, 을이 세미나에 참석하므로 정은 세미나에 참석하지 않는다.

따라서 반드시 세미나에 참석하는 사람은 을이다.

04 정답 ②

오키프 박사와 모세르 부부는 장소세포와 격자세포를 발견했으나 장소세포가 어떻게 생성되고 변화하는지는 밝혀내지 못했다. 이를 밝혀낸 것은 뇌과학운영단의 세바스천 로열 박사팀이다.

| 02 | 수리적 사고

01	02	03	04	05					
④	①	④	④	④					

01 정답 ④

5개월 동안 평균 외식비가 12만 원 이상 13만 원 이하일 때, 총 외식비는 $12 \times 5 = 60$만 원 이상 $13 \times 5 = 65$만 원 이하가 된다. 1월부터 4월까지 지출한 외식비는 $110,000 + 180,000 + 50,000 + 120,000 = 460,000$원이다. 따라서 A씨가 5월에 최대로 사용할 수 있는 외식비는 $650,000 - 460,000 = 190,000$원이다.

02 정답 ①

프린터를 x개월 사용한다고 할 때, 구입 시에 드는 비용이 대여료만 낼 경우보다 저렴해야 한다. 이를 부등식으로 나타내면
$200,000 + 15,000x < 22,000x \rightarrow 200,000 < 7,000x \rightarrow x > 28.57\cdots$
따라서 최소 29개월 이상 사용하면 프린터를 대여하는 것보다 구입하는 것이 더 저렴하다.

03 정답 ④

A기차가 터널을 빠져나가는 데에 56초가 걸렸고, 기차 길이가 더 짧은 B기차는 160초가 걸렸으므로 A기차가 B기차보다 속력이 빠르다는 것을 알 수 있다. 두 기차가 터널 양 끝에서 출발하면 $\frac{1}{4}$지점에서 만나므로 A기차 속력이 B기차 속력의 3배가 된다. B기차 속력을 am/s, 길이를 bm라고 가정하면 A기차의 속력과 길이는 각각 $3am/s$, $(b+40)m$가 된다.

두 기차가 터널을 완전히 빠져나갈 때까지 걸리는 시간$\left(=\dfrac{거리}{속력}\right)$에 대한 방정식을 세우면

- A기차 : $\dfrac{720+(b+40)}{3a}=56 \rightarrow b+760=168a \cdots \bigcirc$
- B기차 : $\dfrac{720+b}{a}=160 \rightarrow b+720=160a \cdots \bigcirc$

$\bigcirc$과 $\bigcirc$을 연립하여 풀면 $a=5$, $b=80$임을 알 수 있다.
따라서 B기차의 길이는 80m, 속력은 5m/s이고, A기차의 길이는 120m, 속력은 15m/s이다.

04 정답 ④

ㄴ. 2020년 준중형 자동차 판매량은 전년 대비 $\dfrac{180.4-179.2}{179.2}\times100 \fallingdotseq 0.67\%$로 1% 미만 증가했다.

ㄷ. 2018 ~ 2019년까지 자동차 판매 순위는 'SUV – 중형 – 대형 – 준중형 – 소형' 순서지만 2020년에는 'SUV – 중형 – 준중형 – 대형 – 소형' 순서이다.

ㄹ. ㄱ의 해설에서 준중형, 중형, 대형은 2018년 대비 2019년에 판매량이 감소했음을 알 수 있으며, 소형과 SUV는 판매량이 증가했다.

오답분석

ㄱ. 2018년 대비 2019년 판매량이 감소한 자동차 종류는 준중형, 중형, 대형으로 세 종류의 감소율을 구하면 다음과 같다.

구분	2018년 대비 2019년 판매량 감소율
준중형	$\dfrac{179.2-181.3}{181.3}\times100 \fallingdotseq -1.16\%$
중형	$\dfrac{202.5-209.3}{209.3}\times100 \fallingdotseq -3.25\%$
대형	$\dfrac{185-186.1}{186.1}\times100 \fallingdotseq -0.59\%$

따라서 2018년 대비 2019년 판매량 감소율이 가장 낮은 차종은 '대형'이다.

05 정답 ④

2020년 산업통상자원부 지원금을 지급받는 중소기업 수는 총 $244+1,138+787+252+4=2,425$개이므로 2020년 산업통상자원부 지원금을 지급받는 총 기업 수 2,815개의 약 $\dfrac{2,425}{2,815}\times100 \fallingdotseq 86.1\%$로 85% 이상이다.

오답분석

① 매년 대기업 수는 감소하고, 중소기업 수는 증가하고 있다.
② 중소기업 총지원액의 최소금액과 대기업 총지원액의 최대금액을 비교를 통해 확인할 수 있다. 먼저 최소금액을 구하기 위해 지원액 규모를 각각 0원, 5억 원, 10억 원, 20억 원, 50억 원이라고 가정하고 지원액 규모별 중소기업의 수를 곱해 총 지원액을 구하면 $(0\times244)+(5\times1,138)+(10\times787)+(20\times252)+(50\times4)=18,800$억 원이다.
반대로 최대금액을 구하기 위해 지원액 규모를 각각 5억 원, 10억 원, 20억 원, 50억 원, 100억 원으로 가정하고 지원액 규모별 대기업의 수를 곱해 총 지원액을 구하면 $(5\times4)+(10\times11)+(20\times58)+(50\times38)+(100\times22)=5,390$억 원이다. 이를 통해 지원액 규모가 얼마인지 정확하게 알 수는 없지만, 2020년 중소기업 총지원액은 대기업 총지원액보다 많다는 것을 알 수 있다.
③ 매년 대기업과 중견기업은 지원액 규모가 10억 이상 20억 미만에서, 중소기업은 5억 이상 10억 미만에서 가장 많은 기업이 산업통상자원부 지원금을 지급받는다.

01	02	03							
③	②	④							

01 정답 ③

선택지에 제시된 경로는 두 가지로 각각의 소요시간을 계산하면 다음과 같다.
• 3호선 수성시장역 → 2호선 청라언덕역 → 2호선 용산역
  3호선 수성시장역 탑승 청라언덕역 도착(5정거장, 4×5=20분) → 청라언덕역에서 3호선에서 2호선으로 환승(4분) → 2호선 용산역 도착(6정거장, 3×6=18분)
  ∴ 총 소요시간은 20+4+18=42분
• 3호선 수성시장역 → 1호선 명덕역 → 2호선 반월당역 → 2호선 용산역
  3호선 수성시장역 탑승 명덕역 도착(3정거장, 4×3=12분) → 명덕역에서 3호선에서 1호선으로 환승(4분) → 1호선 반월당역 도착(1정거장 4×1=4분) → 반월당역에서 1호선에서 2호선으로 환승(4분) → 2호선 용산역 도착(7정거장, 3×7=21분)
  ∴ 총 소요시간 12+4+4+4+21=45분
따라서 두 가지 경로 중 더 빠른 경로는 '3호선 수성시장역 → 2호선 청라언덕역 → 2호선 용산역'이며, 총 소요시간은 42분이다.

02 정답 ②

L씨가 이용하는 지하철 노선은 2호선과 3호선으로 3호선 수성시장역에서 2호선 용산역까지 가는 방법은 '3호선 수성시장역 → 2호선 청라언덕역 → 2호선 용산역'의 경로이며, 환승은 한 번이다. L씨와 가족들이 오후 4시 30분(=16시 30분)에 전시회에 도착하기 위해 늦어도 집에서 출발할 시각은 역으로 계산하면 쉽게 구할 수 있다.
2호선 용산역 16시 18분 도착(도보 12분) → 2호선 청라언덕역에서 16시 전 출발(6정거장, 3×6=18분) → 2호선 청라언덕역 반고개 방향 15시 53분 지하철 탑승 → 3호선 청라언덕역 15시 49분(환승 4분) 도착 → 3호선 수성시장역에서 15시 29분까지 출발(5정거장, 4×5=20분) → 3호선 수성시장역 대봉교 방향 15시 29분 지하철 탑승
따라서 L씨와 가족들은 15시 29분 지하철 탑승을 위해 집에서 늦어도 15시 19분(도보 10분)에는 출발해야 한다.

03 정답 ④

시간표에 따라 L씨의 이동경로를 정리하면 다음과 같다.
오후 3시 50분에 자택에서 출발 → 16시 (10분 도보 이동) 3호선 수성시장역 도착 → 16시 04분 3호선 수성시장역에서 대봉교 방향 지하철 탑승 → 16시 24분(5정거장, 4×5=20분) 청라언덕역 도착 → 16시 28분 3호선에서 2호선으로 청라언덕역에서 환승(4분) → 16시 33분 반고개 방향 2호선 지하철 탑승 → 16시 51분(6정거장, 3×6=18분) 2호선 용산역 도착 → 17시 03분 전시회 도착(도보 12분)
따라서 L씨는 딸의 전시회에 오후 5시 03분에 도착할 예정이다.

05 2020년 상반기 정답 및 해설

| 01 | 언어적 사고

01	02	03								
③	①	④								

01 정답 ③

할랄식품 시장의 확대로 많은 유통업계들이 할랄식품을 위한 생산라인을 설치 중이다.

오답분석

①・② 할랄식품은 엄격하게 생산・유통되기 때문에 일반 소비자들에게도 평이 좋다.

④ 세계 할랄 인증 기준은 200종에 달하고 수출하는 무슬림 국가마다 별도의 인증을 받아야 한다.

02 정답 ①

'미국 사회에서 동양계 ～ 구성된다.'에서 '모범적 소수 인종'의 인종적 정체성은 백인의 특성이 장점이라고 생각하는 것과 동양인의 특성이 단점이라고 생각하는 것의 사이에서 구성된다. 따라서 '모범적 소수 인종'은 특유의 인종적 정체성을 내면화하고 있음을 추론할 수 있다.

오답분석

② 제시문의 논점은 '동양계 미국인 학생들(모범적 소수 인종)'이 성공적인 학교생활을 통해 주류 사회에 동화되고 있는 것이 사실인지 여부이다. 그에 따라 사회적 삶에서 인종주의의 영향이 약화될 수 있는지에 대한 문제이다. 따라서 '모범적 소수 인종'의 성공이 일시적・허구적인지에 대한 논점은 확인할 수 없다.

③ 동양계 미국인 학생들은 인종적인 차별을 의식하고 있다고 말할 수 있지만 소수 인종 모두가 의식하고 있는지는 제시문을 통해서 추측할 수 없다.

④ 인종차별을 의식하는 것은 알 수 있지만 한정된 자원의 배분을 놓고 갈등하는지는 알 수 없다.

03 정답 ④

두 번째 조건에 의해, B는 항상 1과 5 사이에 앉는다. E가 4와 5 사이에 앉으면 2와 3 사이에는 A, C, D 중 누구나 앉을 수 있다.

오답분석

① A가 1과 2 사이에 앉으면 네 번째 조건에 의해, E는 4와 5 사이에 앉는다. 그러면 C는 3 옆에 앉고 D는 1 옆에 앉을 수 없게 된다. 이는 세 번째 조건과 모순이 된다.

② D가 4와 5 사이에 앉으면 네 번째 조건에 의해, E는 1과 2 사이에 앉는다. 그러면 C는 3 옆에 앉고 D는 1 옆에 앉을 수 없게 된다. 이는 세 번째 조건과 모순이 된다.

③ C가 2와 3 사이에 앉으면 세 번째 조건에 의해, D는 1과 2 사이에 앉는다. 또한 네 번째 조건에 의해, E는 3과 4 사이에 앉을 수 없다. 따라서 A는 반드시 3과 4 사이에 앉는다.

| 02 | 수리적 사고

01	02	03	04	05	06				
④	③	④	①	①	③				

01　정답　④

(열차가 이동한 거리)＝(열차의 길이)＋(터널의 길이)

열차의 길이와 속력을 각각 xm, ym/s라고 하자.

$x+50=10y$ … ㉠

$x+200=25y$ … ㉡

㉠과 ㉡을 연립하면

$-150=-15y \rightarrow y=10$

$\therefore \ x=50$

02　정답　③

- 2km＝2,000m(1km＝1,000m)
- 3m^2＝3×100^2cm^2＝30,000cm^2(1m^2＝10,000cm^2)
- 1시간＝3,600초(1시간＝60분＝3,600초)
- 68°F＝(68°F－32)÷1.8＝20℃

따라서 빈칸에 해당하는 숫자의 합은 2,000＋30,000＋3,600＋20＝35,620이다.

03　정답　④

2019년 소포우편 분야의 2015년 대비 매출액 증가율은 $\dfrac{5,017-3,390}{3,390} \times 100 ≒ 48.0\%$이므로 적절하지 않은 설명이다.

오답분석

① 제시된 자료를 통해 매년 매출액이 가장 높은 분야는 일반통상 분야인 것을 확인할 수 있다.

② 일반통상 분야의 매출액은 2016년, 2017년, 2019년, 특수통상 분야의 매출액은 2018년, 2019년에 감소했고, 소포우편 분야는 매년 매출액이 꾸준히 증가한다.

③ 2019년 1분기 특수통상 분야의 매출액이 차지하고 있는 비율은 $\dfrac{1,406}{5,354} \times 100 ≒ 26.3\%$이므로 20% 이상이다.

04　정답　①

이메일 스팸 수신량이 가장 높은 시기는 2017년 하반기이지만, 휴대폰 스팸 수신량이 가장 높은 시기는 2016년 하반기이다.

오답분석

② 제시된 자료를 통해 모든 기간 이메일 스팸 수신량이 휴대폰 스팸 수신량보다 많음을 확인할 수 있다.

③ 이메일 스팸 수신량의 증가・감소 추이와 휴대폰 스팸 수신량의 증가・감소 추이가 일치하지 않으므로 서로 밀접한 관련이 있다고 보기 어렵다.

④ 이메일 스팸 총수신량의 평균은 약 0.6통이고 휴대폰 스팸 총수신량의 평균은 약 0.19통이다. 따라서 $\dfrac{0.6}{0.19} ≒ 3.16$으로 3배 이상이다.

05 정답 ①

해상 교통서비스 수입액이 많은 국가부터 차례대로 나열하면 '인도 − 미국 − 한국 − 브라질 − 멕시코 − 이탈리아 − 터키' 순서이다.

06 정답 ③

해상 교통서비스 수입보다 항공 교통서비스 수입이 더 높은 국가는 미국과 이탈리아이다.

오답분석

① 터키의 교통서비스 수입에서 항공 수입이 차지하는 비중은 $\frac{4,003}{10,157} \times 100 = 39.4\%$이다.

② 교통서비스 수입액이 첫 번째(미국)와 두 번째(인도)로 높은 국가의 차이는 $94,344-77,256=17,088$백만 달러이다.

④ 제시된 자료를 통해 확인할 수 있다.

| 03 | 문제해결

01	02	03	04	05					
-	-	①	③	③					

01~02

정답이 따로 없는 문제 유형입니다.

03 정답 ①

오늘 검침 일지에 기입되는 사항을 보면 실내 온도는 9℃이므로 PSD 수치는 Parallel Mode를 적용하고, 오후 1시부터 5시까지 매 정각의 각 계기판 수치 중 가장 높은 수치의 평균은 $\frac{10+9+11}{3}=10$이 된다. 기준치는 수요일일 때 세 계기판의 표준수치 합이므로 $8+2+6=16$이 된다.

따라서 PSD 수치가 포함된 버튼 범위는 $PSD \leq 16-3 \rightarrow PSD \leq 13$으로 '정상'이며, 경고등은 파란색, 이에 대한 조치는 '정상가동' 이다.

04 정답 ③

03번 문제에서 실내 온도가 16℃로 수정되면 PSD 수치는 B계기판을 제외한 Serial Mode가 적용되고, 오후 6시 정각 각 계기판 수치의 합으로 $6+4=10$이 된다. 기준치는 수요일로 세 계기판의 표준수치 합이므로 $8+2+6=16$이 된다.

따라서 PSD 수치가 포함된 버튼 범위는 $PSD \leq 16-3 \rightarrow PSD \leq 13$으로 '정상'이며, 경고등은 파란색, 이에 대한 조치는 '정상가동' 이다.

05 정답 ③

11월 18일 중간보고에는 보고자인 J대리를 포함해 A팀장, B주임, C주임, D책임연구원까지 총 5명이 참석하므로 J대리는 적어도 5인 이상을 수용할 수 있는 세미나실을 대여해야 한다. 그런데 '호텔 아뜰리에'는 보수공사로 인해 4인실만 이용가능하며, '경주 베일리쉬'의 세미나실은 4인실이므로 '호텔 아뜰리에'와 '경주 베일리쉬'는 고려하지 않는다.

나머지 호텔들의 총비용을 계산하면 다음과 같다.

호텔명	총비용
글래드 경주	$(78,000 \times 2) + 48,000 = 204,000$
스카이뷰 호텔	$(80,000 \times 0.90 \times 2) + 50,000 = 194,000$
이데아 호텔	$(85,000 \times 0.95 \times 2) + 30,000 = 191,500$
경주 하운드	$(80,000 \times 2) + (80,000 \times 0.60) = 208,000$

'글래드 경주'과 '경주 하운드'의 경우 예산범위인 200,000원을 초과하므로 J대리가 예약 가능한 호텔은 '스카이뷰 호텔'과 '이데아 호텔'이다.

06 2019년 하반기 정답 및 해설

| 01 | 언어적 사고

01	02	03	04						
④	④	④	①						

01 정답 ④

첫 번째 문단은 임신 중 고지방식 섭취로 인한 자식의 생식기에 종양 발생 가능성에 대한 연구결과를 이야기하고 있고, 두 번째 문단은 사지 절단 수술로 인해 심장병으로 사망할 가능성에 대한 조사 결과를 이야기하고 있다. 따라서 제시문의 주제는 '의외의 질병 원인과 질병 사이의 상관관계'이다.

02 정답 ④

주어진 조건에 따라 부서별 위치를 정리하면 다음과 같다.

구분	1층	2층	3층	4층	5층	6층
경우 1	해외사업부	인사 교육부	기획부	디자인부	서비스개선부	연구·개발부
경우 2	해외사업부	인사 교육부	기획부	서비스개선부	디자인부	연구·개발부

따라서 3층에 위치한 기획부의 직원은 출근 시 반드시 계단을 이용해야 하므로 ④는 항상 옳다.

오답분석

① 경우 1일 때 김대리는 출근 시 엘리베이터를 타고 4층에서 내린다.
② 경우 2일 때 디자인부의 김대리는 서비스개선부의 조대리보다 엘리베이터에서 나중에 내린다.
③ 커피숍과 같은 층에 위치한 부서는 해외사업부이다.

03 정답 ④

제시문에서 C대표는 본인 아들의 건강 상태를 이유로 자신의 공판기일을 연기해 줄 것을 요청하였으므로 타당한 논거를 제시하지 않고 상대방의 동정에 호소하는 오류를 범하고 있다. 이와 동일한 오류를 보이는 것은 사람들의 동정에 호소하여 기부 행사의 참여를 끌어내고자 하는 ④이다.

오답분석

① 논점 일탈의 오류
② 흑백 사고의 오류
③ 인신공격의 오류

04 정답 ①

제시문에서는 단순히 두 선수의 연봉 차이를 성과 차이에 대한 근거로 삼아 고액의 연봉이 선수들의 동기를 약화하기 때문에 선수들의 연봉을 낮춰야 한다고 주장한다. 따라서 특정 사례만을 근거로 전체를 일반화하는 성급한 일반화의 오류에 해당한다.

| 02 | 수리적 사고

01	02	03	04	05	06				
④	①	②	④	②	①				

01 정답 ④

작년 A제품의 판매량을 x개, B제품의 판매량을 y개라고 하자.
작년 두 제품의 총 판매량은 800개이므로
$x+y=800$ … ㉠
올해 총 판매량은 작년 대비 60%가 증가했으므로
$1.5x+(3x-70)=1,280 \rightarrow 4.5x=1,350$ … ㉡
㉠과 ㉡을 연립하면 $x=300$, $y=500$
즉, 올해 B제품의 판매량은 $3\times300-70=830$이다.
따라서 작년 대비 올해 B제품 판매량의 증가율은 $\dfrac{830-500}{500}\times100=66\%$이다.

02 정답 ①

1시간 동안 준희와 민기가 할 수 있는 일의 양은 각각 $\dfrac{1}{14}$, $\dfrac{1}{35}$이다.

동시에 일을 하여 x시간 걸렸다고 하자.
$\left(\dfrac{1}{14}+\dfrac{1}{35}\right)\times x=1 \rightarrow \dfrac{1}{10}x=1$
$\therefore x=10$

03 정답 ②

매출평균이 22억 원이므로 3분기까지의 총 매출은 $22\times9=198$억 원이다. 전체 총 매출이 246억 원이므로 4분기의 매출은 $246-198=48$억 원이고, 따라서 4분기의 평균은 $\dfrac{48}{3}=16$억 원이 된다.

04 정답 ④

매월 갑, 을 팀의 총득점과 병, 정 팀의 총득점이 같다. 따라서 빈칸에 들어갈 알맞은 수는 $1,156+2000-1,658=1,498$이다.

05 　정답 ②

2017 ~ 2018년 동안 농업 분야와 긴급구호 분야의 지원금은 다음과 같다.
- 농업 : 1,275+147.28=1,422.28억 원
- 긴급구호 : 951+275.52=1,226.52억 원
따라서 농업 분야가 더 많다.

오답분석

① 제시된 자료를 통해 알 수 있다.
③ 2017 ~ 2018년 동안 가장 많은 금액을 지원한 분야는 보건의료 분야로 동일하다.
④ 2017년의 산림분야 지원금은 100억 원이고, 2018년은 73.58억 원이다. 따라서 100-73.58=26.42억 원 감소했으므로 25억
　원 이상 감소했다.

06 　정답 ①

2017년에 가장 많은 금액을 지원한 세 가지 분야는 보건의료, 식량차관, 농업 분야이고 지원금의 합은 2,134+1,505+1,275=
4,914억 원이다. 2018년에 가장 많은 금액을 지원한 세 가지 분야는 보건의료, 사회복지, 긴급구호 분야이고 지원금의 합은
1,655.96+745.69+275.52=2,677.17억 원이다. 따라서 지원금의 차는 4,914-2,677.17≒2,237억 원이다.

| 03 | 문제해결

01	02	03	04						
①	④	③	④						

01 　정답 ①

맛과 음식 구성 그리고 가격의 점수를 환산하면 다음과 같다.

구분	맛	음식 구성	계
A호텔	3×5=15점	3×5+1×3=18점	33점
B호텔	2×5+1×3=13점	3×5=15점	28점
C호텔	2×5=10점	3×5+1×3=18점	28점
D호텔	3×5+1×3=18점	2×5+1×3=13점	31점

맛과 음식 구성의 합산 점수가 1위인 곳은 A호텔로 33점, 2위인 곳은 D호텔로 31점이므로 그 차(2점)가 3점 이하이다. 따라서
가격 점수를 비교하면 A호텔은 18점, D호텔은 15점으로 A호텔이 선택된다.

02 　정답 ④

200만 원 내에서 25명의 식사비용을 내려면 한 사람당 식대가 200÷25=8만 원 이하여야 한다. 이 조건을 만족하는 곳은 A,
D호텔이고 각 호텔에서의 총 식사비용은 다음과 같다.
- A호텔 : 73,000×25=1,825,000원
- D호텔 : 75,000×25=1,875,000원
가장 저렴한 A호텔과 D호텔의 가격 차이는 모두 10만 원 이하이므로 맛 점수가 높은 곳으로 선정한다. 01번 해설에서 D호텔이
18점으로 맛 점수가 가장 높으므로 D호텔이 선정된다.

03 정답 ③

80타는 (72+8)타이므로 9오버 파인 72+9=81타 이하이다. 따라서 싱글에 해당한다.

오답분석

① 파 4인 홀에서는 8타까지 칠 수 있고, 9타 이상 칠 수 없다.
② 모든 홀을 버디로 끝냈다면 72+(−1)×18=72−18=54타가 되고, 이는 72타보다 작으므로 언더 파에 해당한다.
④ 홀인원은 1타를 쳐서 공을 홀에 넣은 것을 의미한다.

04 정답 ④

A과장의 점수를 계산하면 다음과 같다.

HOLE	1	2	3	4	5	6	7	8	9	합계
PAR	4	4	3	4	5	3	5	4	4	36
타수	5	3	1	4	5	6	3	2	3	32
점수	+1	−1	−2	0	0	+3	−2	−2	−1	−4
HOLE	10	11	12	13	14	15	16	17	18	합계
PAR	5	4	4	3	4	4	4	3	5	36
타수	5	2	2	3	4	4	2	6	8	36
점수	0	−2	−2	0	0	0	−2	+3	+3	0

따라서 A과장의 점수는 72−4=68타이므로 4언더 파이다.

| 01 | 언어적 사고

01	02	03	04	05					
④	③	④	③	④					

01   정답 ④

상투는 관례나 결혼 후 머리카락을 틀어 높이 세우는 성인 남자의 대표적인 머리모양으로, 전통사회에서는 나이가 어리더라도 장가를 들면 상투를 틀고 존대를 받았다. 따라서 '상투를 틀었다.'는 뜻에 '성인이 되었다.', 혹은 '장가를 들었다.'는 의미가 내포되어 있다는 것을 유추할 수 있다.

02   정답 ③

관우는 촌락에서 믿던 수호신을 대신하거나 불교의 민간 포교활동의 일환으로 포섭되는 등 백성들에게 인기를 얻은 신이었으나 지배층에게 인기를 얻은 신이었다는 사실은 확인할 수 없다.

오답분석
① 관우가 신으로 추앙받기 시작한 시대는 수, 당대라는 견해가 일반적이지만, 몇몇 학자들은 위진남북조 시대에서 기원을 찾고 있어 의견이 엇갈리고 있다.
② 관우는 민간신앙 외에도 불교의 민간 포섭활동이나 도교와의 융합 등 다양한 종교와 연관이 있다.
④ 관우는 높은 의리와 충의의 이미지 덕분에 상인들 사이에서 중요한 역할을 하는 재물의 신으로 널리 알려졌다.

03   정답 ④

먼저, 갑이나 병이 짜장면을 시켰다면 진실만 말해야 하는데, 다른 사람이 짜장면을 먹었다고 말할 경우 거짓을 말한 것이 되므로 모순이 된다. 따라서 짜장면을 시킨 사람은 을 또는 정이다.
• 을이 짜장면을 주문한 경우 : 병은 짬뽕, 정은 우동을 시키고 남은 갑이 볶음밥을 시킨다. 이 경우 갑이 한 말은 모두 거짓이고, 병과 정은 진실과 거짓을 한 개씩 말하므로 모든 조건이 충족된다.
• 정이 짜장면을 주문한 경우 : 을은 짬뽕, 갑은 볶음밥, 병은 우동을 시킨다. 이 경우 갑은 진실과 거짓을 함께 말하고, 을과 병은 거짓만 말한 것이 되므로 모순이 된다. 따라서 정은 짜장면을 주문하지 않았다.
따라서 갑은 볶음밥을, 을은 짜장면을, 병은 짬뽕을, 정은 우동을 주문했다.

04   정답 ③

'승용차를 탄다.'를 p, '연봉이 높아진다.'를 q, '야근을 많이 한다.'를 r, '서울에 거주한다.'를 s라고 했을 때, 첫 번째 명제는 '$p \rightarrow s$', 세 번째 명제는 '$q \rightarrow r$', 네 번째 명제는 '$q \rightarrow s$'이므로 마지막 명제가 참이 되기 위해서는 '$r \rightarrow p$'라는 명제가 필요하다. 따라서 '$r \rightarrow p$'의 대우명제인 ③이 답이 된다.

05 　정답　④

'예술가'를 p, '조각상을 좋아한다.'를 q, '철학자'를 r, '귀족'을 s, '부유하다.'를 t 라고 했을 때, 명제를 나열하면 '$p \rightarrow q$', '$r \rightarrow \sim q$', '$q \rightarrow s$', '$\sim p \rightarrow t$'이다.
이를 정리하면 '$p \rightarrow q \rightarrow \sim r$', '$p \rightarrow q \rightarrow \rightarrow s$'이고, '$r \rightarrow \sim q \rightarrow \sim p \rightarrow t$'임을 알 수 있다. 여기서 부유한 사람이 귀족인지는 알 수 없다.

오답분석
① 1번째 명제, 2번째 명제 대우를 통해 추론할 수 있다.
② 1번째 명제, 3번째 명제를 통해 추론할 수 있다.
③ 2번째 명제, 1번째 명제 대우, 4번째 명제를 통해 추론할 수 있다.

|02| 수리적 사고

01	02	03	04	05					
④	②	④	③	④					

01 　정답　④

처음 숫자의 십의 자리 숫자를 x, 일의 자리 숫자를 y라고 하자.
$x+y=10$ … ㉠
$(10y+x) \div 2 = 10x+y-14 \rightarrow 19x-8y=28$ … ㉡
㉠과 ㉡을 연립하면 $x=4$, $y=6$이다.
따라서 처음 숫자는 $4 \times 10 + 6 = 46$이다.

02 　정답　②

한 숙소에 4명씩 잤을 때의 신입사원 수는 $4a+8=b$명이고, 한 숙소에 5명씩 잤을 때의 신입사원 수는 $5(a-6)+4=b$명이다.
$4a+8=5(a-6)+4 \rightarrow a=34$
$b=34 \times 4 + 8 = 144$
$\therefore b-a=144-34=110$

03 　정답　④

ㄱ. 영어 관광통역 안내사 자격증 취득자는 2015년에 2014년 대비 감소하였으며, 스페인어 관광통역 안내사 자격증 취득자는 2016년에 2015년 대비 감소하였다.
ㄷ. 2013 ~ 2015년까지 태국어 관광통역 안내사 자격증 취득자 수 대비 베트남어 취득자 수 비율은 다음과 같다.

　• 2013년 : $\dfrac{4}{8} \times 100 = 50.0\%$

　• 2014년 : $\dfrac{15}{35} \times 100 \fallingdotseq 42.9\%$

　• 2015년 : $\dfrac{5}{17} \times 100 \fallingdotseq 29.4\%$

　따라서 매년 감소하고 있다.
ㄹ. 2014년에 불어 관광통역 안내사 자격증 취득자 수는 전년 대비 불변인 반면, 스페인어 관광통역 안내사 자격증 취득자 수는 전년 대비 증가하였다.

ㄴ. 2014 ~ 2016년의 일어 관광통역 안내사 자격증 취득자 수의 8배는 각각 266×8=2,128, 137×8=1,096, 153×8=1,224 이다. 중국어 관광통역 안내사 자격증 취득자 수는 각각 2,468, 1,963, 1,418로 이보다 많으므로 8배 이상이다.

04 정답 ③

ㄱ. 그리스가 4.4명, 한국은 1.4명이다. 1.4×4=5.6>4.4이므로 4배가 넘지 않는다.

ㄴ. 한국은 2006년부터 2016년까지 십만 명당 0.6천 명 증가한 반면, 캐나다는 십만 명당 0.1천 명 증가했다. 따라서 이 추이대로 라면 10년 이내에 한국이 캐나다의 수치를 넘어선다는 것을 알 수 없다.

ㄷ. 그리스가 십만 명당 5.4천 명으로 가장 많고, 한국이 십만 명당 1.7천 명으로 가장 적다. 1.7×3=5.1<5.4이므로 3배 이상이다.

05 정답 ④

한국이 십만 명당 1.6천 명으로 가장 적고, 그리스가 십만 명당 4.9천 명으로 가장 많다.

① 네덜란드는 십만 명당 3.7천 명이고, 그리스가 십만 명당 5.0천 명으로 가장 많다. 따라서 그리스에 비해 십만 명당 1.3천 명 적다.
② 한국이 매년 수치가 가장 적다는 사실을 볼 때, 한국의 의료 서비스 지수가 멕시코보다 더 열악하다고 할 수 있다.
③ 2006년, 2010년, 2011년에는 그리스가 미국의 두 배에 못 미친다.

| 03 | 문제해결

01	02	03	04						
③	④	②	②						

01 정답 ③

회의 목적은 신제품 홍보 방안 수립 및 제품명 개발이며 회의 이후 이러한 목적을 달성할 수 있도록 업무를 진행해야 한다. 기획팀의 D대리는 신제품의 특성에 적합하고 소비자의 흥미를 유발하는 제품명을 개발해야 하는 업무를 맡고 있으므로, 자사의 제품과 관계 없는 타사 제품의 이름을 조사하는 것은 적절하지 않다.

02 정답 ④

④의 경우 오프라인에서의 제품 접근성에 대한 소비자의 반응으로, 온라인 홍보팀이 필요로 하는 온라인에서의 타사 여드름 화장품 에 대한 소비자 반응으로 적절하지 않다.

03 정답 ②

업무 순서를 나열하면 '회사 홈페이지, 관리자 페이지 및 업무용 메일 확인 - 외주업체로부터 브로슈어 샘플 디자인 받기 - 회의실 예약 후 마이크 및 프로젝터 체크 - 팀 회의 참석 - 지출결의서 총무부 제출'이다. 따라서 출근 후 두 번째로 해야 할 일은 '외주업체 로부터 판촉 행사 브로슈어 샘플 디자인 받기'이다.

04 　정답 ②

조사결과를 살펴보면 각 시간대별 이용률 상위 3개 미디어에 대해서 순서대로 제시되어 있다. 그리고 조사대상 미디어 중 잡지는 모든 시간대에 3순위 안에 들지 않는다. 따라서 자료에 제시된 3순위 미디어의 이용률보다 낮다는 것을 알 수 있다. 그러나 잡지가 각 시간대별 이용률이 10% 미만이라는 설명은 오전, 점심, 오후 시간대의 잡지 이용률을 추측해보면 적절하지 않다는 것을 알 수 있다.

- 오전 시간대=30.8%+24.1%+23.5%=78.4% → 100%−78.4%=21.6%
  ∴ 잡지 이용률이 최대 21.6%까지 가능[21.6%<23.5%(스마트 기기)]
- 점심 시간대=47.7%+23.6%+13.4%=84.7% → 100%−84.7%=15.3%
  ∴ 잡지 이용률이 최대 13.4%까지 가능[15.3%>13.4%(TV)]
- 오후 시간대=36.5%+25.2%+23.7%=85.4% → 100%−85.4%=14.6%
  ∴ 잡지 이용률이 최대 14.6%까지 가능[14.6%<23.7%(TV)]

오답분석

① 각 시간대별로 이용률이 높은 미디어를 올바르게 나열하였다.
③ 저녁 시간대 TV 이용률이 70.9%로 가장 높기 때문에 적절한 설명이다.
④ 출퇴근 및 등하교는 이동 시간대를 살펴보면 되는데, 두 시간대 모두 스마트 기기 이용률이 50% 이상이므로 적절한 설명이다.

| 01 | 언어적 사고

01	02	03	04	05					
③	④	③	①	②					

01 정답 ③

보험료율이 사고 발생 확률보다 높으면 구성원 전체의 보험료 총액이 보험금 총액보다 더 많고 그 반대의 경우, 즉 사고 발생 확률이 보험료율보다 높은 경우에는 구성원 전체의 보험료 총액이 보험금 총액보다 더 적게 된다.

02 정답 ④

• 보전(補塡) : 부족한 부분을 보태어 채움
④ 보존(保存) : 잘 보호하고 간수하여 남김

오답분석

① 대처(對處) : 어떤 정세나 사건에 대하여 알맞은 조치를 취함
② 인접(隣接) : 이웃하여 있음. 또는 옆에 닿아 있음
③ 상당(相當) : 일정한 액수나 수치 따위에 해당함

03 정답 ③

사과를 먹음$=p$, 볼이 빨감$=q$, 원숭이$=r$, 나무에 잘 매달림$=s$라고 하면, 각각 '$p \rightarrow q$', '$\sim s \rightarrow \sim r$', '$q \rightarrow \sim r$'이다. 따라서 '$p \rightarrow q \rightarrow \sim r$'이므로 '$p \rightarrow \sim r$'이 성립하고, 그 대우인 ③이 답이 된다.

04 정답 ①

첫 번째 문장의 대우와 두 번째 문장을 통해 '가재는 게 편이다.'를 유추할 수 있다. 또한 혼합가언 삼단논법을 통해 다음과 같이 ①이 답이 됨을 알 수 있다.
• 가재는 게 편이다(A → B).
• 소라는 게 편이 아니다(~B).
따라서 소라는 가재가 아니다(~A).

05 정답 ②

만약 준민이가 진실을 말할 때, 준민이는 팀장이고 서경이 역시 진실을 말하므로 슬비와 정현은 모두 거짓을 말해야 한다. 따라서 서경이와 슬비는 부팀장이 아니고, 정현이가 부팀장이 되어야 하는데, 그러면 슬비의 말이 진실이 되므로 주어진 조건에 어긋난다. 따라서 준민이는 거짓을 말하고, 이때 준민이가 부팀장인 경우와 일반 팀원인 경우로 나누어볼 수 있다.
• 준민이가 일반 팀원인 경우 : 서경이는 거짓을 말하고, 슬비와 정현은 진실을 말한다. 따라서 슬비가 부팀장, 정현이가 팀장인데 이 경우, 자신이 일반 팀원이라고 말한 서경이의 말도 진실이 되어야 하므로 주어진 조건에 어긋난다.

• 준민이가 부팀장인 경우 : 서경이는 진실을 말하고, 정현이가 거짓을 말하고 있으므로 정현이는 거짓, 슬비는 진실을 말한다. 따라서 정현이가 팀장이다.

|02| 수리적 사고

01	02	03	04	05					
③	②	④	②	④					

01   정답 ③

작년의 임원진 3명은 연임하지 못하므로 올해 임원 선출이 가능한 인원은 $17-3=14$명이다.
14명 중에서 회장, 부회장, 총무를 각 1명씩 뽑을 수 있는 방법은 다음과 같다.
$_{14}P_3=14\times13\times12=2,184$
따라서 올해 임원을 선출할 수 있는 경우의 수는 2,184가지이다.

02   정답 ②

소포 하나당 택배비는 다음과 같다.
4,000원$+(5kg-3kg)\times300$원$/kg=4,600$원
소포가 4개이므로 총 택배비는 4,600원$\times4$개$=18,400$원이다.
또한 택배가 3개 이상이면 택배비는 10% 할인을 받기 때문에 A사원이 실제로 지불하는 택배비는 18,400원$\times0.9=16,560$원임을 알 수 있다.

03   정답 ④

• 남성 : $11.1\times3=33.3>32.2$
• 여성 : $10.9\times3=32.7<34.7$
따라서 남성의 경우 국가기관에 대한 선호 비율이 공기업 선호 비율의 3배보다 작다.

오답분석
① 3%, 2.6%, 2.5%, 2.1%, 1.9%, 1.7%로 가구소득이 많을수록 중소기업을 선호하는 비율이 줄어들고 있음을 알 수 있다.
② 15 ~ 18세 청소년이 3번째로 선호하는 직장과, 19 ~ 24세 청소년이 3번째로 선호하는 직장은 모두 전문직 기업이다.
③ 국가기관은 모든 기준에서 선호 비율이 가장 높은 모습을 보여주고 있다.

04   정답 ②

부산광역시와 인천광역시는 2015년에 2010년 대비 어가인구가 각각 약 23%, 27% 감소하였으므로 맞는 설명이다.

오답분석
① 2015년 울산광역시, 충청남도, 경상북도, 제주특별자치도에서는 어가인구 중 여성이 남성보다 많았으므로 틀린 설명이다.
③ 2010년에는 $\dfrac{3,039}{844}≒3.6$배, 2015년에는 $\dfrac{2,292}{762}≒3.0$배이므로, 2010년과 2015년 모두 강원도의 어가 수는 경기도의 어가 수의 4배 이하이다.
④ 2010년에 어가 수가 두 번째로 많은 지역은 충청남도이며, 어가인구가 두 번째로 많은 지역은 경상남도이다.

05 정답 ④

ⓒ 대전의 경우 어가가 소멸하였으므로 틀린 설명이다.
ⓔ 서울특별시만 어가인구가 증가하였으므로 틀린 설명이다.

오답분석

ㄱ 2010년 해수면어업 종사 가구가 가장 많은 구역은 전라남도이므로 옳은 내용이다.
ㄴ 가구 수가 가장 적은 행정구역은 대전이 맞으며, 가구, 인구 측면에서 모두 최저이다.

| 03 | 문제해결

01	02	03	04						
②	④	②	③						

01 정답 ②

승자	갑	을	병	정	무
갑		갑	갑	갑	갑
을	갑		을	을	을
병	갑	을		병	병
정	갑	을	병		정
무	갑	을	병	정	

갑 ~ 무의 점수를 구하면 다음과 같다.
• 갑 : 2+2+2+2=8점
• 을 : 2+2+2+0=6점
• 병 : 2+2+0+0=4점
• 정 : 2+0+0+0=2점
• 무 : 0+0+0+0=0점
따라서 갑 ~ 무의 점수를 모두 합하면 8+6+4+2+0=20점이다.

02 정답 ④

10번째 판에서 결과가 결정된다.

03 정답 ②

A호텔 연꽃실은 2시간 이상 사용할 경우 추가비용이 발생하고, 수용 인원도 적절하지 않다. B호텔 백합실은 1시간 초과 대여가
불가능하며, C호텔 매화실은 이동수단을 제공하지만 수용 인원이 적절하지 않다.
나머지 C호텔 튤립실과 D호텔 장미실을 비교했을 때, C호텔의 튤립실은 예산초과로 예약할 수 없고, D호텔 장미실은 대여료와
수용 인원의 조건이 맞으므로 이대리는 D호텔의 연회장을 예약하면 된다. 따라서 이대리가 지불해야 하는 예약금은 D호텔 대여료
150만 원의 10%인 15만 원임을 알 수 있다.

04 정답 ③

예산이 200만 원으로 증액되었을 때, 조건에 맞는 연회장은 C호텔 튤립실과 D호텔 장미실이다. 예산 내에서 더 저렴한 연회장을
선택해야 한다는 조건은 없고, 이동수단이 제공되는 연회장을 우선적으로 고려해야 하므로 이대리는 C호텔 튤립실을 예약할 것이다.

| 01 | 언어적 사고

01	02	03	04	05	06				
①	②	②	②	③	③				

01 　정답 ①

제시된 글은 과학이 단순한 발견의 과정이 아니듯이 예술도 순수한 창조와 구성의 과정이 아니며, 과학에는 상상력을 이용하는 주체의 창의적 과정이, 예술 활동에는 논리적 요소가 포함된다고 주장하고 있다. 그런데 ①은 발견과 창작에서의 과정이 아닌 각각의 결과에 대해서만 언급하고 있으므로 글의 논지를 지지한다고 볼 수 없다.

02 　정답 ②

(나) 문단은 (가) 문단에 이어 기존의 관점에 대한 근거를 제시하고 있다.

03 　정답 ②

(다) 문단은 (나) 문단의 마지막 문장인 '과학은 인간 외부에 실재하는 자연의 사실과 법칙을 다루기에 과학자는 사실과 법칙을 발견하지만, 예술은 인간의 내면에 존재하는 심성을 탐구하며, 미적 가치를 창작하고 구성하는 활동이라고 본다.'에 반박하는 내용이다. 따라서 ⓐ~ⓓ를 포함하는 문장은 과학(ⓐ)이 단순한 발견(ⓑ)의 과정이 아니듯이 예술(ⓒ)도 순수한 창조(ⓓ)와 구성의 과정이 아님을 알 수 있다.

04 　정답 ②

두 번째와 세 번째 문장의 삼단논법에 의해 '동화책은 삽화가 있는 책이다.'가 되고, 이 문장을 통해 대우인 '삽화가 없는 책은 동화책이 아니다.'를 유추할 수 있다.

05 　정답 ③

첫 번째와 세 번째 문장의 삼단논법에 의해 '기름기가 많은 고기에는 비계가 있다.'를 유추할 수 있다.

06 　정답 ③

두 번째 조건에 의해 A − D − E 순서로 승차하는 것과 첫 번째 조건과 세 번째 조건에 의해, A − D − E − B − F 순서로 승차하는 것을 알 수 있다. 또한 네 번째 조건대로 C와 F는 연속으로 승차하지 않기 때문에 C − A − D − E − B − F 순서로 승차함을 알 수 있다.

| 02 | 수리적 사고

01	02	03	04	05	06				
①	③	③	②	①	③				

01 정답 ①

12자루가 1타인 볼펜에서 12자루의 4분의 1인 3자루를 뺀 가격을 묻는 문제다. $1,600 \div 4 = 400$원으로 9개씩 묶인 볼펜의 가격은 3자루의 가격인 400원을 제한 나머지 값인 1,200원이 된다.

02 정답 ③

7% 설탕물에 들어있는 설탕의 양은 $100 \times \dfrac{7}{100} = 7$g이다. xg의 물을 증발시켜 14%의 농도가 되게 하려면 $\dfrac{7}{100-x} \times 100 = 14$이므로 50g만큼 증발시켜야 한다. 한 시간에 물 2g이 증발된다고 했으므로 총 $50 \div 2 = 25$시간이 소요된다.

03 정답 ③

버스의 속력을 xm/분이라고 하자.

4대의 버스가 총 40km인 경로를 돌 때, 배차 간격은 $\dfrac{40,000}{x} \div 4$분이다.

$$\dfrac{40,000}{x} \div 4 - \dfrac{40,000}{x} \div 5 = 1 + \dfrac{36}{60}$$

$$\dfrac{40,000}{x} \times \dfrac{1}{4} - \dfrac{40,000}{x} \times \dfrac{1}{5} = \dfrac{96}{60}$$

$$40,000 \times \dfrac{1}{4} - 40,000 \times \dfrac{1}{5} = \dfrac{96}{60} \times x$$

$$10,000 - 8,000 = \dfrac{8}{5} \times x$$

$$2,000 = \dfrac{8}{5} \times x$$

$$\therefore \ x = 1,250$$

04 정답 ②

주어진 자료에서 부패인식 응답비율의 전년 대비 증감 폭이 가장 큰 것은 2014년 외국인으로 2013년 23.4%에서 2014년 48.5%로 25.1%p 증가했다.

05 정답 ①

부패인식 점수는 응답자가 생각하는 공직사회의 부패도가 높을수록 낮아진다. 설문조사의 응답비율이 높을수록 부패도가 높다고 응답하며 부패인식 점수는 낮아지기 때문에 부패인식 응답비율과 부패인식 점수는 반비례 관계이다.

06　　정답 ③

김54ㅈ – 1번 : 김 / 2번 : 5(ㅅ) / 3번 : 4(ㅔ) / 4번 : ㅈ

오답분석

① 전65ㄱ – 1번 : 전 / 2번 : 6(ㅇ) / 3번 : 5(ㅛ) / 4번 : ㄱ
② 안54ㄴ – 1번 : 안 / 2번 : 5(ㅅ) / 3번 : 4(ㅓ) / 4번 : ㄴ
④ 김66ㅎ – 1번 : 김 / 2번 : 6(ㅇ) / 3번 : 6(ㅟ) / 4번 : ㅎ

| 03 | 문제해결

01	02	03	04	05	06	07			
-	①	-	②	③	①	③			

01

이 문제는 실제 업무에서 발생할 수 있는 상황을 제시하여 지원자의 상황판단능력을 확인하고자 하는 문제이다. 따라서 정해진 답은 없으며, 상황에 가장 적절하다고 판단되는 선택지를 고르면 된다.
업무 중 상호 간의 의견이 충돌하는 과정에서 무례하거나 감정적인 행동은 자칫 갈등을 심화시킬 수 있다. 늘 상사를 존중하는 태도를 취하되 의견이 다를 경우에는 정중하고 논리적으로 그 이유를 밝히도록 해야 한다.

02　　정답 ①

B대리는 C과장의 나이가 많다는 이유로 업무 역량이 없을 것이라고 무시했다. 이는 '공과 사의 구별은 철저하게, 기회는 공정하게' 부문의 첫 번째 항목과 두 번째 항목에 위배되는 언행이다.

03

이 문제는 실제 업무에서 발생할 수 있는 상황을 제시하여 지원자의 상황판단능력을 확인하고자 하는 문제이다. 따라서 정해진 답은 없으며, 상황에 가장 적절하다고 판단되는 선택지를 고르면 된다.
갈등해결에서 중요한 것은 상대방에 대한 이해심과 관심, 약속의 이행과 진지한 사과 등이다. 비록 사전에 통보된 행사라고는 하나 논쟁은 갈등을 더욱 부추길 수 있다. 갈등을 즉각적으로 다루지 않으면 문제가 더욱 심화되지만 이미 진행 중인 행사를 함부로 변경할 수도 없기 때문에 타협이 가능한 선에서 해결해야 한다.

04　　정답 ②

이동 경로 중 최소의 경로가 되는 것만 확인하여 정리해보면 다음과 같다.

①

경로	E → C	C → A	A → B	B → D	합계
정거장(개)	10	1	3	6	20
환승(회)	1(고속터미널)	1(강남)	0	1(잠실)	3

②

경로	E → D	D → B	B → A	A → C	합계
정거장(개)	7	6	3	1	17
환승(회)	1(잠실)	1(잠실)	0	1(강남)	3

③ 경로	E → B	B → A	A → C	C → D	합계
정거장(개)	7	3	1	10	21
환승(회)	0	0	1(강남)	2(강남, 잠실)	3

④ 경로	E → A	A → C	C → B	B → D	합계
정거장(개)	10	1	4	6	21
환승(회)	0	1(강남)	1(강남)	1(잠실)	3

따라서 가장 효율적으로 이동할 수 있는 순서는 ②이다.

05 　정답　 ③

04의 해설에 따라 가장 효율적으로 이동할 수 있는 순서는 건대입구역(E) – 천호역(D) – 삼성역(B) – 강남역(A) – 양재역(C) 순서로
총 69분이 소요된다.
• 건대입구역(E) – 천호역(D) : 7정거장×3분＋1환승×6분=27분
• 천호역(D) – 삼성역(B) : 6정거장×3분＋1환승×6분=24분
• 삼성역(B) – 강남역(A) : 3정거장×3분=9분
• 강남역(A) – 양재역(C) : 1환승×6분＋1정거장×3분=9분

06 　정답　 ①

제시된 문제에서 실외 온도는 영하이므로 세 계기판의 수치를 모두 고려해야 하며, 실내 온도는 20℃ 이상이므로 Serial Mode를
적용한다. 따라서 PSD는 계기판 숫자의 합인 14이다. 이때 검침일이 월요일이므로 기준치는 세 계기판 표준 수치의 합인 15가
된다. 따라서 PSD가 기준치에 미치지 못하므로 B사원이 눌러야 할 버튼은 정상 버튼이고, 상황통제실의 경고등에는 녹색불이
들어오므로 정상 가동을 하면 된다.

07 　정답　 ③

검침일이 화요일이고 비정상 버튼을 눌렀으므로 PSD는 '기준치＋5'인 12.5(＝15/2＋5)와 수치가 같거나 더 높아야 한다. 검침
당시 실외 온도계의 온도는 영상이었으므로 B계기판의 수치를 제외한 계기판 숫자의 평균은 10.5(＝(11＋10)/2)이다. 이것은 12.5
에 미치지 못하므로 PSD 수치를 검침 시각 계기판 숫자의 합으로 취급하는 Serial Mode가 적용되었을 것이며, 이는 검침하는
시각에 실내 온도계의 온도가 20℃ 이상일 때 적용되는 모드이므로 실내용 온도계의 수치는 영상 20℃ 이상이었을 것이라 예상할
수 있다.

CHAPTER

10 2017년 하반기 정답 및 해설

| 01 | 언어적 사고

01	02	03	04	05	06				
④	②	①	④	②	④				

01 정답 ④

첫 번째와 두 번째 문장의 삼단논법에 의해 '물에 잘 번지는 잉크의 펜은 뚜껑이 있다.'를 유추할 수 있다.

02 정답 ②

두 번째와 세 번째 문장의 삼단논법에 의해 '아로니아는 비타민이 많은 과일이다.'가 되고, 이 문장을 통해 대우인 ②를 유추할 수 있다.

03 정답 ①

(라) 문단에서 ⊙ 앞의 '예술 작품이 계속 전해지기만 한다면, 그것은 끊임없이 새로운 참조 체계를 통해 변화하며 새로운 의미를 부여받게 된다. 근본적으로 예술 작품의 의미는 무궁하다.'라는 문장을 통해 ⊙은 셰익스피어 작품의 의미가 준거 틀, 즉 참조 체계가 달라짐에 따라 변화한다는 의미임을 짐작해 볼 수 있다.

04 정답 ④

'감상자는 대화 방식의 감상을 통해 예술 작품과 소통함으로써 새로운 진리를 만들어 낸다.'라고 한 (마) 문단과, '감상은 감상자와 예술 작품이 양방향으로 초월하는 미적 체험의 과정'이며 '예술 작품은 감상자를 향하여, 감상자는 예술 작품을 향하여 서로 열려 있는 것'이라는 (바) 문단을 통해 제시된 글의 주제로 '소통으로서의 예술 작품 감상'이 가장 적절함을 알 수 있다.

05 정답 ②

(다) 문단의 마지막 문장인 '감상자가 예술 작품과 만나는 역사적 순간의 참조 체계는 과거와는 다른 새로운 관계를 만들어 내며, 이러한 새로운 관계에 의거해 감상자는 예술 작품으로부터 새로운 의미를 생산해 낸다.'는 내용을 통해 텍스트는 끊임없이 새로운 감상자를 찾으며, 새로운 감상자로부터 새로운 참조 체계를 획득하고, 끊임없이 새로운 관계를 형성하며 새로운 의미를 생산함을 알 수 있다.

06 정답 ④

먼저 네 번째 조건에서 구다리와 김지정은 양 끝에 서 있음을 확인하고, 여섯 번째 조건에서 이소아는 구다리보다 왼쪽에 서 있다고 하였으므로, 구다리는 가장 오른쪽에 서 있고, 김지정은 가장 왼쪽에 서 있는 것을 알 수 있다. 또한 첫 번째 조건에 따라 김인자는 왼쪽에서 다섯 번째 자리에 서 있고, 두 번째 조건과 다섯 번째 조건에 따라 문성질은 네 번째 자리, 이소아와 조상욱은 두 번째 자리와 세 번째 자리에 서게 되지만 정확한 자리의 순서는 알 수 없다. 따라서 ④는 옳지 않다.

| 02 | 수리적 사고

01	02	03	04	05	06	07			
③	②	①	②	③	④	④			

01 정답 ③

$\{(25{,}000-500\times5-5{,}700-600\times3)\div250\}\div12=5$타

02 정답 ②

$C=\dfrac{5}{9}(F-32) \rightarrow F=\dfrac{9}{5}\times C+32 \rightarrow F=\dfrac{9}{5}\times30+32=86°F$

03 정답 ①

2015년 일본의 수입이 2014년 일본 수입보다 $164{,}233(=812{,}222-647{,}989)$백만 불만큼 줄었다.

04 정답 ②

2016년 일본의 무역액을 x백만 불이라 하면, 2015년 일본 무역액은 $1{,}272{,}790(=647{,}989+624{,}801)$백만 불이므로 식을 세우면,

$\dfrac{x-1{,}272{,}790}{1{,}272{,}790}\times100=-12\%$

$x=1{,}120{,}055.2$

따라서 가장 근사치인 ②가 답이다.

05 정답 ③

미국 수입액의 증감추세는 '증가 → 감소 → 증가 → 감소'이고, 일본 수입액의 증감추세는 '증가 → 감소 → 감소 → 감소'로 동일하지 않다.

오답분석
① 미국의 수입액은 한국과 일본의 수입액 합보다 매년 많고, 미국의 수출액 또한 한국과 일본의 수출액 합보다 매년 많으므로 미국의 무역액은 한국과 일본의 무역액 합보다 매년 많다.
② 전년 대비 2015년 한국 수입의 증감액과 전년 대비 2014년 미국 수입의 증감액은 비슷하지만 증감률을 구할 때 분모에 들어갈 전년도 수입액은 미국이 훨씬 크다. 따라서 전년 대비 2015년 한국 수입액의 증감률 절댓값은 전년 대비 2014년 미국 수입의 증감률 절댓값보다 크다.
④ 일본의 수출액은 매년 감소하고 있다.

06   정답 ④

① 1997년 11월 Moody's와 S&P가 평가한 A회사의 신용등급은 같다.
② S&P가 평가한 A회사의 신용등급의 최고 등급은 'AA'이고, 최저 등급은 'B+'로, 11등급의 차이가 난다.
③ 2000년 이후 S&P가 평가한 A회사의 신용등급은 꾸준히 상승하였지만, Moody's가 평가한 신용등급은 2009년 3월에 하락하였다.

07   정답 ④

Moody's가 평가한 A회사의 신용등급은 항상 투자 적격 등급에 해당한 반면, S&P가 평가한 A회사의 신용등급은 1997년 11월과 12월 사이에 신용등급이 투자 부적격 등급으로 하락한 다음 1999년 1월에 투자 적격 등급에 진입하였다.

| 03 | 문제해결

01	02	03	04	05					
③	④	③	②	①					

01   정답 ③

김정현 대리는 신입이라는 이유로 임상희를 무시하거나, 여자라는 이유로 여성 직원들을 폄하하고 있다. 이는 '우리 모두는 누군가의 소중한 가족입니다.' 부문의 세 번째 항목과 다섯 번째 항목에 위배되는 언행이다.

02   정답 ④

행동강령의 '공과 사의 구별은 철저하게, 기회는 공정하게' 부문에서 마지막 항목에 '불공정한 대우를 받았거나 혹은 목격, 그에 대한 고충을 들었다면 조직 책임자, 인사 또는 윤리담당과 바로 상의하십시오.'라고 제시되어 있으므로 조직의 책임자인 조경현 과장에게 알리는 내용인 ④가 적절하다.

03   정답 ③

행동강령의 '공과 사의 구별은 철저하게, 기회는 공정하게' 부문에서 네 번째 항목에 '오직 역량과 성과만으로 평가하십시오. 타인으로부터 채용이나 승진을 청탁 받았다면 거부하십시오. 그리고 우리의 원칙에 대하여 적극적으로 설명하십시오.'라고 제시되어 있으므로 원칙을 설명하고 거절한다는 내용의 ③이 적절하다.

04   정답 ②

행동강령의 '우리 모두는 누군가의 소중한 가족입니다.' 부문에서 일곱 번째 항목에 따르면 '국가와 지역마다 다른 법·규정·관습·예법 등이 존재합니다. 해외에서 근무하거나 출장 시에는 이점을 항상 주의해서 행동하십시오. 국내에서 문제없는 행동이 해외에서는 문제가 될 수도 있다는 사실을 명심하십시오.'라고 제시되어 있으므로 ②는 적절하지 않다.

05   정답 ①

행동강령의 '정직한 보고는 우리의 땀과 열정을 더 빛나게 해줍니다.' 부문에서 첫 번째 항목의 '발생하는 모든 비용은 일정한 문서에 의해 증명되어야 합니다. 비용과 관련된 시간 및 경비를 상세히 기록하여 보고서로 제출하십시오.'에 따라 영수증 없이 보고한다고 한 ①이 위배되는 행동이다.

| 01 | 언어적 사고

01	02	03	04	05	06	07			
③	④	①	①	④	②	②			

01 　정답　③

시조문학이 발전한 배경 설명과 함께, 두 경향인 강호가류(江湖歌類)와 오륜가류(五倫歌類)를 소개하고 있는 (다)가 맨 처음에 와야 한다. 다음으로 강호가류에 대하여 설명하는 (라)나 오륜가류에 대하여 설명하는 (나)가 와야 하는데, (나)가 전환 기능의 접속어 '한편'으로 시작하므로 (라) – (나)가 되고, 강호가류와 오륜가류에 대한 설명을 마무리하며 사대부들의 문학관을 설명하는 (가)가 마지막으로 온다.

02 　정답　④

섬유 예술과 타 예술장르와의 관계에 대해서는 제시된 바가 없다.

오답분석
① 첫 번째 문단에서 섬유 예술의 재료인 실, 직물, 가죽, 짐승의 털 등이 제시되어 있다.
② 두 번째, 세 번째 문단에서 섬유 예술이 조형 예술 장르로 자리매김한 계기와, 이후 조형성을 강조하는 방향으로 발전한 과정을 설명하고 있다.
③ 대표적인 섬유 예술 작품으로 올덴버그의 「부드러운 타자기」와 라우센버그의 「침대」를 들고 있다.

03 　정답　①

첫 번째 문단에 의하면 섬유 예술에 쓰이는 재료들은 상징적 의미를 불러일으키는 '오브제'로 쓰인다. 따라서 라우센버그의 「침대」에 쓰인 모든 재료들 역시 이러한 의미를 지니고 있을 것임을 유추해볼 수 있으므로, 특별한 의미를 추구하지 않는다는 것은 적절하지 않은 설명이다.

오답분석
② 올덴버그의 「부드러운 타자기」가 주목받은 것이 섬유 예술이 새로운 조형 예술의 한 장르로 자리매김한 결정적 계기라고 하였으므로, 이전에는 대체로 섬유 예술을 조형 예술 장르로 보지 않았음을 알 수 있다.
③ 두 번째 문단에 따르면 올덴버그가 「부드러운 타자기」를 통해 섬유를 심미적 대상으로 인식할 수 있게 하였다.
④ 세 번째 문단에서 콜라주와 아상블라주는 현대의 여러 예술 사조에서 활용되는 기법을 차용한 것이라고 하였으므로, 섬유 예술 이외에도 다양한 예술 분야에서 활용됨을 알 수 있다.

04 정답 ①

'손이 고움' : p, '마음이 예쁨' : q, '키가 큼' : r이라고 하면, '$p \to q$', '$\sim p \to r$'이다. 어떤 명제가 참이면 그 명제의 대우도 참이므로 '$\sim r \to p$'가 성립하고, '$\sim r \to p \to q$'가 되어 '$\sim r \to q$'가 성립하므로 ①이 답이 된다.

05 정답 ④

어떤 L대학교 학생은 중국어 수업을 들으므로, 중국어 수업을 듣는 학생이 적어도 1명 이상이다. 모든 L대학교 학생은 영어 또는 작문 수업을 들으므로, 이 학생은 중국어와 영어 수업을 듣거나, 중국어와 작문 수업을 듣는다. 따라서 ④가 답이다.

06 정답 ②

조건에 따라 정리해 보면 다음과 같다.

첫 번째	두 번째	세 번째	네 번째	다섯 번째	여섯 번째
A	D	F	B	E	C
A	F	D	B	E	C
D	F	B	E	C	A
F	D	B	E	C	A
D	F	C	E	B	A
F	D	C	E	B	A

A가 맨 앞에 서면 E는 다섯 번째에 설 수밖에 없으므로 ②가 답이다.

오답분석

① A가 맨 뒤에 서 있는 경우 맨 앞에는 D가 서 있을 수도, F가 서 있을 수도 있다.
③ 첫 번째, 세 번째 경우 F와 B가 앞뒤로 서 있다.
④ 첫 번째, 두 번째 경우 C가 맨 뒤에 서 있다.

07 정답 ②

만약 갑의 말이 진실이면 을의 말은 거짓, 병의 말은 진실, 정의 말도 진실, 무의 말은 거짓이 되어 진실을 말한 사람이 3명이 되므로 1명만 진실을 말한다는 조건에 맞지 않다. 따라서 갑의 말은 거짓이다. 또한, 을이나 무의 말이 진실이라면 병의 말이 진실이 되므로 이 역시 1명만 진실을 말한다는 조건에 위배되어 을과 무의 말 역시 거짓이다. 병의 말이 진실이라면 을의 말은 거짓, 정의 말은 진실이 되므로 병의 말도 거짓이다. 따라서 진실을 말한 사람은 정이고, 갑, 을, 병, 무의 말은 모두 거짓이며, 병이 범인이 된다.

| 02 | 수리적 사고

01	02	03	04	05	06	07			
④	①	①	③	①	③	②			

01 정답 ④

구입한 텀블러 개수를 x개, 이어폰 개수를 $300-x$개라 하면

$15,000x+17,000(300-x)=4,730,000$

$\rightarrow 15,000x+5,100,000-17,000x=4,730,000 \rightarrow 2,000x=370,000$

$\therefore x=185$

따라서 텀블러의 개수는 185개, 이어폰의 개수는 $300-185=115$개이므로, $185-115=70$개 차이가 난다.

02 정답 ①

내려가는 데 걸리는 시간을 a시간이라 하면, 거슬러 올라가는 데 걸린 시간은 $\frac{3}{2}a$이므로,

$a+\frac{3}{2}a=2\frac{1}{4}$ $\therefore a=\frac{9}{10}$

물이 정지해 있을 때 배의 속력을 $x$km/h, 강 물살의 속력을 $y$km/h라 하면, 배가 상류로 거슬러 올라갈 때의 속력은 $x-y$km/h, 배가 하류로 내려갈 때의 속력은 $x+y$km/h이다. (시간)=(거리)÷(속력)이므로 다음과 같은 연립방정식을 세울 수 있다.

$\frac{27}{x-y}=\frac{9}{10}\times\frac{3}{2} \rightarrow x-y=20 \cdots \bigcirc$

$\frac{27}{x+y}=\frac{9}{10} \rightarrow x+y=30 \cdots \bigcirc$

$\bigcirc+\bigcirc$을 하면,

$2x=50$

$\therefore x=25, \ y=5$

따라서 물이 정지해 있을 때 배의 속력은 25km/h이다.

03 정답 ①

• A카드로 결제할 경우 : $(10,000\times2\times0.8)+(8,000\times3\times0.6)=16,000+14,400=30,400$원
• B카드로 결제할 경우 : $(10,000\times2\times0.7)+(8,000\times3\times0.75)=14,000+18,000=32,000$원

따라서 A카드로 결제하는 것이 1,600원 더 이익이다.

04 정답 ③

전체 지역의 면적당 논벼 생산량을 구해 보면 다음과 같다.

• 서울·인천·경기 : $\frac{468,506}{91,557}=5.11\cdots$톤/ha

• 강원 : $\frac{166,396}{30,714}=5.41\cdots$톤/ha

• 충북 : $\frac{201,670}{37,111}=5.43\cdots$톤/ha

• 세종·대전·충남 : $\frac{803,806}{142,722}=5.63\cdots$톤/ha

• 전북 : $\frac{687,367}{121,016}=5.67\cdots$톤/ha

- 광주·전남 : $\dfrac{871,005}{170,930}=5.09\cdots$톤/ha

- 대구·경북 : $\dfrac{591,981}{105,894}=5.59\cdots$톤/ha

- 부산·울산·경남 : $\dfrac{403,845}{77,918}=5.18\cdots$톤/ha

- 제주 : $\dfrac{41}{10}=4.1$톤/ha

따라서 면적당 논벼 생산량이 가장 많은 지역은 전북 지역이다.
자료를 대략적으로만 살펴보아도 서울·인천·경기, 광주·전남, 부산·울산·경남, 제주 네 지역은 면적당 논벼 생산량이 타 지역에 비해 많지 않다는 것을 알 수 있으므로, 나머지 다섯 지역의 논벼 생산량만 구해보아도 답을 구할 수 있다.

오답분석

① 광주·전남 지역의 논벼 면적과 밭벼 면적은 각각 가장 넓고, 논벼와 밭벼 생산량도 각각 가장 많다.

② 제주 지역의 백미 생산량 중 밭벼 생산량이 차지하는 비율을 구하면, $\dfrac{317}{41+317}\times100=88.54\cdots\fallingdotseq88.6\%$이다.

④ 전국 밭벼 생산량 면적 중 광주·전남 지역의 밭벼 생산 면적이 차지하는 비율은 $\dfrac{705}{2+3+11+10+705+3+11+117}\times100$

$=81.78\cdots\%$이므로, 80% 이상이다.

05 정답 ①

수치가 전년도 대비 증가한 연도만 살펴보면, 2008년에는 $0.66-0.53=0.13\%$p, 2009년에는 $0.74-0.66=0.08\%$p, 2010년에는 $0.87-0.74=0.13\%$p, 2011년에는 $1.1-0.87=0.23\%$p, 2012년에는 $1.43-1.1=0.33\%$p 증가했다.
따라서 전년 대비 유기농 경작 면적률이 가장 많이 증가한 것은 2012년이다.

06 정답 ③

- 2014 ~ 2016년 석유제품의 총 수출액 : $50,784+32,002+26,472=109,258$백만 달러
- 2014 ~ 2016년 무선통신기기의 총 수출액 : $29,573+32,587+29,664=91,824$백만 달러
따라서 석유제품의 총 수출액이 무선통신기기보다 많다.

오답분석

① 2014 ~ 2015년 10위를 유지하던 전자응용기기가 2016년 10위권 밖으로 밀려나고 대신 플라스틱 제품이 10위를 기록했다.
② 1위 반도체, 6위 자동차 부품, 9위 철강판은 3년 연속 순위를 유지했으나 수출액은 모두 점차 줄어들고 있다.
④ 순위와 수출액 모두 상승한 것은 선박해양구조물 및 부품과 무선통신기기로 총 두 품목이다.

07 정답 ②

전체 1인 가구 중 서울·인천·경기의 1인 가구가 차지하는 비율을 구하면, $\dfrac{1,012+254+1,045}{5,279}\times100=43.77\cdots\%$이다.
따라서 전체 1인 가구 중 서울·인천·경기의 1인 가구가 차지하는 비율은 40%가 넘는다.

오답분석

① 강원도와 충청북도의 전체 가구 및 1인 가구 수를 대략 비교만 해봐도 전체 가구 대비 1인 가구의 비율이 강원도가 더 높다는 것을 쉽게 알 수 있다.

- 강원도의 1인 가구 비율 : $\dfrac{202}{616}\times100=32.79\cdots\%$

- 충청북도의 1인 가구 비율 : $\dfrac{201}{632}\times100=31.80\cdots\%$

따라서 강원도의 1인 가구 비율이 더 높다.

③ 도 지역 가구 수 총합을 구하면 4,396＋616＋632＋866＋709＋722＋1,090＋1,262＋203＝10,496가구이다.
　따라서 서울시 및 광역시 가구 수는 19,018－10,496＝8,522가구이므로, 도 지역의 가구 수 총합이 더 크다.
④ 경기도를 제외한 도 지역 중 1인 가구 수가 가장 많은 지역은 경상북도이지만, 전체 가구 수가 가장 많은 지역은 경상남도이다.

| 03 | 문제해결

01	02	03							
②	③	④							

01 정답 ②

발표 자료 작성 시 무조건적으로 많은 양의 자료를 입력하는 것은 청자의 집중력을 분산시킬 수 있다. 따라서 꼭 필요한 검증된 자료만 사용하는 것이 바람직하다.

02 정답 ③

S주임은 한 폴더 안에 파일이 많으면 가장 최근에 진행한 업무 파일이 맨 앞에 오게 정리하라고 조언하였다. 따라서 가나다순이 아닌 날짜순으로 정렬해야 한다.

03 정답 ④

각 항목별로 채용조건과 대조해 보면, 4년제 대학 재학생 또는 졸업자여야 하므로 고졸의 주부인 A와 재수생인 B는 제외된다. 또한, 사용 가능 프로그램은 엑셀과 워드프로세서가 필수이므로 엑셀이 포함되지 않은 E가 제외되며, 화요일 근무가 불가하고 출퇴근 시간이 30분 이상인 C가 제외된다. 따라서 연락할 지원자는 D, F이다.

| 01 | 언어적 사고

01	02	03	04	05	06				
②	③	③	①	②	②				

01 정답 ②

제시문은 은행의 종류와 역할에 대한 설명을 통해 독자에게 새로운 정보를 제공하고 있다.

02 정답 ③

제시문에 따르면 투자신탁회사, 자산운용회사는 투자자들이 맡긴 돈을 모아 뭉칫돈으로 만들어 증권이나 채권 등에 투자해 수익을 올리지만, 돈을 빌려주지는 않는다.

03 정답 ③

우리 춤은 '곡선'을 위주로 진행되는 과정 중에 '정지'가 나타나곤 하는데, 정지의 상태에도 상상이 선을 느낄 수 있는 경지를 구현하는 것이 우리 춤의 특성이라고 할 수 있다. 우리 춤의 힘찬 선 및 부드러운 선 등 다양한 곡선은 호흡 조절을 통해 구현되는데, 그렇다고 해서 힘차고 가벼운 동작이 규칙적으로 반복되는 것은 아니다.

오답분석
① 첫 번째 문단에서 '흔히 우리 춤을 손으로 추는 선의 예술이라 한다.'라고 하였다.
② 두 번째 문단의 첫 문장에서 '우리 춤의 선은 내내 곡선을 유지한다.'라고 하였다.
④ 네 번째 문단 첫 문장의 '호흡의 조절을 통해 다양하게 구현되는 곡선'이라는 내용에서 확인할 수 있다.

04 정답 ①

우리 춤은 내내 '곡선'을 유지하면서 진행된다. 이 말은 춤이 시종일관 곡선만으로 진행된다는 말이 아니라, '정지'의 순간에도 상상의 선을 만들어 춤을 이어갈 수 있다는 것을 의미한다. 이는 몰입 현상에 의해 완성되는 우리 춤의 특성을 보여 주는 것으로, '곡선'과 더불어 '정지'의 순간에도 유지되는 선까지 느낄 수 있어야 우리 춤을 제대로 감상하는 것임을 알 수 있게 해준다. 이때 ㉠은 '실제로 보이는 곡선'을 의미하고, ㉡·㉢·㉣은 '정지'의 상태를 의미한다.

05 정답 ②

주어진 조건을 표로 정리하면 다음과 같다.

구분	불고기버거	치즈버거	새우버거
사이다	경순 or 다은		
콜라	경순 or 다은		
우유		주연	
물			은지, 정언

오답분석

①・③ 은지와 정언이는 둘 다 물과 새우버거를 먹는다.
④ 주연이는 우유와 치즈버거를 먹는다.

06 정답 ②

주어진 조건을 표로 정리하면 다음과 같다.

구분	월	화	수	목	금
경우 1	전주	목포	여수	담양	순천
경우 2	전주	목포	여수	순천	담양

오답분석

①・④ 여수는 수요일에 가기 때문에 비가 오는 것이 확실하지만, 비가 오는 금요일에 방문하는 곳은 순천과 담양 두 가지의 경우의 수가 나오기 때문에 항상 참이 될 수 없다.
③ 여행지 순서는 '전주 – 목포 – 여수 – 담양 – 순천'과 '전주 – 목포 – 여수 – 순천 – 담양' 두 가지가 있다.

| 02 | 수리적 사고

01	02	03	04	05	06	07			
①	②	④	④	④	①	③			

01 정답 ①

정주가 걸어서 간 시간을 x분이라고 하면, 자전거를 타고 간 시간은 $(30-x)$분이다.
$150(30-x)+50x=4,000$
$100x=500$
$\therefore x=5$

02 정답 ②

고속버스를 이용할 경우 : 68,400(어른요금 2명)+34,200(아동요금 2명)=102,600원
승용차를 이용할 경우 : 87,156원(경차), 99,706원(경차 외)

오답분석

① 경차를 이용할 경우 : 74,606+12,550=87,156원
경차 외 승용차를 이용할 경우 : 74,606+25,100=99,706원

③ 어른 두 명이 고속버스 이용할 경우 : 68,400원

어른 두 명이 경차를 이용할 경우 : 74,606+12,550=87,156원

④ KTX를 이용할 경우 : 114,600+57,200=171,800원

03 정답 ④

영화 동아리에 가입하는 사건을 A, 볼링 동아리에 가입하는 사건을 B라고 하면,

$n(U)=n(A \cup B)$일 때, $n(A \cap B)$가 최대이다.

$n(A \cap B)=n(A)+n(B)-n(A \cup B)=39+25-50=14$

따라서 최대 14명이 두 동아리에 모두 가입할 수 있다.

04 정답 ④

10개 중 3개를 선택해 순서대로 나열하는 경우의 수는 $_{10}P_3=10 \times 9 \times 8=720$로, 가능한 가짓수는 총 720가지이다.

05 정답 ④

해당 기간 동안 이용자 수의 증감률이 가장 낮은 분야는 PC기반 오픈마켓(전년 상반기 대비 증감률 : 약 -0.06%)이다.

오답분석

① 모바일 쇼핑앱 월평균 이용자 수는 조사기간 동안 계속 증가하였다.

② $\{(5,480,000+1,530,000+6,604,000)-(3,675,000+868,000+4,057,000)\} \div (3,675,000+868,000+4,057,000) \times 100$

$= 58.3\%$

③ 표를 통해 확인할 수 있다.

06 정답 ①

• 2010년과 2011년에 일본을 방문한 총 중국인 관광객 수 : 830,000+450,000=1,280,000명

• 2010년과 2011년에 한국을 방문한 총 중국인 관광객 수 : 1,010,000+1,310,000=2,320,000명

오답분석

② 2011년부터 2014년까지는 계속 증가하였다.

③ 2010~2011년 감소, 2011~2012년 증가, 2012~2013년 감소, 2013~2014년 증가

④ 2014년 방한 중국 국적 관광객은 477만 명으로 가장 많다.

07 정답 ③

국산, 미국산, 호주산의 소 가격은 각각 모두 증가와 감소가 함께 나타나고 있다.

오답분석

① 표를 통해 알 수 있다.

② 2~3월 양파 가격 평균의 합 : 2,392+2,373=4,765

6~7월 배추 가격 평균의 합 : 2,775+2,967=5,742

④ 1~2월 계란 가격 변동 폭 : 5,473-5,493=-20

1~2월 닭 가격 변동 폭 : 5,107-5,265=-158

| 03 | 문제해결

01	02	03							
④	③	②							

01 정답 ④

전화를 다른 부서로 연결할 때 고객에게 양해를 구하지 않았으며, 다른 부서의 사람이 전화를 받을 수 있는 상황인지를 사전에 확인하지 않은 것도 잘못된 태도이다.

02 정답 ③

(A) 비서실 연락은 브로슈어 인쇄를 위해 미리 파일을 받아야 하므로 (D) 인쇄소 방문보다는 먼저 이루어져야 한다. (B) 회의실, 마이크 체크는 내일 오전 (E) 업무 보고 전에 준비해야 할 사항이다. (C) 케이터링 서비스 예약은 내일 3시 팀장회의를 위해 준비하는 것이므로 24시간 전인 오늘 3시 이전에 실시하여야 한다.
따라서 순서를 정리하면 (C) − (A) − (D) − (B) − (E)가 되는데, 여기서 (C)가 (A)보다 먼저 이루어져야 하는 이유는 현재 시간이 2시 50분이며, 비서실까지 가는 데 걸리는 시간이 15분이므로 3시가 지나기 때문이다. 따라서 먼저 케이터링 서비스 예약을 하는 것이 옳다.

03 정답 ②

주어진 문제에 대해서 계속해서 원인을 물어 가장 근본이 되는 원인을 찾는 5Why의 사고법을 활용하여 푸는 문제이다. 주어진 내용을 토대로 인과 관계를 나열하면, 신입사원이 결혼을 못하는 이유는 (A) 배우자를 만날 시간이 없는 것이며, (B) 이는 매일 늦게 퇴근하기 때문이다. 또한 늦게 퇴근 하는 원인은 (C) 업무를 제때 못 마치기 때문이며, 이는 (D) 신입사원이어서 업무에 대해 잘 모르기 때문이다. 따라서 그 해결방안으로 업무에 대한 OJT나 업무 매뉴얼을 활용하여 업무시간을 줄이도록 할 수 있다.

13 2016년 상반기 정답 및 해설

| 01 | 언어적 사고

01	02	03	04	05	06				
④	③	③	②	③	③				

01 정답 ④

글의 첫 문단에서 위계화의 개념을 설명하고 이러한 불평등의 원인과 구조에 대해 살펴보고 있다.

02 정답 ③

제시된 글은 나치 치하의 유태인 대학살과 라틴 아메리카의 다인종 사회의 예는 민족이나 인종의 차이가 단순한 차이가 아닌 차별과 불평등을 정당화하는 근거로 이용되고 있다는 내용이므로 (나)의 '개인의 열등성과 우등성을 가늠하게 만드는 사회적 개념이 되곤 한다.' 다음에 들어가는 것이 적절하다.

03 정답 ③

(다)의 '불평등은 체계적으로 ~ 수용될 때가 많다.'를 통해 알 수 있다.

04 정답 ②

제시된 진료 현황을 각각의 명제로 보고 이들을 수식으로 설명하면 다음과 같다(단, 명제가 참일 경우 그 대우도 참이다).
• B병원이 진료를 하지 않을 때 A병원이 진료한다($\sim$B → A / $\sim$A → B).
• B병원이 진료를 하면 D병원은 진료를 하지 않는다(B → $\sim$D / D → $\sim$B).
• A병원이 진료를 하면 C병원은 진료를 하지 않는다(A → $\sim$C / C → $\sim$A).
• C병원이 진료를 하지 않을 때 E병원이 진료한다($\sim$C → E / $\sim$E → C).
이를 하나로 연결하면, D병원이 진료를 하면 B병원이 진료를 하지 않고, B병원이 진료를 하지 않으면 A병원은 진료를 한다. A병원이 진료를 하는 경우 C병원은 진료를 하지 않고, C병원이 진료를 하지 않으면 E병원은 진료를 한다(D → $\sim$B → A → $\sim$C → E).
명제가 참일 경우 그 대우도 참이므로 $\sim$E → C → $\sim$A → B → $\sim$D이다.
공휴일일 경우는 E병원이 진료를 하지 않을 때이므로 위의 명제를 참고하면 C와 B병원만이 진료를 하는 경우가 된다.
따라서 공휴일에 진료를 하는 병원은 2곳이다.

05 정답 ③

두 번째 명제의 대우는 '독서를 좋아하지 않는 사람은 영화 관람을 좋아한다.'이고, 세 번째 명제의 대우는 '조깅을 좋아하는 사람은 영화 관람을 좋아한다.'이다. 그러나 이 두 문장을 가지고 ③을 추론하는 것은 적절하지 않다.

오답분석

① 첫 번째 명제와 네 번째 명제의 대우를 연결하면 참임을 알 수 있다.
② 첫 번째 명제의 대우와 다섯 번째 명제를 통해서 알 수 있다.
④ 다섯 번째 명제의 대우와 네 번째 명제의 대우를 연결하면 참임을 알 수 있다.

06 정답 ③

주어진 조건에 따르면 다음과 같은 경우가 나온다.

〈경우 1〉

F	A, C	
D	B, G	E

〈경우 2〉

F	A, E	
D	B, G	C

이와 같이 어느 경우라도 1층에는 4명이 있다.

| 02 | 수리적 사고

01	02	03	04	05	06				
③	①	②	④	①	③				

01 정답 ③

고양이 인형이 x개 판매되었다면, 펭귄 인형은 $(21-x)$개 판매되었다.
$600x+800(21-x)=14,400 \rightarrow 600x+16,800-800x=14,400 \rightarrow 200x=2,400$
$\therefore x=12$

02 정답 ①

벤치의 개수를 x개라 하면
$4x+2=5x$
$\therefore x=2$
따라서 함께 공원에 간 친구는 10명이다.

03 정답 ②

전체 일의 양을 1이라 하면 민수와 아버지가 1분 동안 하는 일의 양은 각자 $\frac{1}{60}$, $\frac{1}{15}$ 이다.

민수가 아버지와 함께 일한 시간을 x분이라 하면
$\frac{1}{60}\times 30+\left(\frac{1}{60}+\frac{1}{15}\right)\times x=1$
$\therefore x=6$

04 정답 ④

민경이가 이동한 시간을 x초, 선화가 이동한 시간을 $(x-180)$초라고 하면

$3x+2(x-180)=900 \rightarrow 5x=1,260$

$\therefore\ x=252$

따라서 4분 12초이다.

05 정답 ①

방화는 $250 \div 1,653 \times 100 \fallingdotseq 15.1\%$, 강간은 $2,191 \div 14,902 \times 100 \fallingdotseq 14.7\%$로 강간이 가장 작다.

오답분석

②·④ 표를 통해 쉽게 확인할 수 있다.

③ 61세 이상이 강간에서 차지하는 비중은 $625 \div 14,329 \times 100 \fallingdotseq 4.3\%$, 강도에서 차지하는 비중은 $68 \div 5,584 \times 100 \fallingdotseq 1.2\%$이다.

06 정답 ③

2TV의 재방송시간은 총 102,000분인데 이에 대한 35%이므로 $102,000 \times 0.35 = 35,700$분이다.

| 03 | 문제해결

01	02	03							
②	④	③							

01 정답 ②

배너 설치 장소는 총 3곳이며, 외부용 1장과 내부용 2장이 필요하고 실외용은 전부 양면 배너로 제작한다. 따라서 일반 배너 2장, 양면 배너 1장 그리고 내부용 거치대 2개, 외부용 거치대 1개가 필요하다.

$\therefore\ 15,000$원$\times 2$장$+20,000$원$\times 1$장$+10,000$원$\times 2$개$+15,000$원$\times 1$개$=85,000$원

02 정답 ④

현수막의 기본 크기는 1m×3m(3m²)이고 5,000원이다. 그리고 1m²만큼 추가될 때 3,000원씩 비용이 추가된다. 상사가 추가로 요청한 현수막을 살펴보면 '3m×8m' 2개, '1m×4m' 1개이다.

'3m×8m'는 24m²로 기본금 5,000원$+(24-3) \times 3,000$원$=68,000$원이다. '1m×4m'는 4m²로 기본금 5,000원$+(4-3) \times 3,000$원$=8,000$원이다.

따라서 현수막 설치 총비용은 68,000원$\times 2 + 8,000$원$=144,000$원이다.

03 정답 ③

402 항공편의 비행시간은 32시간 30분이다. 반면 150 항공편은 36시간 20분이다. 그러므로 402 항공편의 비행시간이 가장 길다는 ③의 설명은 적절하지 않다.

| 01 | 언어적 사고

01	02	03	04	05	06				
④	③	③	③	④	①				

01 　정답 ④

제시문은 미술 작품을 올바르게 감상하기 위해 우리들이 지녀야 할 태도에 대해 언급하고 있다. 작품을 올바르게 이해하기 위해서는 기존의 편협한 사고방식이나 태도에 얽매이지 말고 나름대로의 날카로운 안목과 감수성을 길러야 함을 강조하고 있다.

02 　정답 ③

차를 자주 마셔 보지 않던 사람들은 여러 종류의 차가 지닌 독특한 맛을 구분할 수 없다. 마찬가지로 미술 작품을 자주 접할 기회가 없는 사람은 미의 본질에 대한 이해가 부족하여 여러 종류의 미술 작품에 대한 안목과 감상 능력이 부족하다.

03 　정답 ③

본문에서 쓰인 경구의 한자어는 '어떤 사상이나 진리를 간결하고 날카롭게 표현할 글귀'를 뜻하는 경구(警句)이다. 경구(驚句)란 사람을 놀라게 할 만큼 뛰어나게 잘 지은 시구를 의미한다.

04 　정답 ③

같은 색깔로는 심지 못한다고 할 때 아래의 경우로 꽃씨를 심을 수 있다.
1) 빨간 화분 : 파랑, 노랑, 초록
2) 파란 화분 : 빨강, 노랑, 초록
3) 노란 화분 : 빨강, 파랑, 초록
4) 초록 화분 : 빨강, 파랑, 노랑
주어진 조건을 적용하면 아래와 같은 경우로 꽃씨를 심을 수 있다.
1) 빨간 화분 : 파랑, 초록
2) 파란 화분 : 빨강, 노랑
3) 노란 화분 : 파랑, 초록
4) 초록 화분 : 빨강, 노랑
초록 화분과 노란 화분에 심을 수 있는 꽃씨의 종류는 다르므로 ③은 틀린 설명이다.

05 정답 ④

주어진 조건에 따르면 두 가지의 경우가 있다.

1)

5층	D
4층	B
3층	A
2층	C
1층	E

2)

5층	E
4층	C
3층	A
2층	B
1층	D

따라서 A부서는 항상 3층에 위치한다.

06 정답 ①

부산이 4번째 여행지일 때, 민호가 여행한 순서는 다음과 같다.

전주	강릉	춘천	부산	안동	대구

따라서 전주는 첫 번째 여행지이다.

|02| 수리적 사고

01	02	03	04	05	06	07			
③	②	③	④	②	④	④			

01 정답 ③

500원, 100원, 50원짜리 순으로 순서쌍을 만들어 보면,

→ (2, 2, 0), (2, 1, 2), (2, 0, 4), (1, 5, 4)

∴ 4가지

02 정답 ②

판매 차량 대수를 x대라 하면, 차량 판매 금액은 $1,200x$만 원이고, 판매 성과급은 $1,200x \times \dfrac{3}{100} = 36x$이다.

즉, 월급은 $80 + 36x \geq 240 \rightarrow 36x \geq 160 \rightarrow x \geq 4.4444\cdots$

∴ $x = 5$

03　정답 ③

ⅰ) 가장 긴 변의 길이가 10이므로 → $3x < 10$

　　$\therefore\ x < \dfrac{10}{3}$

ⅱ) 가장 긴 변의 길이는 나머지 두 변 길이의 합보다 작아야 하므로 → $2x + 3x > 10$

　　$\therefore\ x > 2$

ⅰ), ⅱ)에 의하여, $2 < x < \dfrac{10}{3}$ 이다.

04　정답 ④

$a + b + c = 5$

$a = 1$일 경우 : $(1,\ 1,\ 3)$, $(1,\ 2,\ 2)$, $(1,\ 3,\ 1)$

$a = 2$일 경우 : $(2,\ 1,\ 2)$, $(2,\ 2,\ 1)$

$a = 3$일 경우 : $(3,\ 1,\ 1)$

$\therefore$ 6가지

05　정답 ②

2040년의 고령화율이 2010년 대비 2배 이상 증가하는 나라는 ㉠ 한국(3.0배), ㉣ 브라질(2.5배), ㉤ 인도(2.0배)이다.

㉠ 한국 : $\dfrac{33.0}{11.0} = 3.0$배　　　　　　　　　㉡ 미국 : $\dfrac{21.2}{13.1} = 1.6$배

㉢ 일본 : $\dfrac{34.5}{23.0} = 1.5$배　　　　　　　　　㉣ 브라질 : $\dfrac{17.6}{7.04} = 2.5$배

㉤ 인도 : $\dfrac{10.2}{5.1} = 2.0$배

06　정답 ④

전체 보육교직원 중 원장이 차지하는 비율을 구하면 $\dfrac{39,546}{248,635} \times 100 = 15.9\%$이다.

따라서 나머지 인원이 차지하는 비율은 $100 - 15.9 = 84.1\%$이다.

07　정답 ④

미국과 중국은 다른 경쟁국에 비해 높은 생산자 물가지수 상승세를 보이고 있으나 일본의 경우는 생산자 물가지수의 변동이 크지 않다.

오답분석

① 일본의 4.81에 비해 4배 이상(19.24)이 상승한 나라는 우리나라의 21.6과 미국의 20.93이며, 그다음 순위인 중국은 18.93이므로 해당하지 않는다.

② 우리나라의 생산자 물가지수 상승률은 4년 새 약 9.9% 상승하여 다른 나라에 비해 높은 상승세를 보이고 있다.

③ 일본은 2005년에 비해 2011년의 물가지수가 4.81밖에 상승하지 않았다.

| 03 | 문제해결

01	02	03								
③	①	①								

01 　정답 ③

최단 경로는 굵은 선으로 표시된 'S → C → F → E → G → T'이다.
최단 경로의 이동 거리는 300+400+100+200+400=1,400m이다.
따라서 최소 수도관 재료비용은 1,400m×1만 원=1,400만 원이다.

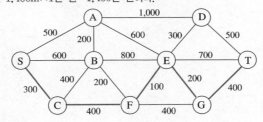

02 　정답 ①

종전 최단 경로의 이동 거리는 1,400m이고, 수도관 재료비용은 1,400만 원이다.
새로운 최단 경로는 굵은 선으로 표시된 'S → A → E → G → T'이다. 새로운 최단 경로는 1,700m이고, 수도관 재료비용은 1,700만 원이다. 최단 경로를 찾는 방법은 복잡해 보이지만, 아래 그림에 B에 표시된 S600, E에 표시된 A1100, T에 표시된 G1700과 같이 표시하면서 경로를 찾으면 혼동 없이 최단 경로를 찾을 수 있다. 여기서 'S600'이란 'S → B'의 600m가 최단 경로라는 뜻이다. 이런 식으로 중간중간 표시를 하면 빠뜨리지 않고 경로를 좀 더 쉽게 찾을 수 있다.
∴ 1,700만 원−1,400만 원=300만 원

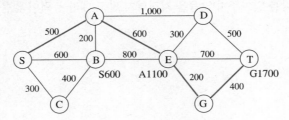

03 　정답 ①

이 문제를 풀기 위해서는 수도관 연결 구간의 숫자를 구입비용으로 바꾸어야 한다. 그래야만 쉽게 최소 구입비용을 구할 수 있다. 연결 구간별 수도관의 종류는 외곽은 직경 2m 수도관, 중간은 직경 1m 수도관, 나머지 구간은 모두 직경 0.5m 수도관이다. 굵은 선으로 표시한 부분이 최소 구입비용이 되는 이동 경로이다. 끝부분에서 E → T로 가는 경로와 E → G → T로 가는 경로가 구입가격이 같은데, 묻고 있는 것이 구입비용이므로 결과는 같다.
∴ 1,200만 원+200만 원+100만 원+1,400만 원=2,900만 원

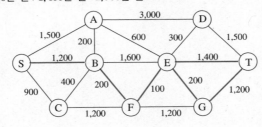

남이 나를 알아주지 않음을 걱정하지 말고 내가 능력이 없음을 걱정하라.

- 논어 -

PART

III

주요기업 기출복원문제
정답 및 해설

| 언어 |

01	02	03	04	05	06	07	08	09	10	11	12	13	14	15	16	17	18	19	20
④	②	⑤	⑤	②	③	③	④	③	③	①	①	①	④	③	①	⑤	②	②	①

21	22	23	24	25	26	27	28	29	30	31	32	33	34	35	36	37			
④	④	④	⑤	③	⑤	④	③	③	③	③	④	②	③	①	④	③			

01 정답 ④

우리나라의 낮은 장기 기증률은 전통적 유교 사상 때문이라고 주장하고 있는 A와 달리, B는 이에 대하여 다양한 원인을 제시하고 있다. 따라서 A의 주장에 대해 반박할 수 있는 내용으로 ④가 적절하다.

02 정답 ②

첫 번째 문단에 통각 수용기에는 감각 적응 현상이 거의 일어나지 않는다는 내용이 나와 있다.

오답분석
① 두 번째 문단에서 Aδ섬유를 따라 전도된 통증 신호가 대뇌 피질로 전달되면, 대뇌 피질에서는 날카롭고 쑤시는 듯한 짧은 초기 통증을 느끼고 통증이 일어난 위치를 파악한다고 하였으므로 적절하지 않다.
③ 두 번째 문단에서 Aδ섬유는 직경이 크고 전도 속도가 빠르며, C섬유는 직경이 작고 전도 속도가 느리다고 했으므로 적절하지 않다.
④ 첫 번째 문단에서 통각 수용기는 피부에 가장 많아 피부에서 발생한 통증은 위치를 확인하기 쉽다고 했으므로 적절하지 않다.
⑤ 두 번째 문단에서 Aδ섬유에는 기계적 자극이나 높은 온도 자극에 반응하는 통각 수용기가 분포되어 있고, C섬유에도 기계적 자극이나 높은 온도 자극에 반응하는 통각 수용기가 분포되어 있다고 했으므로 적절하지 않다.

03 정답 ⑤

제시문은 공포증을 정의한 뒤 공포증은 모든 사람에게 생기는 것이 아니며, 왜 공포증이 생기는 것인지에 대한 심리학자 와이너의 설명이 담긴 글이다. 따라서 (라) 공포증의 정의 → (나) 공포증이 생기는 대상 → (가) 공포증이 생기는 이유를 밝힌 와이너 → (다) 와이너가 밝힌 공포증이 생기는 이유 순으로 연결되어야 한다.

04 정답 ⑤

먼저 귀납에 대해 설명하고 있는 (나) 문단이 오는 것이 적절하며, 다음으로 특성으로 인한 귀납의 논리적 한계가 나타난다는 (라) 문단이 오는 것이 적절하다. 이후 이러한 한계에 대한 흄의 의견인 (다) 문단과 이에 따라 귀납의 정당화 문제에 대해 설명하는 (가) 문단이 차례로 오는 것이 적절하다.

05 정답 ②

문화재를 설명하고, 그중 유형문화재만을 대상으로 하는 국보를 설명하는 (가) 문단이 첫 번째 문단으로 적당하며, 이러한 국보의 선정 기준을 설명하는 (다) 문단이 그 다음으로, 국보 선정 기준으로 선발된 문화재에는 어떠한 것이 있는지 제시하는 (나) 문단이 그 다음으로 적절하다. 마지막 문단으로는 국보 선정 기준으로 선발된 문화재의 의미를 설명하는 (라) 문단이 적절하다.

06 정답 ③

수면 패턴은 휴일과 평일 모두 일정하게 지키는 것이 성장하는 아이들의 수면 리듬을 유지하는 데 좋다. 따라서 휴일에 늦잠을 자는 것은 적절하지 않다.

07 정답 ③

제시문의 마지막 문장에서 '언어 변화의 여러 면을 이해할 수 있다.'라고 언급했으므로 맨 앞에 나오는 문장으로는 일반적인 상위 진술인 '접촉의 형식도 언어 변화에 영향을 미치는 요소로 지적되고 있다.'가 가장 적합함을 알 수 있다.

08 정답 ④

제시문은 정의를 통해 집단사고와 집단지성의 개념을 설명하고, 위키피디아를 집단지성의 사례로 사용하는 예시를 들어 독자의 이해를 돕고 있다. 또한 위키피디아를 '살아 있는 백과사전'으로 표현하는 비유의 설명방식을 사용하였으며, 집단사고와 집단지성의 차이를 밝히는 대조를 통해 집단지성의 특징을 효과적으로 설명하고 있다.

09 정답 ③

제시문은 또 다른 물의 재해인 '지진'의 피해에 대해 설명하는 글로, 두 번째 문단과 세 번째 문단은 '지진'의 피해에 대한 구체적인 사례를 제시하고 있다. 따라서 제목으로 가장 적절한 것은 ③이다.

10 정답 ③

세 번째 문단에서 이용후생 학파들이 제시한 주요 정책들의 바탕에는 '사농공상으로 서열화된 직업의 귀천을 최대한 배제하고 상공업의 중흥을 강조해야 한다는 생각이 자리 잡고 있었다.'고 하였다. 따라서 농업의 중요성이 아닌 상공업의 중흥을 강조했다.

11 정답 ①

첫 번째 문단에서 주시경이 늣씨 개념을 도입한 것은 서양의 블룸필드보다 훨씬 이전이라고 하였으므로 적절하지 않다.

오답분석
② 첫 번째 문단의 '과학적 연구 방법이 전무하다시피 했던 국어학 연구에서, 그는 단어의 원형을 밝혀 적는 형태주의적 입장을 가지고 독자적으로 문법 현상을 분석하고 이론으로 체계화하는 데 힘을 쏟았다.'는 내용으로 알 수 있다.
③ 세 번째 문단의 '그는 맞춤법을 확립하는 정책에도 자신의 학문적 성과를 반영하고자 했다.'는 내용으로 알 수 있다.
④ 두 번째 문단의 '그는 언어를 민족의 정체성을 나타내는 징표로 보았으며, 국가와 민족의 발전이 말과 글에 달려 있다고 생각하여 국어 교육에 온 힘을 다하였다.'는 내용으로 알 수 있다.
⑤ 세 번째 문단의 '1907년에 설치된 국문 연구소의 위원으로 국어 정책을 수립하는 일에도 적극 참여하였다.'는 내용으로 알 수 있다.

12 정답 ①

귀족은 직령포를 평상복으로만 입었고, 서민과 달리 의례와 같은 공식적인 행사에는 입지 않았다고 하였다. 따라서 서민들은 공식적인 행사에서도 직령포를 입었음을 추론할 수 있다.

오답분석

② 고려시대에는 복식 구조가 크게 변했는데 특히 귀족층은 중국옷을 그대로 받아들여 입었지만, 서민층은 우리 고유의 복식을 유지하여, 복식의 이중 구조가 나타났다고 하였다. 따라서 모든 계층에서 중국옷을 그대로 받아들여 입었던 것은 아니다.
③ 중기나 후기에 들어서면서 띠 대신 고름을 매기 시작했으며, 후기에는 마고자와 조끼를 입기 시작했는데 조끼는 서양 문물의 영향을 받은 것이라고 하였다. 하지만 마고자에 대해서는 그러한 언급이 없으므로 적절하지 않은 내용이다.
④ 임금이 입었던 구군복에만 흉배를 붙였다고 하였으므로 다른 무관들이 입던 구군복에는 흉배가 붙여져 있지 않았을 것이다.
⑤ 문무백관의 상복도 곤룡포와 모양은 비슷했으나 무관 상복의 흉배에는 호랑이를, 문관 상복의 흉배에는 학을 수놓았다고 하였으므로 적절하지 않은 내용이다.

13 정답 ①

ㄱ. 지지도 방식에서는 적극적 지지자만 지지자로 분류하고 나머지는 기타로 분류하므로 적극적 지지자의 수가 많은 A후보가 더 많은 지지를 받을 것이다. 따라서 옳은 내용이다.

오답분석

ㄴ. 선호도 방식에서는 적극적 지지자와 소극적 지지자를 모두 지지자로 분류하므로 둘의 합계가 많은 후보가 더 많은 지지를 받을 것이다. 그런데 ㄴ의 경우에는 각 후보의 지지자 수의 대소관계를 알 수 없으므로 판단이 불가능하다. 따라서 옳지 않은 내용이다.
ㄷ. 지지도 방식에서는 적극적 지지자의 대소로 판단하지만 선호도 방식에서는 적극적, 소극적 지지자의 합의 대소로 판단하게 된다. 예를 들어 A후보가 B후보보다 적극적 지지자가 10이 많고 소극적 지지자가 20이 많다면, 지지도 방식에서의 차이는 10이지만 선호도 방식에서의 차이는 30이 된다. 따라서 옳지 않은 내용이다.

14 정답 ④

조선 전기에는 처거제(여자에게 유리) – 부계제(남자에게 유리)가 유지되었다고 하였으므로 남녀 간 힘의 균형이 무너졌다고 보기는 어렵다.

오답분석

① 처거제에서 부거제로 전환된 시점을 정확하게 지목하기는 힘들지만 조선 후기에 부거제가 시행되었다고 하였고, 거주율이 바뀌었다는 것은 대단한 사회변동이라고 하였으므로 옳은 내용이다.
② 조선시대 들어 유교적 혈통률의 영향을 받아 부계제로 변화하였으며, 부거제는 조선 후기에 시행되었다고 하였으므로 옳은 내용이다.
③ 우리나라는 역사적으로 거주율에 있어서 처거제를 오랫동안 유지하였고, 조선 전기에도 이러한 체제가 유지되었다고 하였으므로 옳은 내용이다.
⑤ 고려시대까지는 처거제 – 모계제를 유지하였으나 조선시대에 들어와 처거제 – 부계제로 변화하였으며, 조선 후기에는 부거제 – 부계제로 변화하였으므로 옳은 내용이다.

15 정답 ③

제시문은 그림만으로는 정확한 의사소통이 이루어지기 힘들다는 것을 일화와 예시를 통해 보여주고 있다.

오답분석

① 제시문은 그림이나 기호로는 완벽한 의사소통이 어려울 수 있음을 보여주는 글로, 언어적 표현의 의미는 본문에서 알 수 없다.
② 두 번째 문단의 네 번째 문장인 '왜냐하면 ~ 결정되기 때문이다.'를 보면, 약속에 의해 기호의 의미가 결정됨을 알 수 있다.
④ 첫 번째 문단을 종합해 보면, 어떤 언어적 표현도 없고 단지 그림만 가지고는 의사소통이 힘들다는 것을 설명하는 내용이므로 알 수 없다.
⑤ '상이한 사물에 대한 그림들은 동일한 의미로 이해될 수 없다.'는 내용은 본문에서 찾아볼 수 없다.

16 정답 ①

제시문에서 언급한 '다양한 접근'이란 표시되는 장치에 맞추어 해상도, 크기 등을 조절하거나 주요 콘텐츠를 제외한 나머지 소스를 잘라내는 방법 등을 의미한다. 하지만 ①은 이와 달리 기존의 콘텐츠를 재구성하는 것일 뿐 표시되는 장치에 타깃을 맞춘 것이라고 보기는 어렵다.

17 정답 ⑤

의료용 3D프린팅 기술의 안전성 검증의 과정에서 전체적 동식물 유전자 조작에 대한 부정적 견해를 유발할 수 있다.

오답분석

① 3D프린터는 재료와 그 크기에 따라 사람의 치아나 피부, 자동차까지 다양한 사물을 인쇄할 수 있다.
② 3D프린터 기술의 발전에 따라 환자의 필요한 장기를 인쇄함으로써 별도의 장기기증자를 기다리지 않아도 될 것이다.
③ 피부를 직접 환자에게 인쇄하기 위해서는 피부 세포와 콜라겐 섬유소 등으로 구성된 바이오 잉크가 필요하다.
④ 환자 본인의 세포에서 유래된 바이오 잉크를 사용했느냐에 따라 거부 반응의 유무가 달라지기 때문에 같은 바이오 잉크를 사용한다 하더라도 거부 반응이 발생할 수 있다.

18 정답 ②

밑줄 친 부분에서 전달하고자 하는 바는 우리가 의도하는 바와 그 결과가 반드시 일치(동일)하지는 않는다는 것이다.

19 정답 ②

제시된 글에서 '당분 과다로 뇌의 화학적 균형이 무너져 정신에 장애가 왔다고 주장'한 것과, '정제한 당의 섭취를 원천적으로 차단'한 실험 결과를 토대로 추론하면 '과다한 정제당 섭취가 반사회적 행동을 유발할 수 있다.'로 귀결된다.

20 정답 ①

앞부분에서 위기 상황을 제시해 놓았고, 뒷부분에서는 인류의 각성을 촉구하는 내용을 다루고 있다. 앞뒤의 내용을 논리적으로 자연스럽게 연결시키기 위해서는 각성의 당위성을 이끌어내는 데 필요한 전제가 들어가야 하므로 ①이 적절하다.

21 정답 ④

두 번째 문단에서 마이크로비드는 '면역체계 교란, 중추신경계 손상 등의 원인이 되는 잔류성유기오염물질을 흡착한다'고 설명하고 있다.

22 정답 ④

1998년 개발도상국에 대한 은행 융자 총액은 500억 달러였는데, 2005년에는 670억 달러가 되었으므로 1998년 수준을 회복하였다.

오답분석

① 경제적 수익을 추구하기 위한 것으로 포트폴리오 투자를 들 수 있으며, 회사 경영에 영향력을 행사하기 위한 것으로 외국인 직접투자를 들 수 있다.
② 지금까지 해외 원조는 개발도상국에 대한 경제적 효과가 있다고 여겨져 왔으나 최근 경제학자들 사이에서는 그러한 경제적 효과가 없다는 주장이 힘을 얻고 있다고 하였다.
③ 개발도상국으로 흘러드는 외국자본은 크게 원조, 부채, 투자가 있는데, 그중 부채는 은행 융자와 채권, 투자는 포트폴리오 투자와 외국인 직접투자로 나눌 수 있다.
⑤ 개발도상국에 대한 포트폴리오 투자액은 90억 달러에서 410억 달러로 320억 달러 증가하였고, 채권은 230억 달러에서 440억 달러로 210억 달러 증가하였다. 따라서 포트폴리오의 증감액이 더 크다.

PART 3 주요기업 기출복원문제 • 59

PART 3
주요기업 기출복원문제 정답 및 해설

23　정답　④

신경교 세포가 전체 뉴런을 조정하면서 기억력과 사고력을 향상시킨다는 가설하에, 인간의 신경교 세포를 갓 태어난 생쥐의 두뇌에 주입하는 실험을 하였다. 그리고 그 실험결과는 이 같은 가설을 뒷받침해주는 결과를 가져왔으므로 옳은 내용이라고 할 수 있다.

오답분석
① 인간의 신경교 세포를 생쥐의 두뇌에 주입하였더니 쥐가 자라면서 주입된 인간의 신경교 세포도 성장했고, 이 세포들이 주위의 뉴런들과 완벽하게 결합되어 쥐의 두뇌 전체에 걸쳐 퍼지게 되었다고 하였다. 그러나 이 과정에서 쥐의 뉴런에 어떠한 영향을 주는지에 대해서는 언급하고 있지 않다.
②·③ 제시문의 실험은 인간의 신경교 세포를 쥐의 두뇌에 주입했을 때의 변화를 살펴본 것이지 인간의 뉴런 세포를 주입한 것이 아니므로 추론할 수 없는 내용이다.
⑤ 쥐에 주입된 인간의 신경교 세포는 그 기능을 그대로 간직한다고 하였으므로 옳지 않은 내용이다.

24　정답　⑤

전통적인 경제학은 외부성의 비효율성을 줄이기 위해 정부의 개입을 해결책으로 제시하고 있다. 따라서 정부의 개입이 오히려 비용을 높일 수 있다는 주장을 반박으로 제시할 수 있다.

오답분석
①·② 외부성에 대한 설명이다.
③·④ 전통적인 경제학의 주장이다.

25　정답　③

(다) 문단은 비실명 금융거래의 폐해로 금융실명제 도입의 필요성에 대해 설명하고 있다. 따라서 ③은 소제목으로 적절하지 않다.

26　정답　⑤

케플러식 망원경은 상의 상하좌우가 뒤집힌 도립상을 보여주며, 갈릴레이식 망원경은 상의 상하좌우가 같은 정립상을 보여준다.

오답분석
① 최초의 망원경은 네덜란드의 안경 제작자인 한스 리퍼쉬(Hans Lippershey)에 의해 만들어졌지만, 이 최초의 망원경 발명에는 리퍼쉬의 아들이 발견한 렌즈 조합이 계기가 되었다.
② 갈릴레오는 초점거리가 긴 볼록렌즈를 망원경의 대물렌즈로 사용하고 초점 거리가 짧은 오목렌즈를 초점면 앞에 놓아 접안렌즈로 사용하였다.
③ 갈릴레오는 자신이 발명한 망원경으로 금성의 각크기가 변한다는 것을 관측함으로써 금성이 지구를 중심으로 공전하는 것이 아니라 태양을 중심으로 공전하고 있다는 것을 증명하였다.
④ 케플러식 망원경은 장초점의 볼록렌즈를 대물렌즈로 하고 단초점의 볼록렌즈를 초점면 뒤에 놓아 접안렌즈로 사용한 구조이다.

27　정답　④

지문에서는 비타민D의 결핍으로 인해 발생하는 건강문제를 근거로 신체를 태양빛에 노출하여 건강을 유지해야 한다고 주장하고 있다. 따라서 태양빛에 노출되지 않고도 충분한 비타민D 생성이 가능하다는 근거가 있다면 지문에 대한 반박이 되므로 ④가 정답이 된다.

오답분석
① 태양빛에 노출될 경우 피부암 등의 질환이 발생하는 것은 사실이나, 이것이 비타민D의 결핍을 해결하는 또 다른 방법을 제시하거나 지문에서 주장하는 내용을 반박하고 있지는 않다.
② 비타민D는 칼슘과 인의 흡수 외에도 흉선에서 면역세포를 생산하는 작용에 관여하고 있다. 따라서 칼슘과 인의 주기적인 섭취만으로는 문제를 해결할 수 없으며, 지문에 대한 반박이 되지 못한다.
③ 지문에서는 비타민D 보충제에 대해 언급하고 있지 않다. 따라서 비타민D 보충제가 태양빛 노출을 대체할 수 있을지 판단하기 어렵다.

⑤ 지문에서는 자외선 차단제를 사용했을 때 중파장 자외선이 어떻게 작용하는지 언급하고 있지 않다. 또한 자외선 차단제를 사용한다는 사실이 태양빛에 노출되어야 한다는 지문의 주장을 반박한다고는 보기 어렵다.

28 　정답　③

동족방뇨(凍足放尿)는 '언 발에 오줌 누기'라는 뜻으로 그때 상황만 모면하고자 바로 뒤에 올 결과는 생각을 안 하여, 일시적인 효과만 있고 결과는 나빠지는 것을 말한다.

오답분석

① 유비무환(有備無患) : 준비가 되어 있다면 근심이 없다는 뜻
② 근주자적(近朱者赤) : 주위환경이 중하다는 뜻
④ 세불십년(勢不十年) : 권력은 오래가지 못하고 변한다는 뜻

29 　정답　③

제시된 글은 지구 온난화의 위협을 비교적 덜 받는 것으로 여겨졌던 동남극의 덴먼 빙하가 지구 온난화의 위협을 받고 있다는 연구 결과를 이야기한다. 따라서 (나) 비교적 지구 온난화의 위협을 덜 받는 것으로 생각되어 온 동남극 → (다) 동남극 덴먼 빙하에 대한 조사를 통해 드러난 지구 온난화 위협의 증거 → (가) 한 연구팀의 덴먼 빙하 누적 얼음 손실량 조사와 지반선 측정 → (마) 비대칭성을 보이는 빙상의 육지 – 바다 접점 지반선 후퇴 → (라) 빙하의 동쪽 측면과 서쪽 측면의 다른 역할에 따른 결과의 순서로 연결되어야 한다.

30 　정답　③

(나)의 설립 목적은 신발을 신지 못한 채 살아가는 아이들을 돕기 위한 것이었고, 이러한 설립 목적은 가난으로 고통 받는 제3세계의 아이들이라는 코즈(Cause)와 연계되어 소비자들은 제품 구매 시 만족감과 충족감을 얻을 수 있었다.

오답분석

①·⑤ 코즈 마케팅은 기업이 추구하는 사익과 사회가 추구하는 공익을 동시에 얻는 것을 목표로 하므로 기업의 실익을 얻으면서 공익과의 접점을 찾는 마케팅 기법으로 볼 수 있다.
②·④ 코즈 마케팅은 기업의 노력에 대한 소비자의 호의적인 반응과 그로 인한 기업의 이미지가 제품 구매에 영향을 미친다. 즉, 기업과 소비자의 관계가 중요한 역할을 하므로 소비자의 공감을 얻어낼 수 있어야 성공적으로 적용할 수 있다.

31 　정답　③

제시문에 따르면 젊은 사람들의 경우 장시간 전자 기기를 사용하는 근거리 작업과 전자 기기에서 나오는 블루라이트 등으로 인해 노안 발생률이 증가하고 있다. 따라서 노안을 예방하기 위해서는 전자 기기 사용을 줄이고 블루라이트 차단 제품을 사용하며, 눈에 충분한 휴식을 주어 눈의 부담을 덜어주어야 한다. 그러나 눈 운동과 관련된 내용은 제시문에서 찾아볼 수 없다.

32 　정답　④

ㄴ. 전자 기기의 블루라이트 불빛은 노안의 원인이 되므로 장시간 스마트폰을 사용한다면 노안을 의심해볼 수 있다.
ㅁ. 노안이 발생하면 수정체의 조절 능력이 저하되어 가까운 거리의 시야가 흐리게 보인다.
ㅂ. 노안의 대표적인 증상이다.

오답분석

ㄱ. 안경 착용은 노안과 관계가 없다.
ㄷ. 책을 읽거나 컴퓨터 작업을 할 때 두통이 발생한다면 노안을 의심할 수 있지만, 평상시의 갑작스러운 두통이나 어지럼증은 노안의 증상으로 보기 어렵다.
ㄹ. 최신 스마트폰 사용은 노안과 관계가 없으며, 스마트폰의 장시간 사용이 노안의 발생 원인이 된다.

33 정답 ②

4차 산업혁명으로 대량실업 사태가 발생할 수 있다는 우려가 꾸준히 제기되고 있다는 마지막 문장을 통해 앞으로 4차 산업혁명의 부정적 영향에 관한 이야기가 이어질 것임을 추론할 수 있다.

34 정답 ③

• 관장하다 : 일을 맡아서 주관하다.
• 장관하다 : 일을 맡아서 주관하다.

오답분석
① 처리하다 : 1. 사무나 사건 따위를 절차에 따라 정리하여 치르거나 마무리를 짓다.
　　　　　　　 2. 일정한 결과를 얻기 위하여 화학적 또는 물리적 작용을 일으키다.
② 방관하다 : 어떤 일에 직접 나서서 관여하지 않고 곁에서 보기만 하다.
④ 권장하다 : 권하여 장려하다.

35 정답 ①

매슬로우의 인간 욕구 5단계 이론을 소개한 (나), 다섯 가지 욕구와 그 우선순위를 설명하는 (라), 다섯 단계의 욕구를 더 자세히 설명하는 (다), 인간 욕구 5단계 이론이 경영학 중 하나인 인사 분야에서 사용됨을 설명하는 (가), 마지막으로 경영학 중 다른 하나인 마케팅 분야에서 사용됨을 설명하는 (마) 순서로 나열된다.

36 정답 ④

행복한 가정을 이루고 싶어 하는 것은 소속과 애정의 욕구로 볼 수 있다.

오답분석
① 첫 번째 단계인 생리적 욕구에 해당한다.
② (라) 문단을 통해 확인할 수 있다.
③ (가) 문단을 통해 확인할 수 있다.

37 정답 ③

노후 대비를 위해 연금보험에 가입한 것은 경제적 위험으로부터 보호받고 싶어 하는 안전 욕구로 볼 수 있다.

오답분석
① 자아실현 욕구 사례이다.
② 생리적 욕구 사례이다.
④ 소속과 애정의 욕구 사례이다.

01	02	03	04	05	06	07	08	09	10	11	12	13	14	15	16	17	18	19	20
④	②	①	⑤	②	③	③	④	①	③	①	②	①	④	③	①	⑤	②	①	②
21	22	23	24	25	26	27	28	29	30	31	32	33	34	35	36	37	38	39	40
④	④	④	③	②	⑤	②	④	②	⑤	③	③	①	③	①	④	④	②	③	③
41	42	43	44	45	46	47	48	49	50	51	52	53	54	55	56	57	58	59	60
③	①	②	③	①	②	①	③	③	②	③	③	①	④	③	②	④	⑤	③	③
61	62	63	64	65	66	67	68	69											
③	④	④	③	④	③	④	④	④											

01 정답 ④

네 사람이 모두 한 번씩 출장을 가고, 그 중 한 사람이 출장을 한 번 더 가면 된다.

네 사람을 A, B, C, D라고 하고, 두 번 출장가는 사람을 A라 하면 경우의 수는 $\dfrac{5!}{2}$=60가지이다.

따라서 네 사람이 적어도 한 번 이상씩 출장 갈 경우의 수는 60×4=240가지이다.

02 정답 ②

작년 B부서의 신입사원 수를 x명이라고 하면, 올해 A부서와 B부서의 신입사원은 각각 55+5=60명, $(x+4)$명이다.
올해 B부서의 신입사원 수의 1.2배가 A부서의 신인사원 수와 같으므로
$(x+4)×1.2=60$
$x+4=50$
$x=46$
따라서 작년 B부서의 신입사원 수는 46명이다.

03 정답 ①

ⅰ) 6개의 팀을 배치할 경우의 수는 6×5×4×3×2×1=720가지이고, A팀과 B팀이 2층에 들어갈 경우의 수는 4×3×2×1×2=48가지이다.

따라서 A팀과 B팀이 2층에 들어갈 확률은 $\dfrac{48}{720}=\dfrac{1}{15}$ 이다.

ⅱ)

A팀이 201에, B팀이 202에 들어갈 확률은 $\dfrac{1}{6}×\dfrac{1}{5}=\dfrac{1}{30}$ 이다. A팀이 202에, B팀이 201에 들어갈 수도 있으므로 A팀과 B팀이

2층에 들어갈 확률은 $\dfrac{1}{30}×2=\dfrac{1}{15}$ 이다.

04 정답 ⑤

두 제품 A와 B의 원가를 각각 a원, b원이라고 하면

a+b=50,000, (a×0.1+b×0.12)×5=28,200

정리하면

a+b=50,000, 5a+6b=282000이다.

따라서 b=282,000−50,000×5=32,000원이다.

05 정답 ②

A가 합격할 확률을 P_A라 하고, B가 합격할 확률을 P_B라 할 때, 두 사람의 합격 여부는 서로 영향을 미치지 않으므로 A, B 모두

합격할 확률은 $P_A \cap P_B = P_A \times P_B = 0.3$이다.

$P_A = 0.4$이므로 $P_B = \dfrac{0.3}{0.4} = \dfrac{3}{4} = 0.75$이다.

따라서 두 사람 모두 불합격할 확률은 $(1-0.4) \times (1-0.75) = 0.6 \times 0.25 = 0.15$이다.

06 정답 ③

• 파란색 식권 3장 → 최대 3명이 식사 가능
• 초록색 식권 2장 → 최대 4명이 식사 가능

따라서 최대 7명이 식사할 수 있다.

07 정답 ③

두 사람이 각각 헤어숍에 방문하는 간격인 10과 16의 최소공배수 80을 일주일 단위로 계산하면 11주 3일($80 \div 7 = 11 \cdots 3$)이 되므로

두 사람은 일요일의 3일 후인 수요일에 다시 만나는 것을 알 수 있다.

08 정답 ④

철수가 농구코트의 모서리에 서 있으며, 농구공은 농구코트 안에서 철수로부터 가장 멀리 떨어진 곳에 있다고 하였다. 즉, 농구공과

철수는 대각선으로 마주 보고 있으므로 농구코트의 가로와 세로 길이를 이용하여 대각선의 길이를 구한다.

따라서 피타고라스의 정리를 이용하면 대각선의 길이는 $\sqrt{5^2 + 12^2} = 13$m이다.

09 정답 ①

소금물 A의 농도를 $x\%$, 소금물 B의 농도를 $y\%$라고 하면, 다음 두 방정식이 성립한다.

$\dfrac{x}{100} \times 200 + \dfrac{y}{100} \times 300 = \dfrac{9}{100} \times 500 \rightarrow 2x + 3y = 45 \cdots \bigcirc$

$\dfrac{x}{100} \times 300 + \dfrac{y}{100} \times 200 = \dfrac{10}{100} \times 500 \rightarrow 3x + 2y = 50 \cdots \bigcirc$

두 방정식을 연립하면 $x=12$, $y=7$이 나오므로 소금물 A의 농도는 12%이며, 소금물 B의 농도는 7%임을 알 수 있다.

10 정답 ③

두 사이트 전체 참여자의 평균 평점은 전체 평점의 합을 전체 인원으로 나눈 것이다.

따라서 전체 참여자의 평균 평점은 $\dfrac{(1,000 \times 5.0) + (500 \times 8.0)}{1,000 + 500} = 6.0$점이다.

11 정답 ①

막내의 나이를 x살, 나이가 같은 3명의 멤버 중 한 명의 나이를 y살이라 하면

$y=105\div5=21(\because y=5$명의 평균 나이$)$

$24+3y+x=105$

$\rightarrow x+3\times21=81$

$\therefore x=18$

따라서 막내의 나이는 18살이다.

12 정답 ②

평균속력은 $\dfrac{(총 \ 이동거리)}{(총 \ 걸린시간)}$ 이며, B대리가 이동한 총거리를 구하면 $14+6.8+10=30.8$km이다.

이동하는 데 걸린 시간(모든 시간 단위는 시간으로 환산)은 $1.5+\dfrac{18}{60}+1=2.5+\dfrac{3}{10}=2.8$시간이다.

따라서 B대리가 출퇴근하는 평균속력은 $\dfrac{30.8}{2.8}=11$km/h이다.

13 정답 ①

초콜릿의 개수를 x개라고 하자.

초콜릿을 3명이 나눠 먹었을 때 2개가 남고, 4명이 나눠먹었을 때도 2개가 남았으므로 $(x-2)$는 3과 4의 배수이다.

$x-2=3n=4m$

$x-2$	x
12	14
24	26
36	38
⋯	⋯

따라서 $x\leq25$이므로 $x=14$이고, 초콜릿을 7명이 나눠먹었을 때 남는 초콜릿은 0개이다.

14 정답 ④

하루 최대 4명까지 휴가를 줄 수 있다고 했으므로, 4일 동안 사원들에게 휴가를 줄 수 있는 방법은 (4, 4, 1, 1), (4, 3, 2, 1), (4, 2, 2, 2) (3, 3, 2, 2), (3, 3, 3, 1)로 5가지이다. 날짜 순서가 바뀌는 경우에 따라 각각의 경우의 수를 구하면 $_4\mathrm{C}_2=6$가지, $4!=24$가지, $_4\mathrm{C}_1=4$가지, $_4\mathrm{C}_2=6$가지, $_4\mathrm{C}_1=4$가지이다.

따라서 가능한 경우의 수는 $6+24+4+6+4=44$가지이다.

15 정답 ③

총 평균이 65점이므로 여섯 명의 점수의 합은 $65\times6=390$점이다. 중급을 획득한 세 사람의 평균이 62점이므로 세 사람 점수의 합은 $62\times3=186$점이다. 문제에서 S의 시험 점수 최댓값을 구하라고 하였으므로 S가 고급을 획득했다고 가정하면 S를 포함해 고급을 획득한 2명의 점수의 합은 $390-186-54=150$점이다. 고급을 획득한 S의 점수가 최댓값인 경우는 고급을 획득한 다른 한 명의 점수가 합격 최저 점수인 70점을 받았을 때이므로 80점이 최대 점수이다.

16 정답 ①

• 추 1개를 사용할 경우 : 2kg, 3kg, 7kg

• 추 2개를 함께 놓을 경우 : (2+3)kg, (2+7)kg, (3+7)kg → 5kg, 9kg, 10kg

• 추 3개를 함께 놓을 경우 : (2+3+7)kg → 12kg

- 추를 양 쪽 그릇에 1개씩 놓을 경우 : $(3-2)$kg, $(7-2)$kg, $(7-3)$kg → 1kg, 5kg, 4kg
- 추를 오른쪽에 2개, 왼쪽에 1개를 놓을 경우 : $7-(2+3)$kg, $(7+2)-3$kg, $(7+3)-2$kg → 2kg, 6kg, 8kg

따라서 두 번 중복되는 무게는 2kg, 5kg이므로 A씨가 잴 수 있는 산딸기 무게의 경우의 수는 11가지이다.

17 정답 ⑤

A, B, C 세 사람이 가위바위보를 할 때의 나올 수 있는 모든 경우는 $3\times3\times3=27$가지이다. A만 이기는 경우를 순서쌍으로 나타내면 (보, 바위, 바위), (가위, 보, 보), (바위, 가위, 가위)로 3가지가 나온다. 따라서 A만 이길 확률은 $\dfrac{3}{27}=\dfrac{1}{9}$이다.

18 정답 ②

학교에서 도서관까지의 거리를 $x$km라고 하자.

$\dfrac{x}{40}=\dfrac{x}{45}+\dfrac{1}{6}$ → $9x-8x=60$

$\therefore x=60$

따라서 학교에서 도서관까지의 거리는 60km이다.

19 정답 ①

A상품 6개와 B상품 5개 구매 가격 : $7,500\times6+8,000\times5=85,000$원
A상품과 B상품 반품 배송비 : 5,000원
C상품 배송비 : 3,000원
→ C상품을 구매할 수 있는 금액 : $85,000-(5,000+3,000)=77,000$원
따라서 구매할 수 있는 C상품의 개수는 $77,000\div5,500=14$개이다.

20 정답 ②

첫 번째에서 세 번째 자리까지 변경할 수 있는 경우의 수는 $0\sim9$의 숫자를 사용하고 중복해서 사용할 수 있으므로 $10\times10\times10$가지, 네 번째 자리를 변경할 수 있는 경우의 수는 특수기호 #, * 두 가지를 사용하므로 2가지이다. 그러므로 변경할 수 있는 비밀번호의 경우의 수는 $10\times10\times10\times2$가지이다.
변경된 비밀번호와 기존 비밀번호 네 자리 중 자리와 그 문자가 하나만 같은 경우는 비밀번호가 네 자리이므로 모두 4가지이다.
앞서 구한 변경할 수 있는 비밀번호의 경우의 수로 변경된 비밀번호와 기존 비밀번호의 각 자리가 일치할 확률을 구하면 다음과 같다.
- 변경된 비밀번호와 기존 비밀번호의 첫 번째 자리가 일치하는 경우의 수
  변경된 비밀번호와 기존 비밀번호의 첫 번째 자리가 8로 일치하고 나머지 세 자리는 일치하지 않아야 한다. 그러므로 변경된 비밀번호의 두 번째 자리는 기존 비밀번호의 두 번째 자리의 기호였던 6이 될 수 없다. 변경된 비밀번호의 세 번째도 마찬가지로 2를 제외한 기호가 들어갈 수 있다. 마지막 네 번째 자리는 기존 비밀번호의 네 번째 자리의 기호가 #이므로 *이 되어야 한다.
  $1\times9\times9\times1=81$
- 변경된 비밀번호와 기존 비밀번호의 두 번째 자리가 일치하는 경우의 수
  $9\times1\times9\times1=81$
- 변경된 비밀번호와 기존 비밀번호의 세 번째 자리가 일치하는 경우의 수
  $9\times9\times1\times1=81$
- 변경된 비밀번호와 기존 비밀번호의 네 번째 자리가 일치하는 경우의 수
  $9\times9\times9\times1=729$

따라서 변경된 비밀번호가 기존 비밀번호 네 자리 중 한 자리와 그 문자가 같을 확률은 $\dfrac{81+81+81+729}{10\times10\times10\times2}=\dfrac{972}{2,000}=\dfrac{486}{1,000}$이다.

21 정답 ④

A제품과 B제품 매출액의 증감 규칙은 다음과 같다.

• A제품

$$100 \quad 101 \quad 103 \quad 107 \quad 115$$
$$\quad +1 \quad +2 \quad +4 \quad +8$$

$+2^0$, $+2^1$, $+2^2$, $+2^3$, …인 수열이다.

2020년을 기준으로 n년 후의 A제품 매출액은 $115 + \sum_{k=1}^{n} 2^{k+3}$억 원이다.

• B제품

$$80 \quad 78 \quad 76 \quad 74 \quad 72$$
$$\quad -2 \quad -2 \quad -2 \quad -2$$

앞의 항에 -2를 하는 수열이다.

2020년을 기준으로 n년 후의 B제품 매출액은 $72 - 2n$억 원이다.

2020년을 기준으로 두 제품의 매출액은 $(115 + \sum_{k=1}^{n} 2^{k+3} + 72 - 2n)$억 원이다.

300억 원을 초과하는 연도를 구하라고 하였으므로 $115 + \sum_{k=1}^{n} 2^{k+3} + 72 - 2n > 300$인 n 값을 구한다.

$$115 + \sum_{k=1}^{n} 2^{k+3} + 72 - 2n > 300$$

$$\rightarrow 187 + 2^4 \sum_{k=1}^{n} 2^{k-1} - 2n > 300$$

$$\rightarrow 187 + 2^4 \times \frac{2^n - 1}{2 - 1} - 2n > 300$$

$$\rightarrow 187 + 2^4 \times 2^n - 16 - 2n > 300$$

$$\rightarrow 16 \times 2^n - 2n > 129$$

n	$16 \times 2^n - 2n$
1	30
2	60
3	122
4	248

따라서 2020년을 기준으로 4년 후에 매출액이 300억 원을 초과하므로 2024년이다.

22 정답 ④

고급반 가, 나, 다 수업은 이어서 개설되므로 하나의 묶음으로 생각한다. 고급반 가, 나, 다 수업이 하나의 묶음 안에서 개설되는 경우의 수는 3!가지이다.

초급반 A, B, C 수업은 이어서 개설되지 않으므로 6개 수업을 순차적으로 개설하는 방법은 다음과 같은 두 가지 경우가 있다.

초급반 A, B, C	고급반 가, 나, 다	초급반 A, B, C	초급반 A, B, C

초급반 A, B, C	초급반 A, B, C	고급반 가, 나, 다	초급반 A, B, C

두 가지 경우에서 초급반 A, B, C 수업의 개설 순서를 정하는 경우의 수는 3!가지이다.

따라서 6개 수업을 순차적으로 개설하는 경우의 수는 $3! \times 2 \times 3! = 72$가지이다.

23 정답 ④

연임이 불가능할 때 3년 동안 조장을 뽑는 경우의 수는 $6 \times 5 \times 5$가지이다.

연임은 불가능하므로 3년 동안 A가 조장을 2번 할 수 있는 경우는 첫 번째와 마지막에 조장을 하는 경우이다. 그러므로 A가 조장을 2번 하는 경우의 수는 $1 \times 5 \times 1$가지이다.

$$\therefore \frac{1 \times 5 \times 1}{6 \times 5 \times 5} = \frac{1}{30}$$

24 정답 ③

주어진 정보를 표로 나타내고 미지수를 설정한다.

구분	소금물 1		소금물 2		섞은 후
농도	25%	+	10%	=	$\frac{55}{y} \times 100$
소금의 양	50g		$x \times 0.1$g		55g
소금물의 양	200g		xg		yg

섞기 전과 섞은 후의 소금의 양과 소금물의 양으로 다음과 같이 식을 세울 수 있다.

$50 + x \times 0.1 = 55$

$200 + x = y$

계산하면 $x = 50$, $y = 250$이다.

문제에서 섞은 후의 소금물의 농도를 구하라고 하였으므로 $\frac{55}{y} \times 100 = \frac{55}{250} \times 100 = 22\%$이다.

25 정답 ②

(이익)=(할인가)-(원가)이므로 이익이 생산비용보다 같거나 많아야 손해를 보지 않을 수 있다.

S사에서 생산하는 A상품의 개수를 x개라고 하면 다음과 같다.

(A상품 1개당 할인가)$=300 \times (1-25\%)=225$원

(A상품 1개당 이익)$=$(A상품 1개당 할인가)$-$(A상품 1개당 원가)$=225-200=25$원

(생산비용)$=10$억 원$=1,000,000,000$원

(A상품 x개의 이익)$\geq$(생산비용)

$25 \times x \geq 1,000,000,000$

$\therefore x \geq 40,000,000$

따라서 A상품을 4천만 개 이상 생산해야 손해를 보지 않는다.

26 정답 ⑤

A, B기차의 길이를 각각 a, bm라고 가정하고 터널을 지나는 시간에 대한 방정식을 세우면 다음과 같다.

• A기차 : $\frac{600+a}{36} = 25 \rightarrow 600+a=900 \rightarrow a=300$

• B기차 : $\frac{600+b}{36} = 20 \rightarrow 600+b=720 \rightarrow b=120$

따라서 A기차의 길이는 300m이며, B기차의 길이는 120m이다.

27 정답 ②

원기둥의 부피를 구하는 공식은 (반지름)×(반지름)×(원주율)×(높이)이다.

따라서 $5 \times 5 \times 3.14 \times 10 = 785 \text{cm}^3$이다.

28 정답 ④

A기계와 B기계 생산대수의 증감 규칙은 다음과 같다.

• A기계

공차가 +3인 등차수열이다.

• B기계

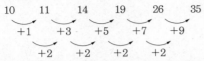

주어진 수열의 계차는 공차가 +2인 등차수열이다.

2025년의 A기계 생산량은 $35+5 \times 3 = 50$대이고, B기계 생산량은 $35 + \sum_{k=1}^{5}(9+2k) = 35 + 9 \times 5 + 2 \times \dfrac{5 \times 6}{2} = 110$대이다.

따라서 A기계와 B기계의 총 생산량은 $50+110 = 160$대이다.

29 정답 ②

앞의 항에 $\times(-1)$, $\times(-2)$, $\times(-3)$, $\cdots$인 수열이다.
따라서 빈칸의 숫자는 $(-120) \times (-6) = 720$이다.

30 정답 ⑤

앞의 항에 각 자리 숫자를 합한 값을 더한다.
따라서 빈칸의 숫자는 $115 + (1+1+5) = 122$가 된다.

31 정답 ③

홀수 항은 1^2, 2^2, 3^2, $\cdots$씩 더해지는 수열이고, 짝수 항은 -1, -2, -3, $\cdots$씩 더해지는 수열이다.
따라서 빈칸의 숫자는 $68+1 = 69$이다.

32 정답 ③

$+1$과 -3이 반복되는 수열이다.
따라서 빈칸의 숫자는 $3+1 = 4$이다.

33 정답 ①

각 항을 세 개씩 묶고 각각을 A, B, C라고 하면
$\underline{A\ B\ C} \rightarrow A \times B \times C = 1$
따라서 빈칸의 숫자는 $\dfrac{7}{9} \times 3 \times (\ \ ) = 1 \rightarrow 1 \div \dfrac{7}{9} \div 3 = \dfrac{3}{7}$이다.

34 정답 ③

홀수 항은 $\div 2$, 짝수 항은 $\div 4$인 수열이다.
따라서 빈칸의 숫자는 $20 \div 4 = 5$이다.

35 　정답 ①

나열된 수를 각각 A, B, C, D라고 하면

$\underline{A\ B\ C\ D} \rightarrow 2 \times (A + C) = B + D$

따라서 $2 \times \left(4 + \dfrac{7}{2} \right) = 5 + (\quad)$ 이므로 $(\quad) = 15 - 5 = 10$ 이다.

36 　정답 ④

수열의 n번째 항을 A_n이라고 하면 $\dfrac{n + (n+1)}{n \times (n+1)}$ 인 수열이다.

따라서 빈칸의 숫자는 $\dfrac{6+7}{6 \times 7} = \dfrac{13}{42}$ 이다.

37 　정답 ④

- 1 ~ 3번째 자리 조합 경우의 수
  1 ~ 3번째 자리에는 영문자를 배치할 수 있으며, 1번째 자리에 가능한 문자는 주어진 영문자 A, B, C 모두 올 수 있다. 2번째 자리에는 1번째 자리에 배치한 영문자를 제외한 두 개의 영문자가 올 수 있고 3번째 자리에는 2번째 자리에 배치한 영문자를 제외한 두 개의 영문자가 올 수 있으므로 총 $3 \times 2 \times 2$가지이다.
- 4 ~ 6번째 자리 조합 경우의 수
  4 ~ 6번째 자리에는 숫자를 배치할 수 있으며, 중복 사용이 가능하고 연속으로 배치할 수 있으므로 $3 \times 3 \times 3$가지이다.

따라서 $(3 \times 2 \times 2) \times (3 \times 3 \times 3) = 324$이다.

38 　정답 ②

D사의 판매율이 가장 높은 연도는 2021년, G사의 판매율이 가장 높은 연도는 2019년으로 다르다.

오답분석

① D사와 G사는 2020년도만 감소하여 판매율 증감이 같다.
③ D사의 판매율이 가장 높은 연도는 2021년이고, U사의 판매율이 가장 낮은 연도도 2021년으로 동일하다.
④ G사의 판매율이 가장 낮은 연도는 2017년이고, U사의 판매율이 가장 높은 연도도 2017년으로 동일하다.
⑤ U사의 가장 높은 판매율은 34%, 가장 낮은 판매율은 11%로 그 차이는 23%p이다.

39 　정답 ③

ㄴ. 학생 확진자 중 초등학생의 비율은 $\dfrac{489}{1,203} \times 100 \fallingdotseq 40.6\%$이고, 전체 확진자 중 초등학교 기관의 비율은 $\dfrac{(489+73)}{(1,203+233)} \times 100$

$\fallingdotseq 39.1\%$ 로 학생 확진자 중 초등학생 비율이 더 높다.

ㄷ. 전체 확진자 중 고등학생의 비율은 $\dfrac{351}{(1,203+233)} \times 100 \fallingdotseq 24.4\%$이고, 유치원생의 비율은 $\dfrac{56}{(1,203+233)} \times 100 \fallingdotseq 3.9\%$로,

확진자는 유치원생의 비율보다 고등학생의 비율이 약 6.3배 이상이다.

오답분석

ㄱ. 확진자 중 퇴원 비율은 학생은 $\dfrac{1,089}{1,203} \times 100 \fallingdotseq 90.5\%$이고 교직원의 비율은 $\dfrac{226}{233} \times 100 \fallingdotseq 97.0\%$으로 약 6% 이상 차이가 난다.

ㄹ. 고등학교와 중학교 소속 확진자 수는 $351 + 58 + 271 + 68 = 748$명이고 이는 전체 확진자 $1,203 + 233 = 1,436$명의 약 52.1%이다.

40 　정답 ③

2021년 1관당 인구 수는 2018년 1관당 인구 수에 비해 12,379명 감소했다.

오답분석

① 공공도서관 수는 644 → 703 → 759 → 786으로 증가하는 추세이다.
② 2021년 1인당 장서 수는 1.49권임을 표에서 쉽게 확인할 수 있다.
④ 2020년 공공도서관에 258,315,000명이 방문했음을 표에서 쉽게 확인할 수 있다.

41 　정답 ③

먼저 표의 빈칸을 구하면 다음과 같다.

- A의 서류점수 : $\dfrac{?+66+65+80}{4}=70.75$ 　∴ ?=72점
- A의 평균점수 : $\dfrac{72+85+68}{3}=75$점
- C의 필기점수 : $\dfrac{85+71+?+88}{4}=80.75$ 　∴ ?=79점
- C의 평균점수 : $\dfrac{65+79+84}{3}=76$점

이에 따라 각 부서에 배치할 인원은 다음과 같다.
- 홍보팀 : 면접점수가 85점으로 가장 높은 B
- 총무팀 : 평균점수가 76점으로 가장 높은 C
- 인사팀 : A와 D의 서류점수와 필기점수의 평균을 구하면 A가 $\dfrac{72+85}{2}=78.5$점, D가 $\dfrac{80+88}{2}=84$점이다.

　　　　따라서 인사팀에는 D가 적절하다.
- 기획팀 : 가장 마지막 배치순서이므로 A가 배치될 것이다.

42 　정답 ①

연도별 성인 참여율과 증가율은 다음과 같다.

(단위 : %)

구분	2017년	2018년	2019년	2020년	2021년
참여 증가율	−	7.7	−21.6	−5.7	−34.8
참여율	6.4	6.8	5.2	4.9	3.2

ㄱ. 성인 참여율은 2018년도가 6.8%로 가장 높다.
ㄴ. 2019년도 참여율은 5.2%로 2020년도 참여율 4.9%보다 높다.

오답분석

ㄷ. 자원봉사 참여 인구는 2018년도 증가 후 계속 감소하였으므로 참여 증가율이 가장 높은 해는 2018년도이며, 참여 증가율이 가장 낮은 해는 2021년이다.
ㄹ. 2017년부터 2020년까지의 자원봉사에 참여한 성인 인구수는 2,667,575+2,874,958+2,252,287+2,124,110=9,918,930 명으로 천만 명 이하이다.

43 정답 ②

환경 A에서 배양하는 세균은 1부터 $+2^1$, $+2^2$, $+2^3$, … 규칙으로 증가하고, 환경 B에서 배양하는 세균은 10부터 $+10$, $+20$, $+30$, … 규칙으로 증가한다.

환경 A의 세균이 더 많아질 때까지 표를 그려보면 아래와 같다.

구분	1시간	2시간	3시간	4시간	5시간	6시간	7시간	8시간	9시간
환경 A	1	3	7	15	31	63	127	255	511
환경 B	10	20	40	70	110	160	220	290	370

따라서 9시간 후에 환경 A의 세균이 환경 B의 세균보다 더 많아진다.

44 정답 ③

ㄱ. 대형마트의 종이봉투 사용자 수는 $2,000 \times 0.05 = 100$명으로, 중형마트의 종이봉투 사용자 수인 $800 \times 0.02 = 16$명의 $\dfrac{100}{16} = 6.25$배이다.

ㄷ. 비닐봉투 사용자 수를 정리하면 다음과 같다.
  • 대형마트 : $2,000 \times 0.07 = 140$명
  • 중형마트 : $800 \times 0.18 = 144$명
  • 개인마트 : $300 \times 0.21 = 63$명
  • 편의점 : $200 \times 0.78 = 156$명
  따라서 비닐봉투 사용률이 가장 높은 곳은 78%로 편의점이며, 비닐봉투 사용자 수가 가장 많은 곳도 156명으로 편의점이다.

ㄹ. 마트 규모별 개인장바구니의 사용률을 살펴보면, 대형마트가 44%, 중형마트가 36%, 개인마트가 29%이다. 따라서 마트의 규모가 커질수록 개인장바구니 사용률이 커짐을 알 수 있다.

오답분석

ㄴ. 전체 종량제봉투 사용자 수를 구하면 다음과 같다.
  • 대형마트 : $2,000 \times 0.28 = 560$명
  • 중형마트 : $800 \times 0.37 = 296$명
  • 개인마트 : $300 \times 0.43 = 129$명
  • 편의점 : $200 \times 0.13 = 26$명
  • 전체 종량제봉투 사용자 수 : $560 + 296 + 129 + 26 = 1,011$명
  따라서 대형마트의 종량제봉투 사용자 수인 560명은, 전체 종량제봉투 사용자 수인 1,011명의 절반을 넘는다.

45 정답 ①

공장 안의 기온은 23℃로 유지 중이며, 수증기 함유량은 12g/kg이다. 따라서 상대습도 공식에 대입하면 $\dfrac{12}{20.8} \times 100 ≒ 57.7\%$임을 알 수 있다.

46 정답 ②

전년 대비 2019년 가구수의 감소율이 가장 높은 부문은 귀농(-5.3%)으로 남성과 여성의 비율 차이는 $68.6 - 31.4 = 37.2\%p$이다.

오답분석

① 2018년 대비 2019년에 가구수가 증가한 부문은 '귀어'뿐이며, 증가율이 1.2%이기 때문에 (2018년 가구수)$\times 1.012 =$ (2019년 가구수, 917가구)이다. 따라서 2018년 귀어 가구수는 $\dfrac{917}{1.012} ≒ 906$가구이다.

③ 30대 이하 귀농인 수는 $12,055 \times 0.113 ≒ 1,362$명이고, 60대 귀촌인 수는 $472,474 \times 0.105 ≒ 49,609$명이다. 귀농인 수는 귀촌인 수보다 $49,609 - 1,362 = 48,247$명 적다.

④ 연령대별 비율에서 각각 가장 낮은 비율의 연령대는 모두 70대 이상이며, 비율의 총합은 $6.4 + 6.3 + 4.5 = 17.2\%p$이다.

47 정답 ①

⊙ 연령대별 '매우 불만족'이라고 응답한 비율은 10대가 19%, 20대가 17%, 30대가 10%, 40대가 8%, 50대가 3%로 연령대가 높아질수록 그 비율은 낮아진다.

ⓒ 연령대별 부정적인 답변을 구하면 다음과 같다.

- 10대 : 28+19=47%
- 20대 : 28+17=45%
- 30대 : 39+10=49%
- 40대 : 16+8=24%
- 50대 : 23+3=26%

따라서 모든 연령대에서 부정적인 답변이 50% 미만이므로 긍정적인 답변은 50% 이상이다.

ⓛ '매우 만족'과 '만족'이라고 응답한 비율은 다음과 같다.

- 10대 : 8+11=19%
- 20대 : 3+13=16%
- 30대 : 5+10=15%
- 40대 : 11+17=28%
- 50대 : 14+18=32%

따라서 가장 낮은 연령대는 30대(15%)이다.

ⓔ • 50대에서 '불만족' 또는 '매우 불만족'이라고 응답한 비율 : 23+3=26%
• 50대에서 '만족' 또는 '매우 만족'이라고 응답한 비율 : 14+18=32%

따라서 $\frac{26}{32} \times 100 = 81.25\%$로 80% 이상이다.

48 정답 ④

2019년과 2017년 30대의 전년 대비 데이트폭력 경험횟수 증가율을 구하면 다음과 같다.

- 2017년 : $\frac{11.88 - 8.8}{8.8} \times 100 = 35\%$
- 2019년 : $\frac{17.75 - 14.2}{14.2} \times 100 = 25\%$

따라서 30대의 2019년 전년 대비 데이트폭력 경험횟수 증가율은 2017년보다 작다.

① 2018년 이후 연도별 20대와 30대의 평균 데이트폭력 경험횟수와 전 연령대 평균 데이트폭력 경험횟수를 구하면 다음과 같다.

구분	2018년	2019년	2020년
전체	5.7+15.1+14.2+9.2+3.5 =47.7회	7.9+19.2+17.75+12.8+3.3 =60.95회	10.4+21.2+18.4+18+2.9 =70.9회
전체의 절반	23.85회	30.475회	35.45회
20・30대	15.1+14.2=29.3회	19.2+17.75=36.95회	21.2+18.4=39.6회

따라서 20대와 30대의 평균 데이트폭력 경험횟수의 합은 전 연령대 평균 데이트폭력 경험횟수의 절반 이상임을 알 수 있다.

② 10대의 평균 데이트폭력 경험횟수는 3.2회, 3.9회, 5.7회, 7.9회, 10.4회로 매년 증가하고 있고, 50대의 평균 데이트폭력 경험횟수는 4.1회, 3.8회, 3.5회, 3.3회, 2.9회로 매년 감소하고 있다.

③ 2020년 40대의 평균 데이트폭력 경험횟수 18회로, 2016년 데이트폭력 경험횟수인 2.5회의 $\frac{18}{2.5} = 7.2$배에 해당한다.

49 정답 ③

'1권 이상 읽음'의 성인 독서율은 2018년 대비 2020년 사례수 증가율만큼 증가한다.

빈칸에 해당되는 50대 성인 독서율의 경우, 2018년 대비 2020년 사례수가 $\frac{1,200 - 1,000}{1,000} \times 100 = 20\%$ 증가하였다. 따라서 '1권 이상 읽음'의 성인 독서율 '가'에 알맞은 수치는 $60 \times 1.2 = 72$가 된다.

50 정답 ②

20대 신규 확진자 수가 10대 신규 확진자 수보다 적은 지역은 3월에 E, F, H지역, 4월은 A, G, H지역으로 각각 3곳으로 동일하다.

오답분석

① C, G지역의 3월과 4월의 10대 미만 신규 확진자 수는 각각 동일하다.

③ 3월 신규 확진자 수가 세 번째로 많은 지역은 C지역(228명)으로 C지역의 4월 신규 확진자 수가 가장 많은 연령대는 60대(26명)이다.

④ H지역의 4월 신규 확진자 수는 93명으로 4월 전체 신규 확진자 수인 121+78+122+95+142+196+61+93+54=962명에서 차지하는 비율은 $\frac{93}{962} \times 100 ≒ 9.7\%$로 10% 미만이다. 또한 4월 전체 신규 확진자 수의 10%는 962×0.1=96.2명으로 H지역의 4월 신규 확진자 수인 93명보다 많다.

⑤ 3월 대비 4월 신규 확진자 수의 비율은 F지역이 $\frac{196}{320} \times 100 ≒ 61.3\%$, G지역이 $\frac{61}{185} \times 100 ≒ 33\%$이다. 따라서 G지역 비율의 2배는 33×2=66%로 F지역이 G지역의 2배 이하이다.

51 정답 ③

전년 대비 업체 수가 가장 많이 증가한 해는 103개소가 증가한 2019년이며, 생산금액이 가장 많이 늘어난 해는 402,017백만 원이 증가한 2020년이다.

오답분석

① 조사기간 동안 업체 수는 해마다 증가했으며, 품목 수도 꾸준히 증가했다.

② 증감률 전체 총합이 27.27%이며, 이를 7로 나누면 약 3.89%이다.

④ 2017 ~ 2020년 사이 운영인원의 증감률 추이와 품목 수의 증감률 추이는 증가 – 증가 – 증가 – 감소로 같다.

⑤ 전체 계산을 하면 정확하겠지만 시간이 없을 때는 각 항목의 격차를 어림잡아 계산해야 한다. 즉, 품목 수의 증감률은 업체 수에 비해 한 해(2020년)만 뒤쳐져 있으며 그 외에는 모두 앞서고 있으므로 적절한 판단이다.

52 정답 ③

인천과 세종의 여성 공무원 비율은 다음과 같다.

• 인천 : $\frac{10,500}{20,000} \times 100 = 52.5\%$

• 세종 : $\frac{2,200}{4,000} \times 100 = 55\%$

따라서 비율 차이는 55−52.5=2.5%p이다.

오답분석

① 남성 공무원 수가 여성 공무원 수보다 많은 지역은 서울, 경기, 부산, 광주, 대전, 울산, 강원, 경상, 제주로 총 9곳이다.

② 광역시의 남성 공무원 수와 여성 공무원 수의 차이는 다음과 같다.
  • 인천 : 10,500−9,500=1,000명
  • 부산 : 7,500−5,000=2,500명
  • 대구 : 9,600−6,400=3,200명
  • 광주 : 4,500−3,000=1,500명
  • 대전 : 3,000−1,800=1,200명
  • 울산 : 2,100−1,900=200명
  따라서 차이가 가장 큰 광역시는 대구이다.

④ 수도권(서울, 경기, 인천)과 광역시(인천, 부산, 대구, 광주, 대전, 울산)의 공무원 수는 다음과 같다.
  • 수도권 : 25,000+15,000+20,000=60,000명
  • 광역시 : 20,000+12,500+16,000+7,500+4,800+4,000=64,800명
  따라서 차이는 64,800−60,000=4,800명이다.

⑤ 제주 지역의 전체 공무원 중 남성 공무원의 비율은 $\frac{2,800}{5,000} \times 100 = 56\%$이다.

53 정답 ①

대부분의 업종에서 2019년 1분기보다 2019년 4분기의 영업이익이 더 높지만, 철강업에서는 2019년 1분기(10,740억 원)가 2019년 4분기(10,460억 원)보다 높다.

오답분석

② 2020년 1분기 영업이익이 전년 동기(2019년 1분기) 대비 영업이익보다 높은 업종은 다음과 같다.
- 반도체(40,020 → 60,420)
- 통신(5,880 → 8,880)
- 해운(1,340 → 1,660)
- 석유화학(9,800 → 10,560)
- 항공(−2,880 → 120)

③ 2020년 1분기 영업이익이 적자가 아닌 업종 중 영업이익이 직전 분기(2019년 4분기) 대비 감소한 업종은 건설(19,450 → 16,410), 자동차(16,200 → 5,240), 철강(10,460 → 820)이다.

④ 2019년 1, 4분기에 흑자였다가 2020년 1분기에 적자로 전환된 업종은 디스플레이, 자동차부품, 조선, 호텔로 4개이다.

⑤ 항공업은 2019년 1분기(−2,880억 원)와 4분기(−2,520억 원) 모두 적자였다가 2020년 1분기(120억 원)에 흑자로 전환되었다.

54 정답 ④

지방 전체 주택 수의 10%(1,115×0.1=111.5만 호) 이상을 차지하는 수도권 외(지방) 지역은 부산, 경북, 경남이다. 이 중 지방 주택보급률인 109%보다 낮은 지역은 부산(103%)이며, 부산의 주택보급률과 전국 주택보급률의 차이는 약 104−103=1%p이다.

오답분석

① 전국 주택보급률(104%)보다 낮은 지역은 수도권(서울, 인천, 경기), 지방에는 부산, 대전이 있다.

② 수도권 외(지방) 지역 중 주택 수가 가장 적은 지역은 12만 호인 세종이며, 세종의 주택보급률 109%보다 높은 지역은 '울산, 강원, 충북, 충남, 전북, 전남, 경북, 경남'으로 여덟 곳이다.

③ 가구 수가 주택 수보다 많은 지역은 주택보급률이 100% 미만인 서울이며, 전국에서 가구 수가 두 번째로 많다.

⑤ 주택 수가 가구 수의 1.1배 이상인 지역은 주택보급률이 110% 이상인 지역을 말한다. '울산, 강원, 충북, 충남, 전북, 전남, 경북, 경남'에서 가구 수가 세 번째로 적은 지역인 충북의 주택보급률은 지방 주택보급률보다 약 113−109=4%p 높다.

55 정답 ③

이란에서 3월 16일부터 19일까지 발생한 확진자 수는 다음과 같다.

(단위 : 명)

구분	3월 16일	3월 17일	3월 18일	3월 19일
확진자 수	13,938−12,729=1,209	14,991−13,938=1,053	16,169−14,991=1,178	17,361−16,169=1,192

따라서 발생한 확진자가 가장 많은 날은 16일이고, 두 번째로 많은 날은 19일이다.

오답분석

① 3월 14일부터 18일까지 새로 양성판정을 받은 확진자 수 평균을 구하려면 3월 18일 누적 확진자 수에서 3월 13일 누적 확진자 수를 빼고 5로 나눠준다. 따라서 이탈리아의 평균은 $\frac{31,506−15,113}{5}=3,278.6$명이고, 독일은 $\frac{11,164−2,451}{5}=1,742.6$명이므로 이탈리아는 독일의 2배 인원(1,742.6×2=3,485.2명)보다 적다.

② 스페인에서 100만 명당 확진자 수의 40%는 3,690×0.4=1,476명이다. 이 인원보다 적은 국가는 이란(891명)과 영국(1,383명) 두 국가이다.

④ 100만 명당 확진자 수가 세 번째로 적은 국가는 독일이며, 3월 17일에 발생한 확진자 수는 7,511−6,344=1,167명이다.

56 정답 ②

가장 많이 득표한 상품은 전복(32표)이며, Q회사의 직원 수는 5+6+22+82+12+8=135명이다.
따라서 추석선물 비용은 70,000×135=9,450,000원이다.

57　정답　④

2018년 해외주식 수익률(5.4%)보다 낮은 자산은 국내주식(1.3%), 국내채권(4.4%), 해외채권(1.5%)이다. 따라서 2019년 말 자산별 비중 및 계획에서 국내주식, 국내채권, 해외채권의 비중 합은 19.2+49.5+4.0=72.7%이다.

오답분석

① 2018 ~ 2019년 동안 국내와 해외의 주식 및 채권 수익률 합을 구하면 다음과 같다.

구분	2018년	2019년
국내주식+국내채권	1.3+4.4=5.7%	5.6+1.8=7.4%
해외주식+해외채권	5.4+1.5=6.9%	10.1+4=14.1%

매년 주식 및 채권 수익률 합은 국내보다 해외가 높다.

② 해외주식의 경우 2018년도보다 2019년도 수익률이 2배 가까이 올랐지만 자산 비중을 보면 2018년 말에 계획한 비중과 2019년 말에 계획한 비중이 같다. 따라서 수익률에 비례하여 자산 투자 비중을 높이지 않았다.

③ 2018년 말과 2019년 말에 그 다음해를 대비하여 자산별 투자 비중이 높은 순서는 '국내채권 – 국내주식 – 해외주식 – 대체투자 – 해외채권' 순서로 같다.

58　정답　⑤

흡연자 A씨가 금연프로그램에 참여하면서 진료 및 상담 비용과 금연보조제(니코틴패치) 구매에 지불해야 하는 부담금은 지원금을 제외한 나머지이다. 따라서 A씨가 부담하는 금액은 총 30,000×0.1×6+12,000×0.25×3=18,000+9,000=27,000원이다.

59　정답　③

각 브랜드별 중성세제의 변경 후 판매 용량에 대한 가격에서 변경 전 가격을 빼면 다음과 같다.
- A브랜드 : (8,200×1.2)−(8,000×1.3)=9,840−10,400=−560원
- B브랜드 : (6,900×1.6)−(7,000×1.4)=11,040−9,800=1,240원
- C브랜드 : (4,000×2.0)−(3,960×2.5)=8,000−9,900=−1,900원
- D브랜드 : (4,500×2.5)−(4,300×2.4)=11,250−10,320=930원

따라서 A브랜드는 560원 감소, B브랜드는 1,240원 증가, C브랜드는 1,900원 감소, D브랜드는 930원 증가로 정답은 ③이다.

60　정답　③

2019년에 국유재산의 규모가 10조를 넘는 국유재산은 토지, 건물, 공작물, 유가증권 이렇게 4개이다.

61　정답　③

ㄱ. 2019년과 2021년에 종류별로 국유재산 규모가 큰 순서는 토지 – 공작물 – 유가증권 – 건물 – 입목죽 – 선박·항공기 – 무체재산 – 기계·기구 순으로 동일하다.

ㄴ. 2017년과 2018년에 규모가 가장 작은 국유재산은 기계·기구로 동일하다.

ㄷ. 2018년 국유재산 중 건물과 무체재산, 유가증권 규모의 합계는 616,824억+10,825억+1,988,350억=2,615,999억 원으로 260조보다 크다.

오답분석

ㄹ. 2019년 대비 2020년에 국유재산 중 선박·항공기는 감소하였으나, 기계·기구는 증가하였다.

62 정답 ④

ㄴ. 대구의 냄새에 대한 민원건수는 414건으로 강원의 $\frac{414}{36}=11.5$배에, 제주의 $\frac{414}{23}=18$배에 해당하는 수치이다.

ㄷ. 세종과 대전의 각 민원내용별 민원건수의 합계와 부산의 수치를 정리하면 다음과 같다.

구분	낮은 수압	녹물	누수	냄새	유충
대전	133	108	56	88	18
세종	47	62	41	31	9
대전+세종	180	170	97	119	27
부산	248	345	125	274	68

따라서 세종과 대전의 각 민원내용별 민원건수의 합계는 부산보다 작음을 확인할 수 있다.

오답분석

ㄱ. 경기 지역의 민원은 총 (120+203+84+152+21)=580건으로, 이 중 녹물에 대한 민원 비율이 $\frac{203}{580} \times 100=35\%$이다.

ㄹ. 수도권인 서울, 경기, 인천에서 가장 많은 민원건수가 발생한 것은 녹물에 대한 것이다. 하지만 가장 낮은 민원건수가 발생한 것은 경기와 인천은 유충에 대한 것이고, 서울은 누수에 대한 것이다.

63 정답 ④

자료상 유충에 대한 민원건수는 알 수 있지만, 실제로 유충이 발생한 건수에 대한 것은 알 수 없다.

64 정답 ③

전체 조사자 중 20·30대는 1,800+2,500+2,000+1,400=7,700명이므로, 전체 조사자 20,000명 중 $\frac{7,700}{20,000} \times 100=38.5\%$이다.

오답분석

① 운전면허 소지현황 비율이 가장 높은 연령대는 남성은 75%로 40대이고, 여성도 54%로 40대이다.

② 70대 여성의 운전면허 소지비율은 12%로 남성인 25%의 절반 이하이다.

④ 50대 운전면허 소지자는 다음과 같다.
   - 남 : 1,500×0.68=1,020명
   - 여 : 1,500×0.42=630명

따라서 50대 운전면허 소지는 1,020+630=1,650명이다.

65 정답 ④

20·30대 여성의 운전면허소지자를 구하면 다음과 같다.
- 20대 여성 : 2,000×0.22=440명
- 30대 여성 : 1,400×0.35=490명

따라서 20·30대 여성의 운전면허소지자는 440+490=930명이다. 이는 전체 조사자의 $\frac{930}{20,000} \times 100=4.65\%$이다.

오답분석

① 조사에 참여한 60·70대는 다음과 같다.
   - 남성 : 1,500+1,200=2,700명
   - 여성 : 2,000+1,000=3,000명

따라서 여성이 남성보다 더 많다.

② 40대 여성과 남성의 운전면허소지자를 구하면 다음과 같다.
- 40대 여성 : 1,600×0.54=864명
- 40대 남성 : 2,000×0.75=1,500명

따라서 40대 여성의 운전면허소지자는 40대 남성의 운전면허소지자의 $\frac{864}{1,500}×100=57.6\%$이다.

③ 20대 남성과 70대 남성의 운전면허소지자를 구하면 다음과 같다.
- 20대 남성 : 1,800×0.38=684명
- 70대 남성 : 1,200×0.25=300명

따라서 20대 남성의 운전면허소지자는 70대 남성의 $\frac{684}{300}=2.28$배이다.

66 정답 ③

- 2019년 전년 대비 감소율 : $\frac{23-24}{24}×100≒-4.17\%$

- 2020년 전년 대비 감소율 : $\frac{22-23}{23}×100≒-4.35\%$

따라서 2020년이 2019년보다 더 큰 비율로 감소하였다.

오답분석

① 2021년 총지출을 a억 원이라고 가정하면, $a×0.06=21$억 원 → $a=\frac{21}{0.06}=350$, 총지출은 350억 원이므로 320억 원 이상이다.

② 2018년 경제 분야 투자규모의 전년 대비 증가율은 $\frac{24-20}{20}×100=20\%$이다.

④ 2017 ~ 2021년 동안 경제 분야에 투자한 금액은 20+24+23+22+21=110억 원이다.

⑤ 2018 ~ 2021년 동안 경제 분야 투자규모의 전년 대비 증감추이는 '증가 – 감소 – 감소 – 감소'이고, 총지출 대비 경제 분야 투자규모 비중의 경우 '증가 – 증가 – 감소 – 감소'이다.

67 정답 ④

생후 1주일 내 사망자 수는 1,162+910=2,072명이고, 생후 셋째 날 사망자 수는 166+114=280명이므로, 전체의 약 13.5%를 차지한다.

오답분석

① 생후 첫날 신생아 사망률은 여아가 3.8+27.4+8.6=39.8%이고, 남아가 2.7+26.5+8.3=37.5%로 여아가 남아보다 높다.

② 신생아 사망률은 산모의 연령이 40세 이상일 때 제일 높으나, 출생아 수는 40세 이상이 제일 적기 때문에, 신생아 사망자 수는 산모의 연령이 19세 미만인 경우를 제외하고는 40세 이상의 경우보다 나머지 연령대가 더 많다.

③ 생후 1주일 내에서 첫날 여아의 사망률은 39.8%이고, 남아의 사망률은 37.5%이므로, 첫날 신생아 사망률은 40%를 넘지 않는다.

⑤ 25 ~ 29세 미만 산모의 신생아 사망률이 20 ~ 24세 산모의 신생아 사망률보다 높다.

68 정답 ④

2019년 5월 발화요인별 화재발생 건수는 부주의가 1,374건으로 가장 많으며, 그 다음으로는 전기적 요인 819건, 기타 405건, 기계적 요인 340건, 교통사고 46건, 화학적 요인 32건, 가스누출 22건 순서로 많다.

69 정답 ④

ㄷ. 10월의 경우, 기계적 요인으로 인한 화재발생 건수는 405건으로, 기타 요인으로 인한 화재발생 건수인 394건보다 많음을 알 수 있다.

ㄹ. 2019년에 합계 값이 두 번째로 큰 발화요인은 전기적 요인이다.

ㄱ. 가스누출로 인한 화재발생 건수는 10월에 18건, 11월에 25건으로 증가하였다.
ㄴ. 2월 부주의로 인한 화재발생 건수는 2,707건으로, 기타 요인으로 인한 화재발생 건수의 3배인 550×3=1,650건보다 많다.

| 추리 |

01	02	03	04	05	06	07	08	09	10	11	12	13	14	15	16	17	18	19	20
③	①	①	②	②	④	①	③	①	③	②	④	③	⑤	④	⑤	③	①	③	②

21	22	23	24	25	26	27	28	29	30	31	32	33	34						
②	③	④	①	③	②	④	②	③	③	④	②	①	⑤						

01 정답 ③

'한씨'를 'A', '부동산을 구두로 양도했다.'를 'B', '무효'를 'C'라고 하자

구분	명제	대우
전제1	A → B	~B → ~A
결론	A → C	~C → ~A

전제1이 결론으로 연결되려면, 전제2는 'B → C'가 되어야 한다. 따라서 전제2는 '부동산을 구두로 양도하면, 무효다.'인 ③이다.

02 정답 ①

A고등학교 학생은 봉사활동을 해야 졸업한다.
즉, A고등학교 졸업생 중에는 봉사활동을 하지 않은 학생이 없다.

03 정답 ①

①이 들어가면, 재경 – 선영 – 경식 순으로 나이가 많다.

②가 들어가면, 재경이와 선영이 중 누가 더 나이가 많은지 알 수 없다.
③이 들어가면, 선영 – 경식 – 재경 순으로 나이가 많다.
④가 들어가면, 세 번째 문장과 모순된다.
⑤가 들어가면, 두 번째 문장과 모순된다.

04 정답 ②

'물에 잘 번진다'를 '물', '수성 펜이다.'를 '수', '뚜껑이 있다'를 '뚜', '잉크 찌꺼기가 생긴다.'를 '잉'이라고 하자.

구분	명제	대우
전제1	물 → 수	수× → 물×
전제2	수 → 뚜	뚜× → 수×
전제3	물× → 잉	잉× → 물

전제1, 전제2의 대우와 전제3에 의해 뚜× → 수× → 물× → 잉이다. 따라서 뚜× → 잉이므로 결론은 '뚜껑이 없는 펜은 잉크 찌꺼기가 생긴다.'인 ②이다.

05 정답 ②

각각의 명제를 벤다이어그램으로 나타내면 아래와 같다.

전제1.

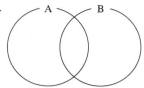

결론.

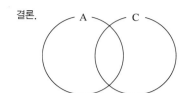

마지막 명제가 참이 되기 위해서는 A와 공통되는 부분의 B와 C가 연결되어야 하므로 B를 C에 모두 포함시켜야 한다. 따라서 전제2에 들어갈 명제는 'B를 구매한 모든 사람은 C를 구매했다.'인 ②이다.

오답분석

다음과 같은 경우 성립하지 않는다.

① · ③

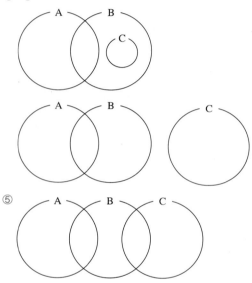

⑤

06 정답 ④

단 한 명이 거짓말을 하고 있으므로 C와 D 중 한 명은 반드시 거짓을 말하고 있다. 즉, C의 말이 거짓일 경우 D의 말은 참이 되며, D의 말이 참일 경우 C의 말은 거짓이 된다.

1) D의 말이 거짓일 경우
   C와 B의 말이 참이므로, A와 D가 모두 신발 당첨자가 되어 모순이 된다.
2) C의 말이 거짓일 경우
   A는 신발 당첨자가 되지 않으며, 나머지 진술에 따라 D가 신발 당첨자가 된다.

따라서 C가 거짓을 말하고 있으며, 신발 당첨자는 D이다.

07 정답 ①

가격이 높은 순서대로 나열하면 '파프리카 – 참외 – 토마토 – 오이'이므로 참외는 두 번째로 비싸다.

08 정답 ③

선택지에 제시된 각 경로의 통행료를 계산하면 다음과 같다. ②와 ⑤의 경로에서는 각각 나 게이트와 다 게이트에서 통행료 할인을 적용받는다.

경로	통행료
A − B − 가 − S	46,100+38,400=84,500원
A − B − 나 − S	46,100+(51,500×0.9)=92,450원
A − K − 가 − S	37,900+38,400=76,300원
A − K − 나 − S	37,900+51,500=89,400원
A − K − 다 − S	37,900+(40,500×0.95)=76,375원

따라서 ③의 A − K − 가 − S 경로가 76,300원으로 통행료가 가장 저렴하다.

09 정답 ①

D가 4등일 경우에는 C − E − A − D − F − B 순서로 들어오게 된다.

10 정답 ③

09번 문제와 같이 D가 4등이라는 조건이 있다면 C가 1등이 되지만, 주어진 제시문으로는 C가 1등 또는 4등이기 때문에 알 수 없다.

11 정답 ②

주어진 조건에 따라 머리가 긴 순서대로 나열하면 '슬기 − 민경 − 경애 − 정서 − 수영'이 된다.
따라서 슬기의 머리가 가장 긴 것을 알 수 있으며, 경애가 단발머리인지는 주어진 조건만으로 알 수 없다.

12 정답 ④

주어진 조건에 따라 매대를 추론해보면 다음과 같다.

4층	사과
3층	배
2층	귤
1층	감

귤은 2층, 배는 3층, 감은 1층이므로, 귤이 배와 감 사이에 위치하는 추론이 적절하다.

13 정답 ③

B의 발언이 참이라면 C가 범인이고 F도 참이 된다. F는 C 또는 E가 범인이라고 했으므로 C가 범인이라면 E는 범인이 아니고, E의 발언 역시 참이 되어야 한다. 하지만 E의 발언이 참이라면 F가 범인이어야 하므로 모순이다. 따라서 B의 발언이 거짓이며, C 또는 E가 범인이라고 말한 F 역시 범인임을 알 수 있다.

14 정답 ⑤

ⓒ과 ⓔ·ⓐ은 상반되며, ⓒ과 ⓗ·ⓞ·ⓩ 역시 상반된다.
1) 김대리가 짬뽕을 먹은 경우 : ⓗ, ⓞ, ⓩ 3개의 진술이 참이 되므로 성립하지 않는다.
2) 박과장이 짬뽕을 먹은 경우 : ⓖ, ⓒ, ⓜ 3개의 진술이 참이 되므로 성립하지 않는다.

3) 최부장이 짬뽕을 먹은 경우 : 최부장이 짬뽕을 먹었으므로 ㉠, ㉢, ㉤은 반드시 거짓이 된다. 이때, ㉦은 반드시 참이 되므로 상반되는 ㉣, ㉨은 반드시 거짓이 되고, ㉥, ㉧ 또한 반드시 거짓이 되므로 상반되는 ㉡이 참이 되는 것을 알 수 있다.

따라서 짬뽕을 먹은 사람은 최부장이고, 참인 진술은 ㉡·㉦이다.

15   정답 ④

A는 엘리베이터보다 계단이 더 가까운 곳에 살고 있으므로 1001호나 1002호에 살고 있다. C와 D는 계단보다 엘리베이터에 더 가까운 곳에 살고 있다고 하였으므로 1003호와 1004호에 살고 있다. D는 A 바로 옆에 살고 있으므로, D는 1003호에 살고 있고, A는 1002호에 살고 있음을 알 수 있다. 이를 정리하면 다음과 같다.

계단	1001호	1002호	1003호	1004호	엘리베이터
	B	A	D	C	

따라서 B가 살고 있는 곳에서 엘리베이터 쪽으로는 3명이 살고 있으므로 ④는 항상 거짓이다.

16   정답 ⑤

규칙에 따라 사용할 수 있는 숫자는 1, 5, 6을 제외한 나머지 2, 3, 4, 7, 8, 9의 총 6개이다. (한 자리 수)×(두 자리 수)=156이 되는 수를 알기 위해서는 156의 소인수를 구해보면 된다. $156=2^2 \times 3 \times 13$이고, 156이 되는 수의 곱 중에 조건을 만족하는 것은 2×78과 4×39이다. 따라서 선택지 중에 A팀 또는 B팀에 들어갈 수 있는 암호배열은 39밖에 없으므로 답은 ⑤이다.

17   정답 ③

A ~ D 네 명의 진술을 정리하면 다음과 같다.

구분	진술 1	진술 2
A	C는 B를 이길 수 있는 것을 냈다.	B는 가위를 냈다.
B	A는 C와 같은 것을 냈다.	A가 편 손가락의 수는 B보다 적다.
C	B는 바위를 냈다.	A ~ D는 같은 것을 내지 않았다.
D	A, B, C 모두 참 또는 거짓을 말한 순서가 동일하다.	이 판은 승자가 나온 판이었다.

먼저 A ~ D는 반드시 가위, 바위, 보 세 가지 중 하나를 내야 하므로 그 누구도 같은 것을 내지 않았다는 C의 진술 2는 거짓이 된다. 따라서 C의 진술 중 진술 1은 참이 되므로 B가 바위를 냈다는 것을 알 수 있다. 이때, B가 가위를 냈다는 A의 진술 2는 참인 C의 진술 1과 모순되므로 A의 진술 중 진술 2가 거짓이 되는 것을 알 수 있다. 결국 A의 진술 중 진술 1이 참이 되므로 C는 바위를 낸 B를 이길 수 있는 보를 냈다는 것을 알 수 있다.

한편, 바위를 낸 B는 손가락을 펴지 않으므로 A가 편 손가락의 수가 자신보다 적었다는 B의 진술 2는 거짓이 된다. 따라서 B의 진술 중 진술 1이 참이 되므로 A는 C와 같은 보를 냈다는 것을 알 수 있다. 이를 바탕으로 A ~ C의 진술에 대한 참, 거짓 여부와 가위바위보를 정리하면 다음과 같다.

구분	진술 1	진술 2	가위바위보
A	참	거짓	보
B	참	거짓	바위
C	참	거짓	보

따라서 참 또는 거짓에 대한 A ~ C의 진술 순서가 동일하므로 D의 진술 1은 참이 되고, 진술 2는 거짓이 되어야 한다. 이때, 승자가 나오지 않으려면 D는 반드시 A ~ C와 다른 것을 내야 하므로 가위를 낸 것을 알 수 있다.

오답분석

① B와 같은 것을 낸 사람은 없다.
② 보를 낸 사람은 2명이다.
④ B가 기권했다면 가위를 낸 D가 이기게 된다.
⑤ 바위를 낸 사람은 1명이다.

18 정답 ①

C, D, E의 진술이 연관되어 있고 두 사람만 진실을 말하고 있다고 하였으므로 C, D, E의 진술은 거짓이고 A, B의 진술이 참이다.

오답분석

②·③·④·⑤ 서로 진실을 말하고 있다는 C와 D의 진술은 동시에 참이 되거나 거짓이 되어야 한다.

19 정답 ③

1행과 2행에 빈자리가 한 곳씩 있고 a자동차는 대각선을 제외하고 주변에 주차된 차가 없다고 하였으므로 a자동차는 1열이나 3열에 주차되어 있다. b자동차와 c자동차는 바로 옆에 주차되어 있다고 하였으므로 같은 행에 주차되어 있다. 1행과 2행에 빈자리가 한 곳씩 있다고 하였으므로 b자동차와 c자동차가 주차된 행에는 a자동차와 d자동차가 주차되어 있을 수 없다. 따라서 a자동차와 d자동차는 같은 행에 주차되어 있다. 이를 정리하면 다음과 같다.

• 경우 1

a		d
	b	c

• 경우 2

a		d
	c	b

• 경우 3

d		a
b	c	

• 경우 4

d		a
c	b	

오답분석

① 경우 1, 4에서는 b자동차의 앞 주차공간이 비어있지만, 경우 2, 3에서는 b자동차의 앞 주차공간에 d자동차가 주차되어 있으므로 항상 거짓은 아니다.

② 경우 1, 4에서는 c자동차의 옆 주차공간에 빈자리가 없지만, 경우 2, 3에서는 c자동차의 옆 주차공간에 빈자리가 있으므로 항상 거짓은 아니다.

④ 경우 1, 2, 3, 4에서 모두 a자동차와 d자동차는 1행에 주차되어 있으므로 항상 참이다.

⑤ 경우 1, 4에서는 d자동차와 c자동차가 같은 열에 주차되어 있지만, 경우 2, 3에서는 d자동차와 c자동차가 같은 열에 주차되어 있지 않으므로 항상 거짓은 아니다.

20 정답 ②

주어진 조건을 표로 정리하면 다음과 같다.

구분	아메리카노	카페라테	카푸치노	에스프레소
A	○	×	×	×
B				○
C				×

오답분석

①·⑤ 주어진 조건만으로는 C가 좋아하는 커피를 알 수 없다.

③ B는 에스프레소를 좋아하지만, C는 에스프레소를 좋아하지 않는다.

④ A와 B는 좋아하는 커피가 다르다고 했으므로, A는 에스프레소를 좋아하지 않는다. 또한 주어진 조건에서 카페라테와 카푸치노도 좋아하지 않는다고 했으므로 A가 좋아하는 커피는 아메리카노이다.

21 정답 ②

가장 최근에 입사한 사람이 D이므로 D의 이름은 가장 마지막인 다섯 번째에 적혔다. C와 D의 이름은 연달아 적히지 않았으므로 C의 이름은 네 번째에 적힐 수 없다. 또한 E는 C보다 먼저 입사하였으므로 E의 이름은 C의 이름보다 앞에 적는다. 따라서 C의 이름은 첫 번째에 적히지 않았다. 이를 정리하면 다음과 같이 3가지 경우가 나온다.

구분	첫 번째	두 번째	세 번째	네 번째	다섯 번째
경우 1	E	C			D
경우 2	E		C		D
경우 3		E	C		D

여기서 경우 2와 경우 3은 A와 B의 이름이 연달아서 적혔다는 조건에 위배된다. 경우 1만 성립하므로 정리하면 다음과 같다.

구분	첫 번째	두 번째	세 번째	네 번째	다섯 번째
경우 1	E	C	A	B	D
경우 2	E	C	B	A	D

E의 이름은 첫 번째에 적혔으므로 E는 가장 먼저 입사하였다. 따라서 B가 E보다 먼저 입사하였다는 ②는 항상 거짓이다.

오답분석

① C의 이름은 두 번째로 적혔고 A의 이름은 세 번째나 네 번째에 적혔으므로 항상 옳다.
③ E의 이름은 첫 번째에 적혔고 C의 이름은 두 번째로 적혔으므로 항상 옳다.
④ A의 이름은 세 번째에 적히면 B의 이름은 네 번째에 적혔고, A의 이름이 네 번째에 적히면 B의 이름은 세 번째에 적혔다. 따라서 참일 수도, 거짓일 수도 있다.
⑤ B의 이름은 세 번째 또는 네 번째에 적혔고, C는 두 번째에 적혔으므로 항상 옳다.

22 　정답 ③

민수가 철수보다, 영희가 철수보다, 영희가 민수보다 숨은 그림을 더 많이 찾았다. 따라서 영희 – 민수 – 철수 순서로 숨은 그림을 더 많이 찾았다.

23 　정답 ④

진실을 말하는 사람이 1명뿐인데, 만약 E의 말이 거짓이라면 5명 중에 먹은 사과의 개수가 겹치는 사람은 없어야 한다. 그런데 먹은 사과의 개수가 겹치지 않고 5명에서 12개의 사과를 나누어 먹는 것은 불가능하다. 따라서 E의 말은 참이고, A, B, C, D의 말은 거짓이므로 이를 정리하면 다음과 같다.
• A보다 사과를 적게 먹은 사람이 있다.
• B는 사과를 3개 이상 먹었다.
• C는 D보다 사과를 많이 먹었고, B보다 사과를 적게 먹었다.
• 사과를 가장 많이 먹은 사람은 A가 아니다.
• E는 사과를 4개 먹었고, 먹은 사과의 개수가 같은 사람이 있다.
E가 먹은 개수를 제외한 나머지 사과의 개수는 모두 8개이고, D<C<B(3개 이상)이며, 이 중에서 A보다 사과를 적게 먹은 사람이 있어야 한다. 이를 모두 충족시키는 먹은 사과 개수는 B 3개, C 2개, D 1개, A 2개이다.
따라서 사과를 가장 많이 먹은 사람은 E, 가장 적게 먹은 사람은 D이다.

24 　정답 ①

첫 번째 조건에서 3종류의 과자를 2개 이상씩 구입했으며, 두 번째 조건을 보면 B과자를 A과자보다 많이 샀고, 세 번째 조건까지 적용하면 3종류 과자의 구입한 개수는 'A < B ≤ C'임을 알 수 있다. 따라서 가장 적게 산 A과자를 2개 또는 3개 구입했을 때 구입 방법을 정리하면 다음 표와 같다.

(단위 : 개)

구분	A과자	B과자	C과자
경우 1	2	4	9
경우 2	2	5	8
경우 3	2	6	7
경우 4	2	7	6
경우 5	3	6	6

경우 1은 마지막 정보를 만족시키지 못하므로 제외된다. 그리고 경우 4는 C과자 개수보다 B과자가 더 많으므로 세 번째 조건에 맞지 않는다. 따라서 가능한 방법은 경우 2, 경우 3, 경우 5로 총 3가지이다.
ㄱ. 하경이가 B과자를 살 수 있는 개수는 5개 또는 6개이다.

오답분석

ㄴ. 경우 5에서 C과자는 6개 구입 가능하다.
ㄷ. 경우 5에서 A과자는 3개 구입 가능하다.

25   **정답** ③

K조의 예선전은 A, B, C국이 3번씩 경기를 하였으므로 D국 또한 3번의 경기를 하였다.
각 국은 서로 한 번씩 경기를 하였으므로 승리한 경기 수의 합과 패배한 경기 수의 합은 같다. A, B, C국의 승리한 경기 수의 합은 3(=2+1)경기이고 패배한 경기 수의 합은 5(=1+2+2)경기이므로 D국은 패배한 경기는 없으며, 두 번의 경기에서 승리하였다. 나머지 한 경기는 B국의 무승부 기록을 통해 B국과의 경기에서 무승부로 끝났음을 알 수 있다.
D국의 승점을 계산하면 2×3+1×1=7이다. K조에서 가장 승점이 높으므로 A국이 아닌 D국이 본선에 진출하였다.

오답분석

④ D국은 패배한 경기가 없으므로 A국과의 경기에서 승리하였음을 알 수 있다.

26   **정답** ②

C 혼자 딸기맛을 선택했고, A와 D는 서로 같은 맛을 선택했으므로 A와 D는 바닐라맛 또는 초코맛을 선택했음을 알 수 있다. 또한 B와 E는 서로 다른 맛을 선택했고 마지막에 주문한 E는 인원 초과로 선택한 아이스크림을 먹지 못했으므로 E는 A, D와 같은 맛을 선택했다.

PART 3
주요기업 기출복원문제 정답 및 해설

구분	A	B	C	D	E
경우1	바닐라맛	초코맛	딸기맛	바닐라맛	바닐라맛
경우2	초코맛	바닐라맛	딸기맛	초코맛	초코맛

따라서 C가 딸기맛이 아닌 초코맛을 선택했어도 B가 초코맛을 선택했다면 아이스크림을 먹을 수 있으므로 ②는 옳지 않다.

27   **정답** ④

A와 C의 진술은 서로 모순되므로 동시에 거짓이거나 참일 경우 성립하지 않는다. 또한 A가 거짓인 경우 불참한 스터디원이 2명 이상이 되므로 A는 반드시 참이어야 한다. 따라서 성립 가능한 경우는 다음과 같다.
1) B와 C가 거짓인 경우
   A와 C, E는 스터디에 참석했으며 B와 D가 불참하였으므로 B와 D가 벌금을 내야 한다.
2) C와 D가 거짓인 경우
   A와 D, E는 스터디에 참석했으며 B와 C가 불참하였으므로 B와 C가 벌금을 내야 한다.
3) C와 E가 거짓인 경우
   불참한 스터디원이 C, D, E 3명이 되므로 성립하지 않는다.
따라서 B와 D 또는 B와 C가 함께 벌금을 내야하므로 보기 중 적절한 것은 ④이다.

28   **정답** ②

먼저 B의 진술이 거짓일 경우 A와 C는 모두 프로젝트에 참여하지 않으며, C의 진술이 거짓일 경우 B와 C는 모두 프로젝트에 참여한다. 따라서 B와 C의 진술은 동시에 거짓이 될 수 없으므로 둘 중 한 명의 진술은 반드시 참이 된다.
1) B의 진술이 참인 경우
   A는 프로젝트에 참여하지 않으며, B와 C는 모두 프로젝트에 참여한다. B와 C 모두 프로젝트에 참여하므로 D는 프로젝트에 참여하지 않는다.

PART 3 주요기업 기출복원문제 • **85**

2) C의 진술이 참인 경우

A의 진술은 거짓이므로 A는 프로젝트에 참여하지 않으며, B는 프로젝트에 참여한다. C는 프로젝트에 참여하지 않으나, B가 프로젝트에 참여하므로 D는 프로젝트에 참여하지 않는다.

따라서 반드시 프로젝트에 참여하는 사람은 B이다.

29 정답 ③

♡ : 1234 → 3412
△ : 1234 → 4321
□ : 각 자릿수 +1, −1, +1, −1

ㄱㅌWN → ㄴㅋXM → XMㄴㅋ
       □   ♡

30 정답 ③

ㅎBㄱG → ㄱAㄴF → FㄴAㄱ
       □   △

31 정답 ④

• 문자표

A	B	C	D	E	F	G	H	I	J
K	L	M	N	O	P	Q	R	S	T
U	V	W	X	Y	Z				
0	1	2	3	4	5	6	7	8	9

• 규칙

☆ : 각 자릿수 +4, +3, +2, +1
♡ : 1234 → 4321
□ : 1234 → 4231
△ : 각 자릿수 +1, −1, +1, −1

US24 → 4S2U → 8V4V
     □   ☆

32 정답 ②

KB52 → OE73 → 37EO
  ☆   ♡

33 정답 ①

1839 → 2748 → 8472 → 9381
    △   ♡   △

34 정답 ⑤

J7H8 → 87HJ → 96II
   □   △

2023 하반기 SD에듀 기출이 답이다 L-TAB 롯데그룹 온라인 조직·직무적합진단 + 무료롯데특강

개정12판1쇄 발행	2023년 09월 25일 (인쇄 2023년 08월 09일)
초 판 발 행	2017년 10월 10일 (인쇄 2017년 09월 07일)
발 행 인	박영일
책 임 편 집	이해욱
편 저	SDC(Sidae Data Center)
편 집 진 행	이근희 · 신주희
표지디자인	하연주
편집디자인	최미란 · 곽은슬
발 행 처	(주)시대고시기획
출 판 등 록	제10-1521호
주 소	서울시 마포구 큰우물로 75 [도화동 538 성지 B/D] 9F
전 화	1600-3600
팩 스	02-701-8823
홈 페 이 지	www.sdedu.co.kr
I S B N	979-11-383-5728-9 (13320)
정 가	20,000원

2023
하반기

기출이 답이다

롯데그룹

온라인 조직·직무적합진단

9개년 기출복원문제 + 기출유형 완전 분석 + 무료롯데특강

정답 및 해설

편저 | SDC(Sidae Data Center)

SD에듀
(주)시대고시기획

시대교육그룹

(주)시대고시기획 시대교육(주)	고득점 합격 노하우를 집약한 최고의 전략 수험서 www.sidaegosi.com
시대에듀	자격증 · 공무원 · 취업까지 분야별 BEST 온라인 강의 www.sdedu.co.kr
이슈&시사상식	최신 주요 시사이슈와 취업 정보를 담은 취준생 시사지 **격월 발행**
	외국어 · IT · 취미 · 요리 생활 밀착형 교육 연구 **실용서 전문 브랜드**

대기업 인적성 "기출이 답이다" 시리즈

역대 기출문제와 주요기업 기출문제를 한 권에! 합격을 위한
Only Way!

대기업 인적성 "봉투모의고사" 시리즈

실제 시험과 동일하게 마무리! 합격으로 가는
Last Spurt!

SD에듀가 합격을 준비하는 당신에게 제안합니다.

성공의 기회! SD에듀를 잡으십시오.
성공의 Next Step!

결심하셨다면 지금 당장 실행하십시오.
SD에듀와 함께라면 문제없습니다.

기회란 포착되어 활용되기 전에는
기회인지조차 알 수 없는 것이다.
- 마크 트웨인 -